MEIK PETER SCHIRPENBACH

WIRKLICHKEIT
ALS BEZIEHUNG

DAS STRUKTURONTOLOGISCHE SCHEMA
DER TERMINI GENERALES
IM OPUS TRIPARTITUM
MEISTER ECKHARTS

ASCHENDORFF MÜNSTER

BEITRÄGE ZUR GESCHICHTE DER PHILOSOPHIE UND THEOLOGIE DES MITTELALTERS

Texte und Untersuchungen

Begründet von Clemens Baeumker
Fortgeführt von Martin Grabmann und Michael Schmaus

Im Auftrag der Görres-Gesellschaft
herausgegeben von Ludwig Hödl und Wolfgang Kluxen

Neue Folge
Band 66

Gedruckt mit Unterstützung
der Görres-Gesellschaft zur Pflege der Wissenschaft

Druck: Aschendorff Medien GmbH & Co. KG, Druckhaus · Münster, 2004

Gedruckt auf säurefreiem, alterungsbeständigem Papier ∞

ISBN 3-402-04016-6

DANKSAGUNG

Diese Arbeit wurde im Sommersemester 2002 von der Philosophischen Fakultät der Rheinischen Friedrich-Wilhelms-Universität Bonn als Dissertation angenommen.

Danken möchte ich meinem Doktorvater, Herrn Prof. Dr. Dr. h.c. Ludger Honnefelder, der mich überhaupt erst für die mittelalterliche Philosophie begeistert und die Arbeit mit fachlichem Rat und wertvollen Anregungen begleitet hat. Mein Dank gilt Herrn Prof. Dr. Dr. h.c. Wolfgang Kluxen ebenfalls für manche anregenden Gespräche, für die Erstellung des Zweitgutachtens und die Aufnahme der Arbeit in die Reihe der „Baeumker Beiträge".

Ich danke den Mitarbeiterinnen und Mitarbeitern des Philosophischen Seminars LFB II und des Bonner Albertus-Magnus-Institut, wo ich während der Abfassungszeit beschäftigt war, für den inspirierenden Austausch und die herzliche Gemeinschaft, den AMI's aber auch für die Zuverfügungstellung der Institutstechnik und die damit verbundenen Hilfestellungen.

Herrn Dr. Wouter Goris und Herrn Prof. Dr. Niklas Largier möchte ich für anregende Klärungsgespräche während der Inspirationsphase danken.

Durch eifriges Korrekturlesen – inhaltlich wie formal – geholfen haben Dr. Matthias Perkams, Martin Bredenbeck, Caroline Raphael-Wild, Gert Fritsche und Anna Salmen. Dafür vielen Dank.

Ein herzlicher Dank gilt meinen Eltern, die auf meinem Weg – auch auf meinen Umwegen – immer hinter mir standen. Ihnen sei diese Arbeit gewidmet.

Schließlich gilt mein Dank Herrn Dr. Dirk Passmann vom Verlag Aschendorff für die gute Zusammenarbeit und der Görresgesellschaft für die Übernahme der Druckkosten.

Frechen bei Köln, am Fest des hl. Albertus Magnus, den 15. November 2003

Meik Peter Schirpenbach

Inhaltsverzeichnis

Inhaltsverzeichnis 7

Einleitung: Die Intention der Untersuchung

Die vorliegende Untersuchung widmet sich einer Klärung der den drei Prologen als den einführenden Überlegungen in das *Opus tripartitum* vorangestellten Auflistung der sogenannten *termini generales*. Aus dieser Absicht ergibt sich unmittelbar die die Untersuchung anleitende Fragestellung: Was versteht Eckhart in diesem grundlegenden Zusammenhang unter *termini* und worin liegt und gegenüber was besteht deren allgemeine Bedeutung? Die zentrale Stellung dieses Begriffskomplexes legt es nahe, in ihm den hermeneutischen Zugang und die inhaltliche Grundstruktur des dem *Opus tripartitum* (im Folgenden abgekürzt O.T.) zugrunde liegenden Wirklichkeitsverständnisses zu erblicken.

Die Tatsache, dass Eckhart seinem Projekt als programmatischen Aufriss und hermeneutischen Leitfaden eine Liste von Grundbegriffen voranstellt bzw. anhand eines Begriffssystems den Rahmen und das Anliegen seines Projekts überhaupt erst entwirft, lässt zum einen davon ausgehen, dass sich die wesentlichen Einsichten in die Wirklichkeit als solche für ihn anhand zentraler Begriffe vollziehen, zum anderen dass aufgrund der Reihung dieser Begriffe keinem von diesen im Hinblick auf die Intention des Gesamtsystems eine vorgeordnete oder abschließend begründende Stellung den übrigen gegenüber zukommt. Eine Hervorhebung – wie die des Seinsbegriffs innerhalb der anschließenden Prologe – hat vornehmlich eine exemplarische, allenfalls eine heuristische Funktion. Der Verzicht auf eine ontologische Hierarchisierung innerhalb des Begriffssystems und die damit verbundene Nebeneinanderordnung der *termini generales* legen die Einschätzung nahe, dass die Perspektive Eckharts auf ein den Begriffen zugrundeliegendes Struktursystem gerichtet ist, das gleichsam das Grundraster der Wirklichkeit darstellt und dessen inhaltliche Ausfüllung die *termini generales* darstellen. Denn es ist augenfällig, dass die *termini generales* die inhaltliche Ausfüllung konstanter, sich wiederholender und fest umrissener Zuordnungs- und Verlaufszusammenhänge bilden, was in dieser Untersuchung als „Struktur" bezeichnet wird. Auf diese Fokussierung auf eine Struktur und damit auf Relationalität verweist auch die Tatsache, dass Eckhart die *termini generales* nicht isoliert, sondern innerhalb ihres je spezifischen Aussagezusammenhangs betrachtet, was schon anhand der Zuordnung eines disjunkten Gegenbegriffs innerhalb der Auflistung deutlich wird. Letztere verspricht demnach mehr als nur eine Aufzählung isolierter Begriffsworte zu sein, sondern erschließt die inhaltlichen Aspekte bzw. die Ausfüllung eines allen Phänomenen der Wirklichkeit das Fundament gebenden Strukturleitfadens. Diesen Leitfaden aufzudecken, in seiner hermeneutischen Relevanz zu entfalten und damit sich dem anzunähern, was für Eckhart die Wirklichkeit unserer Welt als solche ausmacht, ist das Anliegen der vorliegenden Untersuchung. Eckhart selbst entwickelt im O.T. keinen umfassenden Begriff für „Wirklichkeit". Eine Annäherung ist über den Begriff *actualitas* möglich. In den Prologen verwendet Eckhart diesen Ausdruck für das, was der Seinsbegriff in seiner exemplarischen Funktion für die *termini generales* den Phänomenen der erfahrbaren Wirklichkeit vermittelt: die gründende Funktion des Seins im Hinblick auf das Ganze der Wirklichkeit (*actualitas omnium*).[1] In der Rechtfertigungsschrift (RESPONSIONEM ECKHARDI = *Proc. Col.* n. 115) weist Eckhart ausdrücklich darauf hin, dass er diese Terminologie – damit nicht notwendig die dadurch beschriebenen Inhalte – von THOMAS VON AQUIN übernehme.[2] *Actualitas* im Sinne von „Wirklichkeit" beschränkt sich bei Eckhart nicht auf ein Moment innerhalb des aristotelischen Schemas von Akt und Potenz oder in dessen thomanischer Weiterführung auf den Seinsakt. Wirklichkeit kann angenommen werden als die Wirklichkeit von etwas oder aber als die Wirklichkeit als solche. Letzteres ergäbe die strukturelle Vorgabe, innerhalb der sich ersteres vollziehen könnte. Um den letzteren, umfassenderen Wirklichkeitsbegriff geht es in dieser Untersuchung. Das Wirklichkeitsverständnis, das durch den Begriff *actualitas* angerissen wird, lässt sich durch diesen Begriff nicht vollständig erschließen. Die Zugänge, die in dieser Abhandlung erarbeitet werden sollen, erfolgen von daher nicht über die Klärung eines zentralen Begriffs, sondern von verschiedenen Ausgangspunkten, entsprechend der der inhaltlichen Komplexität und strukturellen Einfachheit des eckhartschen Ansatzes.

Die Frage nach einem umfassenden begrifflichen Leitfaden für die Aufklärung des Sinns von Sein bzw. „Wirklichkeit" als solche ist die Frage der Metaphysik. Wir werden im Blick auf Eckhart nach einem solchen Leitfaden fragen, der trotz der Endlichkeit unserer Begriffe die umfassende Wirklichkeit zu vergegenwärtigen vermag. Deren Uneinholbarkeit legt die positive Möglichkeit einer Pluralität solcher Begriffe nahe. Eckhart hat sich im O.T. für eine solche Pluralität entschieden.

Das Wirklichkeitsverständnis Eckharts wird bestimmt durch das Spannungsverhältnis einer kontingent wahrnehmbaren und erfahrenen Wirklichkeit gegenüber ihrer in Gott begründeten Struktur, aber auch zu der sie wahrnehmenden und in ihr bestehenden menschlichen Geistigkeit, die Eckhart anhand des Begriffes *intellectus* erfasst. Primär jedoch wird dieses Begriffsfeld auf die in Gott begründete Struktur der Wirklichkeit bezogen. Hier handelt es sich um *intellectualitas* im eigentlichen Sinne. Eckhart geht von einem Bruch zwischen der *intellectualitas* und der erfahrbaren Wirklichkeit aus, macht diesen immer wieder zum Ausgangspunkt seiner Über-

---

[1] Prol. gen. in Op. trip. n. 8 (LW I 153,7f.): „*Ipsum enim esse comparatur ad omnia sicut actus et perfectio et est ipsa actualitas omnium, etiam formarum.*" Zur Einordnung dieses Textabschnitts cf. Anm. 546; Prol. in Op. prop. n. 14 (LW I 174,9–175,3): „*Ex his manifeste apparet error illorum, qui ponunt gradus quosdam quasi medios formales inter essentiam materiae et formam essentialam mixti. Igitur si forma omnis essentialis totam materiam essentiali penetratione immediate totam se tota investit et informat, potissime hoc verum erit de ipso esse, quod est actualitas formalis omnis formae universaliter et essentiae.*"

[2] Cf. THOMAS VON AQUIN, S. th. I q. 4 a. 1 ad 3.: „*[...] ipsum esse est actualitas omnium rerum et etiam ipsarum formarum.*"

legungen und betrachtet genauso die *intellectualitas* als in sich selbst ambivalent. Wäre letzteres nicht der Fall, bliebe es schwierig, innerhalb der eckhartschen Denkkategorien etwas wie menschliche Individualität gegenüber Gott zu denken, da erstere dann in Gott aufginge.[3] An diesem Beispiel zeigt sich eine weiter reichende Relevanz unserer Fragestellung über die unmittelbare Problemstellung hinaus.

Die Untersuchung beschränkt sich von ihrer unmittelbaren Textgrundlage her auf Eckharts lateinisches Hauptwerk, das O.T. Die Zugrundelegung eines einzigen, wenn auch umfangreiches Werkes trägt neben dem Vorteil der werkimmanenten Fragestellung der Tatsache Rechnung, dass das Gesamtwerk eines Autors Entwicklungen unterworfen ist, wie sie sich schon in einem Perspektivenwechsel auf den gleichen Gegenstand hin manifestieren können[4] und die eine einheitliche Betrachtung im Sinne eines Mitvollzugs erschweren. Für Eckhart sei hier nur auf das Verhältnis der Begriffe *esse* und *intelligere* hingewiesen, das sich in den Pariser Quästionen im Vergleich mit dem O.T. aus einer je anderen Perspektive heraus unterschiedlich gestaltet.[5] Ließe man die Entwicklungsgeschichte in der Betrachtung zugunsten einer Systematisierung außen vor, bestünde die Gefahr einer falschen Vereinheitlichung, aber auch einer willkürlichen Auswahl des Textmaterials, die die Belege für ihre eigenen Thesen aus dem Textmaterial herausläse, anstatt dieses selbst in der ihm eigenen Denkweise sprechen zu lassen.

Innerhalb des O.T. muss von einer längeren zeitlichen Entwicklungsphase ausgegangen werden, die auch zu Verschiebungen innerhalb der begrifflichen und inhaltlichen Nuancierungen führen kann. Der Umfang der Konzeption des O.T. lässt davon ausgehen, dass dieses von Eckhart über eine längere Lebensspanne fortwährend weitergeschrieben wurde. Nicht zuletzt die Untersuchungen von L. STURLESE machen deutlich, dass der Entstehungsprozess dieses Werkes auf einen längeren Zeitraum und während verschiedener Wirkperioden anzusetzen ist.[6] Die frühe, einheitliche Konzeption, die in Form der *prologi* überliefert ist, erlaubt es dennoch, das Werk als eine Einheit zu betrachten und als ganzes heranzuziehen, was, wie W. GORIS dargelegt hat, insbesondere anhand der durchgängigen Verweisstruktur einsichtig ist.[7] Hinsichtlich der Annahme einer inhaltlichen Kontinuität der einzelnen Theoriestücke bleibt zwar eine gewisse Vorsicht angezeigt, denn die einzelnen Kommentarwerke weisen deutliche inhaltliche und begriffliche Schwerpunktsetzungen sowie für sie jeweils charakteristische Abläufe der Gedankengänge auf, dennoch bleibt es sinnvoll, im Blick auf das Ganze von einer Kontinuität der Themen und Problemstellungen angesichts je neuer Lösungsversuche zu sprechen.[8] Wir werden darauf in Zusammenhang mit den entsprechenden Textpassagen eingehen. Eine Sonderstellung nimmt der *Liber parabolorum Genesis* ein, der nicht zum ursprünglichen Entwurf des O.T. zu rechnen ist. Wie aber W. GORIS und N. LARGIER ausgeführt

---

[3] Zu dieser Problematik im Blick auf das deutsche Werk Eckharts cf. VANNIER 622–629.

[4] Mit dieser Einschätzung folge ich RUH, Theologe 8.

[5] Cf. dazu zuletzt WINKLER 30; in Abschnitt E.2 dieser Untersuchung wird darauf näher eingegangen.

[6] STURLESE, Bibliotheca Amploniana.

[7] GORIS, Prout iudicaverit 273–276.

[8] Cf. LARGIER, Theologie 704.

haben, muss dieses Werk in der Linie des ursprünglichen Entwurfs des O.T. gesehen werden, zeugt jedoch von einer Neuorientierung innerhalb des alten Projekts, die insbesondere in einer stärkeren Reflexion des hermeneutischen Aspekts zu sehen ist.[9] Dahinter steckt letztlich die Verstärkung einer Tendenz, die bereits im ursprünglichen Entwurf angelegt ist. Dort, wo in unserer Abhandlung Zitate aus diesem Werk (In Gen II) herangezogen werden, gehen wir davon aus, dass sie in der Intentionslinie des ursprünglichen Entwurfs stehen und somit Eckharts fortlaufende Grundansicht offenlegen. Die Sachlage soll also nicht dazu verleiten, die jeweiligen Teilwerke des O.T. als in sich abgeschlossene und gegeneinander abgegrenzte Einzelwerke zu betrachten. Der Bezug zwischen ihnen wird ungeachtet der gerade erwähnten Einwände in der vorliegenden Untersuchung bestätigt. Dieser ist aber weniger in der Übereinstimmung der Terminologie, sondern vielmehr in der Proportionalität der Denkstrukturen zu suchen. Ein bestimmter Begriff, der innerhalb eines bestimmten Gedankengangs eines der Teilwerke zentral ist, kann in einem anderen Teilwerk fehlen, ohne dass der mit seiner Hilfe behandelte Gedankengang bzw. die darin aufgezeigte Wirklichkeitsstruktur unbehandelt bliebe. Die Konzentration auf die Struktur der Wirklichkeit – der strukturontologische Ansatz – erlaubt eine Vorgehensweise, die nicht auf eine durchgehende begriffliche Konsistenz angewiesen ist. So lässt die Tatsache, dass der Begriff *intellectus* innerhalb der einleitenden Aufzählung der grundlegenden *termini generales* nicht erscheint, innerhalb einzelner Teilwerke jedoch immer wieder aufgegriffen und eingehend behandelt wird, nicht unmittelbar darauf schließen, dass er ursprünglich nicht zur Konzeption des OT gehört, sondern erst später und unter Vernachlässigung dieser seine Stellung erhalten hätte. Vielmehr ist zu klären, ob der Sachverhalt, der mit diesem Begriff ausgesagt wird, nicht bereits in der durch den Prolog umrissenen Konzeption vorentworfen oder vorausgesetzt ist.

Jede Untersuchung tritt mit einem Vorverständnis an einen Text heran. Dieses muss sich nicht notwendig in Form einer ausformulierten These äußern, zumindest aber in einer Frage, die an den Text herangetragen wird. Diese ist hinreichend entfaltet worden. Der Blick richtet sich dabei rückwärts auf das Werk, nimmt nicht nur dessen Vor- und Eigengeschichte, sondern auch die Nachgeschichte wahr und erkennt von daher Eigentümlichkeiten, sei es im Vergleich mit späteren Entwicklungen oder mit seinen Zeitgenossen. Aus diesen Beobachtungen heraus stellen sich Fragen, auf die der Autor so möglicherweise nicht antworten wollte, die jedoch auf von ihm selbst angestellte Voraussetzungen abzielen. Auf der anderen Seite kennen wir nicht alle die Voraussetzungen, von denen unser Text wie selbstverständlich ausgeht. Im Hinblick darauf Bezüge zu anderen Autoren herzustellen, ist, wenn diese nicht ausdrücklich im Text erwähnt werden, immer eine sekundäre Leistung, die nicht den Anspruch erhebt, die Tradierung einer Auffassung abzuleiten, sondern die das Proprium des Textes zu verdeutlichen. Sie sollen deshalb im Folgenden der Klärung des eckhartschen Denkweges dienen, ohne den Anspruch zu erheben, die von Eckhart unmittelbar verwendeten Quellen wiederzugeben. Schwieriger, aber für das Textverständnis wesentlicher, ist die Frage nach den erwähnten gedanklichen Voraussetzungen, die der Autor stillschweigend macht, und den Zusammenhängen,

---

[9]   Cf. IBID. 274f; ID.:Recent work 150ff.

die er voraussetzt, ohne ausdrücklich auf sie einzugehen. Gerade diese Fragen berühren den Gegenstand unserer Untersuchung, die vor dem skizzierten Hintergrund mit einer großen Sensibilität dem Text gegenüber verfahren muss, um ihn einerseits interpretatorisch nicht zu vergewaltigen, ihn aber andererseits aus überzogener Vorsicht nicht wirklich zum Sprechen zu bringen.

Die Untersuchung erhebt nicht den Anspruch einer abschließenden Klärung im Sinne *des* hermeneutischen Schlüssels zu Eckharts Gesamtwerk. Sie möchte vielmehr an die vorangehende Forschung anknüpfen, dabei jedoch mit der Untersuchung des Begriffs- und Strukturschemas der *termini generales* als Ganzem einen zentralen Aspekt beleuchten, der als solcher und aus diesem Blickwinkel noch nicht geklärt worden ist. Im Blick auf die Forschungsliteratur bleibt der Eindruck bestehen, dass auf den Status der 14 Grundbegriffe insgesamt kaum eingegangen wird. Dabei bemerkt ALBERT zurecht: „Jeder Bemühung um das Verständnis der metaphysischen Lehren Eckharts haftet der Charakter des Willkürlichen und Beliebigen, zugleich aber auch Fragmentarischen und Anthologischen an, wenn sie unter Absehen von dem im Entwurf des *Opus propositionum* gelieferten Themenkatalog von sich aus ein Bild des Eckhartschen Systems zu geben versucht. In den Titeln der vierzehn Traktate liefert uns Eckhart selbst den Schlüssel zur Interpretation seiner eigenen Metaphysik."[10]

Konkret nimmt die Untersuchung folgenden Verlauf:

Nachdem in Teil A die formale Explikation des Schemas der *termini generales* anhand des diesem eigenen Begriffsverständnisses erfolgt und in Teil B der Zusammenhang formaler und essentieller Aspekte und die innere Dynamik des Strukturschemas anhand des Naturbegriffs herausgestellt worden ist, soll in einem dritten Schritt in Teil C ein erster Angang einer essentiellen Explikation des Begriffsschemas unternommen werden, wobei die in Teil B aufgezeigte Kohärenz – die essentielle Relevanz des Strukturschemas – im Auge zu behalten ist.

Schritt C zeigt, dass Eckhart den Ansatz einer Transzendentalienmetaphysik auf die Ausarbeitung eines allen transzendentalen Ordnungen zugrundeliegenden durchgängigen Strukturschemas fokussiert. Darin liegt die „Generalität" der *termini generales* begründet. Mit diesem Schritt ist die essentielle Klärung keineswegs abgeschlossen, denn die eigentliche Untersuchung der inneren Logik und des ontologischen Status, d.h. des Wies der inneren Einheit der Reihung der *termini generales*, steht noch aus. Dies geschieht in Untersuchungsabschnitt D.

Metaphysik, so wird bei der Betrachtung der grammatischen und inhaltlichen Grundprinzipien des strukturontologischen Schemas deutlich, vollzieht sich für Eckhart als vollständige Rückkehr (*reditio completa*) des Geistes zu sich selbst. Diesen Zusammenhängen, die die eigentliche Stärke der eckhartschen Synthese darstellen, ist abschließend Abschnitt E gewidmet.

---

[10] ALBERT, These 27.

A. Hermeneutische Überlegungen zum Entwurf der 14 *termini generales* – Logik- und Sprachverständnis im Opus tripartitum

1. DIE 14 TERMINI GENERALES ALS GRUNDLAGE DER PROLOGE ZUM OPUS TRIPARTITUM

Gegenstand und Intention der Untersuchung legen es nahe, sich an den von Eckhart für das O.T. gesetzten Ausgangspunkt zu begeben und dem nachzugehen, was er selbst – methodisch und inhaltlich – für sein Denken als grundlegend betrachtet. An den Beginn des *prologus generalis* – gleichsam als Einleitung und hermeneutischen Schlüssel zu seinem Gesamtwerk – stellt Eckhart eine Übersicht über 14 grundlegende *termini* und deren jeweilige *oppositio* (LW I 150,1–151,1). Von einem „hermeneutischen Schlüssel" können wir deshalb sprechen, weil sich innerhalb dieses Textabschnitts die grundlegende Struktur des eckhartschen Denkweges zeigt.

Bei der folgenden Relecture der *termini generales* geht es deshalb nicht primär um eine Klärung der Einzelbegriffe, ihrer begriffsgeschichtlichen Implikationen und der Traktate, als deren Grundlage sie fungieren sollten, sondern um ihrer gegenseitige Zuordnung, um die Systematik ihrer Aufstellung und damit verbunden um die Frage, warum Eckhart gerade diese Auswahl und Anordnung getroffen hat. Gerade die bekundete Absicht Eckharts zur Systematisierung[11] lässt darauf schließen, dass es sich um eine bewusste, umfassende, wenn auch nicht notwendig abschließende Auswahl der für sein Denken zentralen Begriffe handelt. Damit trifft er eine Vorentscheidung hinsichtlich der inhaltlichen Ausrichtung, aber auch, wie sich zeigen wird, hinsichtlich der durch die Betrachtungsperspektive bestimmten Methode. Eine Untersuchung der Denkwege des O.T. bliebe fragmentarisch, ja liefe Gefahr, ins Willkürliche abzudriften, beschränkte sie sich auf einzelne Elemente dieses Schemas und nähme nicht den mit dieser Auflistung skizzierten Gesamtentwurf zur Kenntnis. Dass es über diese Annäherung an Eckharts eigenen Standpunkt hinaus möglich und sinnvoll ist, eine Tiefenstruktur aufzuzeigen, die Eckhart implizit mitgedacht bzw. vorausgesetzt, nicht aber notwendigerweise vollständig artikuliert hat, steht mit dieser Feststellung in engem Zusammenhang.

Die angekündigten 14 *termini* präsentiert Eckhart unter Zuordnung eines jeweiligen *oppositum* in Form von Gegensatzpaaren: Sein und Seiendes (*esse et ens*) im Gegensatz zum Nichts (*nihil*); Einheit und das Eine (*unitas et unum*) im Gegensatz zum Vielen (*multum*); Wahrheit und das Wahre (*veritas et verum*) im Gegensatz zum Falschen (*falsum*); Gutheit und das Gute (*bonitas et bonum*) im Gegensatz zum Schlechten (*malum*);

---

[11] Prol. gen. in Op. trip. n.3 (LW I 149,6–8): „*Opus autem primum, quia propositiones tenet mille et amplius, in tractatus quattuordecim distinguitur iuxta numerum terminorum, de quibus formantur terminorum.*"

Liebe[12] (*amor et caritas*) im Gegensatz zur Sünde (*peccatum*); das sittlich Gute, die Tugend und das Richtige im Sinne des richtig bzw. gerade Ausgerichteten (*honestum, virtus et rectum*) im Gegensatz zum sittlich Schlechten, Fehler-/Lasterhaften und Gekrümmten/Ungeraden (*turpe, vitium et obliquum*); das Ganze (*totum*) im Gegensatz zum Teil (*pars*); das Gemeinsame und Ununterschiedene (*commune et indistinctum*) im Gegensatz zum Eigenen und Unterschiedenen (*proprium et distinctum*); die Natur des Oberen (*natura superioris*) im Gegensatz zu der des Niederen (*natura inferioris*); das Erste (*primum*) im Gegensatz zum Letzten (*novissimum*); die Idee und der Begriff (*idea et ratio*) im Gegensatz zum Ungeformten und zur Abtrennung/Beraubung (*informe et privatio*); das, wodurch etwas ist (*quo est*) im Gegensatz zu dem, was etwas ist (*quod est*); Gott, das höchste Sein (*deus summum esse*) im Gegensatz zum Nichtsein (*non esse*); die Substanz (*substantia*) im Gegensatz zum Akzidens (*accidens*).[13]

Nach LW I 152,8[14] sind die genannten *termini* als die *termini generales*, die Allgemeinbegriffe oder Grundworte, zu bezeichnen, die Eckharts gesamtes Werk bestimmen. Eine explizite Klassifizierung der 14 Gegensatzpaare als *termini generales* liegt

---

[12] Der Liebesbegriff erscheint bei Eckhart – wie bei lateinischen Autoren überhaupt – uneinheitlich, da das, was im Deutschen mit „Liebe" bezeichnet wird, im Lateinischen in verschiedene Begriffe ausdifferenziert ist. Die einfache Gleichsetzung von *amor* mit erotischer und *caritas* mit Nächstenliebe erscheint als zu einfach und übersieht die übergreifenden Momente in beiden Begriffen. Um den Zusammenhang zu verdeutlichen, um den es Eckhart an dieser Stelle geht, sind beide Begriffe mit „Liebe" wiedergegeben. Dass Eckhart beide Begriffe als in engstem Zusammenhang zueinander stehend betrachtet, zeigt allein schon die Verwendung der Singularfom *eius* anstelle der grammatisch zu erwartenden Pluralform *eorum*. (Prol. gen. in Op. trip. n.4 = LWI 150,5; *„Quintus de amore et caritate et peccato, eius opposito"*).

[13] Prol. gen. in Op. trip. n.3f. (LW I 149,6–151,1): *„Opus autem primum, quia propositiones tenet mille et amplius, in tractatus quattuordecim distinguitur iuxta numerum terminorum, de quibus formantur propositiones. Et quia „opposita iuxta se posita magis elucescunt" (ARISTOTELES, De caelo et mundo II t. 40 (B c. 6 289 a 7)) et „oppositorum eadem est scientia" (ARISTOTELES, Topic. I c. 12 (A c. 14 105 b 5)), quilibet praedictorum tractatus bipartitus est. Primo enim ponuntur propositiones de ipso termino, secundo ponuntur propositiones de eiusdem termini opposito.*
Primus tractatus agit de esse et ente et eius oppositio quod est nihil.
Secundus de unitate et uno et eius opposito quod est multum.
Tertius de veritate et vero et eius opposito quod est falsum.
Quartus de bonitate et bono et malo eius opposito.
Quintus de amore et caritate et peccato, eius opposito.
Sextus de honesto, virtute et recto et eorum oppositis, puta turpi, vitio, obliquo.
Septimus de toto et parte, eius opposito.
Octavus, de communi et indistincto et horum oppositis, proprio et distincto.
Nonus de natura superioris et inferioris, eius opposito.
Decimus, de primo et novissimo.
Undecimus de idea et ratione et horum oppositis, puta de informi et privatione.
Duodecimus vero de quo est et quod est ei condiviso.
Decimus tertius agit de ipso deo summo esse, quod „contrarium non habet nisi non esse" ut ait Augustinus De immortalitate animae et de Moribus Manichaeorum.
Decimus quartus de substantia et accidente."

[14] bzw. in der vorausgehenden Inhaltsübersicht *tabula prologorum in opus tripartitum* Tab. prol. in Op. trip. n.1 (LW I 129,6).

hier zwar nicht vor, doch erscheint diese Gleichsetzung aus dem Zusammenhang als zwingend – es macht wenig Sinn, in den Prologen selbst zwei voneinander abweichende Ansätze zu vermuten – und für den Fortgang der Untersuchung fruchtbar.[15] Auf die Unterschiede in der Aufzählung der *termini generales*, denn in der Vollständigkeit der 14 Traktate erscheint sie an keiner Stelle mehr, wird an anderer Stelle noch einzugehen sein.[16] Von Anfang an stehen die *termini generales* nicht als isolierte Einzelbegriffe da, sondern als ein Begriffskomplex, der auf einen sachlichen Zusammenhang schließen lässt. Es fällt auf, dass Eckhart an dieser Stelle keinem der Begriffe eine herausragende bzw. übergeordnete Position gegenüber den anderen einräumt. Erst in der Gesamtheit der kontradiktorischen Gegensatzpaare – nur eines hat auf den ersten Blick konträren Charakter[17] – erschließt sich eine Struktur der Eckhartschen Sicht auf das Ganze. Allgemein betrachtet haben wir es hier mit einer begrifflichen Erfassung der allgemeinsten Inhalte und zugleich Strukturen der Wirklichkeit zu tun, dem Aufweis fundamentaler Bestimmungen, die von allem, was ist, ausgesagt werden können.

Die Antwort auf unsere eingangs gestellte Frage nach dem eckhartschen Wirklichkeitsverständnis erfordert eine Untersuchung des ontologischen und erkenntnistheoretischen Status der *termini generales*. Dieser ist in sich differenzierter, als es auf den ersten Blick erscheint, nicht zuletzt deshalb, weil jener nicht aus der einführenden Aufzählung der *termini* hervorgeht, sondern sich nur aus dem Zusammenhang verschiedener Gedankengänge Eckharts ermitteln lässt. Es geht darum, was durch die *termini* letztlich bezeichnet wird und welche Rolle sie in der Erkenntnis der Wirklichkeit spielen. Mit den Untersuchungen des Abschnitts A wird so der Frage nachgegangen, von welchen Annahmen hinsichtlich des Verhältnisses von Denken und Wirklichkeit der hermeneutische Schlüssel Eckharts ausgeht.

---

[15] Dieser Gleichsetzung wird in der Literatur nicht widersprochen. Eine zentrale Stellung nimmt sie in der Darstellung FISCHERs ein. Cf. FISCHER Einführung v.a. S.36–39; 49–54.

[16] S.u.S. 161.

[17] Dies gilt für das Gegensatzpaar *primum – novissimum*, das Erste und das Letzte, die sich als Endglieder einer Reihe auffassen lassen, zwischen denen es unendlich viele weitere Glieder geben kann. Ein kontradiktorischer Gegensatz ließe sich hier erkennen, wenn man von einer Ordnung der Unmittelbarkeit ausgeht, das heißt von einer unmittelbaren Verursachung durch eine einzige erste Ursache. Dass dies der Eckhartschen Auffassung nahe kommt, wird im Zuge der Untersuchung deutlich werden.

2. DER *TERMINUS* ALS AUSGANGSPUNKT DER BETRACHTUNG

a) Die innere Dynamik des Terminus

Dass Eckhart einführend ausgerechnet von *termini* spricht und den *terminus* von daher als Ausgangspunkt seiner Betrachtungen versteht, ist in den bislang veröffentlichten Untersuchungen kaum hervorgehoben worden.[18] Diese Vorgehensweise Eckharts bedarf jedoch einer näheren Betrachtung, da sie für einen Autor seiner Zeit keineswegs die Normalität darstellt. Wenn Eckhart in der vorgestellten Aufzählung von *termini*, das heißt „Ausdrücken", spricht und nicht von *rationes* im Sinne von „Begriffen", dann legt dies die Vermutung nahe, dass es ihm zunächst um eine sprachlich-gedankliche Erfassung der Wirklichkeit durch Grundworte[19] geht, die keinen Anspruch auf eine systematische intensionale, wohl aber eine extensionale Vollständigkeit, also auch nicht auf definitorische Klarheit und streng univoke Begrifflichkeit erhebt und von daher nicht mit einer die ganze Wirklichkeit systematisch erfassenden und so in sich abgeschlossenen Kategorientafel verwechselt werden darf, sondern den Charakter einer Annäherung an eine durch diese Begriffe bezeichnete gemeinsame Wirklichkeit hat.

Eckhart gebraucht die Bezeichnung *terminus* in den überlieferten Teilen des O.T. in diesem Bedeutungszusammenhang dann kaum noch.[20] Nachdem sie einleitend unter der Bezeichnung *termini* bzw. *termini generales* eingeführt sind, unterliegen die damit bezeichneten Sachverhalte keinerlei Klassifikation mehr, sondern bilden den selbstverständlichen sachlich-inhaltlichen Ausgangspunkt für den weitaus größten Teil der Abhandlungen des OT.

Wenn Eckhart in seinem innerhalb der *prologi* entworfenen Programm als Ausgangspunkt seiner Abhandlung den *terminus* setzt, stellt das insofern eine Besonderheit in der aristotelisch-boethianischen Traditionslinie der Wissenschaft dar, als nicht die Analyse eines Satzes, sondern die Explikation des einzelnen *terminus* in seiner nominalen, intentionalen und universalen Funktion den Ausgangspunkt bildet. Der Beginn des Gedankengangs liegt bei den einzelnen *termini*, weil diese den kleinsten bedeutungstragenden Bestandteil einer begründeten und in diesem Sinne wissenschaftlichen Argumentation bilden. Bei Eckhart lässt sich im Ansatz eine Tendenz

---

[18] Dies muss insofern nicht verwundern, als das Problem des Verhältnisses von Sprache und Metaphysik auch von den mittelalterlichen Autoren selbst nicht ausdrücklich thematisiert wurde, wenn es auch als solches gleichsam „in der Luft lag" (cf. OEING-HANHOFF 165).

[19] Cf. FISCHER Einführung 51.

[20] Eine Stelle im Exoduskommentar greift die Zusammenhänge aus den *prologi* noch einmal auf: In Ex. n.73 (LW II 75,16f.): „*veritas affirmativae propositionis universaliter consistit in identitate terminorum.*"

verzeichnen, die bei OCKHAM in dessen Überlegungen zur Klassifikation der *termini* sowie zu deren unterschiedlicher Supposition voll entfaltet ist.[21]

Wenn wir den Ausdruck *terminus* mit „Begriff" wiedergeben, nehmen wir eine gewisse Unschärfe in Kauf. Das deutsche Wort „Begriff" steht für verschiedene Ausdrücke der mittellateinischen Terminologie, die jeweils eine andere inhaltliche Akzentuierung des Verhältnisses von sprachlichem Ausdruck und Denkinhalt bzw. darüber hinaus der Vermittlung zwischen Sprache und Wirklichkeit vornehmen, dabei teilweise aber nicht deutlich voneinander abzugrenzen sind, was insbesondere im Umgang mit den Begriffen *intellectus* und *ratio* von bleibender Problematik ist. Zudem ist der Ausdruck *terminus* selbst – bedingt durch die Weisen, wie Eckhart ihn verwendet – wesentlich bedeutungshaltiger, als es sich mit dem deutschen Äquivalent „Begriff" wiedergeben ließe.

Im Folgenden soll nur eine Tendenz mittelalterlicher Autoren wiedergegeben werden, was Abweichungen nicht ausschließt. Der reine Denkinhalt, d.h. das Denken eines Sachverhalts, wird *intellectus* genannt, während *conceptio* den von einer Sache durch Abstraktion gewonnenen Begriff meint (so z.B. bei Abaelard, Thomas von Aquin, Walter Burleigh, Wilhelm von Ockham)[22]. Thomas sieht in der *conceptio* das Produkt des Verstandes (*intellectus*), durch dessen Vermittlerrolle die gesprochenen Worte (*voces*) auf die von ihnen zu bezeichnenden Dinge (*res significandas*) bezogen werden (*referuntur*).[23] Die Leistung des Verstandes liegt hierbei in der Ordnung, die er zwischen den Dingen herstellt, indem er an den Dingen das Gemeinsame (*universale*) vom Individuellen unterscheiden und festhalten kann. Dieses Gemeinsame bildet den eigentlichen Erkenntnisinhalt. Unter dieser *ratio* erkennt er dann die Einzeldinge als etwas, auf das ein bestimmtes Begriffswort zutrifft. *Ratio* bezeichnet demnach den Begriff in seiner erkenntniskonstituierenden Funktion, die in seinem Wirklichkeitsbezug besteht. Hinter diesen Überlegungen steht die Frage, ob sich die Begriffsbildung im Sinne einer Abstraktion primär aus der Empirie ableitet, d. h. ob das, was eine Sache als solche ausmacht, allein aus ihren empirischen Merkmalen zu erschließen ist. Die Annahme einer *ratio* lässt auf etwas anderes schließen: Empirische Merkmale reichen nicht aus, um eine ausreichend exklusive Definition eines Gegenstandes zu liefern. Sie erschließen nicht den eigentlichen Begriffsgehalt. Demnach muss eine Begriffsbildung mehr als ein rein sinnliches Erfassen der Wirklichkeit sein. In diesem Sinne bezeichnet *ratio* etwas, das mit „Wesensbegriff" wiedergegeben werden kann. Damit ist nicht notwendigerweise ein Begriffsrealismus unterstellt, wohl aber ist impliziert, dass es einen wesentlichen, intentionalen Zusammenhang zwischen dem

---

[21] Zu Ockham cf. BECKMANN 67f.

[22] ABAELARD, Logica Ingred., ed. B. Geyer 136, 312, 319–331; THOMAS VON AQUIN, In Peri herm. I, lect. 2 n.20; WALTHER BURLEIGH, In Peri herm. (Comm. medius), ed. S.F. Brown 57; WILHELM VON OCKHAM, Summa Logicae I, cap. 1.12, ed. Ph. Boehner, G. Gál, S.Brown, 1974, 7f., 41f.; cf. WEIDEMANN 1808f.

[23] Cf. S.Th. I 13 , 1c: „*Voces referuntur ad res significandas mediante conceptione intellectus.*" WEIDE-MANN 1809 gibt eine aktivische Übersetzung von *referuntur*: Die Sprachlaute beziehen sich durch die Vermittlung eines vom Verstande gebildeten Begriffs auf die Dinge, um sie zu bezeichnen. Durch eine – wörtliche – passivische Übersetzung wird die Vermittlungstätigkeit des Verstandes stärker betont. Nur durch letzteren, nicht an sich, kommt die Referenz zustande.

menschlichen Verstand und der wahrnehmbaren Welt gibt. Der Verstand hat dieser Auffassung zufolge einen unmittelbaren Bezug zur Wirklichkeit, macht sich nicht sein eigenes Bild der Wirklichkeit, sondern nimmt die Wirklichkeit wahr, so wie sie ist. Objektivität und Subjektivität entsprechen einander.

Der Ausdruck *terminus* hingegen zielt im Allgemeinen auf das den Denkinhalt ausdrückende Wort, wobei Ockham zwischen dem *terminus conceptus* als dem gedanklich gefassten Wort und dem *terminus prolatus* als dem gesprochenen Wort unterscheidet, das als sekundär eingesetztes Zeichen den Begriff – das primäre natürliche Zeichen – meint. Dem Begriff ist demnach ein Begriffswort zugeordnet. Tendenziell unterscheidet Ockham strikt zwischen dem Begriff als *conceptus*, das heißt als mentalem Phänomen, also als Produkt des Denkens, und dem Begriff als *terminus*, das heißt als im Satz verwendbarem, inhaltlich gefülltem Sprachzeichen. Der Zusammenhang zwischen Begriff und *terminus* besteht darin, dass etwas vom Verstand Begriffenes im Satz als Subjekt- oder Prädikatterm auftreten kann. Der gedachte Begriffsterminus (*terminus conceptus*) gehört noch keiner Sprache an, anders als der *terminus prolatus aut scriptus*, und kann noch nicht in einem syntaktischen Zusammenhang stehen. Bei Eckhart wird diese Differenzierung so nicht durchgeführt, so dass der Begriff *terminus* auf den ersten Blick eher unscharf erscheint. Das hängt nicht zuletzt damit zusammen, dass Eckhart bei seinen Überlegungen zum Wesen des Begriffs logische mit metaphysischen Fragestellungen verbindet und deshalb die Ebenen nicht in dieser Schärfe voneinander trennt, während Ockham die Frage nach der Realität der Begriffe im Denken, wie und ob sie dort existieren oder nicht, der Metaphysik zuweist und von der Logik fernhält.[24]

Das Bedeutungsfeld von *terminus* ist jedoch – ähnlich dem von *ratio* und *intellectus* – wesentlich weiter, als es sich mit dem deutschen Wort „Begriff" wiedergeben lässt, so dass begriffstheoretische Überlegungen zur Klärung dessen, was Eckhart unter *terminus* versteht, nicht ausreichen. Auf den ersten Blick scheinen die Bedeutungen, die Eckhart diesem Ausdruck zumisst, so weit zu divergieren, als würde das Wort äquivok verwendet. Die folgenden Überlegungen zeigen jedoch, dass ein innerer Zusammenhang besteht, der für die Akzentuierung dessen, was an dieser Stelle unter „Begriff" verstanden wird, interessante Einsichten bietet. Die greifbarste Bedeutung von *terminus* ist Grenze, Begrenzung. Diese klingt in der Verbform *terminare* an. Wenn letzteres im Sinne von „enden" gebraucht wird, dann ist stets ein von außen verursachtes Enden, eben durch Begrenzung, gemeint, also ein gesetztes Ende. Das bedeutet nicht, dass es nicht als Zielursache in einem Kausalzusammenhang stehen kann. Eckhart ist dieser Bedeutungszusammenhang – insbesondere unter dem Gesichtspunkt Zielursächlichkeit – geläufig. Er verwendet *terminus* an mehreren Stellen, um damit das Ende, d. h. die Eingrenzung eines Prozesses zu bezeichnen:

---

[24] Zu Ockham cf. BECKMANN 68f. Nach Ockham kann jeder *conceptus* seiner Funktion nach als *terminus* auftreten, hinsichtlich seines Inhalts ist er aber nicht daran gebunden.

„Dies ist es auch, weshalb Zeugung unmittelbar geschieht, nicht sukzessive, nicht als Bewegung, sondern als *terminus* (Ende) einer Bewegung."[25]

Hier wird keine metaphysische Zustandsbeschreibung gegeben, sondern ein Prozess beschrieben, oder präziser gesagt, der metaphysische Zustand hat als solcher Prozesscharakter. Als Prozess bezeichne ich im Hinblick auf Eckhart jede Beschreibung einer Veränderung eines Zustandes. Diese muss nicht notwendig als Bewegung wahrnehmbar, wohl aber als Tatsache einer erfolgten Veränderung feststellbar sein. Es kann vorkommen, dass Eckhart, wie aus den folgenden Textzitaten deutlich wird, Tätigkeitswörter und Ortsbestimmungen verwendet, sodass die beschriebene Prozessualität an Handlungsabläufe und Ortsbewegungen erinnert. Es geht ihm jedoch darum, anhand derartiger Veranschaulichungen zu beschreiben, was eine Veränderung als solche ausmacht. Unter einer Veränderung in diesem Sinne fällt auch der Vorgang des Entstehens. Unter Prozessualität bei Eckhart sollen vor diesem Hintergrund alle Beschreibungen eines Werdens verstanden sein. Eckhart selbst reflektiert die Tatsache, dass er weniger Zustände als Vollzüge beschreibt, nicht. Von Prozessualität ist deshalb explizit bei ihm nicht Rede, wohl aber durchweg von konkreten Prozessen, wie im angeführten Beispiel der Entstehung (*generatio*). Der Blick auf das Werdende ist für die Eckhartsche Betrachtung der Wirklichkeit im Allgemeinen charakteristisch, und gerade auch für den Blickwinkel der Metaphysik. Die Wirklichkeit wird nicht statisch, sondern als Geschehen aufgefasst. Die Kontinuität und die aus der Perspektive der Metaphysik geforderte Unveränderlichkeit betrifft die konstante Ausrichtung des Geschehens. Ein Prozess in diesem Sinne kann weder zufallsbestimmt noch ergebnisoffen sein.

Der größte Teil der Abhandlungen im überlieferten *opus expositionum* beschreibt Vorgänge, sei es die durch das eigene Verhalten sich ändernde Wirklichkeit des Menschen, oder aber, was grundlegender ist, die Welt in ihrer Bewegung von Gott weg und auf ihn hin. Die Setzung des Begriffes *terminus* erfolgt von daher nicht absolut, sondern relativ auf einen bestimmten Zusammenhang hin. So kann Eckhart aus einem anderen Blickwinkel behaupten:

„Die Zeugung, deren *terminus* (das) Sein ist, ist keine Bewegung, sondern ist im Augenblick, ohne Zeit."[26]

In beiden Aussagen kann *terminus* als Ziel verstanden werden. *Terminus* beinhaltet Festigkeit und Unveränderlichkeit und bezeichnet damit das Gegenteil jeder Art von *alteratio* (Veränderung).[27] Es bezeichnet jedoch keinen Zustand im absoluten Sinne, sondern wird als relationaler Begriff innerhalb eines Kausalgefüges angewandt. Die Relationalität wird auch in folgender Aussage deutlich:

---

[25] Prol. gen. in Op. prop. n.14 (LW I 174,8f.): *„Hinc est etiam quod generatio est instantanea, non successiva, nec motus, sed terminus motus."*

[26] In Ioh. n. 409 (LW III 348, 3f.): „[...]*generatio, cuius terminus est esse, non est motus, sed est in instanti sine tempore."*

[27] Cf. In Ioh. n. 534 (LW III 466, 7f.): „[...]*alterationis terminus est generatio."*

„Die Beziehung zwischen Gott und uns hat zwei *termini*, Gott und uns.“[28]

Das Kausalgefüge stellt sich auf den ersten Blick weniger eindeutig dar, doch ergibt sich aus dem Kontext, dass Gott innerhalb dieses Gefüges die Bedeutung einer abschließenden Zielursache hat. Dennoch kommt ihm die Funktion eines *terminus* nicht in einem absoluten Sinne zu, sondern nur innerhalb der beschriebenen Relation. Diese wiederum besteht nicht an sich, sondern nur im Hinblick auf ihre *termini*, d. h. auch notwendig durch das schwächere Glied. Für den Begriff *terminus* lässt sich festhalten, dass er nie für sich und nie absolut stehen kann, sondern notwendig Bestandteil einer Relation ist und nur innerhalb einer solchen besteht.

Ein komplizierteres Bedeutungsgefüge findet sich in folgender Aussage:

„Alles Wirkende wirkt ihm Ähnliches, soviel es vermag, und wirkt sein anderes Selbst, das andere, das aus anderem zu seinem Selbst gemacht ist. Es fängt beim anderen an, entfernt sich vom anderen, zieht es zu sich selbst; ,das andere' ist der *terminus a quo*, ,sich selbst' ist der *terminus ad quem*.“[29]

Mit diesen Worten wird ebenfalls ein von zwei Seiten – durch Ausgangs- und Zielpunkt – eingegrenzter Prozess beschrieben. Die Intention eines Wirkenden richtet sich auf etwas außerhalb seiner selbst. Der *terminus a quo* besteht in Andersartigkeit, der *terminus ad quem* in der Identität. Der Prozess vollzieht sich innerhalb der beiden Pole von Andersartigkeit und Identität. Beide beziehen sich aber nicht nur auf die Struktur und den Gehalt des beschriebenen Prozesses, sondern auch auf die grammatische Struktur des Satzes *omne agens agit se ipsum alterum*. Beide sind Bestandteil des Prädikats des Satzes. Auffällig ist, dass in dem zitierten Textabschnitt dieser Satz so von Eckhart nicht explizit formuliert wird, dass er aber als Grundlage des Gesagten implizit vorausgesetzt wird. Wir haben es hier mit einer Verflechtung von beschriebenem Sachverhalt und grammatischer Struktur zu tun, die sich als charakteristisch für Eckharts Denkweise herausstellen wird.[30] Auf die strukturontologische Relevanz des *se alterum* wird später eingegangen werden.[31]

Noch deutlicher auf die Ordnung der Prädikation, genauer gesagt, auf den Begriff bezogen, wird der Ausdruck *terminus* in folgendem Zusammenhang:

„[...] im Allgemeinen ist nichts von den Dingen in Gott, die geschaffen oder begrenzt (*terminata*) und zur Gattung irgendeines Seienden bestimmt (*determinata*) sind, und folglich ist nichts davon in Gott, was ein Ende oder eine Begrenzung (*terminus*) bezeichnet, nämlich Definition, Darlegung, von etwas anderem her Sein, die Möglichkeit, nicht zu sein, und jede Art von Veränderlichkeit, Instabilität und dergleichen.“[32]

---

[28] In Ioh. n.647 (LW III 562,12f.): „[...] *relatio inter nos et deum habet duos terminos, deum et nos.*"

[29] In Ioh. n.66 (LW III 55,9–12): „*Et omne agens agit simile sibi, quantum potest, et agit se ipsum alterum, id est alterum ex altero factum se ipsum. Incipit ab altero, recedit ab altero, trahit ad se ipsum; ,alterum' est terminus a quo, ,se ipsum' est terminus ad quem.*"

[30] S.u.S.69.

[31] S.u.S.224.

[32] In Ex. n.183 (LW II 157,16): „[...]*generaliter nihil eorum, quae sunt creata sive terminata et determinata ad genus quolibet entis, est in deo et per consequens non est in ipso deo aliquid eorum, quae finem et termi-*

Diffinitio und *demonstratio* werden mit *finem et terminum significare* erklärt. *Terminus* weist demnach auf eine sprachliche Ein- bzw. Abgrenzung hin. *Terminus* im Sinne von „Begriff" bedeutet den definierten, in seinem Gehalt gegen andere Begriffsgehalte und von anderen Begriffsgehalten her abgegrenzten Begriff, der als solcher Fixpunkt einer Aussage ist und als Grundlage einer *demonstratio* fungieren kann. In diesem Zusammenhang ist mit *terminus* auch eine wesentliche Unselbständigkeit – von einem anderen her sein (*esse ab alio*) – verbunden. Von dieser Konnotation erscheint der Ausdruck *terminus generalis* wiederum befreit zu sein, da er Begriffe bezeichnet, die sich auf Gott beziehen können. Es stehen dabei jedoch verschiedene Gottesbegriffe nebeneinander, die insofern eine inhaltliche Abgrenzung nahelegen. Außerdem sind die *termini generales* die asymptotisch-offenen Grenzbegriffe, von denen her jede eingeschränkte Verwendung dieser Begriffe auf einen kontingenten Sachverhalt ihre Berechtigung erhält.[33]

b)   Die Boethianische Traditionslinie

Das dynamische Verständnis von *terminus*, wie wir es bei Eckhart beobachtet haben, weist auf eine Traditionslinie, die auf BOETHIUS zurückzuführen ist.[34] Boethius verbindet ein aristotelisch geprägtes apodeiktisches, d. h. streng ableitendes Wissenschaftsverständnis mit der antiken *artes*-Tradition, d. h. der Annahme eines geordneten und fest umrissenen Ganzen von lehr- und lernbarem Wissen, das dem Erwerb höherer enzyklopädischer Bildung dient und als solches ein methodisches, aus Regeln und Vorschriften bestehendes Wissen darstellt.[35]

In seiner Schrift *De hebdomadibus*, die zwar seinen trinitätstheologischen Schriften zugerechnet wird, im Ganzen jedoch eine rein philosophische Sprache spricht, aber

---

num significant, puta diffinitio, demonstratio, esse ab alio, possibilitas ad non esse et omnis mutabilitas, instabilitas et similia."

[33]   Bei Thomas von Aquin lässt sich eine ähnliche Bedeutungsweite des Begriffs *terminus* feststellen. Neben einer synonymen Verwendung mit *finis* im Sinne von „Ziel", „Ende" findet sich ein Gebrauch synonym mit *extremitas* und *ultimum*, der sich mit „Grenze" und „äußerstem Glied" wiedergeben lässt, daneben dann auch die Verwendung mit der Bedeutung „Begriff", auch im Sinne von sprachlichem Ausdruck. Insgesamt sind die Kombinationen mit einem attributiven Ausdruck bei Thomas weitaus vielfältiger und differenzierter als bei Eckhart, jedoch taucht die Form *terminus generalis* bei ersterem weder im Singular noch im Plural auf. Cf. SCHÜTZ 808ff. Wenn man, wie FISCHER, Arbeitsweise 63, davon ausgeht, dass Eckhart die Kenntnis des thomanischen Werkes voraussetzt, dann gilt das auch für die Verwendung der Begriffe. Insofern kann im Blick auf Eckhart von einer Fokussierung und Straffung der thomanischen Begrifflichkeit auf die in ihr enthaltenen Grundbedeutungen gesprochen werden.

[34]   Zu den folgenden Aussagen über Boethius, aber auch zu Thomas von Aquin, Gilbert von Poitiers und Thierry von Chartres cf. DREYER, Nikolaus 14–19.

[35]   Zur *artes*-Tradition cf. DREYER, Nikolaus 12; zur Rezeption des boethianischen Wissenschaftsverständnisses nach De hebdomadibus cf. ID., more mathematicorum 101–106.

gerade dadurch eine Axiomatik der Theologie zu entwerfen versucht[36], definiert Boethius ein Axiom als einen Satz, der aus sich und durch sich bekannt ist, „dem jeder, sobald er ihn hört, zustimmt". Eine solche *communis animi conceptio* ist allen Menschen gemeinsam, und von ihrer Evidenz ist jeder überzeugt.[37] In diesem Zusammenhang bezeichnet Boethius die *communis animi conceptiones* als *termini* oder *regulae*:

> „Wie es also in der Mathematik und den übrigen Disziplinen zu geschehen pflegt, habe ich die Begriffe (*terminos*) und Regeln vorausgesetzt, durch die ich alles was folgt, entwickeln werde."[38]

Damit ist zweierlei ausgesagt. Erstens, dass eine weitgehende methodische Übereinstimmung in den Wissenschaften herrscht, da die Mathematik in der Lage ist, die Grundstruktur aller übrigen Wissenschaften zu bestimmen. Zweitens, dass die Vorgehensweise in der Wissenschaft streng axiomatisch, das heißt aus einer bestimmten Anzahl Grundprinzipien heraus erfolgt. Der Wahrheitsanspruch abgeleiteter Sätze leitet sich aus dem Wahrheitsanspruch der Grundprinzipien ab. Letztlich müssen alle Aussagen auf die Grundprinzipien zurückgeführt werden, um dem Wahrheitsanspruch gerecht zu werden. Darin liegt der Anspruch einer mathematischen Methode. Entsprechend heutigem Sprachgebrauch entspricht das, was Boethius hier mit Mathematik betitelt, eher der axiomatisch-deduktiven Methode in der formalen Logik. Boethius kann seine Abhandlung mit neun Grundprinzipien einleiten, die er hintereinander stellt, ohne sie in einen direkten Zusammenhang zu bringen. Sie reichen aus, um aus ihnen alles notwendige Weitere abzuleiten:

> „Es genügt demnach, was wir vorausgeschickt haben. Von einem klugen Ausdeuter der *ratio* wird ein jedes seinen Beweisführungen angepasst werden."[39]

Vollzug des Denkens ist es, die Prinzipien auf konkrete Sachverhalte anzuwenden, das heißt, aus ihnen eine *argumentatio* zu entwickeln. Folglich ist der Denkende ein *interpres*, ein Ausdeuter der Prinzipien. Boethius gebraucht in diesem Zusammenhang den Begriff *ratio*, der auf die inhaltliche Ausrichtung der Begriffe verweist, die von sich aus dazu da sind, in einem sachlichen Zusammenhang zu stehen. Aus diesen Überlegungen leitet sich folgende These ab: Boethius bezeichnet als *ratio* die *termini* insofern sie *regulae* sind. Begriffe werden von ihm demnach nicht im Sinne in sich stehender Ideen aufgefasst, sondern als von sich aus auf einen Zusammenhang innerhalb des Satzes bzw. der sprachlichen Form angelegt. Eckhart geht, was die

---

[36] Auf die Charakteristik dieses Entwurfs und seine Relevanz für Eckhart gehen wir im Abschnitt A.9.b ein.

[37] BOETHIUS, De hebdomadibus (Tractauts tertius de Trinitate) 18–19, Ed. Steward 40; IBID. 23–25.

[38] IBID. 14–17: „*Ut igitur in mathematica fieri solet ceterisque etiam disciplinis, praeposui terminos regulasque quibus cuncta quae sequuntur efficiam.*"

[39] IBID. 53–55: „*Sufficiunt igitur quae praemisimus; a prudente vero rationis intrprete suis unumquodque aptabitur argumentis.*"

Bedeutung und den Zusammenhang von *terminus* und *ratio* angeht, von der gleichen Auffassung aus, wie die vorangegangenen Überlegungen deutlich gemacht haben.

Die neun Grundprinzipien in *De hebdomadibus* beziehen sich sowohl auf erkenntnistheoretische als auch auf ontologische Überlegungen, also auf die Erkenntnis der Wirklichkeit und auf die Wirklichkeit als solche bzw. auf das Wissen und den Inhalt des Wissens.[40] Sie leiten sich nicht voneinander ab, sondern bringen jeweils einen neuen, für wesentlich erachteten Aspekt der Struktur der Wirklichkeit zur Geltung. Die Zusammenhänge, die sich in Form von Sätzen ergeben, sind nicht vorausgesetzt, sondern sie sind das Ziel, das durch die *argumentatio* entwickelt werden soll. Boethius spricht in diesem Zusammenhang von „hervorbringen" oder „wirken" (*efficere*), das heißt von einem Prozess der Hervorbringung, der erst noch in Gang zu setzen ist. Das Denken ist demnach einerseits ein schöpferischer Prozess, andererseits ist es auf notwendige Grundeinsichten sowohl hinsichtlich seiner selbst als auch der Wirklichkeit angewiesen, die es ihm überhaupt erst ermöglichen, in einen Prozess der Reflexion einzutreten. Die boethianische Auffassung, die in ihrer Grundsätzlichkeit als für Eckhart bestimmend zu erachten ist[41], kann folglich zwischen einem in sich selbst gründenden Rationalismus und einem empirischen Ansatz angesiedelt werden. Die Frage stellt sich, auf welche Weise die Axiome gewonnen werden. Sie zeigen sich im Beispiel von *De Hebdomadibus* als synthetische Urteile über die Grundstruktur des Erkennens und der Wirklichkeit. Ob sie nun dem Verstand von vornherein gegeben sind, im Sinne angeborenen idealen Wissens, das durch Reflexion aktualisiert wird, oder durch Abstraktion empirisch gewonnener Einsichten, dazu bemerkt Boethius an dieser Stelle nichts.

Die für das Wissenschaftsverständnis grundlegende Zuordnung von *termini* und *regulae* zu den *communis animi conceptiones* wird in der mittelalterlichen Boethius-Rezeption weiter entwickelt. Für THOMAS VON AQUIN werden die Axiome insofern als *termini* bezeichnet, als in diesen die Analyse der Beweise zum Stehen kommt und die Rückverfolgung eines Beweisganges ausgehend von der Schlussfolgerung hier bei den ersten Sätzen eines Beweises ihr Ende findet.[42] GILBERT VON POITIERS geht davon aus, dass *termini* und *regulae* dasselbe unter verschiedenen Gesichtspunkten bezeichnen. *Regulae* würden die *rationes* genannt, weil sie vieles enthielten, was Beweisgründen ähnlich sei, *termini* hingegen, weil die Beweise des Behaupteten aus ihren Prinzipien deduziert würden und dies durch letzte, auf induktivem Weg ein-

---

[40] Erkenntnistheoretisch bestimmt ist insbesondere das erste Grundprinzip (18–27), das die übrigen an Umfang bei weitem übertrifft. In ihm behandelt Boethius die *communis animi conceptio*, die gemeinsame begriffliche Vorstellung in der Seele. Sie ist zunächst von jedem Menschen verstehbar, nicht weil sie in allen Fällen ein und dieselbe wäre, sondern durch das Prinzip der proportionalen Gleichheit (*aequalitas*). Dieses intuitive Wissen gilt jedoch nicht für die gnoseologisch–ontologischen Grundprinzipien der Begrifflichkeit, die nur durch Reflexion – Boethius wörtlich: für Gelehrte (*docti*) – zugänglich sind.

[41] Mit dieser Einschätzung folgen wir GORIS, Einheit 24f.

[42] THOMAS VON AQUIN, Expositio super Boethium De heb., lect. I, 13, Ed. Calcaterra 393: *„Dicit ergo primo, quod ipse intendit primo proponere quaedam principia per se nota, quae vocat terminos et regulas. Terminos quidam, quia in huiusmodi principiis stat omnium demonstrationum resolutio; regulas autem, quia per eas dirigitur aliquis in cognitionem sequentium conclusionum."* Dazu DREYER, Nikolaus 14.

holbare Annahmen gleich Zielen begrenzt sei."[44] THIERRY VON CHARTRES hebt den regulierenden Charakter der *termini* stärker hervor. Die Grundsätze würden *termini* und als solche „*per se nota*" genannt, insofern man sie nicht übersteigen dürfe und insofern mit ihnen der Zweifel an der Richtigkeit des betrachteten Sachverhalts beendet werden könne. Sie hießen *regulae*, weil man von ihnen gleichsam geleitet werde, damit man bei der Lösung der Frage vom Weg der Wahrheit nicht abweiche.[45]

Eckhart geht von dem limitierenden Verständnis im Hinblick auf einen *terminus* aus, ohne diesen Zusammenhang jedoch ausdrücklich mit *regulae* in Beziehung zu bringen. Die Rezeption des Konzepts aus *De Hebdomadibus* erfolgt hier nicht mit dessen ganzer Begrifflichkeit, sondern auf den zentralen Begriff der *termini generales* hin modifiziert. Explizit konstatiert Eckhart keinen Ableitungs- oder Beweiszusammenhang, sondern einen Aussagezusammenhang. Der *terminus* steht nicht im primären Zusammenhang mit der *regula*, sondern mit der *propositio*, dem Aussagesatz, indem er die Grundlage ihrer *formatio* bildet. Damit erhält der *terminus* freilich den Charakter einer *regula*. Eckhart liefert keine Herleitung der *termini generales*. Diese werden vielmehr im Dienste einer multiperspektivischen Beschreibung der Wirklichkeit als gesetzt hingenommen. Dann untersucht Eckhart die Möglichkeiten einer den Begriffen von ihrer inhaltlichen Dimension her angemessenen Verwendung im Aussagezusammenhang. Darin erst erschließt sich der axiomatische Status der *termini generales*. Im Verlauf der Betrachtung der Aussagezusammenhänge versucht Eckhart nachzuweisen, dass eine angemessene Verwendung dieser Begriffe nicht möglich ist, ohne sie im Hinblick auf Gott zu thematisieren. Die Rede vom *esse* läuft notwendig auf die Rede vom *esse est deus* hinaus. Wer vom Sein spricht, muss von Gott sprechen, um angemessen vom Sein sprechen zu können. Das Gleiche gilt, auch wenn uns die Ausführungen darüber aufgrund der Fragmentarität des O.T. nicht vorliegen, für die übrigen transzendentalen Begriffe und das Prinzip der Ursächlichkeit.

2. DER BEGRIFF INNERHALB DER AUSSAGE – EIGENTLICHE UND UNEIGENTLICHE AUSSAGE

Auf der sprachlichen Ebene manifestiert sich anschaulich die wesentliche Relationalität des *terminus*. Der *terminus* ist als solcher nur innerhalb eines Aussagesatzes sinnvoll, da seine Bedeutung nur innerhalb eines Aussagezusammenhangs erfassbar ist. Nicht der *terminus* soll Gegenstand der Betrachtung sein, sondern die mit ihm ausgesagte Wirklichkeit. Der Unterschied scheint auf den ersten Blick banal zu sein,

---

[44] Cf. GILBERT V. POITIERS, In De heb. 1,10, Ed. Häring 189. Dazu DREYER, Nikolaus 18.
[45] Cf. THIERRY VON CHARTRES, In De heb. 6, Ed. Häring 120. Dazu DREYER, Nikolaus 19.

jedoch lässt die von Eckhart mehrfach behauptete Deckungsgleichheit der *termini generales* darauf schließen, dass er sie als einander parallele Strukturbegriffe der einen Wirklichkeit betrachtet, die sich unter je verschiedenen Aspekten betrachten lässt. Die Alternativen lassen sich wie folgt formulieren: Entweder ist dieser Aspekt allein durch den Betrachter bedingt – hierfür finden wir keine Hinweise bei Eckhart – oder er ist von der Wirklichkeit selbst bestimmt, hat also eine vom Betrachter unabhängige Wirklichkeit. Die Frage, die hieraus resultiert, ist die eingangs gestellte nach dem ontologischen Status dieser *termini generales*.

Eckhart bringt im *Prologus generalis* folgende Umschreibung für die Einbindung der *termini generales* in den Aussagezusammenhang: Die verschiedenen *termini generales* sollen die Grundlage für *propositiones* bilden.[44] *Propositio* ist im Sinne von Aussagesatz oder Urteil zu bestimmen, jedenfalls als grammatisch verfasste und strukturierte Form der Sprache[45], als Zuordnung von Subjekt und Prädikat, wobei den *termini generales* unterschiedliche Funktionen innerhalb der Struktur der *propositio* zukommen. „*De quibus formantur propositiones*" verstehe ich im Sinne von „aus denen" oder „von denen her die Sätze gebildet werden" und verschiebe den Akzent der von LAMMERS[46] vorgeschlagene Übersetzung „über welche die Thesen aufgestellt werden". Eine solche Übersetzung der Präposition *de* im Sinne der kausalen Herkunft bzw. der Abstammung erscheint mir insofern signifikanter, als sie die in ihrer Bezeichnung durch Eckhart angelegte begründende Stellung der *termini generales* ins Wort bringt und somit den unmittelbaren Hervorgang der *propositio* aus dem *terminus* verdeutlicht, wobei die semantische Weite der Präposition auch die Übersetzung von Lammers rechtfertigt. Die Sinnhaftigkeit dieser Überlegung wird sich im weiteren Verlauf der Untersuchung erweisen. Ausdrücklich ist im erwähnten Textzusammenhang von *propositiones generales*, das heißt allgemeinen Sätzen die Rede.[47] Dies kann sich sowohl auf den Inhalt als auch auf die Struktur der Sätze beziehen. Eine klare Differenzierung scheint nicht möglich, da Eckhart – was ihm eigentümlich ist – Struktur und Inhalt stets aufeinander bezieht.

Im *prologus in opus propositionum* liefert Eckhart eine Untersuchung des propositionalen Kontexts, indem er zwei Strukturen der Prädikation unterscheidet. Er übernimmt eine Unterscheidung, die den Logikern des Mittelalters insgesamt geläufig ist,[48] nutzt diese jedoch nicht als rein logische Unterscheidung, sondern auch, um den Unterschied der Sprache, die wir im Hinblick auf die Allgemeinbegriffe in ihrer Vollkommenheit und damit auf Gott benutzen, von der Sprache, mit der wir über

---

[44] Prol. gen. in Op. trip. n. 3 (LW I 149,6ff.): „*Opus autem primum, quia propositiones tenet mille et amplius, in tractatus quattuordecim distinguitur iuxta numerum terminorum, de quibus formantur propositiones.*"

[45] in Unterscheidung zu der Aussage als Vorgang, der *oratio*. Cf. deren Unterscheidung im Zitat n.133.

[46] Editor der Prologi in Opus tripartitum und der Expositio Libri Genesis (LW I).

[47] Prol. gen. in Op. trip. n.2 (LWI 148,9f.): „*videlicet quantum ad generales et sententiosas quasdam propositiones.*"

[48] Cf. DE RIJK, 19f.; zur Problemgeschichte und -stellung cf. den gesamten Artikel.

die Alltagserscheinungen sprechen, zu reflektieren.[50] Dabei schränkt er die Allge-
meingültigkeit der thomanischen Überlegungen insoweit ein, als er die Prädikation
der *termini generales*, nicht die von Begriffen allgemein ins Auge fasst.[51]
   Die beiden Aussagezusammenhänge nehmen bei Eckhart die Stellung der *regulae*
im boethianischen Schema ein und verdeutlichen die eckhartsche Akzentuierung
dieses Ansatzes. Die erste Prädikationsstruktur beschreibt Eckhart folgendermaßen:

„Wenn ich also sage, irgendetwas sei, oder eins, wahr oder gut aussage, fallen die vier
(*termini*) unter diese Aussage als zweites hinzufallendes Glied von vieren und sie werden
ihrer Form nach (eigentlich) genommen und als Substantive."[52]

Nur in diesem Zusammenhang als *secundum adiacens* werden die *termini generales* ihrer eigentlichen, d. h. wesentlichen Bedeutung gemäß (*formaliter*) verwendet. Eckhart
ist demnach nicht der Auffassung, dass es verschiedene Weisen gebe, „sein" auszusagen, sondern nur eine eigentliche und eine uneigentliche. Im Sinne von „eigentlich" gebraucht Eckhart die Bezeichnungen *absolute* und *simpliciter nullo addito*[53], *firmum*,
stabile und *virtuale*.[54] Letzteres ist im Sinne von „aus sich heraus wirkmächtig" zu
verstehen, gerade nicht im Sinne „virtueller Welten", und auch anhand der übrigen
Klassifizierungen wird das In-sich-Gründen als Hauptcharakteristikum der Eigent-

---

50 J. LOHMANN weist darauf hin, dass die Unterscheidung der beiden Aspekte des Verbs
    ‚sein', Existenz und die reine Verbindung im Intellekt ein sprachhistorisches Proprium der
    indo-europäischen Sprachen sei (LOHMANN 127).
51 Cf. MC GINN 130f.
52 Prol. in Op. prop. n.3 (LW I 167, 2–5): „*Cum igitur dico aliquid esse, aut unum, verum seu bonum
    praedico, et in praedicatio cadant tamquam secundum adiacens praemissa quattuor et formaliter accipiuntur
    et substantive.*" In der *Tabula prologorum in opus tripartitum* erscheint dieselbe Aussage in folgen-
    der Formulierung: „Denn wenn etwas seiend, eins, wahr, gut genannt wird, dann sind diese
    einzelnen die Prädikate der Aussage und das zweite Glied." (Tab. prol. in Op. trip. n.3 =
    LW I 131,6–8: „*Cum enim dicitur aliquid ens, unum, verum, bonum, tunc haec singula sunt praedicata
    propositionis et sunt secundum adiacens.*"). Der in Klammern hinzugefügte Text bezieht sich auf
    das Inhaltsverzeichnis, bei dem wir es in seinen Abweichungen vom Haupttext wahrschein-
    lich mit einer älteren Fassung des Textes zu tun haben, das als solches aber nicht von Eck-
    hart selbst, sondern von einem Rezensenten stammt. Cf. WEIß im Vorwort als Herausgeber
    der LW, Bd. I 121ff.. Das Inhaltsverzeichnis ignoriert, dass diese Ausführungen im Haupt-
    text zum *prologus in opus propositionum* gehören, und bringt sie – in einer auffallenden Ausführ-
    lichkeit – als eines von fünf zwischen den *prologus generalis* und den Genesiskommentar ge-
    schobenen Kapiteln, die Bestandteile aus allen drei *prologi* enthalten. Die Ausführlichkeit,
    mit der diese Passage im Inhaltsverzeichnis wiedergegeben wird, nämlich als referierender
    Text und nicht als Zusammenfassung, lässt auf die hohe Bedeutung, die ihm der Rezensent
    für das Gesamtverständnis des Werkes beimisst, schließen. Auffällig ist die unterschiedliche
    Verwendung von *esse* und *ens*.
53 Cf. Prol in Op. prop. n.3 (LW I 166,12): .: „[...]*aliter sentiendum est de ente et aliter de ente hoc et
    hoc. Similiter autem de de esse absolute et simpliciter nullo addito et aliter de esse huius et huius.*"
54 Cf. In Gen. I n.77 (LW I 238,2–7): „*Nota quod omnis creatura duplex habet esse. Unum in causis suis
    originalibus, saltem in verbo dei; et hoc est esse firmum et stabile. Propter quod scientia corruptibilium est
    incorruptibilis, firma et stabilis; scitur enim res in suis causis. Aliud est esse rerum extra in rerum natura,
    quod habent res in forma propria. Primum est esse virtuale, secundum est esse formale quod plerumque
    infirmum et variabile.*"

lichkeit deutlich. Genau genommen gilt nur das als wirklich, was eigentlich ist, alles andere hat den Charakter einer unwirklichen Wirklichkeit. Die Unterscheidung von Eigentlichem und Uneigentlichem ist ein durchgehender Topos im O.T., anhand dessen sich die Wirklichkeit in zwei Bereiche gliedern lässt. Bezeichnungen wie *proprie, proprium, ex sui proprietate* oder *cum suis proprietatibus* finden sich im gesamten Werk. Wohl werden sie nicht unmittelbar auf den Seinsbegriff angewandt, was nachvollziehbar ist aufgrund der allumfassenden Weite dieses Begriffs. Im Blick auf den Seinsbegriff spricht Eckhart nur vom Sein schlechthin – unter Hinzuziehung der erwähnten Attribute – und setzt ihn vom sogenannten *ens hoc et hoc*, dem Dies-und-das-Sein ab.[55] Das *esse* ist in jedem Seienden dasselbe. Das *esse hoc et hoc* hingegen bezeichnet das je besondere des einzelnen Seienden, das sich von allem anderen *esse hoc et hoc* unterscheidet und ihm seine formhafte washeitliche Bestimmung gibt.[56] Das einzelne Seiende hat demnach ein doppeltes Sein (*duplex esse*)[57], aber eben ein eigentliches und ein uneigentliches, hier abgeleitetes.

Den Blick vom Uneigentlichen auf das Eigentliche jedes Phänomens zu lenken, ist das Grundanliegen der eckhartschen Argumentation. Durchgehend kann festgehalten werden, dass es Eckhart nicht allein um eine Beschreibung dessen, was ist, geht, sondern darum, den Lesenden zu einer Haltung hinzuführen. Eckharts Rede gewinnt durch seine Unterscheidung zwischen Eigentlichem und Uneigentlichem einen persuasiven Charakter, der die deskriptiven Elemente überlagert. Die gesamten erkenntnistheoretischen Überlegungen Eckharts laufen darauf hinaus, zu dieser Eigentlichkeit der Welt, die seiner Auffassung nach unmittelbar in Gott gründet, vorzudringen bzw. das wegzuräumen, was im uneigentlichen, jedoch gewöhnlichen Erkennen den Blick darauf verstellt.

Bei der eigentlichen Aussageweise handelt es sich um absolute Existenzaussagen – sie sagen die *terminorum existentiam*[58] aus – nach dem Schema „X ist", wobei die Betonung auf den zweiten Satzteil, auf das Sein bzw. das, was mit ihm konvertibel ist, fällt. Schwieriger zu verstehen ist die Behauptung, die *termini* würden *substantive*, d. h. substantivisch aufgefasst. Ein Substantiv bezeichnet einen Gegenstand oder einen Sachverhalt. Der Begriff bezeichnet von seiner Zusammensetzung her etwas Grundlegendes. *Substantive* leitet sich von *substantia* ab, dem auf nichts anderes Zurückführbaren, in sich Eigenständigen und aus sich Vorhandenen. *Sub-stare* im Sinne von

---

[55] Dieser Ausdruck findet sich an unzähligen Stellen cf. z.B. Anmerkung 53.
LAMMERS übersetzt in der kritischen Ausgabe *ens hoc et hoc* mit „dieses und jenes Seiende". Ich übernehme die Übersetzung „Dies-und-das-Seiendes" von ALBERT, These 51. Inhaltlich darf der Übersetzungsunterschied nicht überbewertet werden. ALBERT geht davon aus, dass er mit seinem Übersetzungsvorschlag der Eigenart des Eckhartschen Gedankenguts besser gerecht wird, gerade um die Bedeutung des *ens* besser hervorheben zu können.

[56] Cf. ALBERT, These 51.

[57] Cf. n.54.

[58] Der Ausdruck *terminorum existentia* stammt ebenfalls aus dem Inhaltsverzeichnis und kommt so im *prologus* nicht vor. Er wird in Zusammenhang mit einem Beispiel zu den zitierten Überlegungen kontrastierend eingebracht: „*Verbi gratia cum dico: ,hoc est homo vel lapis', non praedico esse, sed praedico hominem vel lapidem aut huiusmodi aliquid. Propter quod haec est vera: ,Martinus est homo' nullo homine existente. Non enim dico hominem esse nec esse praedico nec terminorum existentiam, sed cohaerentiam*" (Tab. prol. in Op. prop. n.3 = LW I 131,11–15).

„unter-etwas-stehen" verweist außerdem auf die Rolle als Träger von etwas Unselbständigem. Diesen erweiterten Bedeutungszusammenhang im Sinne von Eigenständigkeit und Fundament gilt es zu berücksichtigen, wenn Eckhart vom substantivischen Gebrauch der *termini generales* spricht. Explizite Aussagen dieser Form finden sich in der Alltagssprache recht selten, wenn sie auch notwendig in jeder Aussage impliziert werden, da die Eingebundenheit eines jeden Sachverhaltes in die Struktur der Wirklichkeit stets vorausgesetzt und in jeder Behauptung mitausgesagt wird – und sei es durch die Behauptung seiner Nichtexistenz. Etwas über eine Sache auszusagen schließt mit ein, dass ich davon ausgehe, dass diese Sache auf irgendeine Weise existent ist.

Im Exoduskommentar sind die Überlegungen zum substantivischen Gebrauch der *termini generales* auf einen konkreten Beispielsatz angewendet, bei der Untersuchung des Bibelverses *ego sum qui sum* (Ex 3,14), der Aussage, in der Gott sich am Sinai gegenüber Mose selbst ausspricht. Aufgrund dieses Zusammenhangs muss der Satz Eckhart als vollkommenstes sprachliches Gebilde erscheinen, anhand dessen sich wesentliche Einsichten über das Verhältnis von Sprache und Wirklichkeit gewinnen lassen.[59] Es sei hier erwähnt, dass der Hinweis auf diese Bibelstelle und ihre Behandlung im *opus quaestionum* bereits im Zusammenhang mit der zitierten Passage aus dem *prologus* in *opus propositionum* zur Struktur der Aussage erfolgt – Eckhart wählt den Beispielsatz also nicht zufällig.[60] Im Exoduskommentar heißt es:

> „...hier ist zu bemerken. Erstens: diese drei (Worte) *ich*, *bin* und *der* kommen im eigentlichen Sinne Gott zu. [...] Ferner ist ‚bin' ein substantivisches Wort. Zu Wort vergleiche Joh 1,1 ‚Gott war das Wort'; zu substantivisch Hebr. 1,3 ‚der alles mit seinem kräftigen Wort trägt. ‚Zweitens ist zu bemerken: *bin* ist hier, wenn Er sagt: *ich bin* das Prädikat des

---

[59] Aufgrund der zentralen Bedeutung dieses Satzes für die abendländische Metaphysik – er begründet die Gleichsetzung Gottes mit dem Sein und gibt der Metaphysik ihren zentralen Grundbegriff für die Betrachtung der Einheit der Wirklichkeit – hat GILSON 45ff. den Begriff der Exodusmetaphysik geprägt. Die Eckhartsche Einheitsspekulation ist in der Forschung lange Zeit vor allem im Ausgang von den deutschen Predigten dargestellt und in ihrem neuplatonischen Kontext betrachtet worden. Das hat dazu geführt, sie als eine Ausprägung der proklisch-dionysischen Variante des Neuplatonismus – Metaphysik des Einen statt des Seins – im Lichte der negativen Theologie zu verstehen. Deshalb fällt Eckhart für GILSON aus der christlichen Philosophie heraus, welche er eben als um die Identität von Gott und Sein aufgebaut betrachtet und darum als „Exodusmetaphysik" charakterisiert. Dieser Blickwinkel auf Eckhart ist einseitig und hat sich inzwischen entschieden geweitet. Schon allein die Art und Weise, wie Eckhart die Thematik in der von uns hier behandelten Passage aufgreift, lässt die Wertung Gilsons als einseitig zurück. Eckhart hat von seinem Ansatz her keinerlei Vorbehalte, die Stelle im klassischen Sinne zu deuten, wenn er auch eigene Gewichtungen setzt. ALBERT, Philosophie 518 sieht in dem eckhartschen Ansatz des *prologus generalis* im Gegenteil ein „herausragendes Beispiel der Exodusmetaphysik". Behandelt wird die Einschätzung GILSONS eingehend in der umfassenden Studie von Wouter GORIS zur Einheitsmetaphysik des *opus Tripartitum*. (GORIS, Einheit). GORIS kritisiert die Ansicht, Henologie in Abgrenzung von bzw. als Alternative zur Ontologie aufzufassen. Er weist nach, dass Eckhart den Unterschied zwischen Gott und dem Geschaffenen nicht im Seinsbegriff, sondern erst in der Hinzufügung des Einen zum Sein erkennt.

[60] Cf. Prol. in Op. prop. n.5 (LW I 168,5f.).

Satzes und bildet dessen zweites Glied. Wenn dies der Fall ist, bezeichnet es das reine Sein und das bloße Sein am Subjekt und vom Subjekt, und dass es selbst das Subjekt, das heißt das Wesen des Subjekts ist, also die Identität von Wesen und Sein, die allein Gott zukommt, dessen Washeit seine Dassheit ist, wie Avicenna sagt, und der keine Washeit außer der bloßen Dassheit hat, die durch das Sein bezeichnet wird."[61]

Die beiden Verweise auf Schriftzitate sind Hinweise auf andere Stellen des *opus expositionum*, innerhalb derer dieselben Themen behandelt werden.[62] Deutlich erkennbar wird anhand dieser Verweise die von Eckhart in weiten Passagen angewandte Methode der Abbreviatur, die sich mit stichwortartigen Hinweisen begnügt. Mit *sum* als einer Form von *esse* ist der erste der *termini generales* Gegenstand der Betrachtung. Dass das Sein im eigentlichen Sinne nur Gott zukommt, ist zentraler Topos der eckhartschen Argumentation. Der von Eckhart festgestellte substantivische Charakter der Verbform *sum* liegt für ihn darin begründet, dass es sich hierbei um eine Wesensaussage Gottes handelt. Das Sein wird von Gott als dessen ureigenster Wesensgehalt ausgesprochen. Die Selbstaussage Gottes wird nicht allein als Beschreibung eines Sachverhalts aufgefasst, sondern in der Struktur dieser Aussage enthüllt sich die Struktur des Sachverhalts selbst. Das an dieser Stelle aufgegriffene Bibelzitat ‚*portans omnia verbo virtutis sui*‘ soll einerseits die grammatische Funktion des substantivisch gebrauchten Verbs beschreiben, zugleich verweist es auf den Begriffsgehalt von Sein, in dem Gott als der Grund der gesamten Wirklichkeit erscheint. Sprachlicher Ausdruck und Wirklichkeit werden als in ihrer Struktur einander parallel verstanden.

Vor dem Hintergrund der untersuchten zweifachen Aussagestruktur muss Eckhart die Mehrheit aller Aussagen für uneigentlich halten, da sie sich nach einem anderen Schema verhalten. So lautet im *prologus in opus propositionum* seine Beschreibung der zweiten Prädikationsstruktur:

„Wenn ich aber sage, etwas ist dies, zum Beispiel ein Stein, und es ist ein Stein, ein wahrer Stein, oder dieses Gute da, nämlich der Stein, dann werden diese vier Bestimmungen genommen als drittes Glied des Satzes, und sie sind keine Aussagen (an sich), sondern Bindeglied oder Anhängsel einer Aussage."[63]

---

[61] In Ex. n.14f. (LW II 20,1–21,6): „*Notanda sunt hic[...]: Primo quod haec tria ego, sum, qui propriissime deo conveniunt. [...] Adhuc li sum verbum est substantivum. Verbum: ‚deus erat verbum.‘, Ioh. 1; substantivum: ‚portans omnia verbo virtutis suae‘, Hebr. 1. Secundo notandum est quod li sum est hic praedicatum propositionis, cum ait: ego sum, et est secundum adiacens. Quod quotiens fit, purum esse et nudum esse significat in subiecto et de subiecto et ipsum esse subiectum, id est essentiam subiecti, idem scilicet essentiam et esse, quod soli deo convenit, cuius quiditas est sua anitas, ut ait Avicenna, nec habet quiditatem praeter solam anitatem, quam esse significat.*“

[62] Aus diesem Verweis ist zu schließen, dass Eckhart auch einen Kommentar zum Hebräerbrief in Angriff genommen hat. Dies entsprach der erklärten Absicht des *opus expositionum*, die gesamte Schrift zu erklären. Ob Eckhart jemals über eine Materialsammlung oder Konzeption, die es ja nach diesem Hinweis geben musste, hinausgekommen ist, sei dahingestellt.

[63] Prol. in Op. prop. n.3 (LW I 167, 5–8): „*Cum vero dico aliquid esse hoc, puta lapidem, et esse unum lapidem, verum lapidem aut bonum hoc, scilicet lapidem, praemissa quattuor accipiuntur ut tertium adiacens*

Bei solchen Aussagen wird mittels eines *terminus generalis* lediglich der Zusammenhang (*cohaerentia*) zweier Begriffe und damit ihre logische Kompatibilität statuiert, jedoch keine Aussage darüber gemacht, ob es sich um einen real existierenden Sachverhalt handelt. Eckhart spricht in Bezug auf diese Aussageweisen auch von einer *cohaerentia naturalis* der Satzglieder, die durch den Allgemeinbegriff *esse* in seiner Stellung als *tertium adiacens* hergestellt wird.[64] Es wird an dieser Stelle nicht deutlich, ob mit der *cohaerentia naturalis* ein sachlich oder ein logisch richtiger Zusammenhang gemeint ist. Da es sich um ein Zitat aus dem Inhaltsverzeichnis handelt und der Ausdruck *cohaerentia naturale terminorum* ansonsten in Eckharts Werk nicht vorkommt, kann davon ausgegangen werden, dass dieser nicht von Eckhart selbst, sondern von einem Rezensenten geprägt wurde. WEIß[65] weist darauf hin, dass der Rezensent stellenweise einen vom Haupttext abweichenden Wortschatz verwendet. Dazu zählt er vor allem den Gebrauch des Begriffes *natura* an Stellen, wo Eckhart selbst ihn auslassen würde. Nach WEIß erfolgt dieser Gebrauch in der „abgeblassten Bedeutung von ‚Wesen‘, ‚Art‘". Da diese auffällige Veränderung sicher nicht ohne Grund erfolgte, kann man davon ausgehen, dass der Rezensent mit ihr eine inhaltliche Nuancierung vornehmen wollte. Die Frage bleibt, ob diese in die von Eckhart beabsichtigte Richtung zielt.

Mit einer Aussage des zweiten Typs bezieht sich Eckhart auf das *esse hoc et hoc*, das heißt, nicht nur grammatisch, sondern auch ontologisch befindet sich das *esse* in einer untergeordneten Position. Beide Strukturen laufen parallel.[66] Aus den weiter oben[67] zitierten Ausführungen zum *duplex esse* wird deutlich, dass es nicht die washeitlich bestimmende Form ist, die dem einzelnen Ding das Sein verleiht. Sie verleiht ihm nur das *esse hoc*, das je besondere Dies-Sein. Dieses gleichsam zweite Sein liegt für Eckhart außerhalb des Betrachtungsfeldes der eigentlichen Seinsebene und wird in Zusammenhang mit dem Akzidentellen – gleichbedeutend mit dem Veränderlichen und Unbeständigen – gebracht. Das *esse hoc* darf nicht im Sinne eines Mehr an Sein verstanden werden. Es hat keinerlei „quantitative" Relevanz, womit Eckhart eigentlich sagen will, dass es im Bereich des Seins ohnehin keinerlei Quantität geben kann:

---

[64] *propositionis nec sunt praedicata, sed copula vel adiacens praedicati.*" In der *Tabula prologorum in opus tripartitum* heißt es entsprechend: „Wenn gesagt wird, dieses Seiende, dieses Eine, dieses Wahre oder dieses Gute, sei es Mensch oder Stein oder dergleichen, dann sind diese ‚dies‘ und das‘ das Prädikat des Satzes, und die oben genannten Gemeinsamkeiten sind nicht die Prädikate und nicht das zweite Glied, sondern sie sind die Verbindung des Prädikats mit dem Subjekt." (Tab. prol. in Op. trip. n. 3 = LW I 131,8–11: „*Cum vero dicitur aliquid ens hoc, unum hoc, verum hoc aut bonum hoc, puta homo vel lapis et huiusmodi, tunc li ‚hoc et hoc‘ sunt praedicatum propositionis, et praemissa communia, puta esse, non sunt praedicata nec secundum adiacens, sed sunt copula praedicati cum subiecto.*")
Tab. prol. in Op. trip. n.3 (LW I 131,16–132,1): „*Sic cum dico rosam esse rubeam, non dico nec praedico rosam esse, nec rubedinem esse, sed solam cohaerentiam naturalem terminorum.*" Dieses Beispiel von der roten Rose kommt im Haupttext nicht vor, sondern nur im Inhaltsverzeichnis. Dasselbe gilt für das nach dem gleichen Schema gestaltete Beispiel eines Menschen Martin.

[65] S.122f.

[66] Cf. MC GINN S.131.

[67] Cf. n. 54.

„Wenn ich sage: dieses Seiende oder dies und das Eine oder dies und das Wahre, so fügen oder legen ‚dies' und ‚das' nichts weiter an Seinsgehalt, Einheit, Wahrheit oder
Gutheit zum Seienden, Einen, Wahren und Guten hinzu."[68]

Das *esse hoc* bezeichnet keinerlei Eigenständigkeit im Sein. Den durch die *formae*
geprägten Dingen wird durch diese nur das *esse hoc et hoc* insofern verliehen, als es ein
hoc et hoc ist, nicht aber insofern es ein *esse* ist. Dass nur dem Sein als solchem im
ursprünglichen Sinne Seiendheit zukommt, d. h. dass nur von einem Sein als solchen
gesprochen werden kann, bringt Eckhart in aller Kürze zur Sprache: „Seiend bezeichnet nur das Sein."[69]

Die Unterscheidung der beiden Prädikationsweisen der *termini generales* lässt darauf schließen, dass nach Eckharts Ansicht Aussagen aus dem genuinen Bereich der
Metaphysik nicht in Form einer gewöhnlichen Subjekt-Prädikataussage, also eines
gebräuchlichen Aussagesatzes aufgestellt werden können. Sie haben eine eigene
grammatische Struktur, die ihrem nicht-kontingenten Gegenstand und seinem spezifischen Subjekt-Objektverhältnis gerecht zu werden sucht. Auf den ersten Blick
erscheinen die Sätze, in denen die *termini generales formaliter* verwendet werden, indeterminierte Aussagen zu sein, während sie in ihrem uneigentlichen Gebrauch zur
Bildung determinierender Sätze dienen.

BRUNNER fasst die erste Prädikationsweise als die auf, in der das Prädikat ein
Transzendental darstellt, die zweite als die, in der es eine „détermination spécifique", d. h. eine sachliche Bestimmung bildet. Im ersten Fall bezeichne das Prädikat
Gott, im zweiten das Geschöpf.[70] Dem möchten wir den Ertrag unserer Untersuchung hinzufügen, die gezeigt hat, dass die Gottes- und die Geschöpfaussage als zwei
Weisen des Aussagens überhaupt, nicht bloß als zwei von ihrem Gegenstand her
unterschiedene Aussageweisen aufgefasst werden können. Der Gegenstand bestimmt
die sprachliche Form wesentlich. MC GINN sieht den Kern der eckhartschen Differenzierung in dem Unterschied zwischen unbegrenzter und begrenzter Aussage
(„unlimited and limited predication"). Aussagen der ersten Gruppe („two-term propositions") implizieren einen unbegrenzten Hervorgang des Ausgesagten, seine
absolute Fülle und damit seine *negatio negationis*. Von daher können transzendentale
Begriffe im eigentlichen Sinne nur Gott zugesprochen werden.[71]

Festzuhalten bleibt die Beobachtung, dass Eckhart den Begriff *terminus* in erster
Linie relational versteht. „Relational" bedeutet in diesem und den folgenden Zusammenhängen ganz allgemein die Qualifizierung eines Sachverhalts als über sich
hinausreichend. Dies bedeutet nicht, dass ein relationaler Sachverhalt seine Existenz
etwas verdankt, dass außerhalb seiner selbst läge, also nicht in sich selbst gründe,
sondern dass sein Sinn erst dann vollständig aufleuchtet, wenn er in einem Zusammenhang betrachtet bzw. in einer Ordnung vorgefunden wird. Für einen Begriff ist

---

[68] Prol. in Op. prop. n.4 (LW I 168,2–5):"*Quarto: Cum dico hoc ens aut unum hoc aut unum istud,
verum hoc et istud, li hoc et istud nihil prorsus addunt seu adiciunt entitatis, unitatis, veritatis aut bonitatis
super ens, unum, verum et bonum.*"

[69] Pol. in Op. prop.25 (LW I 181,4): „[...]*ens solum esse[...]significat.*"

[70] Cf. BRUNNER, Foi .97.

[71] MC GINN 131.

dies der Aussagezusammenhang. Ein Begriff hat für Eckhart erst in einer Aussage oder in Bezug auf andere Begriffe Sinn und wird nicht in sich reflektiert Hingewiesen sei an dieser Stelle nur auf die exemplarisch durchexerzierten drei Aussagezusammenhänge von *esse* im *prologus generalis*: *esse est deus* – *utrum deus sit* – *in principio creavit deus caelum et terram*.[72] Relationalität und Sinnhaftigkeit stehen bei der Betrachtung in einem wesentlichen Zusammenhang.

Eine Auflistung verschiedener *termini generales* ließe zwar auf eine Betrachtung dieser als einzelner Entitäten schließen, doch zeigen die untersuchten Passagen aus den *prologi*, dass es Eckhart um eine Betrachtung der *termini* innerhalb eines Aussage- und Wirklichkeitszusammenhangs geht. Im Mittelpunkt des Interesses steht die Relation, innerhalb der sich der *terminus* befindet, was hinsichtlich der *termini generales* die Relation meint, die diese wesentlich herstellen. Die Wirklichkeit hat ihre wesentliche Struktur in den Relationen, die durch die *termini generales* begründet werden.

Eckhart bezieht die zitierten Ausführungen aus dem *Prologus in Opus propositionum* zur Struktur der *propositio* nicht explizit auf das gesamte System der *termini generales*. Die Rede ist lediglich von den vier Transzendentalien *ens, unum, verum* und *bonum*. Im vorhergehenden Absatz beziehen sich seine Überlegungen ebenfalls auf diese vier *termini*, zusätzlich jedoch auf *honestum, rectum* und *iustum* sowie *sic de aliis*, was im Sinne von „die übrigen" interpretiert werden kann. Die Aufzählung bleibt unabgeschlossen, und im Blick auf die Gesamtheit des Textes ist das nicht außergewöhnlich. Da jedoch dem *Opus propositionum* dem allgemeinen Prolog zufolge ausdrücklich 14 Traktate gemäß den 14 *termini* zugrunde liegen, können wir davon ausgehen, dass sich die Ausführungen auf alle 14 *termini* beziehen, dass das System als solches hingegen zwar strukturell, nicht jedoch intensional abgeschlossen ist, da die Struktur anhand verschiedener *termini* weiter expliziert werden kann. Ein Problem mag darin gesehen werden, wie man sich die beiden skizzierten Aussageschemata auf die termini *idea/ratio* und *quo est* vorzustellen hat. Sicher sind beide als Bestandteil einer Aussage annehmbar, jedoch bezeichnen sie auf den ersten Blick keine Vollkommenheit wie die übrigen *termini generales*. Es ist möglich, ein Ursachenverhältnis absolut auszusagen. Dem läge folgendes Schema zugrunde: X hat eine Ursache. „*Quo est*" wäre demnach die Feststellung der Existenz, ähnlich „*est*", jedoch unter dem Aspekt, dass die Existenz nicht selbstverursacht ist, sondern von einem anderen her besteht. Dass Eckhart hierbei an die eine Ursache der gesamten Wirklichkeit denkt, darauf sei an anderer Stelle eingegangen. Wichtig ist in diesem Zusammenhang lediglich die Feststellung, dass „*quo est*" in das von Eckhart entworfene grammatische Schema passt.[73]

Die Unterscheidung in eigentliche und uneigentliche Prädikationen kann mit der Beobachtung in Zusammenhang gebracht werden, dass Eckhart jeden Ausdruck, den er untersucht, in einem starken und absoluten Sinn verstanden haben möchte und nicht innerhalb einer kontextbedingten Relativierung. Das bezieht sich auf den Zusammenhang mit dem Begriff des Seins, dem das *esse hoc et hoc* in der Vielfalt seiner Aussagemöglichkeiten gegenübergestellt wird. Die Konzentration auf diesen zentralen Begriff bzw. auf das, was mit ihm konvertibel ausgesagt werden kann, lässt

---

[72] Prol. gen. in Op. trip. n.12–22 (LW I 156–165).
[73] Cf. den dieser Fragestellung gewidmeten Abschnitt C.3.b.

die Sprache Eckharts weniger differenziert erscheinen, als wir es von anderen zeitgenössischen Autoren her gewohnt sind. Am augenfälligsten wird dies bei der Unterscheidung von *esse* und *ens*, die für Thomas elementar, für Eckhart hingegen unwe-
sentlich ist. Bei der Doppelung von Substantiv und Partizipialform (*de esse et ente*)
handelt es sich für Eckhart um keinen wesentlichen sachlichen Unterschied, sondern
einen in der Perspektive der Betrachtung. Im Johanneskommentar bemerkt Eckhart
dazu: LW III 52: „*... alius est ordo istorum in abstracto, puta cum dicimus esse, vivere et intelligere; alius in concreto, puta cum dicimus ens, vivens, intelligens.*" Die von THOMAS VON A-
QUIN ausgearbeitete[74] Differenzierung zwischen *esse* als einem Seinsakt (*actus essendi*)
und dem *ens* als der existierenden Sache verliert in der eckhartschen Betrachtung an
ontologischer Relevanz und wird auf das Feld der Erkenntnistheorie verlagert. Bei
Eckhart wird der transzendentale Begriff in seinem weitesten Sinne genommen, was
auf den ersten Blick immer wieder Ursache für Paradoxien sein kann. So besagt der
Seinsbegriff in allen seinen Varianten den einen, einfachen, in der Wirklichkeit
Gottes gründenden Existenzvollzug der Wirklichkeit.[75]

Eine eigene Problematik hinsichtlich der Interpretation des O.T. liegt darin begründet, dass offen bleibt, ob die Bedeutung des *terminus*, wie er innerhalb eines
bestimmten Theoriezusammenhangs Verwendung findet, sich mit der Bedeutung
desselben *terminus* innerhalb eines anderen Theoriezusammenhangs wirklich deckt.
Geht man davon aus, dass Eckhart die Bedeutung des *terminus* erst aus seiner Einbindung innerhalb einer *propositio* erkennt, kann die Problembetrachtung dahin gelenkt
werden, dass es nicht eine Bedeutung des *terminus* als solchen ist, die variiert, sondern
die Weise seiner Einbindung in eine Struktur der Wirklichkeitsaussage. Die isolierte
Betrachtung des Begriffs im Sinne einer Begriffsklärung ist für Eckhart bedeutungslos. Von Anfang an geht es um den Aussagezusammenhang des Begriffs, wie das
untersuchte Beispiel anhand des Begriffs *esse* im *prologus generalis* zeigt.[76] Deshalb

---

[74] Cf. als Gesamtwerk die Argumentation in THOMAS VON AQUIN, De ente et essentia; zur
thomanischen Ontologie: KLUXEN, Thomas von Aquin.

[75] In dieser mangelnden begrifflichen Differenzierung, d. h. in der Tatasche, dass Eckhart die
entscheidenden Differenzierungen nicht innerhalb des Seinsbegriffs selbst, sondern hinsichtlich dessen Relationalität vornimmt, liegen die entscheidenden Schwierigkeiten der Eckhartinterpretation begründet. So konnte DENIFLE bemerken: „Diejenigen, welche E. zu einem der originellsten, klarsten und genialsten Denker des Mittelalters gemacht haben, mögen mir einen Scholastiker nennen, bei dem eine so gräuliche Begriffsverwirrung herrscht,
wie in E.s Schriften. Leicht begreiflich ist aber die Thatsache der Inconsequenz des Ecke-
hartschen Gedankens. Ein jeder, der in der Scholastik aufgewachsen, von ihr aber sich ver-
irrend das esse commune mit dem göttlichen esse confundiert, würde dieselbe Inconsequenz offenbaren wie E." (DENIFLE 519).

[76] Gemäß der Aufzählung der *termini generales* geht es um den Begriff *esse et ens* sowie dessen
Gegensatz *nihil*. Innerhalb der Untersuchungen des *opus propositionum*, des *opus quaestionum*
und des *opus expositionum* steht unmittelbar der Aussagezusammenhang des Begriffs im Mittelpunkt des Interesses: „*Esse est deus*", „*Utrum deus sit*" und „*In principio creavit deus caelum et terram*". Alle drei Aussageweisen stehen für einen bestimmten Kontext, der über die grammatische Form hinausgeht. Die *propositio* stellt die einfache Aussageform dar, die *quaestio* – hier
wird nicht die einfache Frage, sondern die wissenschaftliche Vorgehensweise angesprochen
– macht den *terminus* zum Bestandteil einer wissenschaftlichen Untersuchung, und die *exposi-*

gelangt Eckhart auch zu keiner begrifflichen Differenzierung zwischen der Infinitiv-
form *esse* und der Partizipialform *ens*. Bei beiden handelt es sich bereits um differenzierte Aussageweisen desselben durch den *terminus* bezeichneten Begriffs. Der *terminus*
als solcher muss dann als jenseits der Aussageform angesiedelt gedacht werden.

Die ontologische Option Eckharts zugunsten eines ausschließlich mit Gott identifizierten Seinsbegriffs findet ihren Niederschlag in der sprachlichen Gestalt. So kann
die innerhalb der *prologi* zentrale Aussage „Das Sein ist Gott" (*esse est deus*) als die
zentrale Aussage aller möglichen Aussagen in ihrer vollendeten sprachlichen Gestalt
betrachtet werden – als solche gleichzusetzen mit dem erwähnten *ego sum qui sum* –,
da hier von dem in sich Absoluten eine nicht differenzierende, immer gültige Aussage gemacht wird. In dieser Aussage läuft alles zusammen, was überhaupt aussagbar
ist. Deshalb erhält jede andere Weise der Aussage, sowohl inhaltlich als auch von
ihrer Form her, von dieser Aussage ihre Prägung und ihre ontologische und das
heißt letztlich negative Qualifizierung. Erstere ist nur in Bezug auf letztere in ihrem
eigentlichen Sinn fassbar und damit relativ auf diese hin. Alle Überlegungen zur
sprachlichen Aussage nehmen von der Grundaffirmation des Seins ihren Ausgang.
Nur weil es die grundlegende Affirmation des Seins in Gott gibt, weil Gott als das
Sein sich selbst affirmiert, kann eine kontingente Aussage überhaupt Sinn haben.
Die Mehrheit aller Aussagen, auf der Behauptung einer Ähnlichkeit und einer Differenz beruhend, ist deshalb uneigentlich, weil sie einen Sachverhalt aussagen, der in
sich uneigentlich, weil kontingent ist.[77]

Wir werden auf dieses Phänomen in Zusammenhang mit positiver und negativer
Aussage nochmals eingehen.[78]

---

tio betrachtet den *terminus* innerhalb des biblischen Kontextes, das heißt von der Sache her
im Hinblick auf die göttliche Offenbarung.

[77] Cf. MICHEL 165: „Si nous ouvrons maintenant les *Prologues*, nous y trouvons exprimée
d'emblée, avec une netteté souveraine, la proposition dont tout va résulter, qu'il s'agisse de
la parole ou de la pensée: „L'être est Dieu". Comme le montre l'ensemble des écrits de
Maître Eckhart, cette doctrine entraîne une modification radicale de toute réflexion sur le
sens des mots. Tous les prédicats, dans leur diversité, apparaissent différents de l'être qu'ils
qualifient. Les étants ne sont pas l'être. Il en résulte que la plupart des propositions sont
dépourvues de consistance, comme les réalités sur lesquelles elles portent. Les moyens
logiques dont elles relèvent se rattachent à la ressemblance, qui fonde les images, et à la
différence, qui distingue genres ou espèces. Or, l'être est indifférencié et, pris en lui même, il
est sans image."
MICHEL überträgt die ontologische Beobachtung auf den sprachlichen Ausdruck (IBID.
167): „Toute notion est prise en son sens le plus fort et le plus absolu. En effet, ce qui a plus
d'être prime sur ce qui en a moins. De là les hardiesses célèbres. [...]Il ne distingue pas, il
prend au contraire le verbe dans son sens le plus large et le moins relatif."

[78] S.u.S.69.

4. DIE FOKUSSIERUNG DER PERSPEKTIVE AUF DIE STRUKTURONTOLOGIE

a) Die Ausblendung von Quantität und Materie als Bestimmungen der Kontingenz

Die zuletzt zitierte Textpassage über die beiden Aussageweisen[79] liefert einen weiteren Aspekt, der die aus den bisherigen Beobachtungen gezogenen Schlussfolgerungen aus einer anderen Perspektive beleuchtet. Die Aussage kann als eine Absage an jedes quantitative Verständnis der von Eckhart im O.T. angestellten Überlegungen verstanden werden: Der zentrale Gegenstand und Ausgangspunkt der eckhartschen Überlegungen, das Sein, ist nicht quantifizierbar. Damit ist eine weitgehende Ausblendung des Aspekts der Materie innerhalb des auch bei Eckhart vorzufindenden aristotelischen Schemas von Form und Materie nachvollziehbar. Eckhart greift zwar einerseits innerhalb einzelner Argumentationsgänge das Schema von Form und Materie auf[80], was aber durchweg nicht geschieht, um dieses Theorem als solches zu behandeln, sondern allgemeinere strukturontologische Relationen, wie beispielsweise die von Aktivität und Passivität.[81] Andererseits – und das halte ich für die durchgreifende Tendenz – tendiert Eckhart innerhalb seiner strukturellen Erfassung der Wirklichkeit zu einer ontologischen Überordnung im Sinne einer wertenden Höherordnung der Form über die Materie[82] und klammert schließlich die Materialursächlichkeit aus seinen Überlegungen zur Kausalität ganz aus.[83] Eckhart lehnt es von vornherein ab, seinen Ausführungen ein wie auch immer geartetes extensives Verständ-

---

[79] Cf. n. 68.

[80] z.B. In Gen II n. 28f. (LW I 498,1–11): „[...]forma et materia sic se habent, quod materia est propter formam, non e converso. [...]Nihilominus tamen forma substantialis non plus potest esse sine materia quam materia sine forma, ut docet Avicenna (AVICENNA, Metaphysica l. II c.4) [...]Materia est ipsa sua potentia passiva, et forma est ipse suus actus, et potentia hinc inde activa et passiva non est quid additum substantiae, sed materia et forma sunt nuda in ipsis substantia hinc inde." In Gen II n.33 (LW I 501,7–9): „[...]Materia et forma sic sunt rerum duo principia, quod nihilominus sunt unum in esse et ipsorum est unum esse et unum operari."

[81] Dass Eckhart Theoreme aus den klassischen Topoi der Philosophie heranzieht, um anhand ihrer metaphysischen Gegebenheiten zu veranschaulichen, lässt sich innerhalb seines Werkes an vielen Stellen veranschaulichen. Dies gilt beispielsweise für seine Überlegungen über das Wesen der Zeit. Aus dieser Beobachtung lehnt es JECK 445 ab, bei Eckhart von einer eigenen Zeittheorie zu sprechen. Gleiches muss im Blick auf Eckharts Übernahme des aristotelischen Schemas von Form und Materie festgehalten werden.

[82] z.B. In Gen I n. 237 (LW I 381,11f.): „Servit etiam naturaliter caro et sensitivum rationi et intellectivo hominis, sicut materia formae, mulier viro et imperfectum perfecto, inferius superiori." Die Tendenz zur Überordnung der Form ist im ersten Genesiskommentar weitaus ausgeprägter als im zweiten. Geht man davon aus, dass der erste Jahre vor dem zweiten Genesiskommentar entstanden ist, dann pointiert Eckhart seine eigene Position zunächst wesentlich stärker, während er später diesen Aspekt nicht mehr unterstreichen muss.

[83] S.u.S.181.

nis zukommen zu lassen. Quantitative Größen spielen in der Betrachtung keine wesentliche Rolle.

Die Wirklichkeit wird ausschließlich auf ihre Struktur hin untersucht, was impliziert, dass die Begriffe wie die Sachverhalte in ihrer Intensität, das heißt in ihrem formalen Gehalt genommen werden. In diesem Sinne sind bei der Aufzählung der *termini generales* die Begriffspaare Eines (*unum*) und Vieles (*multum*) sowie Erstes (*primum*) und Letztes (*novissimum*) zu verstehen. Diese Gegensatzpaare haben bei Eckhart einen qualitativen, keinen quantitativen Charakter, da sie sich auf das von einem wesentlichen Unterschied bestimmte Verhältnis zwischen Schöpfer und Geschöpf beziehen.

Diese Radikalität ist für einen mittelalterlichen Denker nicht repräsentativ, geht aber schon auf antike Überlieferungstraditionen[84] zurück. In der Weise, wie ARISTOTELES Quantität auffasst, hätte sie innerhalb eines Schemas der Gegensätze keinen Ort. Aristoteles geht davon aus, dass dem Quantitativen kein konträres Gegenteil zukommen kann, die Begriffe „Großes" und „Kleines" sowie „Vieles" und „Weniges" als Gattungsbegriffe des Quantitativen relativ sind und deshalb, weil sie nicht absolut zu nehmen sind, nicht konträr sein können.[85] Eckhart hingegen stellt dem „Vielen" nicht das „Wenige", sondern das „Eine" gegenüber, doch beruht dieses Verhältnis auf einer qualitativen Unterscheidung. PLOTIN stellt fest, dass der Kategorie der Quantität hinsichtlich des eigentlichen Gegenstandes seines Denkens, des erstrangig seienden Einen als des sich selbst denkenden göttlichen Geistes und der aus ihm emanierenden allein wirklich erkennbaren Ideen keine Relevanz zukomme. Zur Erkenntnis des intelligiblen Kosmos genügen Plotin die von PLATON im *Spohistes* formulierten *géne* Sein, Identität, Verschiedenheit, Ruhe und Bewegung als dessen positive Bestimmtheiten.[86] Diese Grundkategorien finden wir in den Gedanken Eckharts wieder. Vor diesem Hintergrund erscheint es angemessen, dem eckhartschen Ansatz einen platonischen Grundduktus zuzusprechen.

Die mittelalterliche Weiterführung der antiken Überlegungen zur Quantität[87] sind auf breiter Basis davon bestimmt, diese in eine ontologische Nähe zur Substanz zu rücken. Ihr kommt eine Vorrangstellung unter den Akzidentien zu. Ihre „quasisubstantielle" Position wird u.a. bei Thomas von Aquin, Aegidius Romanus und Duns Scotus im Sinne eines von der Substanz real verschiedenen Seins aufgefasst. Teilbarkeit wird zwar als ein zusätzliches strukturelles Element betrachtet, das zur Substanz hinzutritt, ist jedoch im Hinblick auf die Materie als solche (*prima materia*) das, was dieser erst die Ausdehnung (*extensio*) verleiht, was auch als eine Form der Seinsverleihung angesehen werden kann. AEGIDIUS ROMANUS bezeichnet die *extensio* als ein *quoddam esse* der Materie *quod recipit a quantitate*[88] und weist der Quantität damit eine fundamentale ontologische Stellung zu, die als solche die Grundlage für den gesamten Bereich des Physikalischen ist. Durch seine Quantität kann ein Seiendes

---

[84] Cf. HAGER, Quantität.

[85] Cf. ARISTOTELES, Cat. 5 b 11–6 a 18.

[86] Cf. PLATON Soph. 254 b 7–255 e 7; Zur Auseinandersetzung PLOTINS mit dieser Thematik cf. Enn. VI, insbesondere VI, 1, 1–24.

[87] Cf. URBAN.

[88] Cf. AEGIDIUS ROMANUS, De esse et essentia, Ed. E. Hocedez 93.

überhaupt erst einen Ort innerhalb des Universums einnehmen.[89] Diese *occupatio loci*, die sich als Resistenz und Abgrenzung gegen andere Seiende und deren gegenseitige Undurchdringlichkeit verstehen lässt, gehört zu den Grundvorstellungen einer scholastischen Hauptströmumg hinsichtlich des Seins der Quantität. Diesbezügliche Gedankengänge lassen sich bei Eckhart nicht ausmachen. Die physikalische Dimension bleibt bei ihm von der ontologischen streng geschieden.

Die Überlegungen hinsichtlich der Quantität schlagen im Rahmen der theologischen Spekulation eine Richtung ein, die gänzlich von Aristoteles wegführt, indem sie eine Existenz der Quantität auch ohne die Substanz anzunehmen vermögen. Dieser Gedankengang ist innerhalb der Transsubstantiationslehre anzusiedeln und dient entscheidend der Bewältigung der mit letzterer verbundenen philosophischen Problematik, wie das beim Wandel der Substanz der eucharistischen Gaben Bleibende zu fassen ist. Durch die Quantität erhalten die im Substanzwandel als bleibend angenommenen Akzidentien eine Selbständigkeit gegenüber der Substanz und damit eine eigene Wirklichkeit. Der Quantität wird eine Träger- und Vermittlungsfunktion für die übrigen Akzidentien zugedacht, was ihr wiederum eine mit der Substanz vergleichbare Funktion zukommen lässt. Sie ist gleichsam „substanzähnlich". Für THOMAS VON AQUIN und THOMAS VON SUTTON wirkt die Quantität sogar umgekehrt bestimmend auf die Substanz ein, indem sie als das Individuationsprinzip die Substanz in ihrer individuellen Existenz von sich abhängig macht.[90] HEINRICH VON GENT steigert diese Tendenz, indem er behauptet, dass die Substanz eher als von der Quantität abhängig anzusehen sei als umgekehrt. Dies gelte aber nicht für den Prozess des Werdens und Entstehens, jedoch sei die Urheberschaft hierbei weniger der Substanz als solcher als vielmehr Gott unmittelbar zuzuschreiben.[91]

Den letzten Gedankengang greift Eckhart auf, indem er die einzelnen Realitäten der Welt in einer Ordnung der Unmittelbarkeit zu Gott betrachtet – dass etwas ist, bedeutet für Eckhart nichts anderes, als dass es sich zu Gott verhält[92] –, doch da dieser Gedanke so zentral wird, kann er eine „Substanzähnlichkeit" der Quantität nicht annehmen. Die radikale Betonung der Substantialität des Seienden im Sein als solchen steht dem entgegen.

Dennoch finden wir bei Eckhart Überlegungen zum Wesen der Zahl (*numerus*). Sie stehen in einem Zusammenhang, den auf diese Weise erstmals PLOTIN formuliert hat. Dieser kennt eine Unterscheidung zwischen der gezählten Zahl als der quantitativ erfassten Zahl und der wesenhaften Zahl, d. h. der platonischen Idealzahl, die er der Substanz (*ousia*) zuordnet.[93] Dem ist die Weise der Differenzierung bei Eckhart[94] vergleichbar, der die Zahl einerseits als *quantitas* und andererseits als

[89] Cf. AEGIDIUS ROMANUS, In Phys, IV, lect. 15, Ed. Venedig 1502 fol. 93vb.
[90] Cf. THOMAS VON AQUIN, S. th. III, 77,2; THOMAS VON SUTTON, Quodl. 2, 6. Ed. M. Schmaus 211,66–212,94.
[91] Cf. HEINRICH VON GENT, Quodl. VII,17 (Paris 1518; f.270 vK).
[92] Cf. BRUNNER, Foi 197f.
[93] PLOTIN Enn. VI, 1, 4. Zu diesem Themenkomplex cf. die Studie von Chr. HORN.
[94] Zum Zahlenverständnis Eckharts cf. ausführlich die Untersuchungen von W. GORIS, Einheit, Kapitel III: Einheit, Vielheit und Zahl 106–155.

prima differentia entis auffasst. Ersteres besagt eine *distinctio formalis*, letzteres eine *distinctio materialis*. Die numerische Vielheit macht nicht die eigentliche *differentia metaphysica* aus. Diese besteht vielmehr in der gegenseitigen Unterscheidung der Dinge nach ihren Wesensformen (*distinctio rerum ab invicem quantum ad essentias suas formales et ordinem rerum essentialem*)[95]. Der wesentliche Unterschied der Dinge untereinander, durch den sie als ein *hoc aut hoc* voneinander abgrenzbar sind, ist zugleich der entscheidende ontologische Unterschied gegenüber dem Einen, d. h. der vollkommenen Einheit Gottes. Die ontologische Abstufung liegt in der Ununterschiedenheit bzw. Unterschiedenheit. Letztere impliziert notwendigerweise Unvollkommenheit. Dabei liegt der Ursprung der Zahl freilich im Einen. Schöpfung geschieht, und darin liegt ihr Proprium, in der Zahl. Wir haben es bei der Zahl nicht mit einem Gegenprinzip zur Einheit zu tun. Die Andersheit hat ihren Ursprung von der Einheit her, wenn das auch nicht impliziert, dass Einheit notwendig Verschiedenheit hervorbringt.

Der ambivalente Charakter des Hervorgangs der Vielheit aus der Einheit – einerseits der negative Aspekt gegenüber dem Einen, andererseits die Herkunft vom stets positiv gefassten Einen her – wird im folgenden Zitat deutlich. Das Verhältnis des Vielen zum Einen wird negativ als Abfall (*casus*) und zugleich positiv als Hervorgang (*processus*) klassifiziert. Der Doppelaspekt der Zahl, einerseits die Quantität des Geschaffenen anzuzeigen, andererseits einen eigenen ontologischen Status in der formalen Unterscheidung vom Einen zu besitzen, wird ebenfalls deutlich:

> „Zahl und Teilung finden sich immer beim Unvollkommenen und entspringen der Unvollkommenheit. Die Zahl stellt auch in sich selbst eine Unvollkommenheit dar, denn sie ist Abfall oder Hervorgang aus dem Einen, das mit dem Seienden vertauschbar ist. Daher kommt es nämlich, dass allein die niedersten unter den Seienden und die vergänglichen Dinge innerhalb einer Art gezählt und aufgeteilt werden."[96]

Der zitierte Abschnitt hat innerhalb des Kommentars zu Gen 1,1[97] den Charakter einer vertiefenden Anmerkung *iuxta praemissa et ad eorum* evidentiam. Wir wollen an dieser Stelle den gesamten Argumentationsverlauf nachzeichnen, einerseits wegen der hier behandelten Thematik, andererseits um an diesem Beispiel allgemein die Struktur der eckhartschen Abhandlungen im opus expositionum und die Verortung der philosophischen Topoi zu veranschaulichen.

Eckhart möchte im zweiten Genesiskommentar die Ausführungen aus dem ersten Kommentar auf den von ihm als zentral in diesem Bibelvers erachteten Grundgedanken zentrieren: die *productio* als das Prinzip der Hervorbringung aus dem Einen, und diese qualitativ differenziert in die innertrinitarische *emanatio* und die außertrinitarische *creatio*.[98] Diese ontologische Grundbeziehung wird zunächst anhand der Kausalitätsbeziehung, wie sie in der Natur allgemein (*in naturalibus in omni actione sive*

---

[95] Cf. In Gen I n.69 (LW I 253, 5–7).

[96] In Gen II n.17 (LW I 487,8–11): „[...]*numerus et divisio semper imperfectorum est et ex imperfectione oritur. In se ipso etiam imperfectio est, cum sit casus sive processus ad extra unum, quod cum ente convertitur. Hinc est enim quod sola infima in entibus et corruptibilia numerantur et dividuntur sub specie una.*"

[97] „*In principio creavit deus caelum et terram*". Die Auslegung diese Verses umfasst die Abschnitte In Gen II n.8–40. (LW I 479,1–507,6).

[98] Cf. ibid. n.8.

procductione) zu beobachten ist, erläutert.[99] Das Gewirkte ist gemeinhin etwas, das
außerhalb des Wirkenden entsteht, und dieses außerhalb-Gewirktsein ist die Eigentümlichkeit des Geschöpflichen. In Gott selbst ist jedoch eine *productio* anzunehmen,
der diese Eigentümlichkeit im Hinblick auf das Gewirkte nicht zukommt, da die
Wirkung nicht außerhalb, sondern innerhalb des göttlichen Wesens terminiert. So
lassen sich kontrastierend zur Naturkausalität die innergöttlichen Hervorgänge
veranschaulichen.

Die Argumentation bleibt im weiteren Verlauf *in naturalibus*, das heißt, sie zieht
weiterhin die Strukturen der natürlichen Kausalität zur Veranschaulichung der
göttlichen Erstursächlichkeit heran. Das Geschaffene enthält in sich eine Aussage
über das Ungeschaffene: Die Einheit der Ursache ist entscheidende Voraussetzung
für ihr Wirkenkönnen[100], doch gilt für das Verursachte, dass es sowohl innerhalb des
Einen bleiben als auch außerhalb seiner treten (*procedere*) kann.[101] Ersteres gilt für die
göttlichen Personen Sohn und Heiliger Geist, die zusammen mit dem Vater mit dem
Einen identisch bleiben.[102] Verschiedenheit und Identität fallen zusammen, weil das
Gewirkte in seiner Ursache bleibt. Genau dies ist beim Machen (*facere*) und Erschaffen (*creare*) nicht mehr der Fall. Aus dem auf zweifache Weise gegebenen Verhältnis
zwischen dem Gewirkten und seiner Ursache leitet Eckhart dann den Unterschied
zwischen Personalität und Sachhaftigkeit ab.[103] Das in seiner Ursache bleibende
Gewirkte ist ein Anderer (*alius*), während das von seiner Ursache Getrennte ein
Anderes (aliud) ist. Das alius ist von der Geschlechtlichkeit bestimmt, die von dieser
Ableitung her als ein Inbegriff von Einheit in Verschiedenheit betrachtet werden
kann. Nur eine Person ist etwas Selbständiges (suppositum). Person ist nicht washeitlich zu fassen, sie steht nicht für eine essentia, sondern erklärt sich aus der Weise
ihrer Ursprünglichkeit und der darin begründeten Relationalität. Die Ausführungen
beziehen sich im weiteren Verlauf ausschließlich auf die göttlichen Personen. Diese
wirken einheitlich als die eine Ursache der vielfältigen Wirklichkeit, und so stellt
Gott – Eckhart bezieht sich auf den Singular des Bibelverses – das Einheitsprinzip
für die durch die Zahlen zählbare Vielfalt des Geschaffenen dar.[104] Darauf, dass und
wie Eckhart das personale Ursächlichkeitsschema der trinitarischen Personen auch
auf die Wirklichkeit im Ganzen anwendet, gleichsam als Koprinzip neben dem
analogen Ursächlichkeitsschema, wird am Ende der Abhandlung nochmals eingegangen.[105]

Nun differenziert Eckhart seine Zahlenlehre weiter aus, indem er der Zahl Zwei
einen Sonderstatus einräumt.[106] Die zwei steht für den qualitativ entscheidenden
Schritt, den Übergang von der Einheit zur Vielheit. An nächster Stelle steht der

[99]   Cf. ibid. n.9.
[100] Cf. ibid. n.10.
[101] Cf. ibid. n.11.
[102] Cf. ibid. n.12.f.
[103] Cf. ibid. n.14.
[104] Cf. ibid. n.15.
[105] S.u.S. 225.
[106] Cf. ibid. n.16.

eingangs zitierte Abschnitt über die Unvollkommenheit der Zahl.[107] Die Überlegungen zum Wesen der Zahl stehen folglich innerhalb der Überlegungen über die Ursprunghaftigkeit des Einen hinsichtlich der geschaffenen Welt in ihrer Vielheit, sind nur vor diesem Hintergrund für Eckhart interessant und stellen streng genommen keine Betrachtungen über das Wesen der Zahl an sich dar.

Folgen wir weiter dem Gang der Argumentation: Im Anschluss an den zitierten Abschnitt 17 führt Eckhart aus:

> „Wie nach Avicenna[108] alle (Geschaffenen) das Sein begehren, so fliehen und verabscheuen sie alle die Zahl oder Unvollkommenheit als Entfernung und Abfall vom Sein. Und je größer die Entfernung von dem mit dem Seienden vertauschbaren Einen ist, um so verhasster ist es Gott und der Natur. Daher kommt es also, dass das Eine zuerst in die Zwei (zer)fällt, weil ihre Entfernung und ihr Abfall vom Sein geringer ist als bei allen anderen Zahlen. Und das meinen die Worte: Am Anfang schuf Gott Himmel und Erde, das heißt das Eine zwei."[109]

Die Zwei ist die Zahl schlechthin. Sie stellt den eigentlichen Abfall vom einen dar und damit den Ursprung aller Negativität und liegt dem Prinzip der Unvollkommenheit zugrunde. Damit steht sie Gott als dem Einen, der weder Zahl noch Vielheit hat und darin das Prinzip der Vollkommenheit darstellt, wesentlich gegenüber. Dabei liegt neben dieser eindeutigen Negativität ein positiver Aspekt der Zwei als der Zahl als solcher darin, dass sie die Vielheit begründet, die wiederum die Vollkommenheit – sicher eine nachgeordnete – und Ganzheit des Universums ausmacht. Hinsichtlich des Verhältnisses der übrigen Zahlen zur Zwei lassen sich bei Eckhart gegenläufige Tendenzen feststellen. Im zitierten Abschnitt ist die Rede von einer geringen Distanz zum Einen (*minor est recessus*). Die Zwei steht innerhalb einer kontinuierlichen Beziehung, die vom Einen über die Zwei zu den übrigen Zahlen abfällt. Eine andere Tendenz besteht darin, die eigentliche Positivität innerhalb der Zahlen, der freilich nur ein abgeleiteter Charakter zukommt, in der Zahl jenseits der Zwei gründen zu lassen, welche wiederum einen Abfall (*casus*) von dieser darstellt. Die Distanz zur Zwei in ihrer Abwendung von der in der Distanz zur Eins gründenden Negativität kehrt sich zu einer Positivität um.[110]

Im weiteren Verlauf der Ausführungen im Kommentar zu Gen 1,1 geht Eckhart von der Betrachtung des durch die höhere Zahl gegebenen größeren Abstandes vom Ursprung im Einen[111] zur wesentlichen Unterscheidung und Exteriorität des *principium* gegenüber dem Verursachten über. Das *principium* setzt Eckhart mit *idea* und *logos*

---

[107] Ibid. n.17.

[108] AVICENNA, Met. VIII c.6 (100ra 1–4).

[109] In Gen II n.18 (LW I 487,12–488,4): „[...] *sicut omnia esse desiderant, ut ait Avicenna, sic omnia numerum sive imperfectionem, utpote recessum et casum ab esse, fugiunt et detestantur. Et quo maior est recessus ab uno, quod cum ente convertitur, tanto magis odiosum est deo et naturae. Hinc est ergo quod unum primo cadit in duo, eo quod inter omnes numeros minor est recessus et casus ab uno et ab esse. Et hoc est quod hic dicitur:in principio creavit deus caelum et terra m, id est unum duo.*"

[110] Cf. GORIS, Einheit 123.

[111] Cf. in Gen II n.19.

gleich.[112] Die gewählte Terminologie macht deutlich, dass die Kausalität im Mittelpunkt der Betrachtung bleibt.

In einem zweiten Angang deutet Eckhart den Schriftvers auf die beiden dem Geschaffenen immanenten Prinzipien des Aktiven (*activum*) und des Passiven (*passivum*) hin.[113] Ein kurzer Einschub liefert anhand des Verses Erläuterungen praktischer Art (*de moralibus*).[114] Damit ist nicht eine ethische Lehre im engeren Sinne gemeint, sondern in einem umfassenden Sinne das menschliche Leben in seiner Beziehung zu Gott.[115]

Danach deutet Eckhart den Vers wiederum im Blick auf zwei in dem Verhältnis von Himmel und Erde *parabolice*, d. h. aus dem Bild heraus begriffenen Grundprinzipien der Wirklichkeit, die von Form und Materie.[116] Darin eingeflochten sind erkenntnistheoretische Überlegungen, die zu dem Ergebnis kommen, dass, damit

---

[112] Cf. ibid. n.20.

[113] Cf. ibid. n.21–26.

[114] Cf. ibid. n.27.

[115] WEISS übersetzt in der kritischen Edition *docemur de moralibus* mit „geistliche Belehrung." Dies ist insofern angemessen, als Eckhart nicht zwischen einer natürlichen und einer übernatürlichen Berufung unterscheidet, sondern das gesamte Leben auf die Vollendung in Gott hin versteht. Andererseits kennt Eckhart den Ausdruck *spiritualis*. So heißt es in In Gen. II n.1 (LW I 447,8–448,1): „*Nam tota scriptura veteris testamenti vel est ‚scientia naturalis' vel ‚sapientia spiritualis'.*" Hierbei nimmt Eckhart Bezug auf MAIMONIDES, Dux Neutrorum, Prooemium (2 v 22). Eckhart zitiert diese Stelle, um sein eigenes Vorgehen im *Liber Parabolarum Genesis* (In Gen. II) zu veranschaulichen. Anders als im ersten Genesiskommentar möchte Eckhart im zweiten Kommentarwerk dazu anregen, die *latentia sub figura et superficie sensus litteralis* (In Gen II n. 1 = LW I 447,8f.), d. h. das, was in der Bildsprache und dem ersten, literarischen Sinn des biblischen Textes verborgen ist, herauszuarbeiten. Wenn die *sapientia spiritualis* auf letzteres bezogen ist, dann ist mit ihr nicht die Weisheit in Bezug auf die göttliche Heilsgeschichte gemeint, denn diese liegt in dem Text ja ganz offen zutage und genau gegen dies wird *sapientia spiritualis* abgesetzt, sondern das, was in dieser Heilsgeschichte allgemein über das Verhältnis von Mensch und Gott ausgesagt wird. „Spirituell" wird von Eckhart gegen „natürlich" (*naturalis*) abgesetzt. Dabei ist Natur nicht im Sinne der Schöpfung unter Ausblendung des Gottesbezugs zu verstehen, sondern bei Eckhart immer unter Einschluss, ja Vorrang des letzteren. *Spiritualis* hingegen bezeichnet die dem Menschen eigene Bewusstwerdung und Verinnerlichung dieses immer schon gegebenen Verhältnisses. Es geht demnach um ein im weitesten Sinne kognitives Verhältnis. Den Bezug, den Eckhart zwischen *spiritualis* und *moralis* erkennt, sehen wir an dieser Stelle ganz deutlich darin, dass Eckhart im vorausgehenden Satz seine eigene Absicht als *ad divina, naturalia et moralia* ausgerichtet bezeichnet (IBID. LW I 447,8). Alle drei bilden die Inhalte des menschlichen Wissens. Eckhart sieht darin einen Bezug zur platonischen Akademie: „*Propter quod etiam academici ponebant omnes scientias intellectivas, puta divines et naturales, et iterum virtutes, quantum ad scientias morales, esse animae concreatas.*" Dass der Bezug der Tugenden zu den *scientias morales* eigens hervorgehoben wird, weist darauf hin, dass mit letzteren nicht eine Ethik im Sinne einer eigenständigen Wissenschaft vom menschlichen Handeln gemeint ist, sondern etwas Übergreifendes, zu dem das richtige Handeln in Beziehung steht, aber nicht den eigentlichen Gegenstand ausmacht; sonst könnte Eckhart hier auf das die Beziehung verdeutlichende *in quantum* verzichten. Den Bezug zu den Platonikern entnimmt Eckhart keiner unmittelbaren Kenntnis, sondern wahrscheinlich AUGUSTINUS, De civitate dei VIII c.7.

[116] Cf. In Gen II n.28–33 (LW I 497,10–501,13).

eine Einheit der Erkenntnis zustande kommt, der Verstand dem Sinneseindruck gegenüber als reine Potentialität bestehen müsse.[117] Dies wird mit dem rein empfangenden Verhältnis der Materie gegenüber der Form parallel gesetzt. Nur wenn wirklich eine strikte Unterscheidung der Prinzipien nach aktivem und passivem Prinzip angenommen werde, komme durch deren Zusammenwirken eine wirkliche Einheit zustande. Der wesentliche Zusammenhang der Prinzipien bestehe in der durch sie bestehenden Seinseinheit (*unum esse*) in ihrer Wirkeinheit (*unum operari*).

Weiterhin sind die Worte über Himmel und Erde im Hinblick auf das Verhältnis des Wodurch (*quo*) zum Was (*quod*) der Dinge zu begreifen. Damit bezeichnet Eckhart die Unterscheidung zwischen dem Existenzprinzip und der Wesensbestimmung eines Sachverhalts. Eckhart stellt dabei die Heteronomie bzw. Autonomie der beiden Prinzipien einander gegenüber.[118] Parallel dazu ist das Verhältnis zwischen der Existenz des Sachverhalts in seiner Ursprungsursache (*esse rerum creatum in suis causis originalibus*) und dem bloß formal zu verstehenden Sein, das er in sich selbst besitzt (*esse quod se habent in se ipsis formaliter*).[119]

Aus der Struktur des bis hierhin Dargestellten bricht die darauf folgende Auslegung[120] scheinbar aus: Der Himmel steht für das Wahre, während die Erde für das Gute steht, wobei das Wahre als das Sein der Dinge in Bezug auf den *intellectus* vorgestellt wird. An einer parallelen Stelle im ersten Genesiskommentar bezeichnet Eckhart das Gute als *extra rebus*, während das Wahre in der Seele (*in anima*) verortet wird.[121] Betrachtet man das Verhältnis von Himmel und Erde in einem nächsten Schritt als Ausdruck für das Verhältnis von Gut und Böse, steht der Himmel für das Gute.[122] Deutlich wird, dass die parabolische Auslegung den biblischen Begriffen keine starre Referenz zuweist.

Damit schließt Eckhart die Auslegung *ad naturalia* ab. Betrachtet man die Auflistung der zu diesem Bereich gezählten Themen, wird deutlich, dass Eckhart unter den *naturalia* die natürlichen Strukturverhältnisse der Wirklichkeit versteht und nicht eine Betrachtung der konkreten Naturerscheinungen. Der Relevanz diese Naturbegriffs werde ich mich in einem eigenen Untersuchungsabschnitt zuwenden.[123]

Die Überlegungen, die Eckhart zum Hervorgang der Zwei aus der Eins anstellt, stehen jedoch – das ist aus unserer Nachzeichnung des eckhartschen Argumentationsgangs zu Gen 1,1 im zweiten Genesiskommentar zu entnehmen – meiner Einschätzung hinsichtlich seiner Ausklammerung des Aspekts der Quantität nicht entgegen. Die Spekulationen zum Wesen der Zahl beziehen sich auf das Verhältnis des Einzelnen zum Einen im Hinblick auf das Ursprungsverhältnis, das heißt auf seine naturale Eingebundenheit, nicht auf eine Betrachtung des Einzelnen als solchem. Nur aus letzterer Perspektive heraus könnte von einer Betrachtung über den Status der Quantität als solcher die Rede sein. Dies ist in dem betrachteten Textabschnitt

---

[117] Cf. ibid. n.31f. (LW I 499,5–501,6).
[118] Cf. ibid. n.34 (LW I 501,14–502,14).
[119] Cf. ibid. n.35a (LW I 502,15–503,2).
[120] Cf. ibid. n.35b (LW I 503,3–503,7).
[121] In Gen I n.68 (LW I 232,3f.).
[122] Cf. ibid. n.36.
[123] Abschnitt B.

jedoch nirgends der Fall. So bleiben wir bei der Einschätzung, dass Eckhart die positive Realität des Einzelnen ausschließlich in einer vertikalen Struktur begreift, d. h. innerhalb einer für ihn wesentlichen Relation, zu deren Verständnis eine horizontale Dimension nur akzidentell beiträgt. Für eine Perspektive, die auf die Struktur gerichtet ist, bleibt eine Betrachtung der horizontalen Linie bedeutungslos, da sich auf dieser keine Strukturen feststellen lassen.

Die Weise, wie Eckhart die Zahl einer tendenziell negativen Wertung unterzieht, ist keineswegs Allgemeingut innerhalb der christlich-neuplatonischen Ansätze. Schon allein deshalb verdient diese Tatsache Beachtung. Bei Augustinus beispielsweise kommt der Zahl eine weitaus positivere Einschätzung zu. Dabei ist das Verhältnis der Zahl zum Einen ebenso wie bei Eckhart der Ausgangspunkt. Was bei Eckhart Anlass einer negativen Einschätzung ist – der Abstand zum Einen –, hat bei Augustinus aufgrund der Nähe zum Einen eine positive Konnotation. Die Zahl gewinnt dadurch bei Augustinus eine ästhetische Relevanz, indem sie das Grundcharakteristikum des Schönen darstellt.[124]

Die oben[125] dargelegte Differenzierung der Sätze in das vorgestellte Schema der zwei möglichen Prädikationsweisen – eigentlich und uneigentlich – entspricht der Denkrichtung, die sich in der eingehend behandelten Passage aus dem zweiten Genesiskommentar abzeichnet. Entweder bezieht sich die Aussage auf eine allgemeine, metaphysische Wirklichkeit, dann entsprechen sich Struktur und Sachverhalt, oder eine Aussage beschreibt einen kontingenten Sachverhalt und ist nur in ihrer semantischen Form von Relevanz. Die Betrachtung der kontingenten Sachverhalte als quantitativen Einzelfällen spielt dann keine Rolle. Die Beschränkung auf die strukturontologische Betrachtung macht den streng metaphysischen Charakter des O.T. aus.

b) Das Verhältnis von Strukturontologie und Substanzontologie

Die Fokussierung von Eckharts Wirklichkeitsbetrachtung auf die vertikalen Relationen und relationalen Prozesse, innerhalb derer die einzelnen Sachverhalte bestehen, legt ein Strukturschema offen, das in seiner einheitlichen Ausrichtung gleichsam das tragende Gerüst der Wirklichkeit darstellt. Vor diesem Hintergrund kann das eckhartsche System, d. h. sein metaphysischer Ansatz im O.T. als „Strukturontologie" charakterisiert werden. Was eine Strukturontologie als solche[126] ausmacht, lässt sich folgendermaßen zusammenfassen: Eine Strukturontologie betrachtet die Wirklichkeit im Hinblick auf ihre grundlegenden und umfassenden Strukturen. Es geht ihr weniger um die Frage nach dem Seienden als Seienden, d. h. um eine Explikation des Seinsbegriffs, und gerade in diesem Zusammenhang neigt Eckhart zu einer auffallend geringen Differenzierung, sondern um die als Relationen greifbaren

---

[124] Cf. ARIS.

[125] S.o.S.25ff.

[126] Der Begriff „Strukturontologie" wird hier zwar vom eckhartschen Ansatz her entwickelt, ist aber nicht auf diesen zu beschränken, sondern kann als allgemeine Ordnungkategorie angewendet werden.

Strukturen, innerhalb derer sich Seiendes als Seiendes zeigt. Seiendes ist als solches nicht atomisierbar, sondern nur in Zusammenhängen und Prozessen zu erfassen. Diese Zusammenhänge und Prozesse sind wiederum nicht kontingenter Natur, das heißt nicht entsprechend ihrer Konstituenten auf eine je neue Weise konstituiert, sondern unterliegen durchgehenden Stukturmustern, die sich aus den je kontingent erscheinenden Sachverhalten herauslösen lassen. Eckhart sieht die Wirklichkeit durch eine begrenzte Zahl von Varianten solcher Relationen strukturiert. Diese herauszuarbeiten ist das Anliegen einer Strukturontologie. Dass diesen Strukturen ein Wirklichkeitscharakter zukommt, der letztlich dem der kontingenten Einzelerscheinungen vorausgeht, ist, wie sich zeigen wird, ein Spezifikum des eckhartschen Ansatzes. Das Einzelne ist innerhalb einer Struktur verwirklicht, die ihm vorgegeben ist, die sich nicht umgekehrt erst durch dieses Einzelne konstituiert. Die Struktur ist zwar einerseits für den menschlichen Verstand aus den kontingenten Gegebenheiten abstrahierbar, jedoch ist dieser Erkenntnisweg innerhalb des O.T. von untergeordneter Bedeutung. Eckhart setzt die Strukturen als das voraus, was an der Wirklichkeit unmittelbar einleuchtet. Der Gegenstand einer solchen Strukturontologie ist, wenn er wirklich dem Anspruch einer Metaphysik als Erster Philosophie genügen soll, in sich unbegrenzt, da er das alle Gegenstände umfassende Ganze zu repräsentieren sucht.

Wenn innerhalb einer strukturontologischen Betrachtung die Einbindung des einzelnen Gegenstandes in für ihn wesentliche Relationen im Mittelpunkt steht, tritt seine eigene Substanzialität, d. h. das, was er in sich ist, nicht zuletzt seine washeitliche Bestimmung notwendig dahinter zurück, ja wird für sich irrelevant. Dennoch bezeichnet ein strukturontologischer Ansatz nicht zwingend das Gegenteil eines substanzontologischen Ansatzes, da es auch ihm um die Fundierung des wahrnehmbaren Sachverhalts geht. Dass sich bei Eckhart eine Priorität des ersteren gegenüber letzterem abzeichnet, können wir als Ergebnis unserer bisherigen Beobachtungen festhalten.

c)   Exkurs: Die Konzentration auf die Struktur: eine Parallele der Denkmethode zur Kunst der Gotik?

Wenn man in der gotischen Architektur eine Parallele zur Denkweise der Scholastik erblicken möchte, so ist dies in erster Linie in dem konsequenten Willen der hochgotischen Architektur zur Systematisierung und Strukturierung des Raumgefüges zu erkennen. Eine gotische Kathedrale ist in ihrer konsequentesten Form aus einem beliebigen Architekturfragment in ihrer Gesamtheit ableitbar. Die Bezeichnung „Kathedralen des Denkens"[127] für die Denkentwürfe dieser Zeit leitet sich nicht von ihrem quantitativen Umfang, sondern von ihrer umfassenden Strukturierung und Durchdringung der Wirklichkeit ab, auf die die von O. VON SIMSON geprägte Charakterisierung „graphischen Funktionalismus"[128] am treffendsten anzuwenden

---

[127] so der Titel eines Beitrags von L. HONNEFELDER; cf. ID., Kathedralen.
[128] SIMSON 162.

ist.[129] In diesen Zusammenhängen erblicken wir die eigentliche Verbindung von *ars* und *scientia*. Die Quantität hat auch der Architekt der Gotik scheinbar aus dem Auge verloren. Anders sind die überdimensionierten Projekte beispielsweise der Turmfassaden, die alles bisher Dagewesene überbieten, nicht zu verstehen. Der Strukturentwurf im Großen wiederholt sich im Kleinen, beispielsweise in der Goldschmiedekunst. Das Strukturprinzip bleibt dasselbe, gleich, ob es sich um einen Turm, einen Stuhl oder eine Monstranz handelt. Nie wieder ist in der Kunst eine so umfassende strukturelle Einheitlichkeit und durchgreifende Gestaltung erreicht und wohl auch beabsichtigt worden.

In der abbildenden Kunst, beispielsweise im Blick auf die menschliche Anatomie, kommt es dem Künstler der Gotik nicht auf die optische, sondern auf die logische Erfassung seines Gegenstandes an. Bei der Wiedergabe folgt der Künstler der auf dem Wege der Abstraktion gewonnenen Leitlinie, so dass die Darstellung gegenüber dem Original aus einer heutigen Sichtweise eher schematisch wirkt. Der Schaffensprozess der (hoch)gotischen Kunst besteht nicht in der unmittelbaren Übertragung der natürlichen Vorbilder, sondern nimmt eine Zwischenstation in der abstrahierenden Vorstellung des menschlichen Verstandes ein. Das Vorbild wird gleichsam übersetzt, nicht nur in eine andere Formensprache, sondern in eine andere Wirklichkeit, was sich für den heutigen Betrachter daran festmachen lässt, dass uns diese Kunst weitgehend als sakrale, nicht als profane Kunst erscheint, selbst außerhalb des Kirchenraumes. Das Skizzenbuch des VILLARD DE HONNECOURT, entstanden bis ca. 1235, liefert eindringliches Anschauungsmaterial für diese Zusammenhänge.[130]

---

[129] R. OTTO 214–219 hingegen charakterisiert Eckhart aufgrund des in seinen Gedanken erzeugten „numinosen Hochgefühls" und des beschriebenen Aufstiegs des Geistes als „Gotiker". Eckhart ziele auf „das lockende *plus ultra* für den klimmenden Geist einer gotischen, nach immerfort Unendlichem trachtenden Seele" (217). Eckhart gelinge es, „alte abgegriffene Schulformeln zurückzuführen zu ihrem ursprünglich glutvollen Sinne und sie aufleben zu lassen in ihren mystischen Urfarben." (214). Das Gotische wird in diesen Ausführungen eher von seiner Quantität, d. h. der Übersteigerung des Maßes sowie von der dies begründenden inneren Dynamik her verstanden.

[130] Cf. HAHNLOSER 263–268.

5. DER ZUSAMMENHANG VON METAPHYSIK UND LOGIK

a) Der ontologische Status des Begriffs innerhalb der Aussage

Nachdem die Fokussierung der eckhartschen Überlegungen auf den strukturellen Aspekt der Wirklichkeit bzw. die primäre Wahrnehmung der Wirklichkeit als Struktur hervorgehoben worden ist, kann sich die Untersuchung der Klärung des ontologischen Status des sprachlichen Ausdrucks der Wirklichkeitsstruktur zuwenden. Mit der Unterscheidung zwischen eigentlichem und uneigentlichem Gebrauch der *termini generales* verwendet Eckhart eine Unterscheidung, die von der Sache her innerhalb der terministischen Logik (*logica moderna*) gebräuchlich ist, die zwischen *categoremata* und *synkategoremata* unterscheidet, d. h. zwischen Subjekt- und Prädikatsausdrücken als selbständigen Bedeutungsträgern einerseits und unselbständigen Satzelementen, wie zum Beispiel Kopula oder Konjunktionen, andererseits. Was demnach einen kategorematischen Satzteil auszeichnet, ist, dass er für einen eigenständigen Sachverhalt steht, d. h. supponiert. *Termini* im eigentlichen Sinne werden kategorematisch gebraucht. So gilt umgekehrt, dass nicht jedes Wort ein *terminus* ist, sondern nur, was als Subjekt- oder Prädikatsterm auftreten kann, d. h. als kategorematischer Ausdruck. *Terminus* ist ein syntaktischer Begriff: Ein Wort – es kann sich auch um eine Wortgruppe handeln – mit einer eigenständigen Bedeutung heißt nur dann *terminus*, wenn es im Satz an Subjekt- oder Prädikatstelle stehen kann. Das Verständnis von *terminus*, das sich bei Eckhart beobachten lässt, entspricht in den hier skizzierten Zusammenhängen dem Ockhams.[131]

Die Tendenz der terministischen Logik – ausgehend von PETRUS HISPANUS – liegt in der Verlagerung des Verhältnisses von Sprache, Denken und Wirklichkeit auf die semantische Analyse von Sätzen, aus deren Kontext heraus die Bezeichnungsfunktion der *termini* zu verstehen versucht wird. Dabei ist allein der propositionale Kontext der *termini* Gegenstand der Untersuchung, nicht jedoch der pragmatische, also die Redesituation und das Verhältnis von Sprecher und Angesprochenem. Bei Eckhart finden wir hier einen deutlichen Anklang an die Vorgehensweise der terministischen Logik, die für den damaligen Zeitraum als nach wie vor gängiges Handwerkszeug philosophischer Untersuchung betrachtet werden kann, wenn auch die Entwicklung mit dem Aufkommen der modistischen Logik zu anderen Schwerpunktsetzungen übergeleitet hatte.

Vor dem Hintergrund des Vergleichs mit der terministischen Logik müssen wir fragen, ob wir es in diesen Passagen Eckharts wirklich mit der logisch-semantischen Analyse einer metaphysischen Thematik zu tun haben. Betrachtet man das Gesamtwerk, so erscheint es außer Zweifel, dass das Thema der Eckhartschen Metaphysik die Wirklichkeit des Seins und weniger die logisch-linguistische Analyse des Seinsbegriffs ist. Wenn Eckhart von der *terminorum existentia*, der Existenz der Begriffe, spricht, geht es ihm um die Wirklichkeit dessen, was der Begriff bezeichnet. Die

---

[131] zu Ockham cf. BECKMANN 68.

Existenz des *terminus* beinhaltet das Vorliegen des bezeichneten Sachverhalts. Die *existentia* besagt die Realisierung des *terminus*. Andererseits wird die *cohaerentia naturale terminorum*, der natürliche Zusammenhang der Begriffe, als ein innersprachlicher, noch nicht auf die Wirklichkeit bezogener Zusammenhang betrachtet. Die Unterscheidung dieser beiden Ebenen der Sprache, ihr direkter Wirklichkeitsbezug und eine davon losgelöste Ebene logischer Betrachtung lassen auf ein komplexes Ineinander von Sprache und Wirklichkeit im Denken Eckharts schließen. Das Verhältnis von Sprache, Denken und Wirklichkeit, von Wort und Sein ist ein entscheidender hermeneutischer Angelpunkt in der Systematik des O.T.

Das Logikverständnis, das hinter den behandelten Ausführungen steht, entspricht dem des Augustinus. Logik dient zur Selbstreflexion und dem Sich-ihrer-selbst-bewusst-Werden der Vernunft. Innerhalb der Logik analysiert die Vernunft ihr eigenes Tätigsein. Von daher können solche Überlegungen im weitesten Sinne als „Wissenschaftstheorie" bezeichnet werden, weil sie die eigene Vorgehensweise nicht als selbstverständlich voraussetzen, sondern nochmals einer Reflexion unterziehen.[132] Bei Eckhart ist diese augustinische Vorgehensweise an den hier betrachteten Stellen im Ansatz, gleichsam abbreviatorisch, zu beobachten, wird jedoch nicht weiter entfaltet.

Die Reflexionen des lateinischen Mittelalters über das Wesen der Sprache als solches erhielten ihre inhaltliche und methodische Ausrichtung in weitaus stärkerem Maße durch das von BOETHIUS vermittelte Verständnis des ARISTOTELES aus De Interpretatione hinsichtlich des Verhältnisses von Wort (*verbum / vox*), Begriff (*conceptio*) und Sache (*res*). „Wort" meint das gesprochene Sprachzeichen, „Begriff" seinen Inhalt und „Sache" den Gegenstand bzw. Sachverhalt, auf den Bezug genommen wird. Nomina und Verben bezeichnen eine Sache, weil sie für diese Sache gesetzt sind (*positione significant*). Sie sind als solche Zeichen der gedanklichen Inhalte (*animae passionum notae*), wobei „gedankliche Inhalte" für die lateinischen Ausdrücke *intellectus, imagines* und *similitudines rerum* steht. Das Thema ist damit vorgegeben: die Begründung der Sprache in der menschlichen Geistigkeit, d. h. im Prinzip der Rationalität, dem geistigen Erfassen der Wirklichkeit.[133]

Die wesentlichen Elemente dieser Tradition – vor allem die drei Elemente der Sprache – finden sich in Eckharts Exoduskommentar wieder:

> „Aussagen (*orationes*) oder Sätze (*propositiones*) entsprechen zuerst und aus sich nicht den Dingen, sondern den Begriffen von den Dingen; Worte (*voces*) sind nämlich Zeichen und ‚Merkmale der Gedanken (in der Seele).' Deshalb kennzeichnen sie den Begriff (*conceptionem*), zeigen ihn an und bezeichnen ihn. Deswegen werden auch Aussagen oder Sätze nicht aufgrund der Dinge oder des schlechthin Seienden als wahr oder falsch, zutreffend oder unzutreffend beurteilt, sondern auf Grund unserer Begriffe von den Dingen und dem Seienden, die erstere zuerst und aus sich heraus bezeichnen."[134]

---

[132] Cf. SCHULTHESS/IMBACH 29.

[133] Cf. SCHNEIDER, Sprache 1454.

[134] In Ex. n.55 (LW II 60,6–12): „[...] *orationes sive propositiones respondent primo et per se non rebus, sed rerum conceptionibus; sunt enim voces signa et „notae earum quae sunt in anima passionum". Propter quod ipsam conceptionem notant et indicant et significant. Et idcirco etiam iudicantur esse verae vel falsae,*

Die Formulierungen sind zum Teil wörtlich aus Aristoteles übernommen und stehen in der Interpretationslinie, auf der sich auch Thomas von Aquin befindet.[135] Der Begriff *terminus* erscheint hier nicht, stattdessen *conceptio*, was im Deutschen ebenfalls mit „Begriff" wiedergegeben werden kann, jedoch einen anderen Aspekt als *terminus* hervorhebt. *Conceptio* bezeichnet die gedankliche Fassung eines Inhalts, noch nicht seinen sprachlichen Ausdruck (hier: *vox*). Beide werden also der Sache nach voneinander unterschieden. *Terminus* umfasst sowohl *conceptio* als auch *vox*. Eckhart betont an dieser Stelle, dass der primäre Bezug eines Wortes nicht, wie man vermuten möchte, der Gegenstand ist, sondern ein Gedanke, nämlich der Begriff, den der Verstand von einer Sache hat. Der Gegenstandsbezug – und damit der Wirklichkeitsbezug der Sprache im Ganzen – ist demnach nicht unmittelbar, sondern mittelbar. Mit *conceptio* ist ein vorsprachliches Moment des Erkenntnisvorgangs gemeint, ein Gedanke, der gesprochene Sprache und Inhalt deutlich voneinander trennt. Wahrheit und Falschheit von Aussagen leiten sich diesen Ausführungen zufolge aus unserer Erkenntnis der Gegenstände ab, nicht aus diesen selbst, in dem Sinne, dass nicht die Gegenstände selbst das Bewertungskriterium für die Aussage liefern können, sondern unsere Erkenntnisinhalte. Damit wird kein unüberwindbarer Graben zwischen den Dingen an sich und unserer Erkenntnisweise bzw. die absolute Unerreichbarkeit des Dinges an sich behauptet, wohl aber eine Mittelbarkeit der sich in Sprache mitteilenden und kommunikablen Weltbetrachtung. Wahrheit definiert sich in diesem Zusammenhang als Wahrheit von Aussagen. „*Quas significant primo et per se*" bedeutet, dass die primäre Referenz des Wortes der Gedanke ist, dass Sprache eben ein Phänomen der Rationalität ist, dass aber damit eine weiter reichende und in diesem Sinne sekundäre Referenz nicht ausgeschlossen ist, die aber mit der Qualität der Erkenntnis steht und fällt, so dass unter diesen Voraussetzungen jede Betrachtung der Wirklichkeit eine Betrachtung dieser Betrachtungsweise mit sich bringen muss, will sie nicht an der Wirklichkeit vorbeigehen.

Im Exoduskommentar bemerkt Eckhart fernerhin:

> „Daher werden die Bezeichnungsweisen und daraus folgend die Aussageweisen gemäß der Erkenntnisweise angenommen und geformt. [...] Das konkrete (Wort) bezeichnet nur die Form, wie weiß allein die Beschaffenheit bezeichnet. Aber obwohl es den Träger nicht (direkt) bezeichnet, so bezeichnet es diesen doch mit und einschlussweise. Der Träger jedoch verhält sich zur Form immer wie das Passive zum Aktiven."[136]

Auch in dieser Aussage wird der Primat der Erkenntnis (*intelligere*) formuliert und der Begriffsinhalt im Sinne von Bedeutung (*significatio*) von der sprachlich verfassten Aussage (hier: *praedicatio*) unterschieden. Die Unterscheidung von *modi significandi* und

---

compactae vel incompactae orationes sive propositiones non ex rebus sive ex entibus absolute, sed ex rerum et entium conceptionibus, quas significant primo et per se."

[135] Cf. ARISTOTELES, Peri herm. I (c.1 16 a 3); De an. II t. 64 (B c.6 418 a 11–20); THOMAS VON AQUIN, In Peri herm. I c.1 lect. 2 n. 5, I 12b; In Met. VII c. 1 lect. 1.

[136] In Ex. n.84 (LW II 87,8–14): „*Unde secundum modum intelligendi accipiuntur et formantur modi significandi et consequenter modi praedicandi, [...] Concretum autem significat formam solam, sicut ‚album solam qualitatem'. Sed licet subiectum non significet, tamen consignificat et connotat. Subiectum vero semper se habet respectu formae sicut passivum ad activum et effectus ad causam."*

modi praedicandi geht von einer metasprachlichen Begriffssetzung aus. Da in dieser Passage zwischen Form und Träger (*forma et subiectum*) unterschieden wird, kann darauf geschlossen werden, dass wir es mit dem abstrakten Allgemeinbegriff zu tun haben, der mit dem Formmoment innerhalb der Gegenstandskonstitution zusammenfällt, dem aber an dieser Stelle eine eigene – ideenhafte – Realität zugedacht wird. Wir finden das aristotelische Schema von Akt und Potenz angewandt, wobei die beiden Elemente weniger als gleichnotwendige Momente ein und derselben Wirklichkeit behandelt werden, sondern als deutlich voneinander separiert, wobei der Form das größere Gewicht zukommt.

An dieser Stelle genügt es festzuhalten, dass Eckhart wie Thomas von Aquin[137] die Ansicht vertritt, dass ein Wort (*verbum*) zuerst einen Gedanken bezeichnet. Die damit verbundene indirekte Referenz der Sprache zur Wirklichkeit wird im obigen Zitat deutlich formuliert. Sprache ist intentional auf die Wirklichkeit gerichtet, doch nur vermittelt, als *connotatio* und *consignificatio*.

Die differenzierenden Überlegungen hinsichtlich des ontologischen Status des Begriffs führen Eckhart insgesamt nicht dazu, eine synthetisierende Betrachtung der Geamtwirklichkeit fallen zu lassen. Eine Differenzierung lässt für Eckhart nicht allein die Verschiedenheit, sondern zugleich die umfassendere relationale Einheit des Differenzierten aufleuchten. Differenziertes steht in Beziehung zueinander, und diese Beziehung bedeutet eine umfassendere Wirklichkeitsstruktur auf einer übergeordneten Ebene. Der entscheidende Zugang zum Einheitsgedanken liegt in der Strukturparallelität der auf den verschiedenen Realitätsebenen beobachtbaren Relationen.

b)   Der Gottesname als Inbegriff der Identität von Begriff und Intelligibilität des Sachverhalts – Die Entfaltung der Begriffstheorie vom Inbegriff des Bezeichneten her

Die Relevanz der *termini generales* liegt darin, dass Eckhart mit ihrer Hilfe das zu erfassen sucht, was für ihn die eigentliche Wirklichkeit ist. Die Referenz des Sprachzeichens zur bezeichneten Sache erhält seine Signifikanz dadurch, dass die Begriffe, insbesondere die *termini generales*, zwar ihrem Inhalt nach als äußerste, nicht weiter fortführbare Abstraktion erscheinen, dass sie aber für Eckhart gerade nicht das Ergebnis eines Abstraktionsprozesses, sondern umgekehrt für die Wirklichkeit als solche und eine ihr adäquate Erkenntnis – adäquat ist hier wörtlich zu nehmen – konstitutiv sind. Das Sein als Ersterkanntes anzunehmen, ist im Umfeld Eckharts kein ungewöhnlicher Gedankengang, wohl aber, dies auf eine Begriffsstruktur auszudehnen. Den Übergang von der Theorie des ersten Seienden zu der des Ersterkannten gilt als ein kennzeichnendes Charakteristikum der Entwicklung der Metaphysik während des Zeitraums vom 13. bis zum 14. Jahrhundert. Bei Eckhart lässt sich zwar diese Tendenz verfolgen, ohne dass sie eigens thematisiert wird, doch ist die Konzentration auf den Seinsbegriff in dem Sinne exemplarischer Art, dass Ge-

---

[137] Cf. S. c. gent. IV, 11; S. theol. I, 34,1; De pot. 9,5.
[138] Cf. HONNEFELDER, Anfang 185f.

gebenheiten, die Eckhart als für alle Strukturbegriffe geltend annimmt, anhand des
Seinsbegriffs veranschaulicht werden. Wenn sich auch in den überlieferten Passagen
des *opus expositionum* ein großer Teil der Untersuchungen explizit mit dem Seinsbegriff auseinandersetzt, so ist doch in den Prologen – sowohl im *prologus generalis* als
auch im *prologus in opus propositionum* – die Tendenz deutlich, die Aussagen auf das
Gesamt der *termini generales* zu beziehen.

Im Exoduskommentar finden wir einen derartigen Gedankengang bezüglich des
Seinsbegriffs als Ersterkanntem, bei dem der Begriff als „Name" klassifiziert wird,
was der Begrifflichkeit eine weitere, tiefere Dimension verleiht:

> „Außerdem ist das Seiende das erste, was vom Verstand , wie Avicenna sagt, und über-
> haupt von der Wahrnehmung erfasst wird. Daher geht der Philosoph, der von den ers-
> ten Seienden und von den ersten Prinzipien der Dinge handelt, zuerst vom Seienden
> aus. Das Seiende ist und heißt deshalb sein Subjekt. Denn es liegt allem als Vorausset-
> zung zugrunde, auch der ersten Erkenntnis und Wahrnehmung. Jeder Name aber und
> jedes Wort ist Hinweis und Zeichen einer vorausgehenden Erfassung." [139]

Das zitierte Textstück dient an seiner Stelle im Exoduskommentar im Anschluss
zur Untermauerung einer These von der Eigentlichkeit des Gottesnamens. Die
Erweiterung des Zitats aus AVICENNA[140] bringt einen Gedanken, den bereits THO-
MAS[141] aufgreift, dass alles, was wahrgenommen wird, zuerst als seiend wahrgenommen wird. Dies kann auf die Sinne im Allgemeinen bezogen werden, jedoch sind
diese letztlich an die Verstandeserkenntnis zurückgebunden. Eckhart behauptet
ausgehend von diesem Gedanken, dass das *ens* nicht nur das Ersterkannte ist, sondern Voraussetzung von Erkenntnis überhaupt (*subicitur primae cognitioni*). Es ist notwendig, wie Eckhart weiter bemerkt, damit überhaupt ein Begriff von einer Sache
gebildet werden kann, dass etwas zunächst einfach als etwas wahrgenommen wird.
Der menschliche Verstand kann intuitiv aus sich heraus keine Begriffe bilden, sondern ist auf die Apperzeption angewiesen. Er ist also von seiner Konstitution zuerst
rezeptiv, dann erst selbst schaffend. Er bedarf Grundlagen, die er selbst nicht leisten,
wohl aber erkennen kann.

Der zitierte Abschnitt ist Teil eines Argumentationszusammenhangs innerhalb
der Auslegung von Ex 20,7: „Du sollst den Namen deines Gottes nicht unnütz in
Anspruch nehmen." Nach einigen grundsätzlichen Überlegungen über die Heiligkeit
des Gottesnamens – ausgehend vom biblischen Tetragramm – und verschiedene
biblisch überlieferte Gottesbezeichnungen versucht Eckhart, in einem Beweisverfah-
ren die These zu begründen, dass der Name ‚qui est' der angemessenste Gottesname
sei, da der Name (*nomen*) einer Sache (*res*) am besten zueige, „auf den alles zutrifft

---

[139] Cf. in Ex. n.169 (LW II 147, 10–14): „*Adhuc autem ‚primum, quod cadit in intellectu' secundum
Avicennam' et universaliter in apprehensione, ‚est ens'. Propter quod etiam primus philosophus tractans de
primis entibus et primis rerum principiis praesupponit ens. Et ipsum ob hoc est et dicitur eius subiectum, eo
quod subicitur et paesupponitur omni, etiam primae cognitioni et apprehensioni. Nomen autem sive verbum
omne nota est et signum praecedentis apprehensionis.*"

[140] Met. I c. 6 (72rb 32–35).

[141] Cf. S. theol. I II q. 94 a. 2.

und dem alles zuzuschreiben ist, was der Sache eigen ist."[142] Mit dem Begriff ‚Namen' begegnet uns eine weitere Bezeichnung für den sprachlich verfassten Begriff. Im eckhartschen Verständnis repräsentiert der Name den von ihm bezeichneten individuellen Sachverhalt in dem Maße, dass er ihn nicht nur als Wortzeichen vertritt, sondern sachlich erfassbar macht. In diesem Idealfall ist mit dem Namen der Sachverhalt als solcher unmittelbar intelligibel, da er sich in ihm darstellt[143]. Der Name steht immer nur für einen verwirklichten Sachverhalt.[144] Wir finden in den Kommentarwerken verschiedene Beispiele, wie der Name von seiner begrifflichen Zusammensetzung her den Sachverhalt erläutert. Was hier als Name bezeichnet wird, ist nicht im Sinne von Eigenname zu verstehen, aber auch nicht als ein einfachhin für einen Sachverhalt supponierender Begriff, sondern als der adäquate, den Sachverhalt in sich intelligibel machende Begriff. Aus einem solchen Namen ist auf das washeitliche Proprium des Sachverhalts zu schließen. Ein Beispiel für einen solchen Begriff, den Eckhart als „Namen" bezeichnet, ist *intellectus*. Der Name sagt etwas über die Tätigkeit der bezeichneten Sache aus: (In Gen. II n.83 = LW I 544,10–11) *„Intellectus iuxta nomen [suum] intus, in se ipso rem legit; hoc enim intelligere, id est intus legere."* Der Verstand vollzieht sich, indem er aus den Dingen liest. Im Johanneskommentar findet sich diese Anspielung ebenfalls, ohne dass sie, wie im zweiten Genesiskommentar, aufgelöst wird (In Ioh. n. 443/568 = LW III 380,4f./495,8f.). Ein weiteres, jedoch anders geartetes Beispiel findet sich in In Ex. n.275 (LW II 222,6f.) für den Begriff *gloria*: *„Gloria [...] secundum nomen vero idem est quod claritas; gloria enim dicitur quasi claria."* Die phonetische Ähnlichkeit der Worte ist für Eckhart Anlass, einen inhaltlichen Zusammenhang anzunehmen. Dieser wäre allein auf die lateinische Sprache beschränkt, der damit zwar noch nicht der Charakter einer Idealsprache zukommt, in der aber Phonetik und inhaltliche Aussage zusammenfallen können. Auf das washeitliche Proprium des Sachverhalts schließt Eckhart in diesem Falle nur indirekt durch die Vermittlung eines weiteren Begriffs.[145]

Wenn ein Name im Vollsinn des eckhartschen Verständnisses als Name fungiert, was für den Gottesnamen der Fall ist, erfasst er nicht nur Gattung und Art, zu denen

---

[142] In Ex. n.163 (LW II 142,11f.): „[...] *cui competunt et attribuuntur omnia, quae illius rei sunt propria."*

[143] Zum Darstellungscharakter des Seins cf. OEING-HANHOFF 177.

[144] Cf. In Eccl. n.38 (LW II 266,3–5): „[...] *res omnis in sua ratione absconditur et latet. Ignis enim in ratione sua non est ignis nec dicitur ignis, sic ergo nec nomen nec naturam habet ignis et sic absconditur in sua causa."* *Ratio* ist hier als Prinzip der Ursächlichkeit zu verstehen, nicht im Sinne von „Begriff". Im folgenden Zitat aus dem Exoduskommentar, das den gleichen Sachverhalt beschreibt, ist *ratio* im Sinne von Idee zu verstehen. Deutlich wird, dass Eckhart Idee und Namen unterscheidet und Letzteres auf das konkrete Verwirklichtsein bezieht: „[...] *nullo modo formae rerum sunt in deo formaliter, rationes autem rerum et formarum sunt in deo essentialiter et virtualiter. Et istae nullo modo rem denominant nec dant speciem nec nomen."* (In Ex. n.121 = LW II 114,7–10) Auffallend ist an dieser Stelle die Unterscheidung zwischen *forma* und *ratio*. Wenige Zeilen später räumt Eckhart jedoch ein, dass die Form eine Rückbindung in Gott und als solche einen prägenden Charakter für den Namen besitzt, so dass dieser in den Kausalzusammenhang der Wirklichkeit eingebunden ist: *„Necesse ergo, ut formae rerum, quae speciem dant et denominant, sint in deo."* (In Ex. n.122 LW II 115,6f.)

[145] Zur ontologischen Relevanz des Namens bei E. cf. auch DE LIBERA, Problème 20–27.

sein Träger zu rechnen ist, sondern zu allererst die Individualität und in sich gründende Subsistenz dieses Trägers. Dies setzt die Möglichkeit einer Erfassbarkeit als Individuum voraus. So ist es naheliegend, dass Eckhart den Namensbegriff insbesondere auf Personennamen angewandt wissen will. Das Verhältnis von Namen und Namensträger wird als ein Verhältnis der Kongruenz beschrieben, gleichsam als ein insofern reales Abbild, als sich der Träger in allen seinen Eigenschaften präsentiert. Die Wesensstruktur des Namensträgers wird vom Namensbegriff in dessen sprachlicher Struktur nachgezeichnet. Der Name muss von daher nicht ein singulärer Begriff sein, sondern kann, wie im Beispiel der Selbstaussage Gottes am Sinai, eine zusammengesetzte Struktur besitzen, etwa den einer einfachen Prädikation. Im Hintergrund steht die Überzeugung, dass die sprachliche Struktur, zumindest da, wo sie sich in ihrer elementarsten Struktur präsentiert, die Wirklichkeit als solche nachzeichnet. Wirklichkeit wird an der Sprache ablesbar – so geht Eckhart faktisch vor – und umgekehrt. Dass dieses Ideal – und Eckhart skizziert es nur für diesen Zusammenhang – ausschließlich im Hinblick auf einen Sachverhalt höchster Einfachheit zutreffen kann, liegt auf der Hand. Wir finden indessen auch kein Anwendungsbeispiel dieser Art auf einen gewöhnlichen Personennamen. Ein Name im eigentlichen Sinn kann diesem Verständnis zufolge nur der Gottesname sein.

Im Zusammenhang mit der Untersuchung zu Ex 20,7 finden wir bereits wenige Seiten vorher Überlegungen zum nicht-göttlichen Namen, die letztendlich auch dahin weisen, dass ein Name im eigentlichen Sinne nur Gott zukommen kann. In diesen Ausführungen lässt sich eine schrittweise Ableitung dessen verfolgen, was einen Namen zunächst als Art- und Gattungs-, dann aber als Individualbezeichnung auszeichnet. Menschliche Namen erfüllen zwar auch letzteres Kriterium – sie bezeichnen eine konkrete Person –, doch ein Name, der vollständig aussagt, was er bezeichnet, d. h. den Sachverhalt intelligibel macht, ist wiederum nur der Gottesname, der hier mit dem einfachen Seinsbegriff gleichgesetzt wird. Eckhart fasst den Namensbegriff hier zwar weiter – eben auch als Art- und Gattungsbegriff –, aber im eigentlichen Sinne (*proprie*) steht „Name" für die Individualbezeichnung, da nur sie die letzte Unverwechselbarkeit (*incommunicabilitas*) und Eigentümlichkeit (*proprietas*) gegenüber allen anderen Dingen gewährleistet. Im Hinblick auf den Gottesnamen ist diese Unverwechselbarkeit schon durch den Art- und Gattungsbegriff gewährleistet, da es für Eckhart nur das Sein als solches gibt. Dass man in diesem Falle nicht mehr von einem eigentlichen Art- und Gattungsbegriff sprechen kann, ist Eckhart bewusst, und so erscheint die Subsummierbarkeit unter solche Begriffe als eine Einschränkung der Bezeichnungsfähigkeit des Namens. Die Möglichkeit eines den Sachverhalt vollständig erfassenden Individualnamens wird zu einem ontologischen Kriterium für den bezeichneten Sachverhalt.

Zur Differenzierung dreier in ihrer den Sachverhalt erfassenden Schärfe zunehmenden Stufen der Namensgebung und der umfassenden Signifikanz des Gottesnamens bemerkt Eckhart im Exoduskommentar:

„An jedem Seienden ist dreierlei zu unterscheiden: Gattung, Art und Träger. Wie nun ein Ding durch dieselben erkannt und benannt wird, in denen sein Sein gründet, so erhält jedes geschaffene Ding je einen Namen von seiner Gattung, von seiner Art und von der Eigentümlichkeit seines Trägers. Martin zum Beispiel ist und heißt mit Recht im

Blick auf seine Gattung Sinneswesen. Im Blick auf seine Art heißt er mit Recht Mensch. Martin aber heißt er mit Recht und eigentlich im Blick auf das, was er als Träger an Eigentümlichem hat. Da aber die von Gattung und Art hergenommenen Namen vielen zukommen, und naturgemäß Martin und anderen gemeinsam sind und auch anderen außer Martin zugesprochen werden können, so ist also allein der von der Eigentümlichkeit und der Besonderheit des Trägers – wer dieser auch sei – genommene Eigenname dem Martin eigen, und zwar ihm allein, und auf keinen anderen übertragbar. In Gott allein aber sind der Träger, die durch Art und Gattung bestimmte Natur – wenn man so bei Gott überhaupt reden darf – und das Sein durchaus und ganz identisch, sind ein und dasselbe Einfache [...] Also ist das Sein Gottes Eigenname."[146]

In umgekehrter Richtung verläuft die Explikation des Sachverhalts an einer anderen Stelle im Exoduskommentar. Nicht verschiedene Grade der Namensgebung werden unterschieden, sondern die umfassende Grundlegung der Namensgebung im Seinszusammenhang. Bestimmend bleibt der Zusammenhang des Namens mit der Möglichkeit zur Erkenntnis und der faktischen Existenz:

„Was am Sein nicht teilhat, ist weder Seiendes noch Name. So sind etwa Weisheit, Macht und derartige keine Namen, wenn sie nicht an dem teilhaben, was über allen Namen ist. Das ist aber allein das Sein. Denn was ohne Sein ist, ist nicht und ist kein Name, sondern ein falscher, nichtiger und erdichteter Name. Aber es ist überhaupt kein Name, weil es von nichts Kenntnis gibt. Name (*nomen*) ist aber von Kenntnis (*notitia*) abgeleitet, weil der Name das Kennzeichen (*nota*) eines im Verstand gebildeten Begriffes (*conceptus*) ist und anderen von diesem Begriff Kenntnis gibt (*notificat*). Er ist also ein Bote, der anderen die Botschaft von diesem Begriff bringt. Was unmöglich ist, verdient daher auch nicht als Name oder Wort bezeichnet zu werden [...]"[147]

---

[146] In Ex. n.165 (LW II 144,13–145,8): „*In omni ente est tria considerare, scilicet genus, speciem et suppositum. Et qui ex eisdem res in esse constituitur, cognoscitur consequenter et nominatur, hinc est quod res creata quaelibet sortitur nomen a genere, a specie et a proprietate suppositi. Verbi gratia: Martinus vere est et nominatur animal quantum ad genus. Nominatur homo et vere quantum ad speciem. Nominatur vero Martinus quantum ad proprietate suppositi et vere et proprie. Nomine autem sumpta et genere et specie cum multis conveniunt et sint communia et communicabilia ex sui natura aliis praeter Martinum, sic ergo solum nomen proprium sumptum a proprietate et ratione suppositi, quodcumque est illud, est proprium Martino et incommunicabile aliis et proprium soli Martino. Sed in solo deo id ipsum prosus per omnia et suppositum et natura speciei et generis, si sic loqui liceat in divinis, et esse, idem id ipsum simplex. [...] Igitur li esse est proprium nomen ipsius dei.*"

[147] In Ex. n.167 (LW II 146,13–147,3): „*Quod enim non participat esse, non est ens et nomen. Puta sapientia, potentia et huiusmodi singula vel nomina non sunt vel participant id, quod super omne nomen est. Hoc autem solum esse est. Quod enim sine esse est, nec est nec nomen est, sed falsum, vanum et fictum nomen est. Sed nec nomen est, quia non notificat; nomen autem a notitia dictum est, et quod sit nota conceptus alicuius in intellectu, notificans etiam ipsum conceptum aliis. Propter quod ipsum est nuntius, quo nuntiatur ipse conceptus aliis. Propter quod etiam nihil impossibile meretur dici nomen sive verbum.*" Auffällig ist an dieser Stele, dass ein Begriff, den Eckhart im *Prologus generalis* (n.8 = LW I 152,9; s.u. S.160) den *termni generales* zurechnet – *sapientia* (Weisheit) – , hier als untergeordnete Entität behandelt wird. Sicher wird Weisheit hier als ein Gottesname angesehen – obwohl ein Bezug zum Weisheitsbuch nicht deutlich wird, und außerdem gilt für die *termini generales* im Allgemeinen, dass sie nur in Bezug zum Sein sinnvoll verwandt werden können, nicht jedoch außerhalb dieses Zusammenhangs. Mehr wird auch an dieser Stelle nicht behauptet. Dass wir im

Von faktischer Existenz im Sinne von individueller Selbständigkeit ist hier nicht ausdrücklich die Rede, wohl aber von deren Gegenteil, dem Nichtsein. Faktische Existenz bedeutet, im Zusammenhang des Seins zu stehen, eine relationale Existenz zu haben, das heißt, von Gott nicht getrennt zu sein. Die Kenntnis gebende Funktion des Namens besteht zuerst darin, dass er vom Seinszusammenhang, also von der faktischen Existenz kündet, erst in zweiter Linie von den individuellen Charakteristika, die für Eckhart nur akzidentellen Charakter haben. Anhand des Namens wird also zuerst die strukturelle Einbindung und damit das für Eckhart Entscheidende des Sachverhalts intelligibel. Im Gegensatz zu den bisher von uns betrachteten Textstellen wird der Seinsbegriff als Gottesname hier als „über allen Namen" (*super omne nomen*) stehend bezeichnet. Das soll nicht bedeuten, dass wir es hier mit einem Bruch innerhalb des Exoduskommentars oder zumindest gegenüber dem Johanneskommentar zu tun haben, sondern es besteht eine Verschiebung der Betrachtungsperspektive. Die Namenhaftigkeit des Gottesnamens wird hier nicht geleugnet, sie wird aber von der „gewöhnlichen", sachverhaltsbezogenen Namensgebung abgesetzt. Letztlich geht es auch in diesen Ausführungen um den Gottesbezug und damit den Bezug zum eigentlichen, das heißt zum Gottesnamen. Was einen Namen hat, steht in Bezug zu Gott, hat daher Sein und ist existent. Wir müssen uns diese Perspektive bei Eckhart immer wieder vor Augen führen. Eckhart kennt auch – so wird aus den Ausführungen deutlich – eine Weise des Vorhandenseins, bei der der Sachverhalt isoliert betrachtet wird. Dies bezeichnet er als „falschen Namen" oder als ein Sein, das in Wirklichkeit uneigentliches Sein, eben Nichtsein bedeutet. Möglichkeit und Unmöglichkeit beziehen sich auf die Möglichkeit, einen Namen haben zu können, und damit auf die Möglichkeit, im Zusammenhang des Ganzen stehen zu können. Der Name ist Existenz- und Erkennbarkeitskriterium bzw. -anzeige zugleich. Der sprachliche Ausdruck stellt sich als die eigentliche Manifestation von Wirklichkeit dar.

In den zitierten Ausführungen wird deutlich, dass der Name eines Sachverhalts etwas ist, was vom Verstand (*intellectus*) aufgegriffen wird. Er ist die Bedingung für die Kommunikabilität eines erkannten Sachverhalts. So setzt einen Namen zu haben zuerst Erkennbarkeit voraus, und diese besteht für Eckhart darin, dass das Erkannte im Seinszusammenhang – auf Gott hin – erkannt wird. Andererseits ist das Erkannte erst durch seinen Namen kommunikabel, und damit ist dieser doch die Voraussetzung für eine vermittelte Erkenntnis. Es geht Eckhart an dieser Stelle nicht um einen Urakt der ersten Erkenntnis eines bestimmten Sachverhalts, mit dem dann eine

---

Exoduskommentar eine Konzentration auf den Seinsbegriff und weniger eine Berücksichtigung der *termini* in ihrer Gesamtstruktur finden, lässt auf einen inhaltlichen und von daher möglicherweise zeitlichen Abstand in der Abfassung zwischen den Prologen und den überkommenen Kommentarwerken schließen. Eckhart bleibt zwar seinem Ansatz treu, fasst ihn jedoch im Kommentarwerk begrifflich enger als in den Prologen. So löst er den von ihm selbst in den Prologen erhobenen Anspruch in den ausgeführten Kommentaren nicht vollständig ein. Die Strukturontologie, das heißt eine Ontologie, die sich mit den elementaren Strukturen der Wirklichkeit befasst, wird letztlich doch – so lässt sich zumindest auf weiten Strecken beobachten – als eine um den Seinsbegriff herum angelegte Ontologie verwirklicht.

Auf den Zusammenhang *nomen/notitia* weist Eckhart auch In Ioh. n.110 (LW III 94,15) hin.

ursprüngliche Namensgebung einhergegangen wäre. Den Vorgang einer ursprünglichen Genese der Welterkenntnis nachzuzeichnen ist nicht seine Absicht, sondern die Beschreibung eines permanenten Ursprungsvorgangs, gleichsam eines kontinuierlichen Neubeginns, der in jedem Erkenntnisvorgang mitvollzogen wird. Namensgebung ist demnach nicht der einmal vollzogene Akt der Benennung eines Sachverhalts, sondern ein Bestandteil des Erkenntnisvorgangs, der nicht vonstatten geht, ohne dass eine metaphysische, das heißt auf den Gesamtzusammenhang bezogene Dimension angerührt bzw. ein metaphysischer Prozess mitvollzogen wird. Der Name ist deshalb keine individuelle Kennzeichnung, sondern verweist auf die Eingebundenheit in den Sinnzusammenhang. Hinsichtlich der Relationalität decken sich diese Beobachtungen mit denen, die zur Bedeutung von *terminus* angestellt worden sind.

Mit der Rede von einem kontinuierlichen Neubeginn berühren wir den bei Eckhart häufig anzutreffenden Gedanken einer *creatio continua*, einer fortdauernden Schöpfung. Darauf sei an dieser Stelle kurz eingegangen. Die Urbilder der Dinge – Eckhart bezeichnet sie als Ideen – haben eine ewige Präexistenz in Gott. Von daher kann Eckhart im ersten Genesiskommentar behaupten: „Gott war nicht, bevor die Welt war."[149] „Die Erschaffung geschah damit vor der Zeit, überzeitlich und zeitlos."[150] Die eigentliche Schöpfung vollzieht sich bereits in der Ewigkeit, das heißt vor- oder außerzeitlich.[151] Eckhart differenziert jedoch zwischen Erschaffung (*creatio*) und Erschaffenem (*creatum*). Die ewige Ideenwelt ist integraler Bestandteil der aktiven *creatio*, während die geschaffenen Dinge, das *creatum*, zeitlicher Natur sind. Was Gott angeht, so sind die Zeugung des Wortes, das heißt die göttliche Selbstaussage, formuliert in Anlehnung an den Prolog des Johannesevangeliums, und der Schöpfungsakt identisch. In diesem Sinne kann von einem ewigen, fortdauernden und notwendigen Schöpfertum Gottes gesprochen werden.[152]

Da der Name für die Einbindung in den Seinszusammenhang steht, kann Eckhart hinsichtlich des Vorgangs der Namensgebung behaupten, dass eine Sache „von dem her, was sie in sich hat, Namen und Sein empfängt."[153] So heißt es im Johanneskommentar bei der Auslegung von Joh 1,14: „Das Wort ist Fleisch geworden und hat unter uns gewohnt." Der Vorgang der Menschwerdung, so legt Eckhart in diesem Zusammenhang aus, vollziehe sich innerhalb des glaubenden Menschen, nicht bloß außerhalb als einmaliges geschichtliches Ereignis. Der zitierte Satz soll als allgemeine Beobachtung diesen theologischen Sachverhalt erläutern, kann also deshalb als Aussage losgelöst von diesem theologischen Zusammenhang betrachtet werden. Die Umschreibung „was eine Sache in sich hat" bezieht sich auf ihre Substanz und scheint auf den ersten Blick eine Formursache zu bezeichnen, jedoch ist diese hier nicht nur im Sinne einer washeitlichen Bestimmung, sondern im Hinblick

---

[148]   Cf. MICHEL 170: „Eckhart déclare que, dans la création, tout est commencement éternel et absolu puisque l'être est source. Lui même ne reçoit son nom que dans la création."

[149]   In Gen. I n.7 (LW I 190,7): „[deus] non fuerat prius, antequam esset mundus."

[150]   In Gen. I n.73 (LW I 235,8f.): „creatio utique ante tempus, supra tempus et sine tempore est."

[151]   Cf. FAGGIN 38.

[152]   Cf. VANNINI, alienazione 97.

[153]   In Ioh. n.118 (LW III 103,9f): „Ab eo autem, quod res in se habet, nomen et esse accipit."

auf die innerste Ursächlichkeit des Sachverhalts gemeint. Die Perspektive, die auf den Zusammenhang allen Seins in Gott ausgerichtet ist, ist bei Eckhart permanent im Blick. „Namen" ist an dieser Stelle nicht auf den je individuellen Namen bezogen, sondern auf die Möglichkeit, überhaupt einen Namen zu haben, das heißt, als ein Seiendes benennbar zu sein, was, wie aufgezeigt wurde, nur vom Seinszusammenhang in Gott her möglich ist. Die eigentliche Namensgebung ist demzufolge kein Akt, der sich von außen an dem Sachverhalt vollzieht, das heißt, der Name wird nicht zugesprochen, sondern ist primär eine intrinsische Möglichkeit. Der Sachverhalt wird nicht zuerst benannt, sondern zeigt sich als benennbar, d. h. einen Namen in sich tragend. Man muss an dieser Stelle zwischen einem äußeren und einem inneren Namen unterscheiden, doch ist der äußere Name, wie er sich im konkreten Sprachgebrauch zeigt, für Eckhart nur der Ausdruck des eigentlichen, im Sachverhalt selbst begründeten Namens.

Das eckhartsche Namensverständnis, das eine Zuspitzung des Begriffverständnisses ist, scheint auf den ersten Blick in einem kaum stärker zu denkenden Gegensatz zu einem nominalistischen Ansatz zu stehen. Unter „nominalistisch" verstehen wir in diesem Zusammenhang einen Ansatz in der Linie Wilhelm von Ockhams, d. h. in der von J.P. BECKMANN vorgelegten Definition einen zeichentheoretischen Nominalismus, der dem Universalienrealismus die Nichtunterscheidung zwischen semantischer und ontologischer Ebene des Diskurses vorhält. Die Bezeichnung „zeichentheoretisch" rührt daher, dass diese Form des Nominalismus – im Grunde die klassische Form, in der er sich im Spätmittelalter zeigt – als eine Theorie der Allgemeinbegriffe als mögliche Prädikate mit Zeichenfunktion charakterisiert werden kann. Ockham unterscheidet strikt zwischen dem, was ausgesagt wird (*quod praedicatur*), und dem, über das eine Aussage gemacht wird (*pro quo fit praedicatio*). Er hält es für einen schwerwiegenden Kategorienfehler, wenn aus der Eigenart der Prädikation eine Qualität des Prädizierten gefolgert wird. Umgekehrt ist die Identität der Bedeutung eines Begriffs nicht Ausfluss einer identischen, in den Dingen vorhandenen Qualität, sondern Produkt der abstraktiven Fähigkeiten des Geistes. Ockham wendet sich gegen jede Annahme eines noetisch-noematischen Parallelismus, das heißt jeden Ansatz, der davon ausgeht, dass den Begriffsgehalten etwas in der Sache selbst entspreche und dass Begriff und Wirklichkeit somit einander entsprächen, weil der Begriff sich einer genetischen Herkunft aus dem realen Gegenstand verdanke. Die Begriffe sind nicht etwas in den Dingen selbst zugeordnet, sondern sind mentale Zeichen, die aus der Abstraktion der intuitiven Erkenntnis der Einzeldinge (*res*) gewonnen werden.[155] Auch wenn eine Kontrastierung mit nominalistischem Gedankengut für Eckhart selbst keine Rolle gespielt hat – zumindest sind keine schriftlichen Abhandlungen darüber bekannt –, lässt sich anhand ihrer doch eine wesentliche

---

[154] Cf. BECKMANN 126, auch 70f. Dieser Definition folgt auch HONNEFELDER Ockham 267: Ein so verstandener Nominalismus ist „eine Epistemologie, die ohne Annahme einer Realität des Allgemeinen auskommt" und „mit einer Zeichentheorie verbunden [...], die universale Zeichen von realer Referenz kennt."

[155] Cf. HONNEFELDER, Ockham 257.266.

Eigenheit des eckhartschen Ansatzes aufzeigen.[156] Der Gegensatz liegt nicht darin, welcher Wirklichkeitsstatus dem Individuellen zugedacht wird, sondern in den skizzierten zeichentheoretischen Überlegungen. Die Differenzierung zwischen logischer Aussagestruktur und ontologischem Sachverhalt, zwischen der formalen Seite von Aussagen und den Sachverhalten – für Ockham wesentlich – finden wir bei Eckhart nicht. Die Prädikation ist für Eckhart keine eigene Ebene, sondern geht von der ontologischen Ebene selbst aus. Der Sachverhalt prädiziert sich selbst. Von dieser ontologischen Ebene der Sprache ist es dann nur noch ein unwesentlicher Schritt zum sprachlichen Ausdruck. Um letzteren geht es Eckhart nur in zweiter Linie. Während es Ockham um das geht, was er konkret in der Sprache vorfindet, geht es Eckhart um die Möglichkeit der Sprache , die für ihn in der ontologischen Struktur der Dinge selbst begründet liegt. Charakterisitsch für Eckhart ist der Ausdruck *se ipsam dicit et manifestat*, worin er das Phänomen eines Sachverhalts als dessen Selbstaussage bezeichnet.[157] Hinsichtlich des Ortes der Sprache sind Ockham und Eckhart grundsätzlich anderer Auffassung. Für Ockham ist die Sprache im Wesentlichen der mentale Zugang zu einer nicht-sprachlichen Wirklichkeit, für Eckhart hingegen ist die Wirklichkeit als solche sprachlicher Natur.[158] Dass der Name Kennzeichen für einen vom Verstand gebildeten *conceptus* des Sachverhalts ist, würde auch Eckhart annehmen. Der *conceptus* ist für ihn ein mentales Phänomen, das mittels eines für ihn stehenden *terminus* kommunikabel, weil innerhalb eines Satzes prädizierbar ist. Dieses Theoriestück finden wir bei Eckhart jedoch in die ontologische Gründung der Namenhaftigkeit eingebettet. Der Kontrast zu Ockham liegt also weniger in dem Verhältnis von Verstandesbegriff und Sprachzeichen, denn letzteres sind die Begriffe auch für Eckhart, sondern in der Fundierung, die Eckhart gleichsam darum baut und die dem Theoriestück eine grundlegend andere, eben metaphysisch begründete Ausrichtung gibt. Das Begriffsverständnis, das Eckhart mit seinen Überlegungen zum Wesen des Namens entfaltet, ist denn auch weniger eine Theorie über die Begriffe kontingenter Entitäten, sondern die eines kontingent unerreichbaren Inbegriffs der Namensgebung, der auf die kontingente Wirklichkeit nicht unmittelbar anwendbar ist. Der eckhartsche Ansatz erfolgt aus einer anderen Richtung als der Ockhams, letztlich vom Inbegriff und nicht vom Begriff her.

Im Exoduskommentar zeichnet sich eine stärkere Hervorhebung der auch bei Ockham aufzufindenden Gedanken ab, wobei auch hier die Überlegungen zum Gottesnamen den metaphysischen Bezug und damit den Inbegriff einbringen, während im Johanneskommentar die Überlegungen zur im Seinszusammenhang grün-

---

[156] Damit folgen wir einer hermeneutischen Vorgehensweise, die Eckhart selbst für sein Gesamtwerk als grundlegend erachtet, und die die Struktur des Schemas der *temini generales* bestimmt. Durch die Kontrastierung mit dem Gegenteil wird ein Sachverhalt in seinen Konturen schärfer und damit einsichtiger. Er beruft sich mit dieser Methode auf Aristoteles. Cf. Prol. gen. in Op. trip. n.3 (LW I 149,8–11), zitiert in n.13. Cf. auch die Ausführungen im Abschnitt A.8 ab S.69.
Einen Vergleich der Vorgehensweise Eckharts mit der Ockhams als exemplarische Vertreter divergierender Umgangsweisen mit einer gleichen Problematik legt R. SCHÖNBERGER nahe. (Cf. SCHÖNBERGER Nominalismus und Mystik 410).

[157] Textbeispiele cf. n. 404 und 638.

[158] SCHÖNBERGER, Nominalismus und Mystik 411.

denden Namenhaftigkeit überhaupt stärker hervortreten. Da wir es in den beiden Kommentarwerken nicht mit wirklich gegensätzlichen Tendenzen zu tun haben, wäre es überzogen, daraus Schlussfolgerungen hinsichtlich der Abfassungszeit aufgrund einer möglichen Entwicklung der eckartschen Namenstheorie zu ziehen. Unbekannt bleibt, ob Eckhart etwas dazu im *opus propositionum* oder im *opus quaestionum* hätte verlauten lassen. Dass hinter den Zitaten eine durchgängige Grundüberlegung angenommen werden kann, ist aus den vorhergehenden Überlegungen deutlich geworden.

c)   Die Problematik der Eckhartschen Perspektive vor dem Hintergrund der sprachphilophischen Überlegungen der Modisten

Vor dem Hintergrund dieser Überlegungen können wir das Verhältnis von Verstandesrezeptivität und sprachlichem Ausdruck bei Eckhart mit Hilfe von sprachphilosophischen Begriffen aus dem zeitgenössischen Umfeld weiter beschreiben: Eckhart kann – im Sinne einer Terminologie, wie sie ROBERT KILWARDBY entwickelt hatte[159] – ein Verhältnis von *modi intelligendi* und *modi significandi*[160] im Sinne einer Parallelität bzw. einer Entsprechung von innerer und äußerer Sprache denken, aber eine Eigenständigkeit der Sprache wird damit nicht behauptet, sondern ihre vollständige Ableitung aus der Erkenntnisweise. Damit geht Eckhart davon aus, dass die Struktur der Sprache der Struktur der Erkenntnis entspricht. Dass umgekehrt aus der Sprachstruktur Rückschlüsse auf die Erkenntnisstruktur und – in Verlängerung davon – auf die Wirklichkeitsstruktur gezogen werden können, ja, dass sich bei Eckhart anhand der *termini generales* die Struktur der Wirklichkeit offenbart, leuchtet unter diesen Voraussetzungen ein.

Modus significandus ist *der terminus technicus* der Pariser Modisten in der zweiten Hälfte des 13. Jh. Kennzeichnend für diese ist eine Sprachanalyse unter Einbeziehung von Erkenntnistheorie und Ontologie, die sich der Problematik des Verhältnisses von Signifizieren, Erkennen und Sein bewusst war. Trotz verschiedener Abweichungen untereinander in der Lehre steht bei den *modistae* doch dieselbe Problemstellung und deren Lösung mit Hilfe der gleichen Schlüsselbegriffe im Hintergrund.[161] Seit der Mitte des 13. Jh. sind Logik und Semantik als Bezeichnungen einer Disziplin sprachlich kaum noch sinnvoll voneinander zu trennen. Logik und Sprachanalyse gehen im Laufe des 13. Jh. eine systematische Verbindung ein. Logik stellt sich dar als Theorie der formalen Bedingungen und Regeln wissenschaftlicher Rede (*sermo*) überhaupt. Denken wird als ein Tun begriffen, das einer Richtungsweisung (*directivum*) durch die Logik bedarf, damit es nicht in die Irre geht.[162]

Diese Tendenzen – insbesondere auch die Kontextunabhängigkeit (im Sinne eins kontingenten Kontextes) der Überlegungen zur Sprache – sind auch bei Eckhart zu

---

[159] Cf. ROBERT KILWARDBY: De ortu scientiarum 47, n. 436; 49, n. 468, Ed. A.G. Judy 151.160.
[160] Eckhart kennt diesen Sprachgebrauch; cf. n. 136.
[161] Cf. PINBORG, Modistae 42.
[162] Cf. BECKMANN 65f.

beobachten, ohne dass man ihn dieser Richtung zuordnen kann, denn er war kein Logiker, war aber durch seine Pariser Aufenthalte sicher mit diesem Gedankengut vertraut. Die logischen Fragestellungen an dieser Stelle anzuschneiden ist von daher sinnvoll, als ein Blick auf die logische Diskussion dieser Zeit einen Weg zu einem tieferen Verständnis der metaphysischen Diskussionen weist.[163] Die Logik an der Wende zum 14. Jh. ist als ein Grenzgebiet der Disziplinen zu betrachten, zumindest ist sie aufgrund ihres für alle Disziplinen methodisch grundlegenden Gegenstandes auf alle diese hin offen. Man kann von einer Wechselwirkung der Disziplinen ausgehen, denn einerseits ist ein bedeutender Einfluss der großen Theologen des 13. Jh. auf die Logiker der Artistenfakultät festzustellen, neben Thomas von Aquin und Heinrich von Gent gilt das in besonders starkem Maße für Albertus Magnus. Andererseits müssen bei der meist nur beiläufigen Erwähnung logischer Probleme durch die Theologen der Diskussionsstand und die Problemstellungen der Artistenfakultät vorausgesetzt werden.[164]

Vor dem Hintergrund der vorausgehenden Überlegungen stellt sich die Frage nach dem ontologischen Status, den die durch Sprache konstituierte Wirklichkeit für Eckhart hat. Handelt es sich letztlich um eine eigenständige Wirklichkeit? Eine Neigung zur logisch-semantischen Analyse, wie sie bei Eckhart in grundsätzlichen, wenn auch wenig ausgearbeiteten Ansätzen zu beobachten ist, weist in diese Richtung. Die Trennung zwischen der rein sprachlichen Bedeutung und der außersprachlichen Sache ist von der eckhartschen Konzeption her jedoch nicht möglich. Die Unterscheidung der Begriffe „ontische" und „ontologische Identität" mag an dieser Stelle weiterhelfen. Die Wirklichkeit der Sprache ist insofern mit der der Dinge nicht identisch, als letztere auch ohne erstere bestehen. Eine ontische Identität kann so nicht vorliegen. Demgegenüber jedoch kann im Blick auf Eckhart die Annahme, das konkrete Wort sei – im Hinblick auf die bezeichnete Sache – nur akzidentell,[165] so nicht stehenbleiben. Bei den *modistae* besteht die Neigung, die Beziehung zwischen den *entia extra animam* und den *entia rationis* zu hypostasieren, d. h., dieser Beziehung eine objektive Existenz zuzusprechen. In diesem Falle kann von einer „ontologischen Identität" von durch den Intellekt gebildetem Ausdruck und bezeichneter Sache gesprochen werden. Die Bedeutung als Relation zwischen den beiden realen Größen Sprachzeichen und Gegenstand wird als eine selbständige Entität aufgefasst. Mit Hilfe des Begriffes der *intentiones secundae*, die sich als die realen Inhalte der metasprachlichen Begriffe von den *modi essendi communes* ableiten, wird dann ein Begegnungsfeld zwischen *intellectus* und *res* skizziert.[166] Hier treffen wir auf das Anliegen unserer Untersuchung: In der skizzierten Richtung sind die eckhartschen *termini generales* zu deuten, wobei der entscheidende Unterschied darin liegt, dass die Relation bei Eckhart das Wesentliche ist. Anders als die Überlegungen über die Begriffe der gewöhnlichen Sprache geht die Tendenz bei der Konzeption der *termini generales* als einer Konzeption der nichtkontingenten Inbegriffe hin zu einer

---

[163] Cf. zu diesem Thema PINBORG, Modistae.

[164] IBID. 43.

[165] Cf. SEPPÄNEN 5.

[166] Zu den *secundae intentiones* cf. auch PINBORG, Logik und Semantik 90ff.

ontischen, nicht bloß ontologischen Identität im Erkenntnisvorgang, womit Eckhart
die Reflexionsebene der *modistae* transzendiert.

d)   *Terminus generalis als eckhartsches Proprium*

Die *termini generales* leiten mehr als nur eine sich in sprachlicher Abbildung voll-
ziehende Betrachtungsweise der Gesamtwirklichkeit unserer Welt ein. Man könnte
den Ausdruck *termini generales* statt mit „Allgemeinbegriffe" im Deutschen auch mit
„Ursprungsworte" wiedergeben. Eckhart selbst weist dem Wort als solchem eine
metaphysische Dimension zu und beschreibt mit *generatio*, Zeugung, das Prinzip der
Entfaltung der Wirklichkeit. Dass bei dem Attribut *generalis* die begriffliche Herleitung zunächst an *genus* im Sinne von Gattung denken lässt, erscheint sicher am nahe-
liegendsten, doch ist für Eckhart charakteristisch, dass er seine im Vergleich zu
anderen Autoren stark reduzierte Terminologie in einen inneren Zusammenhang
bringt, der sich aus einer – auf den ersten Blick als konstruiert erscheinenden –
Tiefendimension der Begriffe ableitet.

Die mit dem Begriff der *generatio* verbundene Metaphysik des Wortes, als welche
der eckhartsche Ansatz in der Forschungsliteratur vielfach klassifiziert wird[167], spielt
in diesem Zusammenhang jedoch eine untergeordnete Rolle. Eckharts sprachphilo-
sophische Überlegungen berühren sich zwar mit diesem Bereich, gehen aber darüber hinaus. Möglicherweise ist das der Grund, warum Eckhart für seine einleitende
Aufzählung den Begriff *verbum* nicht verwendet. *Verbum* hat eine andere Konnotation
als *terminus*. Es drückt eher das Wort in seinem Ausgang vom Sprecher aus, also in
seinem Kausal- und Ursprungsverhältnis, was dann auch der zentrale Gegenstand
einer Metaphysik des Wortes ist, während *terminus* eine größere Selbständigkeit
anhaftet, weil es das Wort als solches und seine Funktion innerhalb des Satzzusammenhangs und dies alles unabhängig von seinem Sprecher, betrachtet. Das bedeutet,
dass wir die sprachphilosophischen Implikationen, um die es hier geht, nicht zuerst
im Umfeld des Begriffes *verbum* suchen dürfen, da mit diesem eine besondere Ebene
metaphysischer Betrachtung erreicht wird. Die metaphysische Ebene ist zwar mit
den *termini generales* von Anfang an im Blickfeld, gewinnt jedoch um den Begriff *verbum* herum eine besondere Spezifikation, die nicht für das Gesamtwerk prägend ist.
Ausschlaggebend für die metaphysischen Implikationen des Begriffes *verbum* ist seine
Verwendung im Johannesprolog, wo er das griechische Wort *logos* wiedergibt: Im
Anfang war das *verbum* (Joh 1,1). Damit ist jedem christlichen Denker die Richtung
der Interpretation vorgegeben. In Kommentar zum Johannesprolog geht Eckhart
ausführlich auf die Ableitung aus dem Begriff *logos* ein. Er setzt ihn einerseits mit den

---

[167] Cf. den Titel des Werkes von DE LIBERA, A./ ZUM BRUNN, E.: „Maître Eckhart. Métaphysique du Verbe et théologie négative"; cf. besonders 74ff; cf. auch die Einteilung bei AERT-
SEN, außerordentliche Metaphysik 4. [168] In Ioh. n.28 (LW III 22,5f.,9–11): *„Quod graece logos
dicitur, latine et rationem et verbum significat. [...] Ad hoc facit manifeste quod scientia docens ratiocinari in
singulis scientiis et de singulis logica dicitur a logos, ratio. Rursus et ipsa logica scientia dicitur sermocinalis,
quia logos est sermo sive verbum."*

lateinischen Begriffen *verbum* und *ratio* gleich, andererseits bringt er ihn von seinem
Wortstamm her auch mit Logik in Verbindung:

> „Was auf Griechisch *Logos* genannt wird, bedeutet im Lateinischen sowohl *ratio* als auch
> *verbum.* [...] So kommt es offensichtlich, dass die Wissenschaft, die das vernünftige Urtei-
> len (Folgern) in und von den einzelnen Wissenschaften lehrt, vom *logos* – im Sinne der
> *ratio* – her Logik genannt wird. Dagegen wird dieselbe Wissenschaft der Logik auch als
> Wissenschaft von der Rede bezeichnet, denn *logos* bedeutet (auch) Rede oder Wort."[168]

Die hier von *logos* abgeleitete Logik steht zwar in engem Zusammenhang mit
sprachphilosophischen Überlegungen, es geht in diesem Zusammenhang aber primär um die inhaltliche Dimension und die Wirkmächtigkeit des Wortes. Die konkrete sprachliche Form steht nicht im Blickfeld. Eben dies ist im O.T. aber bei dem
Begriff *terminus* der Fall. Die eckhartsche Untersuchung geht nicht von einer Analyse
der *rationes* aus, Ideen, die die eigentliche Wirklichkeit der Welt bildeten, sondern
von einer konkreten sprachlichen Form. An dieser zeigt sich Eckharts Ansicht zufolge das Wesen von Sprache und Wirklichkeit allgemein. Dass er nicht zwischen den
verschiedenen Sprachen und ihrer unterschiedlichen inhaltlichen Strukturierung
unterscheidet, zeigt letztlich, dass Sprache nicht als autonome Entität aufgefasst
wird. Die Annahme einer eigenen sprachlichen Wirklichkeit darf an die eckhartschen Überlegungen nicht herangetragen werden.

Die angestellten Beobachtungen über den Stellenwert der sprachlichen Form bei
Eckhart liefern nicht nur einen inhaltlichen Ertrag, sondern wirken sich auch auf die
Vorgehensweise dieser Untersuchung hinsichtlich ihrer Methoden und des Umgangs
mit den Textquellen aus. Eckharts Sprachverständnis erlaubt es ihm, seine Gedanken mittels einer analytischen Vorgehensweise zu untersuchen, die aus der Betrachtung der sprachlichen Struktur inhaltliche Rückschlüsse zieht. Eine logische Analyse
kann als Korrektiv metaphysischer Sätze angewandt werden, womit keine grundsätzliche Kritik oder eine versteckte Annahme von Sinnlosigkeit, sondern eine Präzisierung metaphysischer Theoreme verbunden sein soll.[169]

---

[169] Cf. BATHEN 19.

6. DIE WESENTLICHE RELATIONALITÄT DER TERMINI GENERALES

Die *termini generales* als eine Ordnung der Prädikation, mit deren Hilfe das Ganze, d. h. Gott, die geistige und die sinnliche Welt, denkend und sprachlich erfasst werden, geben in der Spannung ihrer Gegensätze die Ordnung der Wirklichkeit wieder. Sie bleiben untereinander konvertibel[170] und stellen auf diese Weise den inneren Zusammenhang des Ganzen her.

Voraussetzung eines solchen Systems ist, dass die Wirklichkeit als ganze als intelligibel angenommen wird. Das heißt nicht, dass dies in einer summarischen Fülle ihrer atomistisch angenommenen Einzelphänomene möglich wäre. Das System als Ganzes wird bei Eckhart deduktiv erfasst, als von Gott geschaffene Ordnung, die der Verstand nicht nur aufdeckt, sondern – und gerade darauf kommt es Eckhart an – mitvollzieht. Da die Gesamtstruktur wichtiger ist als die Einzelform, steht in der Betrachtung der Sprache, wie wir gesehen haben, nicht der Einzelbegriff im Mittelpunkt des Interesses, sondern der ordnende Begriff, der den Einzelbegriff in die wesentliche Ordnung einbindet. Selbstverständlich gilt, dass jeder Einzelbegriff innerhalb einer Aussage Teil einer Struktur ist und von daher eine das Gesamtgefüge ordnende Funktion innehat, jedoch ragen die unter den *termini generales* aufgezählten Begriffe in ihrer ordnenden Funktion darüber hinaus, da sie schon von ihrem Begriffsgehalt her auf eine umgreifende Ordnung der Wirklichkeit, das heißt die Herstellung eines Verhältnisses bzw. einer Beziehung angelegt sind. Dies kann für jeden dieser *termini* im Einzelnen nachgewiesen werden.

Das Sein (1) und die Einheit (2) begründen die Beziehung auf das Ganze. Wahrheit (3) steht für die Intelligibilität. Dies setzt eine Beziehung zwischen Erkennendem und Erkanntem voraus. Bei der Gutheit (4) wurzelt die Relationalität im Erstreben dieses Guten. Was gut ist, ist erstrebenswert, weist also über sich hinaus. Liebe (5) zielt von ihrem Wesen her auf ein Gegenüber. Schon die Selbstliebe geht von einem Verhältnis des Liebenden zu sich selbst aus. Das Aufrechte, Tugendhafte und Gerade (6) impliziert Intentionalität, die sich notwendig durch eine Relation konstituiert.[171] Teil und Ganzes (7) haben als Begriffe nur im Blick aufeinander eine Referenz. Das gleiche gilt für das Gemeinsame und Ununterschiedene (8). Eine Gemeinsamkeit bedarf der Glieder, denen die Sache gemeinsam ist und von Ununterschiedenheit kann nur hinsichtlich eines Vergleichs gesprochen werde, das heißt mehrerer Dinge, die voneinander ununterschieden sind. Das Obere (9) muss, um Oberes sein zu können, von einem Unteren unterschieden sein. Vom Ersten und Letzten (10) sprechen zu können, setzt eine Abfolge, das heißt ein Verhältnis verschiedener Ereignisse zueinander, voraus. Schwieriger erscheint es, bei Idee und *ratio* (11) eine Relationalität anzunehmen, sind sie doch gerade darin begründet, dass sie in sich selbst stehen und die substantielle Selbständigkeit einer Erscheinung begründen. Bei

---

[170] Cf. FISCHER, Einführung 51.
[171] Cf. hierzu ausführlicher u. S. 98.

Eckhart kommt jedoch zu diesen Aspekten der Ursprung der Idee im göttlichen *intellectus*. Dieser Gedanke ist Eckhart wichtiger als die washeitlich begründende Funktion der Idee. Er denkt also primär ihre Relationalität, erst davon abgeleitet ihre spezifische Substantialität, womit die Relationalität den Charakter eigentlicher Substantialität gewinnt. Die Ursächlichkeit, von Eckhart mit *quo est* (12) bezeichnet, beruht auf der Beziehung von Ursache und Verursachtem, die zumindest für letzteres notwendig ist, die ersteres aber erst als eine Ursache definiert. Gott (13) ist der Ursprung der gesamten Wirklichkeit, und alles, was ist, besteht nur aus der Beziehung zu ihm. Substanz und Akzidens (14) stehen einerseits in Relation zueinander, da das Akzidens nur in Bezug auf eine Substanz als solches besteht. Umgekehrt ist mit der Substanz, selbst wenn sie als reine Substanz ohne irgendwelche Qualitäten angenommen wird, immer etwas gemeint, das etwas anderem – und sei es in Form von Selbstreferenz – zugrunde liegt. Von einer „reinen Substanz" spricht Eckhart im Exoduskommentar im Hinblick auf die Stelle *ego sum qui sum* (Ex 3,14a):

> „Das unterscheidende Pronomen [= *ego*] bezeichnet die reine Substanz, die reine sage ich, ohne alles Akzidens, ohne irgend etwas Fremdes, die Substanz ohne Beschaffenheit, ohne diese oder jene Form, ohne Dies oder Jenes."[172]

An dieser Stelle[173] werden zwar alle Elemente ausgeschlossen, auf die die Substanz als das Zugrunde liegende relational bezogen ist und denen gegenüber sie sich als Substanz definiert, doch büßt sie damit ihren Charakter der Substantialität nicht wirklich ein, sondern besitzt ihn in ihrer Selbstbegründung. Das Formelement ist für Eckhart nicht eigentlich substanzbegründend. Relationalität bleibt in diesem Falle auf der Ebene der Definition bestehen: Substantialität definiert sich als solche gegenüber dem Nicht-Substantiellen.

Die Relationalität wird nicht erst durch diese Ordnung mittels Vergleich geschaffen. Es *wird* also nicht geordnet, sondern die Ordnung ist das Eigentliche, innerhalb der der Begriff erst in seinem Sinn erfassbar ist. Der Begriff ist das, was ihn inhaltlich und in seiner grammatischen Stellung ausmacht, erst durch seine „Umgebung"[174], die sich einerseits durch die Differenz bestimmt, im Wesentlichen durch das Verhältnis von Höherem und Niederem, Vorhergehendem und Folgendem, Bestimmtheit und Unbestimmtheit sowie durch die Kausalverhältnisse, andererseits durch Identität, im Wesentlichen ausgedrückt durch die Transzendentalien. Die Substanzialität des Einzeldings wird innerhalb dieses Ansatzes zwar nicht aufgehoben, sie ist

---

[172] In Ex. n.14 (LW II 20, 3–7): *„Discretivum pronomen meram substantiam significat; meram inquam, sine omni accidente, sine omni alieno, substantiam sine qualitate, sine forma hac aut illa, sine hoc aut illo. Hoc autem deo et ipsi solo congruunt, qui est super accidens, super speciem, super genus. Ipsi, inquam, soli."*

[173] KERN entwickelt aus dieser Textstelle, die er als Explikation des „Ich", nicht als Analyse der Satzstruktur betrachtet, den Gedanken des *ego substantialiter*. Eine derartige Interpretation hat auch MOJSISCH, Theorie 269 vorgelegt. Wir gehen diesem Gedanken hier nicht nach. (cf. KERN, Ich 612ff).

[174] Cf. SEPPÄNEN 10.

aber zweitrangig, da abgeleitet, und von daher für Eckhart in der Betrachtung von untergeordnetem Interesse.[175]

Sprache baut sich vor diesem Hintergrund nicht aus in Relation zueinander stehenden Ganzheiten auf, sondern aus einer Ganzheit der Relationen, die sich bei Eckhart im Schema der *termini generales* widerspiegelt. Die Sprache ist in sich genauso abgeschlossen wie die Wirklichkeit. Dass dieses Begriffssystem bei Eckhart einen eher offenen, auf den ersten Blick unabgeschlossenen Eindruck hinterlässt, steht nicht im Gegensatz zu dieser Überlegung. Ausschlaggebend ist nicht die extensive Abrundung in einer konkreten Begrifflichkeit, sondern die eindeutige Intention in der Tendenz dieses Schemas, die auf eine umfassende intensive Abgeschlossenheit hinausläuft bzw. diese in verschiedenen Begriffsschemata je neu einzuholen versucht.

Eine Gefahr im Verständnis des Eckhartschen Begriffssystems liegt darin, die *termini generales* im Sinne substantialer Begriffe entweder zu verdinglichen oder aber sie als bloße Allgemeinbegriffe zu abstrahieren, und dabei den ihnen eigentlich zugedachten Wirklichkeitscharakter zu verkennen. Eine Antwort auf die hiermit verbundene Frage nach der Konstitution von Wirklichkeit im Denken Eckharts zeichnet sich dahingehend ab, dass für Eckhart die anhand der *termini generales* begreifbaren Beziehungsstrukturen im Mittelpunkt des Interesses stehen, dass diese es sind, die Wirklichkeit im unmittelbaren Sinne konstituieren, während die verschiedenen Ebenen, auf denen sich dies vollzieht, innerhalb der eckhartschen Perspektive eine sekundäre Relevanz besitzen.

Anders als Ockham bringt Eckhart die sprachliche Form und die Realitätsstruktur in einen Zusammenhang, worin ein Angelpunkt der Konzeption der *termini generales* besteht. Die sprachliche Form hat ihren Halt an der Struktur der Wirklichkeit. Eckhart nimmt eine Hypostasierung der Sprache an, indem er der Wirklichkeitsstruktur den Charakter einer Aussagestruktur zumisst.[176] Der Relationalität der Begriffe, insbesondere der *termini generales*, entspricht die relationale Struktur der durch diese bezeichneten Wirklichkeit. So wie in der eigentlichen Form der *propositio* der kontingente Sachverhalt mit der absoluten Aussage des *terminus generalis* in Beziehung gesetzt ist, bestehen die kontingenten Realitäten nur in ihrer Beziehung zum Nichtkontingenten.

---

[175] SCHÖNBERGER, Nominalismus uns Mystik 416 spricht in diesem Zuasmenhang treffend von einer „Dingemanzipation im Wissensbegriff", die bei Eckhart wie bei Ockham zu verzeichnen sei. „Nicht mehr wie in der aristotelischen Tradition sind es die Dinge selbst, welche durch ihre Formen als ihren wesentlichen und daher notwendigen Bestimmungen gewusst werden, sondern entweder das ihnen voraufgehende oder ontologisch spätere wird zum Gegenstand des Wissens." Während Eckhart die eigentliche Erkenntnis eines Sachverhalts *in suis principiis originalibus* verortet (cf. n.410), gründet sie für Ockham im Satzzusammenhang: *solae propositiones sciuntur* (Ord. I. d. 2 q. 4 (Oth II, 134)). Beide berufen sich dabei auf das aristotelische Prinzip der Entsprechung des Verhältnisses einer Sache zum Sein zu dem zur Wahrheit (cf. ARISTOTELES Met. II, 1; 993b30–31.).

[176] Zur Hypostasierung der Transzendentalien cf. HOF 124–133.

7. DER GRUNDGEDANKE DER RELATIONALITÄT UND DER BEGRIFF DER *RELATIO*

In die eckhartsche Konzeption des Substanzcharakters der Relationalität fließen Elemente der aristotelischen Überlegungen zur Relationalität ein, die Eckhart in eigener Akzentuierung seinem Ansatz integriert.

Aristoteles unterscheidet in Met 1020 b 26ff. zwei Weisen der Relation: zum einen Relationen, die wechselseitigen Charakter haben (*relationes mutuae*), zum anderen solche, die nur auf einer Seite Realität besitzen. Hinsichtlich ersterer differenziert er weiter nach einerseits solchen, die Zahlenverhältnisse bezeichnen, wie „doppelt-einfach" oder „halb-ganz", die als solche auch unbestimmt sein können (z.B. Übertreffendes und Übertroffenes), deren eines Glied jeweils nie ohne das andere gedacht werden kann, die einander also schon logisch bedingen, und andererseits solchen, deren Relate durch Begriffe bezeichnet werden, aus denen analytisch notwendig ein korrelierender Begriff gewonnen wird, z.B. Vater und Sohn. Während bei diesen Formen der Relation eine Umkehr möglich ist, d. h. die Relation wechselseitigen Charakter besitzt, gibt es Relationen, die nur in einer Richtung verlaufen und deshalb nur für eines ihrer Elemente Wirklichkeit besitzen. Eine solche Relation zielt auf das Fundament des Sachverhalts, der in ihr steht, wobei dieses nicht nur dessen Ziel (*terminus*), sondern auch dessen Ausgangspunkt ist. Letzterer – der Sachverhalt auf den hin und durch den erst diese Relation wesentlich besteht – bedarf jedoch zu seiner eigenen Existenz in keiner Weise des von ihm abhängigen Sachverhalts. In ihrer Umkehrung ist eine derartige Relation allenfalls als gedachte Relation (*relatio rationis*) zu fassen; die Richtung ist also beschreibbar, hat aber in sich keinen Wirklichkeitscharakter.[177]

Nur die zweite Form der Relation findet sich im Eckhartschen Konzept der *termini generales* wieder, jedoch vornehmlich unter dem Gesichtspunkt der Ungleichgewichtigkeit der Relate als Grundlage der Wirklichkeitsstruktur überhaupt, während der Aspekt der *relatio rationis* nicht aufgegriffen wird.

Die Frage nach dem extramentalen Status der Beziehungen war ein nicht unwichtiger Aspekt der Aristotelesrezeption Ende des 13. und im beginnenden 14. Jh. OCKHAM fasst – um einen äußersten Standpunkt zu skizzieren – die Relationen nicht als Objektbeziehungen, sondern als Eigenschaften von Begriffen ohne einen Status in der Realität auf. Er ist an der empirischen Vielfalt der Dinge interessiert, nimmt jedes Ding für sich und dies in dessen jeweiliger Unmittelbarkeit zu Gott als seinem Schöpfer. Da ihre Beziehung untereinander ohne Belang ist, werden die Geschöpfe für Ockham gleichsam ekstatisch, da sie das, was sie sind, ausschließlich

---

[177] Cf. THOMAS VON AQUIN, In libros metaphysicorum, lib. V, cap. 17 n.26. Zur Konzeption der Relationalität nach Met. 1020 b 26 ff. cf. BANNACH 102f.

in ihrer Beziehung zu Gott sind. In der Fixierung dieser Perspektive geht er mit Eckhart gleich, eliminiert aber – anders als dieser – deren ontologischen Status.[178] Eckhart hat die Konsequenzen aus dem auch von ihm vertretenen Unmittelbarkeitsverhältnis noch nicht in der Schärfe Ockhams gezogen. Doch auch für ihn hat die Beziehung ihren Ort nicht zwischen den Realitäten der kontingenten Welt, sondern besteht ausschließlich als die Beziehung des Kontingenten zum Nichtkontingenten. Eckhart kennt die aristotelische Lehre, die die Beziehung als eine der neun akzidentellen Kategorien (*praedicamenta*), die einen Sachverhalt näher kennzeichnen, betrachtet.[179] Eckhart entfaltet dieses Theoriestück jedoch nicht als Kategorienlehre weiter, sondern entwickelt eine Auffassung von einer Substantialität der Beziehung als solcher, innerhalb der das In-Beziehung-Stehen eines Sachverhalts dessen Substantialität ausmacht. Die gleiche Überlegung, die Ockham dazu bewegt, die Realität der *relatio* zu negieren, führt Eckhart dazu, sie zum eigentlichen Status der Wirklichkeit des Kontingenten zu erheben. Dabei geht es ihm aber nicht um die *relatio* als eine eigene Wirklichkeit, sondern um das In-der-Relation-Sein als den Wirklichkeitsmodus überhaupt. Weitaus signifikanter als der Blick auf die *relatio* ist für Eckhart deshalb die Betrachtung des *relativum*. Im Johanneskommentar entwickelt Eckhart seine Überlegungen zur Beziehung vom Status des *relativum* her und umgeht damit die Problematik, die Ockham später dazu bewegt, den ontologischen Status der *relatio* als solcher anzuzweifeln:

> „Was in Beziehung steht (*relativum*), hat die Eigentümlichkeit, nicht für sich und nicht zu sich zu sein, sondern für sich nicht zu sein, für ein anderes und des anderen und zum anderen zu sein. Deshalb ist es um so mehr nicht sein eigen, je mehr es sein eigen ist, und je mehr es sein eigen ist, um so weniger ist es sein eigen; denn das Für-sich-Sein und das ihm eigene Sein ist: nicht sein für sich, sondern des anderen zu sein."[180]

Die Beziehung ist der eigentliche Seinsmodus des *relativum*, das nur in ihr seinen Bestand hat. Als ganz auf ein anderes hin Seiendes und nur in diesem bestehend geht ihm jegliche eigene Substantialität ab. Umgekehrt hat auch die Beziehung als solche keinen eigenen ontologischen Status, sondern besteht nur als der Wirklichkeitsmodus des *relativum*. Da das *relativum* aber nicht in sich besteht, ist die Beziehung freilich nicht mit dem *relativum* in sich identisch. Die Feststellung, dass das *relativum* um so mehr zu sich selbst kommt, d. h. das verwirklicht, was ihm wesentlich ist, je mehr es in seiner Beziehung steht, sagt nicht aus, dass es einen Selbststand besitzen könnte, aus dem heraus es überhaupt erst diese Beziehung eingehen könnte, sondern dass die Beziehung als solche prozessualen Charakter hat und das *relativum* in einer Pervertierung seines eigenen Realitätsstatus seinen Bestand gefährden kann.

---

[178] zur ockhamschen Position cf. Summa logica I, 49ff. (Opera philosophica I, New York 1974, S. 153ff.); Sent. I. 30,3 (Opera theologica IV, New York 1979, S. 335ff.); BANNACH 105–113.

[179] Cf. In Ex. n.64 (LW II 68,4–69,8).

[180] In Ioh. n. 425 (LW III 360,9–12): „[...] *relativum proprium habet et suum non sibi esse nec ad se, sed sibi non esse, alii esse et alius esse et ad alterum esse. Propter quod quo magis non suum, tanto magis suum, et quo magis suum, tanto minus suum; sibi enim esse et suum esse est sibi non esse, sed alius esse.*"

Die Gleichsetzung der *relatio* mit dem Wirklichkeitsstatus des *relativum* führt dazu, dass Eckhart die Ausführungen über das *relativum* auch als Ausführungen über die *relatio* formulieren kann. Dies ist im Kommentar zu Jesus Sirach der Fall. Dieses Zitat steht wie das vorangehende im weiteren Kontext der Gottesbeziehung:

> „Das der Beziehung eigene Sein ist aber Nicht-Eigen-Sein; für sie ist Sein nicht Für-Sich-Sein, sondern Sein des andern, zum andern hin und für das andere."[181]

Im Exoduskommentar stehen die Überlegungen zur *relatio* in Zusammenhang mit Ausführungen über die aristotelischen Kategorien (*praedicamenta*).[182] In diesem Zusammenhang muß Eckhart die *relatio* von der *substantia* absetzen. Dennoch wird die beschriebene Grundstruktur deutlich: *relatio*[...] *potius oritur et principium sui est non in subiecto, sed in opposito.*[183] Die Beziehung kommt dem in ihr Stehenden nicht aus ihm selbst, sondern von einem Gegenüber her zu. Dass aus einer solchen Überlegung heraus die Beziehung des Kontingenten zum Nichtkontingenten einseitig linear sein muss, ergibt sich aus aus der Ursprunghaftigkeit und Nichtaffizierbarkeit des Nichtkontingenten.[184]

Eckhart konzentriert sich in seinen Überlegungen zur Relationalität auf diesen einen zentralen Gedanken als den zentralen Sachverhalt der Wirklichkeit, der den Inbegriff, nicht einen Sonderfall von Relationalität darstellt. Relation bedeutet bei Eckhart das In-der-Relation-Stehen des Kontingenten. Losgelöst davon ist keine Reflexion über Relationalität denkbar.[185]

Insgesamt gehen Eckharts Gedanken zur Relation insofern von den Überlegungen HEINRICHS VON GENT aus, als dieser davon ausgeht, dass die Relation als solche den Relativa vorausgeht. Entscheidend ist für Heinrich die Kritik am aristotelischen Gedanken der Substantialität des einzelnen Seienden. Diesen hält er mit dem christlichen Schöpfungsgedanken für unvereinbar und behauptet von daher die Relationalität der Substanz. Die Relation bildet zwar mit der Substanz eine untrennbare Einheit, doch ist die Relation das das eigentliche Sein des Seienden konstituierende Prinzip.[186] Mit diesen Überlegungen bewegt sich Heinrich genau auf dem Feld, das für Eckhart interessant wird: Das Verhältnis von Gott und Geschöpf. Hinsichtlich

---

[181] In Eccl. n.4 (LW II 233,1ff.): „*Relationi autem suum esse est non suum esse; sibi esse est non sibi, sed alterius, ad alterum et alteri esse.*"

[182] Zu diesen Passagen cf. SCHÖNBERGER, Relation 119ff.

[183] In Ex. n.66 (LW II 71,1f.); cf. In Ex. n.65 (LW II 69,16–70,2).

[184] MANSTETTEN 202 weist darauf hin, dass Eckharts Argumentation zur Relation nur dort sinnvoll sei, wo ein sich selbst genügender Gegenstand mit einem bedürftigen Gegenüber gedacht werde, d. h. im Zusammenhang mit dem Verhältnis von Gott und Schöpfung. Zu der zitierten Stelle bemerkt M. jedoch: „Nur wenn der Gegenstand ohne ein Gegenüber vollständig das ist, was er ist, gehören Relationen, in denen er steht, nicht ihm an, sondern dem Gegenüber, das dieser Relation offensichtlich bedarf, um zu sein, was es ist." Dies muss umgekehrt formuliert werden. Gerade der Natur des Kontingenten entspricht es, dass die für es wesentliche Relation vom Nichtkontingenten her konstituiert wird. Die vorhergehenden Zitat bestätigen dies.

[185] Cf. SCHÖNBERGER, Relation 122f.

[186] HEINRICH VON GENT, Quodl. IV qu. 2; cf. DECORTE 153f.

der begrifflichen Erfassung des Wesens der Relation, insbesondere der Lehre vom
respectus als dem formalen Element der Seinsweise[187], folgt Eckhart den Differenzierungen Heinrichs nicht. Seine Überlegungen zur Beziehungswirklichkeit als Begründung des Substantialität des Nichtkontingenten vom Kontingenten her gehen über
den unmittelbaren Begriff der *relatio*, erst recht über den der *relatio* als ursprünglich
aristotelischer Kategorie weit hinaus und bieten sich als grundlegende strukturale
Überlegungen, weniger als explizite Thematisierungen der *relatio*, sondern vielmehr
als anhand der *termini generales* und der Betrachtung der Aussagestruktur der Wirklichkeit entwickelt dar.[188]

8. AFFIRMATIO UND NEGATIO – DIE INNERE DYNAMIK DER WIRKLICHKEIT ALS DIALEKTISCHE AUSSAGESTRUKTUR

Die Aussagestruktur der Wirklichkeit in der Zusammenschau der Ebene der
transzendentalen Ordnung und der sprachlichen Ebene wird am Gebrauch der
Begriffe *affirmatio* und *negatio* (bejahende Aussage und Verneinung) deutlich, die nicht
nur eine sprachlich-logische, sondern auch eine ontologische Bedeutung haben. Im
Folgenden wird deutlich, dass diese Zusammenschau im Wesentlichen in dem von
Eckhart angenommenen relationalen Charakter der Wirklichkeit gründet.

Ein Kommentar zu Ex 3,14, dem Ausspruch Gottes „Ich bin, der ich bin" (*ego
sum qui sum*) macht das Ineinander beider Ebenen besonders deutlich:

„Er sagt aber: ‚ich bin, der ich bin‘, weil er die Fülle des Seins und das volle Sein und
nichts anderes als das reine Sein ist. Es folgt also, dass die Bejahung, die im Sein und in
der Identität der Begriffe besteht, auf Gott im eigentlichen Sinne zutrifft. Denn was ist in
solchem Maße ein und dasselbe wie Sein und Sein: ‚Ich bin, der ich bin‘? Kein Satz ist
daher wahrer als der, in dem dasselbe von sich selbst ausgesagt wird. Alles, was diesseits
von Gott ist, ist, da es ja diesseits des Seins ist, seiend und nicht seiend, und bei jedem
wird irgendein Sein verneint, da es unter dem diesseits des Seins ist; daher ist
ihm die Verneinung angemessen. Dem Sein selbst aber wird nicht irgendein Sein verneint, wie von (der Gattung) Sinnenwesen auch nicht ein bestimmtes Sinnenwesen, etwa
Löwe, verneint wird, zum Beispiel Löwe. Auf Gott trifft also keine Verneinung, nichts
Negatives zu, außer der Verneinung der Verneinung, die das Eine negativ gesagt ausdrückt: ‚Gott ist Einer.‘ [...] Die Verneinung der Verneinung ist aber reinste und vollste
Bejahung: ‚Ich bin, der ich bin‘. Zu sich selbst ‚kehrt Gott in vollkommener Rückkehr

---

[187] Cf. DECORTE 160–163.

[188] SCHÖNBERGER, Relation 117 sieht im Blick auf Eckhart „verhältnismäßig knappe explizite
Ausführungen zum Begriff der Relation", jedoch „beherrschen relationale Bestimmungen
das Zentrum und somit das ganze seines Denkens."

zurück (*redit reditione completa*)[189], auf sich selbst beruht er, durch sich selbst ist er, das Sein selbst ist er[190]."[191]

Die *affirmatio* ist nicht nur Merkmal der Rede über das, was ist – hier ausgedrückt durch „Identität der Begriffe" –, sondern auch Merkmal der Seinsstruktur an sich. Die Seinsstruktur entspricht der Sprachstruktur soweit, dass Strukturbegriffe aus letzterer auf erstere angewendet werden können. Zugespitzt formuliert hat die Wirklichkeit diesen Ausführungen zufolge eine sprachliche Struktur. Wahrheit wird in diesem Zusammenhang aus der logischen Struktur des Satzes abgeleitet, als Identität der beiden Satzglieder, wenn etwas durch sich selbst prädiziert wird. Genau auf diese Weise versteht Eckhart in der Trinitätstheologie den Hervorgang des Sohnes aus dem Vater in Gott.[192]

Die Selbstaussage Gottes (*sum qui sum*) stellt sich für Eckhart als der Inbegriff einer Aussage überhaupt dar. Dies entspricht seiner Einschätzung der Begriffe der transzendentalen Vollkommenheiten in Gott als Inbegriff einer Namensgebung als angemessenster Weise der Begriffsgebung. Das Ideal besteht in der reinen Selbstaussage als der Identitätsaussage von Subjekt und Objekt. Auch hinsichtlich der *affirmatio* siedelt Eckhart den Inbegriff jenseits aller kontingenten Erfahrung und damit jenseits einer Alltagssprache an, in der eine solche Idealaussage tautologisch anmuten muss. Die gewohnte Alltagssprache hat wie der Alltagsbegriff nur den Charakter einer Annäherung an die göttliche Idealform, leitet sich jedoch aus deren innerer Struktur und Logik ab.

Die auffälligste Formulierung im oben zitierten Absatz ist „*negatio negationis*", anhand der Eckhart einen Begriff der Vollkommenheit unter Ausschluss jeder Unvollkommenheit gewinnt, ein Versuch der begrifflichen Annäherung an die nichteinholbare Einfachheit der göttlichen Wirklichkeit und die positiv nicht einholbare göttliche Selbstaussage.[193] Verneinung (*negatio*) impliziert Mangel, also das Gegenteil von Vollkommenheit, denn Mangel bedeutet bei Eckhart grundsätzlich einen Mangel an

---

[189] LIBER DE CAUSIS, prop. 15 (§14; 177,6).

[190] *Ipsum esse est*: Andere Übersetzung: Das Selbst-Sein ist er. Cf. mit dem thomanischen *ipsum esse subsistens*, entwickelt u.a. in der Summa contra gentiles I c.52 (Ed. Leon. XIII 387a–388b).

[191] In Ex. n.74 (LW II 77,1–78,1): „*Ait autem ‚sum qui sum', tum quia ipse est plenitudo esse et plenum esse, tum quia ipse nihil est aliud nisi purum esse. Concluditur igitur quod affirmatio, consistens in esse et identitate terminorum, deo proprie competit. Quod enim tam idem quam esse et esse: ‚sum qui sum? Nulla enim propositio propter hoc est verior illa, in qua idem praedicatur de se ipso. Omne citra deum, utpote citra esse, est ens et non ens, et negatur sibi aliquod esse, cum sit sub esse et citra esse, et ideo ipsi congruit. Ipsi autem esse non negatur aliquod esse, sicut animali non negatur hoc animal, puta leo. Nulla ergo negatio, nihil negativum deo competit, nisi negatio negationis, quam significat unum negative dictum: ‚Deus unus est.'[...] Negatio vero negationis purissima et plenissima est affirmatio: ‚ego sum qui sum'. Super se ipsum redit reditione completa, sibi ipsi innititur, se ipso est, ipsum esse est.*"

[192] Zum Hervorgang des Sohnes s.u.S.133f.; 223f.

[193] Cf. CHARLES-SAGET 312: „Cette double négation n'appartient pas à Dieu, elle est une manière dont nous écartons de lui toute privation, dont nous le privons de la privation, dont nous laissons l'espace où il se dit Lui-même, dans la pure affirmation de l'*Exode*: ‚Je suis celui qui suis.'"

Sein, d. h. an der einen Vollkommenheit, die Gott ist. Damit ist die *negatio* die Voraussetzung für jede Art der Unterscheidung im Bereich des Vielen: „Der Ursprung (die Wurzel) des Vielen ist die Verneinung."[194] In diesem Zitat klingt an, dass die Verneinung ein metaphysisches Prinzip ist, das das Vorhandensein von Vielheit ermöglicht und verstehbar macht. Es ist von „Ursprung" und nicht von „Ausdruck" die Rede. Die Dinge unserer Welt stehen im Spannungsfeld zwischen *affirmatio* und *negatio*. Sie sind „seiend und nicht seiend", eine Aussage, die logisch auf den ersten Blick widersprüchlich erscheint, die aber dann einleuchtet, wenn man davon ausgeht, dass Nicht-Sein nur vor dem Hintergrund von Sein und eine *negatio* nur vor dem Hintergrund einer *affirmatio* Sinn macht, da sie nicht in einem – eben nicht denkbaren – leeren oder neutralen Raum verortet sein kann. *Affirmatio* und *negatio* erscheinen als relationale Begriffe, wenn auch nicht einander gleichgeordnet, sondern ausgehend von einer Grundaffirmation, dass das Sein der Normal- und Ursprungszustand ist, der dann eine *negatio* in einschränkendem Sinne zugeordnet sein kann. Die Negation hat keinen positiven inhaltlichen Gehalt, sondern definiert sich nur durch ihre Defizienz gegenüber der reinen Affirmation. Sie ist nicht als Gegenprinzip zu verstehen, sondern als Absetzung von der Affirmation, und dies als deren Einschränkung. Das heißt, nur in Bezug auf eine Affirmation und unter Annahme der Möglichkeit einer Affirmation kann überhaupt von einer Negation gesprochen werden.

Zur schlechthin reinen Positivität kennt Eckhart keinen Gegensatz. Das Ganze, das All als solches, ist die grundsätzliche Affirmation des Seins. Das Negative steht für Eckhart immer in Zusammenhang mit Zweitursachen. Dieser zugleich ethische und ontologische Grundsatz Eckharts des immer nur partiell Bösen[195] gilt entsprechend im Bereich der sprachlichen Form. Die Negation ist eine Einschränkung der Affirmation, nicht aber ihr Gegenprinzip, da sie immer auch affirmatorische Elemente enthält. Ihre Signifikanz erschöpft sich demnach nicht in der Funktion eines logischen Gegenoperators zur Affirmation, sondern liegt in einem eigenen heuristischen Wert.[196] Anhand eines doppelt determinierten Gedankens kann das Undeterminierte gedacht werden. Aus der Negation der Negation wird zwar die Affirmation abgeleitet, niemals jedoch aus einer Affirmation eine Negation. Eine *affirmatio affirmationis* kommt als Ausdruck nicht vor. Sie wäre – anders als die *negatio negationis* – eine Tautologie und damit überflüssig.

Die oben festgehaltene Beobachtung einer Anwendung der Seinsstruktur auf die Sprachstruktur kann auch umgekehrt gedeutet werden: Die Seinsstruktur findet Eingang in die Sprachstruktur. Der Ausdruck *negatio negationis* hat – trotz seines Annäherungscharakters – nicht nur eine logische, sondern auch eine ontologische

---

[194] In Sap. 112 (LW II 448,6: „[...]*radix multi est negatio.*"
[195] Cf. WALDSCHÜTZ, Probleme S.89.
[196] Die Beobachtung, die CHARLES-SAGET 307 im Blick auf Plotin macht, lässt sich auf Eckhart übertragen: „La négation n'a donc rien d'un opérateur logique universel, elle est le signe d'un effort de pensée qui comporte sans doute ce trait commun de s'appuyer sur un objet encore assuré pour ,s'approcher' d'un quelque chose qui n'est pas de l'ordre de la forme, ou de l'idée. Mais ce sur quoi elle s'appuie détermine l'effort dans son caractère propre."

Struktur.[197] Ein solcher Ausdruck intendiert nicht nur die Konstruktion eines Gedankens, ist also nicht nur als ein geistiger Prozess aufzufassen, sondern vermittelt die ontologische Schärfe des Seinsbegriffs. Beides ist miteinander verwoben, ist aber als jeweiliges Moment voneinander unterscheidbar. Die logische Fassung des Gedankens ist dialektisch auf die ontologische Feststellung bezogen, dass die Verneinung als Verneinung ihrer selbst vom Sein nicht getrennt ist, das Nichtsein sich demnach als ein Ort des Seins erweisen kann.

Die Affirmation des Seins in ihrer Reinheit und Fülle wird deutlich am Begriff des Einen. „Das Eine fügt nichts zum Sein hinzu, nicht einmal dem Begriff nach, sondern nur die Negation."[198] Von einer solchen Feststellung her kann im Blick auf Eckharts philosophischen Ansatz nicht von einer sachlichen Abgrenzung der Ontologie gegen die Henologie gesprochen werden.[199] Beide Denktraditionen gehen bei Eckhart eine Verbindung ein. Sein und Eines sind transzendentale Begriffe, die real, also von dem Subjekt her, worauf sie sich beziehen, identisch, begrifflich jedoch insofern unterschieden sind, als das Eine dem Sein einen besonderen begrifflichen Aspekt hinzufügt: die Negation der Vielheit. Die dem Begriff des Seienden inhärente Unbestimmtheit wird vom Begriff des Einen her aufgehoben. Die je unterschiedene Wirklichkeit, die beide Begriffe bezeichnen, ist nicht rein begrifflicher bzw. perspektivischer Natur, d. h. auf den Standpunkt bzw. Gedanken eines Betrachters beschränkt, sondern in der Relationalität der Wirklichkeit begründet. Sie bezeichnet jeweils eine Dynamik, die im Sein selbst gründet ist und die relationale Struktur der Wirklichkeit, d. h. die Möglichkeit, dass ein Sachverhalt wesentlich auf einen anderen bezogen sein kann, grundlegt.

Eine ähnliche dialektische Konstruktion wie die der *negatio negationis* und inhaltlich letztlich mit ihr gleichbedeutend ist *„indistinctione distinguitur"*: Durch seine in sich gegebene Ununterschiedenheit unterscheidet sich das Eine von allem Geschaffenen, dem *hoc aut hoc*, das sich durch seine Unterschiedenheit definiert.[200] Diese Ununterschiedenheit ist nicht allein auf sich selbst bezogen, sondern bestimmt das Verhältnis zu allem Geschaffenen. Die gleichen Feststellungen gelten für den Ausdruck *privatio*

---

[197] MICHEL 167 bemerkt zur négation de la négation: „Nous sommes en présence d'une dialectique dont les termes ne sont pas seulement logiques, mais ontologiques, ne tendent pas à la construction de l'esprit, mais à la purification de l'être."
Zum logisch-ontologischen Status der *negatio negationis* cf. auch AERTSEN, Ontology 137–139; zum Hintergrund bei Proklos bzw. zur Abgrenzung des Eckhartschen Ansatzes der n. n. gegen den des Proklos cf. BEIERWALTRES, Proklos 395–398.

[198] In Sap. n.148 (LW II, 486,2–5): *„Iterum etiam li unum nihil addit super esse, nec secundum rationem, sed secundum solam negationem."*

[199] Zur Verbindung der ontologischen mit der henologischen Perspektive cf. AERTSEN, Ontology 132–135. Auf diesen Aspekt gehen wir vertiefend in Abschnitt E.1 ein.

[200] In Ioh. n.562 (LW III, 489,3–8): *„[...]ratio enim entis est quid abiectum et indistinctum et ipsa sua indistinctione ab aliis distinguitur[...] .Est enim unum in se indistinctum, distinctum ab aliis et propter hoc personale est et ad suppositum pertinet cuius est agere."*
Zu dem hier angerissenen Themenkomplex der Gründung der Personalität in der Ununterschiedenheit des Einen s.u.S. 224.

privationis, der im ersten Genesiskommentar begegnet.[201] Vielheit bedeutet Abgetrenntheit, da Vielheit darin besteht, dass sich mindestens zwei Dinge voneinander abgrenzen. Vielheit bedeutet jedoch nicht nur Abgrenzung gegeneinander, sondern – und dies ist die eigentliche eckhartsche Perspektive – Abgetrenntheit durch Selbstausschluss von der Einheit. Der Ausschluss jeder Form von Abgetrenntheit wiederum bedeutet Einheit.

Im Exoduskommentar veranschaulicht Eckhart diese dialektische Erschließung der Struktur der Relation von Gott und Geschöpf mittels der Attribute ähnlich/unähnlich (*simile/dissimile*) bzw. ihrer substantivierten Form.[202] Hierin liegt eine Weiterentwicklung im Sinne einer Ausdifferenzierung der bisher untersuchten dialektischen Relationen. Das Verhältnis von Gott und Geschöpf, in Kategorien der Ähnlichkeit und Unähnlichkeit ausgedrückt, beschreibt ein dreifaches Maximum: Nichts ist einander so unähnlich wie Gott und das Geschöpf, nichts zugleich so ähnlich und einem anderen so ähnlich und unähnlich zugleich. Die erste Relation erläutert Eckhart mittels der bereits vorgestellten dialektischen Relation *distinctum/indistinctum*. Dann erläutert er mittels des Analogiegedankens die Ähnlichkeit, ja Seinsidentität der Geschöpfe mit ihrem Seinsgrund in Gott in ihrer wesentlichen, für sie substantialen Hinordnung auf ihn. Diese Ähnlichkeit besteht *secundum intima sua,* d. h. aus dem innersten Existenzgrund heraus. Eckhart lehnt eine Ausdifferenzierung des Seins als solchen ab und erkennt nur das *„esse est in illo esse et in nullo alio.“*[203] Das aus der inneren *ratio* der Begriffe *distinctum/indistinctum* in ihrer dialektischen Spannung abgeleitete Unterscheidungsverhältnis wird mit dem mittels des Analogiegedankens ausgedrückten Identitätsverhältnisses verbunden. So entsteht eine übergreifende, ebenfalls nur dialektisch zu erfassende Relation, die ihre beiden Elementarrelationen nicht aufhebt, sondern in eine wesentliche Beziehung bringt. Seinen sprachlichen Ausdruck findet dies in dem Wort *coniunctim: „Rursus etiam nihil tam dissimile et simile coniunctim alteri quam deus et creatura.“*[204] DE GANDILLAC spricht von einem „primat du coniunctim“ bei Eckhart, der den Hauptnerv seiner Argumentation mittels paradoxaler Strukturen bilde.[205] Über dieses *coniunctim* geht Eckhart nicht mehr

---

[201] In Gen I n.158 (LW I 306,11f.): „[...].*unum, quod cum ente convertitur, est privatio privationis realis quam importat multitudo.*“

[202] Kerngedanken: In Ex. n.112–117 (LW II 110,3–112,15).

[203] In Ex. n.116 (LW II 112,1); cf. zum Analogiegedanken ausführlich Abschnitt D.3.

[204] In Ex. n.117 (LW II 112, 7f.)

[205] DE GANDILLAC, Dialectique 348ff.
WACKERNAGEL, Ymagine 112 sieht in der Vorgehensweise Eckharts an dieser Stelle eine Vorausbildung der cusanischem *coincidentia oppositorum.* „Dans le même passage, Eckhart affirme d'abord l'infinie distance qualitative entre Dieu et la créature, leur absolue incommensurabilité, puis il se laisse aller à des considérations qui semblent friser le panthéisme. Deux perspectives s'affrontent, et, ne pouvant épouser ni un sens ni l'autre, l'intellect est obligé de quitter les marches ultimes du principe de non-contradicition, afin d'embrasser quelque préfiguration de la „coïncidence des opposées, telle que nous la trouvons chez Nicolas de Cuse[...]“ Eckhart spricht jedoch nicht von einer Überschreitung der Pradoxalstruktur auf einen Ineinsfall hin, sondern betont das Nebeneinander zweier Beziehungsstrukturen. Zur *coincidentia oppositorium* in Bezug auf Eckhart cf. auch MC GINN 133f.

hinaus. Es bleibt bei der zweifachen Annäherung an das Gottesverhältnis als einer Annäherung. Nur an sehr wenigen Stellen des O.T. zeichnet Eckhart die paradoxe Beziehungsstruktur der Wirklichkeit in dieser Komplexität nach. In der absoluten Mehrheit seiner Explikationen überwiegt das einfache Strukturschema.

Für den Seinsbegriff wird unter dem Aspekt des Einen dessen Proprium im Göttlichen herausgearbeitet. Der Begriff des Einen hebt eine Wirklichkeit hervor, die mit dem Begriff des Seins noch nicht deutlich wird. Mit ihm ist eine begriffliche Präzisierung des Seinsbegriffs gegeben, indem ersterer letzteren als das göttliche Sein ausweist. Damit wird die reale Identität der Begriffe – die über die des Einen und des Seins weit hinausgeht – nicht aufgelöst. Die Unterscheidung liegt auf der Ebene des Betrachtungaspekts[206], der jedoch mehr als nur eine eingeschränkt begriffliche Wirklichkeit bezeichnet. Eine Differenzierung, wie ihn der Seinsbegriff durch die Hinzufügung des *hoc aut hoc* kennt, ist dem Begriff des Einen fremd, genauso eine Klassifizierung als absolut oder rein (*absolutum aut purum*). [207]

Durch diese Umstände entspricht der Begriff des Einen dem der Affirmation. Auch von ihr nimmt Eckhart keine begriffliche Ausdifferenzierung oder Klassifizierung an. Mit dem Begriff des Einen und seiner relationalen Struktur erhält das grammatische Schema von *affirmatio* und *negatio* seine Rückbindung in das inhaltliche Struktursystem der *termini generales*. Letztlich ist das gesamte Schema der *termini generales* aus dem Gegenüber, d. h. der Relationalität von *affirmatio* und *negatio* aufgebaut, was freilich anhand des ersten Paares (*esse / ente – nihil*) am deutlichsten wird. Versucht man, das Wesen eines Gegensatzes sprachanalytisch aufzuschlüsseln, gelangt man zum Gegenüber von Bejahung und Verneinung. Ein Gegensatz besteht darin, dass einer Aussage ihr Gegenteil gegenübertritt, dass der Inhalt einer Aussage durch den Inhalt einer anderen verneint wird. Die Mehrheit der menschlichen Erfahrungen besteht letztlich aus der Erfahrung dieser Widersprüchlichkeit, und jedes Wort – abgesehen vom Gottesbegriff und was mit ihm ausgesagt werden kann – ist ein Ausdruck und eine Beschreibung dieses Gegensatzes. Die nicht bloß begriffliche, sondern ontologische innere Gegensätzlichkeit ist es, die das Relative vom Absoluten unterscheidet. Was bei Aristoteles ein Mittel der theoretischen Betrachtung der Wirklichkeit ist, was zwar auf das Vorgefundene Bezug nimmt, aber doch vom Betrachtenden von außen an die Wirklichkeit herangetragen wird, wird bei Eckhart zu einem zentralen Strukturelement der Wirklichkeit selbst, das sich aus ihr heraus-

---

[206] GORIS (cf. n. 207) unterscheidet in diesem Zusammenhang zwischen der realen und der begrifflichen Ebene. Wir teilen diese Unterscheidung, sprechen aber statt von der „begrifflichen" Ebene lieber von der des Betrachtungsaspekts. Dass dies eine eigene Realität bezeichnet, dürfte bei meiner Analyse des strukturellen Zusammenhangs der *termini generales* deutlich geworden sein, wobei die Klärung ihres Wirklichkeitsstatus eine Grundfrage unserer Untersuchung darstellt.

[207] Ich schließe mich hier den Einschätzungen von W. GORIS an. Cf. GORIS, Ontologie oder Henologie, insbesondere 698f. . Goris geht es bei diesen Überlegungen um die Alternative „Ontologie oder Henologie", die seiner Einschätzung nach im Blick auf Eckhart nicht greift. „Die Metaphysik Eckharts ist eine Einheitsmetaphysik, nicht weil sie sich in Überschreitung des Seins definiert, sondern vielmehr, weil die Einheit jenen entscheidenden Gesichtspunkt heranträgt, durch den sich die Metaphysik definiert: Sie betrachtet das Sein im Einen, somit als göttliches."

lesen lässt. Eckhart geht davon aus, dass die Seins- und die Sprachstruktur sich strukturell gleichen, dass das, was gewöhnlich als ein Element der Sprachstruktur erscheint, d. h. der Charakter der Aussage, ein Element der Wirklichkeit selbst ist. Die Wirklichkeit zeigt sich dem Betrachtenden als Selbstaussage – positiv wie negativ. Die Univozität der Begriffe ist aufgrund der skizzierten Spannung von Affirmation und Negation – ontologisch ausgedrückt einer Spannung zwischen dem Sein und dem Nichts – immer auch von einer Äquivozität mitbestimmt.[208]

Der Ausgangspunkt der Spannung von Affirmation und Negation ist im Akt der Schöpfung selbst zu suchen. Sie bestimmt die kontingente Wirklichkeit, ohne dadurch deren Rückbindung an die durch die reine Affirmation des Seins bestimmte göttliche Wirklichkeit zu verlieren. Die Schöpfung kann so einerseits als ein Ereignis betrachtet werden, das einen geschichtlichen Ausgang genommen hat, eben als mit einem eingeschränkten Seienden dem Sein ein negativer Aspekt gegenübertrat, andererseits ist sie zugleich als *creatio continua* ein fortlaufender Prozess, der je neu in der sich in jedem Phänomen neu vollziehenden Negation der absoluten Seinsaffirmation seinen Anfang nimmt.[209]

Sehr anschaulich ausgedrückt wird die Nichtsbestimmtheit der geschaffenen Wirklichkeit an einem eindringlichen Ausspruch aus dem Johanneskommentar, mit dem Eckhart den Vers „Und das Licht leuchtet in der Finsternis" (Joh 1,5) auslegt und ihn auf das menschliche Erkenntnisvermögen bezieht: „Jede geschaffene Sache schmeckt den Schatten des Nichts."[210]

Das Nichts ist wie der Schatten keine eigene Entität, sondern bestimmt sich aus der Verneinung des Seins, d. h. allein in Relation zu ihm, wie der Schatten das Ausbleiben des Lichts besagt. Das Prinzip des Nichts kann als ein Prinzip ohne eigene Wirklichkeit, das aber doch wirklichkeitsbestimmend, weil wirklichkeitseinschränkend ist, beschrieben werden. Jede *res creata* hat für Eckhart eine gleichsam gefährdete, in Frage stehende Existenz, da ihr die uneingeschränkte Seinsaffirmation abgeht. Die „Infragestellung" resultiert aus der Verbindung von Affirmation und Negation, die der *res* eigen ist. Der Wirklichkeitsstatus der gesamten Welt ist – wenn man diese nicht auf Gott hin betrachtet – in sich ungefestigt und durchgängig von der Vernichtung – ganz im wörtlichen Sinne – bedroht. Er bleibt in sich fraglich und selbst unter Hinzuziehung des Analogiegedankens verliert er seinen paradoxen Charakter nicht.[211]

---

[208] Cf. MICHEL 170: „Au cœur de toute expérience figure la contradiction, où s'opposent l'affirmation et la négation. Il en résulte que chaque mot reflète et exprime les opposés. L'univocité se conquiert ainsi par le bon usage de l'èquivoque."

[209] Cf. MICHEL 169f.: „Eckhart explique notamment qu'il convient de placer ensemble les opposées, pour qu'ils apparaissent mieux. On ne s'en étonne pas dans une pensée qui cherche sans cesse à rapprocher l'être et le néant, à se situer au point exact où ils se dissocient dans l'acte de création, là où la question succède à la proposition créatrice et entraîne la exposition."

[210] In Ioh. n.20 (LW III 17,10f.): „*Res enim omnis creata sapit umbram nihili.*"

[211] WACKERNAGEL, Ymagine 106 gibt entsprechend die Einschätzung: „Il faut bien admettre que, comparé à l'être absolu, la „réalité" de tout être crée demeure un mystère, et que l'explication par l'analogie n'y change rien, elle permet tout au plus de le constater, de formuler le paradoxe."

Die Konsequenz aus einem gebrochenen Gottes- und Seinsbezug formuliert Eckhart – in einem Ineinander von ontologischer und theologischer Terminologie – folgendermaßen:

> „Jedes geschaffene Seiende aber ist, für sich genommen oder begriffen und unterschieden von Gott, nicht ein Seiendes sondern nichts. Gesondert und unterschieden von Gott ist es nämlich gesondert und geschieden vom Sein. Denn von Gott, durch ihn und in ihm ist alles, was ist."[212]

Die in dem Zitat aus dem Exoduskommentar zentralen Begriffe *ens* und *nihil* machen deutlich, dass sich die dort geäußerten Überlegungen von dem ersten der Gegensatzpaare aus dem *prologus generalis* her entwickeln. Eckhart behauptet an dieser Stelle unter anderem, dass ein Geschaffenes ein Nichts sein kann, was auf den ersten Blick widersprüchlich klingt, da eine Existenz- und eine Nichtexistenzaussage zugleich aufgestellt werden. Gleiches klingt an einer Stelle des *Prologus in opus propositionum* an: „Außerhalb des Seins und ohne es sind alle nichts, auch das, was gemacht ist („Tatsachen")".[213] Derart paradoxe Aussagen, die nicht unter dem Negativitätsquantor getätigt werden („Ein Geschaffenes kann für sich genommen und unterschieden von Gott nicht sein."), sondern das Nichtsein als eine Tatsache zu erfassen suchen, sind möglich, weil Eckhart das Sein als ein Sein in Relation versteht und nicht als individuelle Subsistenz. Die Glieder einer Relation einzeln für sich zu betrachten, macht Sinn, nicht jedoch, etwas nicht Existierendes zum Gegenstand der Betrachtung zu machen.

Eine aufschlussreiche Vertiefung der vorausgegangenen Überlegungen ergibt sich aus einer näheren Betrachtung der Formulierung dieses ersten Paares der *termini generales: de esse et ente et eius opposito quod est nihil*. Eckhart formuliert das Gegenteil des Seins an dieser zentralen Stelle nicht als *non esse*, d. h. als eine negative Wendung des positiven Begriffs, sondern als eine von ihrer sprachlichen Wurzel her eigenständige Substantivform: *nihil* bedeutet „nichts". Daneben kennt Eckhart die Aussageform *non est*: „*Quod enim aliud est ab esse, non est aut nihil est.*"[214] Während *est* in der zweiten Teilaussage lediglich den Existenzquantor für *nihil* darstellt – was freilich auf den ersten Blick paradox erscheint – und so im eckhartschen Sinne uneigentlich ausgesagt wird, stellt es in der ersten Teilaussage, allerdings negativ gewendet, deren eigentlichen Gehalt dar. Hier haben wir es mit einer Existenz- d.h. eigentlichen Aussage unter negativem Vorzeichen zu tun. Was in dem zitierten Satz in einen Zusammenhang gebracht wird, erscheint in der Aufzählung der *termini generales* getrennt. Das *non-esse*

---

[212] Cf. In Ex. n.40 (LW II 45,10–13): „*Omne enim ens creatum acceptum vel conceptum seorsum distinctum a deo non est ens, sed est nihil. Separatum enim et distinctum a deo separatum est et distinctum ab esse, quia ab ipso deo, per ipsum et in ipso sunt quaecumque sunt* [...]" Cf. zu dieser Textstelle auch BRUNNER, goût 212f. Brunner weist in diesem Zusammenhang auf Eckharts Auslegung zu Joh 1,3 im Kommentar zu Jesus Sirach (In Eccl. n.35 (LW II 263f.) hin. Eckhart versteht den Satz *sine ipsum factum est nihil* unter Trennung von *factum* und *est* im Sinne von „Ohne ihn ist das Gemachte nichts" (bei Brunner: sans lui ce qui a été fait n'est rien) und nicht im Sinne von „Ohne ihn ist nichts geschaffen".

[213] Prol. in Op. prop. n.22 (LW I 178,16f.): „*Praeter esse et sine esse omnia sunt nihil, etiam facta.*"

[214] Prol. gen. in Op. trip. n.8 (LW I 153,6f.).

erscheint als negatives Glied eines eigenen Begriffspaares: *de ipso deo summum esse, quod contrarium non habet nisi non esse.* Das hiermit bezeichnete Theoriestück steht für Eckhart jedoch in einem wesentlichen Zusammenhang mit dem ersten Gegensatzpaar, und faktisch hat Eckhart in dem, was uns vom O.T. überliefert ist, beide Theoriestücke zusammengefasst, was bereits das vorangehende Zitat aus dem *prologus generalis* verdeutlicht. Beide Formulierungen der Nichtigkeit sind aus der Tradition bekannt. Während *non-esse* als Prädikationsweise aus dem griechischen Sprachgebrauch übernommen ist (ou/mé ón/óntos), handelt es sich bei *nihil* um eine Begriffsprägung der lateinischen Sprache.[215] Die Inbezugsetzung von *summum esse* und *non esse* geht auf Augustinus zurück, wie Eckhart selbst vermerkt.[216] Die Spannungsachse, die dadurch bezeichnet wird, stellt in den CONFESSIONES den Bezugsrahmen dar, innerhalb dessen die Seele ihre Existenz verortet. Die Seele ist ein *nihil*, wenn sie innerhalb dieses Spannungsfeldes den wesentlichen Bezug zum *summum esse* verloren hat. Die damit ausgesagte Paradoxie – nichts sein – beschreibt keinen in sich abgeschlossenen bzw. subsistenten Zustand, sondern ontologisch betrachtet einen Nicht-Zustand, von der psychologischen Seite die wesentliche Unruhe des von Gott getrennten Menschen, einer Trennung, die leidvoller Schmerz im Bewusstsein der eigenen Sündhaftigkeit und Versuchung – damit ein stets existentielles Risiko – zugleich ist. Die menschliche Subjektivität findet ihre wesentliche Begründung innerhalb dieses Spannungsfeldes von Selbstwerdung durch Transzendenz und Selbstnichtigung durch Verschlossenheit in sich selbst.[217] Negativität wird bei Augustinus als relationaler Sachverhalt aufgefasst. Sie stellt keine Wirklichkeit in sich selbst dar, wird an keiner Stelle als Negativität als solche behandelt, sondern stets in Bezug auf Gott und den ontologischen Status einer Entität in Bezug auf das mit Gott gleichgesetzte Sein als solches bezeichnend. Augustinus greift damit einen Gedankengang auf, den bereits Porphyrios in seiner Weiterentwicklung plotinischen Gedankenguts vorgelegt hat.[218]

Diese Beobachtungen lassen sich ohne weiteres auf Eckhart übertragen, wobei Eckhart die Unterscheidung zwischen einer ontologischen und einer psychologischen Ebene in den Hintergrund treten lässt. Die ontologische Wirklichkeit wird in einer Sprache beschrieben, die an Erfahrungen auf psychologischer Ebene denken lässt. Im deutschen Werk Eckharts steht die psychologische Seite – das Verhältnis der Seele zu Gott – explizit im Mittelpunkt der Betrachtung. Der Weg zu Gott verläuft über die Erkenntnis und Verinnerlichung der eigenen Nichtigkeit im Verhältnis zu Gott. Die Nichtigkeit besteht in diesem Zusammenhang in der Selbstzentriertheit. Die fehlende Öffnung des eigenen Ich ist die Verweigerung der Beziehung zu Gott, da sie diesem den Raum für sein Wirken verschließt. Nicht die Seele als

---

[215] Cf. CHARLES-SAGET 301f.

[216] AUGUSTINUS, De immortalitate animae c.12 n.19; De moribus Manichaeorum c.1 n.1.

[217] Cf. CHARLES-SAGET 303ff.; 304: „[...]être non-être c'est être autre que, et ne pas être Dieu, c'est être autre que lui. [...]se dire ‚rien'[...]C'est un énoncé instable, contradictoire même, qui exprime une condition elle-même instable, cet *inquies* d'un être fasciné par les extrêmes, par le pire où regard devient tentation de n'être plus, par le plus haut où la parole devient louange, puis retombe dans l'évidence de son indignité."

[218] CHARLES-SAGET 308–310. Cf. dort auch die Bemerkungen zur Quellenlage.

solche ist nichtig, sie wird aber in einer Relation unter negativem Vorzeichen zur Verortung des Nichts.[219] Eine Bewusstwerdung und existentielle Realisation der eigenen Nichtigkeit wird dann zugleich zur positiven Voraussetzung einer Verwirklichung der Gottesbeziehung, die im Sinne einer Vereigentlichung die eigentliche Seinsverwirklichung darstellt. Paradoxerweise liegt in dem bewussten Mitvollzug der Negativität die Begründung der Positivität. Negativität qualifiziert sich von der Beziehungswirklichkeit her. Dass sie sich in einer positiven, d. h. verwirklichten Beziehungswirklichkeit selbst nichtigt, ist der deutlichste Beweis ihres relationalen Charakters. Die Annahme einer reinen Negativität in sich als *oppositum* des *esse* hat gleichsam einen regulativ-hypothetischen Charakter, um von daher den relationalen Charakter des Wirklichkeitsgeschehens veranschaulichen zu können. Die jeweilige Wirklichkeit des Kontingenten vollzieht sich in einem Prozess auf das *esse* in Gott hin. Das *non esse* oder *nihil* ist zwar der Ausgangspunkt der Spannung, die diesen Prozess in Gang hält, nicht jedoch der Ausgangspunkt der Wirklichkeit im ontologischen Sinne, der nur in der Positivität des göttlichen Seins liegen kann. Insbesondere in Bezug auf die menschliche Seele gebraucht Eckhart vor diesem Hintergrund eine imperativische Sprache, entwickelt also keine indikativische Beschreibung des Sachverhalts *in se*, da ihm eine derartige Stellung ontologisch überhaupt nicht fassbar erscheint. Die Seele muss sich auf das Sein hin verwirklichen, oder sie ist nicht.[220]

Dass es Eckhart bei diesen Überlegungen nicht um die Beschreibung von Bewusstseinszuständen, sondern um grundlegende Wirklichkeitsstrukturen geht, wird an verschiedenen Stellen des O.T. deutlich. Zwar nehmen Überlegungen zur Seele bzw. zur menschlichen Geistigkeit einen breiten Raum im Denken Eckharts ein, doch sieht Eckhart in den dabei als grundlegend betrachteten Strukturen die Grundstruktur der gesamten Wirklichkeit. Terminologie aus dem Bereich von Ethik, Intellekt- und Seelenlehre findet deshalb Eingang in den Bereich der Metaphysik.

---

[219] CHARLES-SAGET 314 drückt dies treffend aus: „Ce n'est pas le néant *de* l'âme, c'est un néant *dans* l'âme."

[220] HART 194: „Eckhart ne se rangera point, toutefois, à une description indicative de l'âme humaine comme *tertium quid*: troisième espèce de „chose" comprise par un petit être et un petit non-être. Elle ne peut être ainsi que vue parmi toutes les choses créées et *in se*. Mais ce n'est plus le cas quand elle est considérée à travers l'*in quantum* qui constitue l'âme en son fond. L'âme n'est pas une stase indicative (hormis temporellement *in se*) mais une processus impératif *dans la mesure où* elle donne naissance au véritable Fils – où elle est née en lui – pour qui elle a été, elle est créée *ad imaginem*." Zur imperativen Sprachform cf. auch ZUM BRUNN, homme 272. ZUM BRUNN spricht von einer *façon vocative ou exhortative*, in der Eckhart die entsprchende Erfahrung beschreibt.

9. WISSENSCHAFTSTHEORETISCHE ÜBERLEGUNGEN IN DER KONSEQUENZ DES STRUKTURELLEN LEITFADENS

a) Einheitswissenschaft mit methodologischer Differenzierung

Ein für ein Verständnis der hermeneutischen Relevanz der *termini generales* neben den sprachphilosophischen Implikationen wichtiger Aspekt ist die pragmatische Einbindung des Begriffsschemas. Um sich dieser anzunähern, müssen wir uns die grundsätzliche Frage stellen, was Eckhart mit seinen Untersuchungen intendiert, das heißt, worüber er mittels des Schemas überhaupt sprechen will. Diese Fragestellung ist insofern komplizierter, als sie auf den ersten Blick erscheint, als wir es bei Eckhart mit einem wechselseitigen Ineinander theologischer und philosophischer Gedankengänge zu tun haben, das nicht auf einen mangelnden Willen zur Unterscheidung beider Disziplinen zurückgeht, sondern aus dem Verständnis beider Disziplinen heraus als solches beabsichtigt ist. Eine Aussage wie „Das Evangelium betrachtet das Seiende, insofern es seiend ist"[221], macht deutlich, dass dieses Ineinander bis in einzelne Sätze hineinreicht. Aufgrund dieser beabsichtigten Komplexität – die nur auf den ersten Blick Vereinfachung ist – erfordert das Verhältnis von Theologie und Philosophie, sowohl im Hinblick auf die inhaltliche Seite als auch auf die daraus resultierenden inhaltlichen Implikationen, eine nähere Betrachtung.[222] Diese Komplexität wird dadurch verstärkt, dass Eckhart innerhalb des O.T. keinerlei expliziten Überlegungen zum Status der Theologie anstellt.

Die vorangehenden Abschnitte unserer Untersuchung haben gezeigt, wie sich Eckhart an der Sprachstruktur orientiert. Der wesentliche Teil des überlieferten O.T. – das gesamte *opus expositionum* – ist nun unmittelbare Auseinandersetzung mit sprachlich gefasster Überlieferung in Form des biblischen Texts.[223] Dazu mag zu Recht bemerkt werden, dass es sich dabei nicht um biblische Theologie, sondern um metaphysische Theologie handele, der es auf einen metaphysischen Ausdruck der biblischen Aussage ankomme, gleichsam einer Verwandlung des Bibelwortes in eine Metaphysik mittels *ratione philosophorum*[224], und die dabei weit über die eigentliche biblische Thematik – die Offenbarungsgeschichte – hinausgehe. Dies ist ein Aspekt,

---

[221] In Ioh. n.444 (LW III 380,13f.): „[...]*evangelium contemplatur ens in quantum ens.*"

[222] Dabei ist es sinnvoll, die Unterscheidung R. BRAGUEs zwischen „sens" und „valeur" der Philosophie im Hinterkopf zu behalten. Cf. BRAGUE, insbesondere 229f.

[223] DUCLOW 216 gibt die Einschätzung, dass zuerst in der Fokussierung auf die Heilige Schrift die Einheit des eckhartschen Denkens gründe.

[224] Cf. ALBERT, These 22. Zur terminologischen Unterscheidung des *philosophus* vom *philosophans* cf. BOULNOIS 604f.

der freilich erst aus dem Blickwinkel heutiger exegetischer Praxis aufleuchtet und dem eckhartschen Ansatz so nicht gerecht werden kann. Die biblischen Texte verlieren durch die von Eckhart angewandte Methode nicht notwendig ihren genuin theologischen Charakter als Offenbarungstexte. Wir haben es nicht mit einer metaphysischen Umwandlung der Bibelexegese zu tun, sondern mit einer beabsichtigten Wechselwirkung beider Methoden, die bis dahin reicht, dass Eckhart dem Umgang mit den biblischen Texten die Funktion einer hermeneutischen Bildung der Vernunft zudenkt.[225] Ob dabei dem Bibeltext oder dem philosophischen Gedankengang eine Priorität zukommt, oder ob eine Abgrenzung und damit Überordnung aus eckhartscher Perspektive überflüssig ist, wird im Folgenden zu klären sein. Für die mittelalterlichen Bibelkommentare gilt die gleiche Beobachtung wie hinsichtlich der Kommentarwerke philosophischer Texte, dass in der nach Proklus etablierten methodischen Verbindung von Exegese und Philosophie Respekt vor der Überlieferung und spekulative Originalität nicht als Gegensatz empfunden werden.[226]

Es gehört zur ureigenen Intention biblischer Texte, über sich selbst hinaus zu weisen und eine Thematik zu behandeln, die sich nicht in der Erzählung eines Ereignisses erschöpft. Eckhart intensiviert diese von den mittelalterlichen Kommentaren durchweg wahrgenommene Tendenz, indem er eine inhaltliche Mitte herausarbeitet, die er in metaphysischen Kategorien zu erfassen sucht. Diese Verbindung von Auslegung (*expositio*) und philosophischer Spekulation in einer sich selbst – das heißt ihren Gegenstand und die Möglichkeit der Begegnung mit ihm – reflektierenden Theologie ist das Charakteristikum der Kommentare, d. h. des weitaus umfangreichsten Teils des O.T. in seiner überlieferten Gestalt. Methodisch gelangt Eckhart in seinen Kommentaren unmittelbar von der *expositio litterae* zu den *notanda*, den den unmittelbaren Textzusammenhang aufsprengenden Problematisierungen, lässt also die theologische Systematisierung der *sententia* und der *divisio textus* als Zwischenschritte aus.[227]

Wenn auch die theologischen Aspekte nicht der eigentliche Gegenstand dieser Untersuchung sind, so werden sich die philosophischen Gedankengänge doch immer wieder mit theologischen Inhalten vermengen. Exegese als solche ist keine rein theologische Disziplin. Der Umgang mit philosophischer Überlieferung hat exegetischen Charakter, wenn mit den Zitaten philosophischer Autoritäten auf ähnliche Weise wie mit biblischen Zitaten verfahren wird. Das zentrale Anliegen Eckharts bleibt die *expositio*, die Auslegung des biblischen Textes, gegenüber dem den Texten der – heidnischen bzw. islamischen – Philosophen eine heuristische bzw. erschließende Rolle zugedacht wird. Dieser Bezug geht nur in eine Richtung. Mittels der biblischen Texte kann umgekehrt nicht die Lehre der Philosophen erschlossen werden, wohl aber sind die Inhalte, denen die Philosophen sich annähern, in den biblischen Texten verborgen bzw. aus diesen herauskristallisierbar. Diese Beobachtung wirft die Frage auf, ob mit diesen Feststellungen die Annahme zweier unabhängiger Erkenntnisquellen verbunden ist.

---

[225] Cf. LARGIER Theologie 705.

[226] DEL PUNTA 141.

[227] Zu dieser Systematisierung der Vorgehensweise mittelalterliche Kommentarwerke cf. DEL PUNTA 146ff.

Das Problem der doppelten Wahrheit (*duplex veritas*), das in Zusammenhang mit den Verurteilungen von 1277 virulent wird, hat sich in seiner expliziten Form eines Vorwurfes als nicht der Wirklichkeit entsprechend erwiesen, d. h. als eine Frage, die so nicht gestellt oder zumindest nicht positiv beantwortet wurde, sondern als eine Systematisierung seitens Untersuchungskommission des Bischofs Tempier. Auch wenn eine solche Lehre nie explizit vertreten wurde, die Brisanz, die mit solchen Überlegungen verbunden ist, ist nicht zu leugnen. Dies hat Tempier zurecht erkannt. Die Frage stellt sich in letzter Konsequenz erst dann, wenn Glaubensaussage und philosophische Aussage in einem Widerspruch zueinander stehen.[228]

Eckhart selbst liegt es fern, derartige Widersprüche aufzuzeigen, weil er von der prinzipiellen Vereinbarkeit von Schrift und Philosophie ausgeht. Für ihn besteht eine einzige Quelle der Wahrheit, zu der alles, was über die Wirklichkeit ausgesagt werden kann, in einem direkten Bezug steht. Inwieweit hier ein Bezug auf die Pariser Verurteilungen anzunehmen ist, in dem Sinne, dass Eckhart von vornherein jeden Verdacht ablenken wollte und deshalb die Koinzidenz so stark betonte, ist nicht zu beantworten. Rückschlüsse sollten nicht vorschnell gezogen werden, da, wie in den folgenden Ausführungen deutlich wird, das Integrationsmodell, das Eckhart vorlegt, eine eigene, in sich gründende Konsistenz hat, die sich aus verschiedenen, für das eckhartsche Denken grundlegenden Annahmen ableitet. Es gibt vom Textbefund her keinen Anlass zu der Annahme, Eckhart schreibe unter einer besonderen Vorsicht, gehe also in seinen Gedanken weiter, als er es explizit zuzugeben wage.

Um das eckhartsche Verständnis von der einen Quelle der Wahrheit zu veranschaulichen, ziehen wir an dieser Stelle ein Zitat aus dem Prolog zum Johanneskommentar heran, in der Eckhart eine Selbstauslegung seiner Abhandlung liefert. Auf die Problematik dieser Textstelle, die nicht zu den Prologen des Gesamtwerkes zählt, obwohl das, was sie inhaltlich vorbringt, eigentlich dort zu erwarten wäre, hat GORIS hingewiesen.[229] Er bezieht den darin enthaltenen Hinweis „in allen seinen Werken" auf den realisierten Teil des O.T., nicht auf das geplante Gesamtprojekt.

---

[228] Zur Frage nach der doppelten Wahrheit cf. DE LIBERA, *Penser*. Der Autor kommt zu der Einschätzung, dass die Zensur von 1277 in weiten Bereichen eine Wirklichkeit beschreibt, die so nicht bestanden hat. „La censure n' est pas un tableau des faits, c'est une méthode de capture des erreurs à venire, un accélérateur de trouble" (204). Gerade darin erkennt er ihr aber eine innovative Kraft für die Zukunft zu: „Le censeur peut dire l'avenir, dire la voie que personne n'oserait nommer ni peut-être même concevoir. Il y a une dimension ludique et expérimentale de la censure comme il y a un conformisme dans la transgression. Celui qui condamne peut tout dire, le justiciable doit savoir se taire" (236). So spricht DE LIBERA nur von einem „mythe de la double vérité" (122). Stephan Tempier habe die Idee einer friedlichen Koexistenz von Philosophie und Glaube abgelehnt und vor diesem Hintergrund – gleichsam als Schreckgespenst – die Theorie von der Annahme einer doppelten Wahrheit erfunden, derzufolge bestimmte Sachverhalte gemäß der Philosophie wahr, gemäß dem Glauben unwahr sein könnten, so dass der Wahrheit der Schrift mittels der Wahrheit der Philosophen widersprochen werden könne, d. h. *quasi sint duae veritates contrariae*. Die Konsequenz, die Tempier hierin erkennt, sei letztlich nur von ihm selbst gezogen worden, dass es unmöglich sei, zugleich Philosoph und Glaubender zu sein (S.122ff.). Zur synthetischen Leistung der Untersuchungskommission cf. DE LIBERA, Philosophie et censure 72–79.

[229] GORIS, Einheit 26f.

Das Problem liegt darin, dass die „natürlichen Denkwege der Philosophen" als solche nicht der Gegenstand des *opus expositionum* sind, sondern gemäß der ursprünglichen Programmatik im *opus propositionum* grundgelegt werden sollten, d. h. dass das, was in diesen einleitenden Worten ausgesagt wird, in dem realisierten Teil des dreiteiligen Werkes nur eingeschränkt vorzufinden ist.[230] Die philosophische Zugänglichkeit des *opus expositionum* gestaltet sich schwieriger, als es auf den ersten Blick erscheint. Explizit heißt es in der Einleitung zum Johanneskommentar:

> „Es ist die Absicht des Verfassers, wie in allen seinen Werken, das, was der heilige christliche Glaube und die beiden Testamente der Schrift behaupten, mit den natürlichen Denkwegen der Philosophen auszulegen. [...] Umgekehrt ist es die Absicht dieses Werkes zu zeigen, wie die Wahrheiten der Prinzipien, Folgerungen und natürlichen Gehalte für den, der ‚Ohren hat zu hören' gerade in den Worten der Heiligen Schrift, die durch diese natürlichen (Wege) ausgelegt werden, klar angedeutet sind. Mitunter werden auch einige Auslegungen ethischer Art gegeben."[231]

Eckhart geht an einer anderen Stelle – bei der Auslegung des Verses Joh 1,17 *Lex per Moysem data est, gratia et veritas per Iesum Christum facta est* im Hinblick auf das Verhältnis des Oberen zum Niederen – von einer einzigen „Quelle und Wurzel" der Wahrheit aus (*ex uno fonte et una radice procedat veritatis omne quod verum est*)[232], und das gilt dann auch für das Verhältnis von Offenbarung und menschlichem Geist, *sive essendo, sive cognoscendo, in scriptura et in natura*.[233] Unter verschiedener Gestalt erscheint die eine Wahrheit. Begründet wird dies an der letztgenannten Stelle mit dem einen Ursprung der gesamten Wirklichkeit in Gott, der einen göttlichen Weisheit, in der alles enthalten ist und dem Mitteilungsgeschehen in Form des göttlichen Wortes, das von der Dynamik des Prozesses her zwischen dem innergöttlichen Geschehen der Personen und der Hervorbringung der Geschöpfe anzusiedeln ist.[234] Deshalb lässt sich die natürliche, d. h. die dem menschlichen Geist von sich aus zugängliche Wahrheit auch in der Schrift wiederfinden, die für die Wahrheit in ihrer Offenbarwerdung steht. Umgekehrt kann die Wahrheit der Schrift deshalb vom menschlichen Verstand erkannt und in der ihm gemäßen Form in ihren Inhalten wiedergegeben und ausgedrückt werden.[235] Die natürlichen Wahrheiten können insofern kein Gegenprinzip zur Offenbarungswahrheit sein, als sie in der Schöpfungsordnung gründen und damit auf Gott zurückgehen. Eckhart unterstellt der Philosophie damit

---

[230] Diese Bemerkung hat für Goris ihre Signifikanz im Hinblick auf die Eckhart-Interpretation der „Bochumer Schule", der gegenüber er unter Hinweis auf das gerade dort unterstrichene „Selbstverständnis Eckharts" eine größere Zurückhaltung in der Bewertung des philosophischen Gewichts des *opus quaestionum* anmahnt.

[231] In Ioh. n.2f. (LW III 4,4–17): „[...]*intentio est auctoris, sicut et in omnibus suis editionibus, ea quae sacra asserit fides christiana et utriusque testamenti scriptura, exponere per rationes naturales philosophorum[...]rursus intentio operis est ostendere, quomodo veritates principiorum et conclusionum et proprietatum naturalium innuuntur luculenter – ‚qui habet aures audiendi' – in ipsis verbis sacrae scripturae, quae per illa naturalia exponuntur. Interdum etiam ponuntur expositiones aliquae morales.*"

[232] In Ioh. n.185 (LW III 154,16–155,1)

[233] Ibid. LW III 155,1f.

[234] Ibid. LW III 154,10–14.

[235] Cf. FISCHER, Arbeitsweise 68f.

implizit, dass sie zur Erkenntnis dieser natürlichen Ordnung unmittelbar in der Lage ist. Die Ursache für diesen Optimismus liegt für ihn darin, dass die Erkenntniswege der Philosophie nichts anderes als die natürlichen Denkwege (*rationes naturales*) sind, das heißt das Erkenntnisvermögen, wie Gott es im Menschen angelegt hat. Der Begriff *rationes* weist darauf hin, dass es um die in den Dingen von ihrem Ursprung her liegende sinnvoll geordnete Struktur geht, die dem menschlichen Verstand zugänglich ist. Philosophie erscheint im eckhartschen Verständnis dem obigen Zitat (In Ioh n.2f.) zufolge zuerst als Methode, weniger unter inhaltlichem Gesichtspunkt.[236] Diese Perspektive zieht gleichsam die Minimalkonsequenz aus der inzwischen etablierten Institutionalisierung der Philosophie im lateinischen Westen, die im Gegensatz zur eher „privaten" Rezeption der Philosophie im jüdischen und islamischen Raum steht. Philosophische Wahrheit ist für Eckhart eine Wahrheit der Prinzipien und Schlussfolgerungen (*veritas principiorum et conclusionum*), nicht die eines eigenen Gegenstandes. In Ersterem erkennen wir im Ansatz die Methode der Axiomatik, das heißt, aus einer bestimmten Anzahl von Prinzipien werden alle speziellen Aussagen deduktiv mittels logischen Schließens abgeleitet. Inwieweit diese Methode für Eckhart selbst kennzeichnend ist, inwieweit er also gemäß dem vorgeht, was er selbst als philosophisch klassifiziert, wird noch in diesem Untersuchungsabschnitt zu klären sein. Eckhart spricht an dieser Stelle von Wahrheiten im Plural. Dies ist nicht im Sinne eines Wahrheitspluralismus zu verstehen, sondern entspricht dem erwähnten *omne quod verum est*, der Vielheit der Dinge, die alle in der einen Wahrheit stehen. Was für das Seinsprinzip gilt, gilt auch für das Wahrheitsprinzip, da das Wahrheitsprinzip das Seinsprinzip unter dem Aspekt seiner Erkennbarkeit darstellt.[237]

Ferner lassen sich im O.T. Passagen finden, an denen Eckhart sein Verständnis der Philosophie als Methode des rationalen Schließens um eine inhaltliche Bestimmung erweitert, so dass der Eindruck entsteht, die Philosophie biete eine inhaltliche Alternative zur Heilsgeschichte. Dieser Eindruck ist nur vordergründig. Ich greife nochmals das Zitat aus dem Exoduskommentar auf, das ich im Zusammenhang mit den Überlegungen zum Sein als Ersterkanntem und den daraus resultierenden Konsequenzen für den ontologischen Status des Seinsbegriffs herangezogen haben:

> „Außerdem ist das Seiende das erste, was vom Verstand, wie Avicenna sagt, und überhaupt von der Wahrnehmung ,erfasst wird'. Daher geht der Philosoph, der von den ersten Seienden und von den ersten Prinzipien der Dinge handelt, zuerst vom Seienden aus. Das Seiende ist und heißt deshalb sein Subjekt. Denn es liegt allem als Voraussetzung zugrunde, auch der ersten Erkenntnis und Wahrnehmung."[238]

Wir haben es hier nicht zuerst mit einer inhaltlichen Themenzuweisung an die Philosophie zu tun, sondern wiederum mit methodologischen Überlegungen. Philo-

---

[236] Cf. BRAGUE 238f.

[237] Cf. In Ioh. n.574 (LW III 501,5f.): „[...] *eadem sunt principia essendi et cognoscendi. Sic res se habent in veritate, sicut se habent in entitate.*"

[238] Cf. in Ex. n.169 (LW II 147, 10–14): „*Adhuc autem ,primum, quod cadit in intellectu' secundum Avicennam' et universaliter in apprehensione, ,est ens'. Propter quod etiam primus philosophus tractans de primis entibus et primis rerum principiis praesupponit ens. Et ipsum ob hoc est et dicitur eius subiectum, eo quod subicitur et praesupponitur omni, etiam primae cognitioni et apprehensioni.*"

sophie bedeutet das Vorgehen gemäß den Wegen der natürlichen Erkenntnis. Das *ens* ist deshalb erster Gegenstand der Philosophie, weil es erster Gegenstand menschlicher Erkenntnis überhaupt ist. Der Gegenstand ergibt sich aus dem methodologischen Anspruch, die Wirklichkeit entsprechend der *rationes naturales* zu erfassen. Gegenstand bleiben nicht das Seiende als solches, im Sinne einer unthematischen Intuition oder einer kontemplativen Betrachtung, von der aus dann der Weg zu einer Mystik des Seins nicht mehr weit wäre, sondern die aus ihm resultierenden Prinzipien. Sie bilden die Voraussetzung für die *rationes naturales*. Die Betrachtung des Seienden erfolgt, um die Zusammenhänge innerhalb der Wirklichkeit erschließen zu können. Eine philosophische Betrachtung bedarf des Seinsbegriffs nicht um seiner selbst willen, das heißt nicht als Höhepunkt eines Aufschwungs des erkennenden Verstandes, sondern als Grundlage rationaler Wirklichkeitserkenntnis. Die Möglichkeit rationalen Vorgehens leitet sich aus der Erkennbarkeit des *ens* ab. In seiner Einfachheit liefert dieser erste Begriff für den menschlichen Verstand die Möglichkeit rationalen Vorgehens überhaupt. Ohne ein Ersterkanntes wäre dem Denken keine Basis gegeben, auf die es seine Vollzüge gründen könnte. Im Seinsbegriff hat die Philosophie eine erste Sicherheit im Sinne einer ihr von außen gegebenen Selbstvergewisserung. Die Tatsache, dass Eckhart dem Seinsbegriff an anderer Stelle die *termini generales* als gleichberechtigt nebenordnet,[239] lässt darauf schließen, dass es sich an dieser Stelle primär um eine methodologische, nicht um eine ontologische Überlegung in einem exklusiven Sinne, sondern exemplarischer Art handelt.

BRUNNER konstatiert bei Eckhart folgende Denkbewegung: Der Verstand versuche das Offenbarte anhand des Natürlichen zu erklären und dabei zugleich das Natürliche auf die Ebene des Offenbarten zu erheben. Zugleich jedoch weise das Offenbarte auf das Natürliche zurück. Das eckhartsche Denken bewege sich als Doppelbewegung auf zwei Ebenen, die in ihrer Aussagekraft jeweils vor dem Hintergrund der anderen gelesen werden könnten. Das Natürliche werde mittels der aristotelischen Philosophie ausgedrückt, die Offenbarungsinhalte hingegen seien für Eckhart nur anhand platonsicher Schemata begreifbar. Die Terminologie als solche bleibe jedoch aristotelisch. Brunner pointiert seine Beobachtungen, indem er feststellt, dass sich in dem mittels aristotelischer Terminologie ausgedrückten Wissens ein höheres, d. h. den aristotelischen Gegenstand transzendierendes Wissen (savoir supérieur) ausdrücke und abbilde. In diesem Sinne könne im Blick auf Eckhart von einer Art *reductio artium ad theologiam* die Rede sein.[240] Ich möchte diese Einschätzung Brunners dahingehend modifizieren, dass der Gebrauch der aristotelischen Terminologie für Eckhart den Charakter einer Annäherung an eine mittels dieser Begrifflichkeit so nicht fassbare Wirklichkeit hat[241], dass erstere im Hinblick auf diese aufgesprengt wird und diese Annäherung wesentlich durch Aufzeigen relationaler Strukturen geschieht.

---

[239] Cf. insbesondere die Prologe; z.B. Prol. gen. in Op. trip. n.8 (LW I 152, 9f.). In diesem Abschnitt werden die *termini generales* als mit dem *esse convertibiliter idem* bezeichnet (LW I 153,1).

[240] BRUNNER, Foi 200f.; 206.

[241] Cf. die Ausführungen zu *esse est deus* in Abschnitt D.2.

Hinzu kommt, wenn dies auch im O.T. nur an sehr wenigen Stellen zutage tritt, dass Eckhart auf der Ebene der Offenbarungstheologie die geschichtliche Dimension als deren Proprium wahrnimmt und dieses Element zur Naturphilosophie in Bezug setzt. Folgendes Zitat, das sich auf den Prolog des Johannesevangeliums und dort genauer auf die Worte über Johannes den Täufer als den Vorläufer Christi bezieht, vertieft die beschriebenen Zusammenhänge:

> „All dies, was jetzt von Johannes und Christus gesagt worden ist, betrifft zunächst Dinge der geschichtlichen Wahrheit; wir wollen aber darin (die) Wahrheiten der Naturdinge und ihre Eigentümlichkeiten erforschen."[242]

Der Wahrheitsbegriff wird differenziert in historische Wahrheit (*historica veritas*) und die Wahrheiten der natürlichen Dinge (*veritates rerum naturalium*). Letzteres erscheint in der Pluralform, womit wieder die je eigene Wirklichkeit eines Phänomens, das aber im Zusammenhang der einen Wahrheit steht, gemeint ist. Dass dieser Blickwinkel das Einzelne erfasst, wird zusätzlich durch den Begriff der Eigentümlichkeit (*proprietas*) deutlich. Man mag diese Perspektive für den eckhartschen Gesamtansatz für untypisch halten, ist man doch gewohnt, bei ihm das *ens hoc et hoc* zugunsten des *esse* hintenangestellt zu finden. An dieser Stelle aber wird deutlich, dass Eckhart durchaus ein Interesse für das Einzelphänomen hat, es aber unmittelbar vom Ganzen her verstehen will. Deshalb kann von einer Wahrheit des Einzelnen nur von der einen Wahrheit her gesprochen werden. Mit der historischen Wahrheit meint Eckhart die Wahrheit der Heilsgeschichte. Hier erscheint der Wahrheitsbegriff im Singular. Heilsgeschichte konstituiert sich aus der Einmaligkeit ihrer Ereignisse. Die Erfahrung eines geschichtlichen Faktums als Zugangsweise zum Wahrheitswissen ist ein genuin christlicher Aspekt und durch Augustinus explizit in das überlieferte Philosophie- und Weisheitsverständnis integriert worden.[243] Die auf den ersten Blick kontingente geschichtliche Wahrheit wird zum Maßstab für die auf den ersten Blick in sich feststehenden Naturgegebenheiten. Eckhart kann die Perspektive so umdrehen, weil die Heilsgeschichte das unmittelbare Offenbarwerden der einen göttlichen Wahrheit ist. Die Unterscheidung von *historica veritas* und *veritates rerum naturalium* lässt darauf schließen, dass Eckhart die Wirklichkeit der kontingenten Ereignisse differenziert erfasst und dass umgekehrt die *res naturales* nicht primär den Bereich des Kontingenten als solchen – das *esse hoc aut hoc* – beschreiben, sondern einen eigenen Wirklichkeitsbereich.

Anhand der skizzierten Zusammenhänge ist deutlich geworden, dass Eckhart Theologie in Gegenüberstellung zur Philosophie im wesentlichen Sinne als Schriftexegese versteht, was bedeutet, dass sie sich von der Philosophie nicht durch andere Inhalte, sondern durch ein anderes Subjekt und eine andere Methode, die in der *expositio* besteht, unterscheidet.[244] Mit dem gleichen Quell der Wahrheit ist im Grun-

---

[242] In Ioh. n.142 (LW III 119,13–15): „[...] *haec omnia, qui nunc dicta sunt de Iohanne et Christo, res quaedam gesta sunt historica veritate, sed in ipsis veritates rerum naturalium et earum proprietates requiramus.*"

[243] Cf. HONNEFELDER, Weisheit 68.

[244] In Ioh. n.185 (LW III 154,14–155,2): „*Secundum hoc ergo convenienter valde scriptura sacra sic exponitur, ut in ipsa sint consona, quae philosophi de rerum naturis et ipsarum proprietatibus scripserunt,*

de mehr impliziert: Die Thematik deckt sich insofern, als Eckhart beide durchgängig in ihrer Ausrichtung auf Gott betrachtet. Der Verzicht auf eine Klärung des wissenschaftlichen Status einer als ausschließlich auf der Schrift basierend verstandenen Theologie wird dadurch verständlich, dass es für Eckhart die Philosophie selbst ist, die den wissenschaftlichen Stautus dieser Theologie garantiert, indem die Philosophie mittels der ihr eigenen Rationalität die Wahrheit der theologischen Aussage in ihrer sachlichen Identität bestätigt. Die Theologie braucht ihre Rationalität nicht zu rechtfertigen, da nicht die Rationalität, sondern die Autorität der Offenbarung ihre Rechtfertigung ist. Zudem findet sie sich in den *rationes naturales* der Philosophie bereits bestätigt. *Sciptura* und *natura* verhalten sich zueinander konkordant. In der Durchführung des anhand der *termini generales* skizzierten Strukturschemas wird der Gegenstand der Theologie auf philosophische Weise einsichtig.[245]

b) Die Spannung zwischen boethianischem und aristotelischem Wissenschaftsverständnis

Die von Eckhart angestrebte Konvergenz von biblischer und philosophischer Wahrheit, d. h. von Evangelium und Metaphysik, steht methodologisch in einer Traditionslinie, die sich auf BOETHIUS zurückführen lässt.[246] Wir haben diese Traditionslinie bereits im Hinblick auf die zentrale Stellung der *termini* herausgearbeitet.

Für Boethius nimmt die Theologie – im Anschluss an Aristoteles[247] – die oberste Stellung unter den theoretischen Wissenschaften ein, ist also Bestandteil der theoretischen Philosophie und hat ihren Gegenstand in der unbeweglichen und unstofflichen Substanz Gottes.[248]

Eine klare Unterscheidung zwischen Vernunft- und Offenbarungswahrheiten – wie sie für die westliche Ausformung des Christentums im Laufe des 13. Jahrhunderts prägend wird – und im weiteren Verlauf davon eine Ausprägung von Theologie und Philosophie als von einander getrennte Disziplinen ist dem boethianischen Ansatz fremd. Offensichtlich aber bleibt ein solcher Ansatz von seinem methodischen Ideal einer streng apodeiktischen Axiomatik her – und damit der Möglichkeit einer durchgreifenden rationalen Verantwortung des biblischen Offenbarungsglaubens – für westliche Denker interessant, wovon insbesondere die Boethius-

---

praesertim cum ex uno fonte et una radice procedat veritatis omne, quod verum est, sive essendo, sive cognoscendo, in scriptura et in natura."
In Ioh. n.441 (LW III 378,8–10) wird einem Theoriestück aus ARISTOTELES über Materie, Form und *privatio* (Phys. I t. 65–71(A c. 7 190 b 17– 191 a 22)) als Aussage des Philosophen – lediglich – ein Bibelzitat als Aussage des Theologen zugeordnet.

[245] Was innerhalb des *opus tripartitum* nicht vorzufinden ist, ist die Applikation philosophischer Topoi auf einen genuin theologischen Topos, beispielsweise der Kategorienlehre auf die Transsubstantiationslehre. Eckhart betont gerade die topologische Konvergenz. Zu ersterem cf. IMBACH, Autonomie 136f.

[246] Cf. hierzu SPEER, Ethica; ID., Sapientia nostra 266–270.

[247] ARISTOTELES, Metaphysik E I, 1026a 18–19.

[248] Cf. BOETHIUS, De Trinitate, c.2, Ed. Steward 8,14–10,1.

Kommentatoren des 12. Jh. der Schule von Chartres zeugen. Diese Tradition bleibt nicht bloß ein Vorspiel der im 13. Jh. einsetzenden Aristoteles-Rezeption. In den Auseinandersetzungen an der Pariser Fakultät, in deren Zusammenhang die Verurteilungen von 1277 stehen, behauptet sich der Ansatz eines Integrationsmodells boethianischer Prägung – in gleicher Weise wie die augustinische Vorstellung einer umfassenden *sapientia christiana* im Sinne einer Selbstdeutung der Theologie als *vera philosophia*[249] – neben dem insbesondere von Thomas vorgelegten Ansatz einer klaren Differenzierung zwischen Theologie und Philosophie unter Beibehaltung einer synthetischen Zuordnung beider Disziplinen.[250]

Den Tendenzen zur Abgrenzung von Theologie und Philosophie im Laufe des 13. Jahrhunderts liegen wissenschaftstheoretische Überlegungen zugrunde. An der Pariser Artistenfakultät neigt man bereits vor 1250 dazu, den Begriff *scientia* mit *philosophia* gleichzusetzen, womit indirekt der Theologie der Charakter als Wissenschaft im strengen Sinne bestritten wird. Damit verbunden ist die Frage, inwieweit und ob Theologie im strikten und selben Sinne wie die übrigen Wissenschaften Wissenschaft sei. Bejaht wird diese Frage u. a. von Thomas von Aquin, Heinrich von Gent oder Petrus von Auvergne. Die verstärkte Aristotelesrezeption im Verlauf des 13. Jahrhunderts rückt ein Wissenschaftskonzept in den Blickpunkt, das von der Forderung nach wahren und evidenten Prinzipien und korrekten Schlussfolgerungen aus diesen bestimmt ist. Zusammenfassen lässt sich diese Konzeption aus den Zweiten Analytiken als die Forderung nach einer demonstrativen, d. h. sich selbst und ihren Gegenstand darlegenden Wissenschaft. In der Nikomachischen Ethik[251] hat Aristoteles jedoch darauf hingewiesen, dass nicht in allen wissenschaftlichen Untersuchungen ein gleiches Maß an Exaktheit angelegt werden könne, und damit eine Differenzierung des Wissenschaftsbegriffs in streng und weniger streng eingeleitet. In seiner Schrift *De partibus animalium* differenziert er noch schärfer zwischen einer *epistéme* im strengen Sinne und einer *paideía* als breiter zu verstehender wissenschaftlicher Bildung, die sich durch die Fähigkeit der präzisen empirischen Beschreibung eines vorliegenden Sachverhalts auszeichnet. Es liegt nahe, dass Aristoteles letzteres

---

[249] Zur augustinischen Synthese und ihren Vorläufern bei den Apologeten und frühen Kirchenvätern cf. HONNEFELDER, Ludger: Christliche Theologie als „wahre Philosophie", in: COLPE, C./HONNEFELDER, L./LUTZ-BACHMANN, M. (Hg.): Spätantike und Christentum. Beiträge zur Religions- und Geistesgeschichte der griechisch-römischen Kultur und Zivilisation der Kaiserzeit. Berlin 1992, 55–75; STALLMACH, J.: Ineinsfall der Gegensätze und Weisheit des Nichtwissens. Grundzüge der Philosophie des Nikolaus von Kues. Münster 1989 S. VII sieht eine Linie der abendländischen Denktradition, die von Augustinus über Eckhart hin zu Cusanus verläuft.

[250] Cf. dazu das programmatische Schlusswort bei DE LIBERA, mystique rhénane 447, der in der Fortführung eines Integrationsmodells ein entscheidendes Charakteristikum der von ihm untersuchten théologiens rhénans (Deutsche Dominikanerschule) sieht: „[...] les dissociations habituelles entre philosophie et théologie, noétique et spiritualité, demandent à être repensées, [...] la double dictature d' ‚Aristote' et du ‚mode de représentation issu du judeo-christianisme' ne saurait pas elle-même rendre compte du complexe philosophico-théologique que nous avons évoqué[...]" Zur Annahme einer ‚Deutschen Dominkanerschule' cf. LARGIER, Dominikanerschule.

[251] ARISTOTELES, Eth. Nic. A 3 (1094 b 11ff.).

Verständnis insbesondere im Bereich der Naturwissenschaften ansiedelt.[252] Im Anschluss an die aristotelischen Überlegungen unterscheidet ALBERT in den Wissenschaften zwischen einer kausalanalytischen (*processus causarum assignativus*) und einer narrativen Verfahrensweise (*processus narrativus*). Das Verhältnis beider betrachtet er als einander komplementär. Die narrative Vorgehensweise lässt sich als beobachtend-beschreibend bzw. vergleichend-klassifizierend umschreiben.[253] Der anonyme Verfasser des *Accessus philosophorum* unterscheidet entsprechend zwischen einer *via demonstrationis* und einer *via narrationis*.[254] AEGIDIUS ROMANUS wendet eine derartige Differenzierung auf das Verhältnis der Theologie zu den übrigen Wissenschaften an. Dem der Theologie eigenen narrativen Verfahren käme eine geringere wissenschaftliche Dignität zu.[255] THOMAS VON AQUIN bescheinigt der Theologie ebenfalls eine – freilich nicht ausschließlich – narrative Vorgehensweise, insbesondere im Hinblick auf die Darlegung des Glaubens anhand der Heiligen Schrift. Damit erhält das narrative Element statt einer empirischen eine historische Konnotation.[256] Bei aller Knappheit unserer Beobachtungen wird doch eine Tendenz deutlich, mit der gegenständlichen auch eine methodologische Differenzierung im Bereich der Wissenschaften vorzunehmen.[257]

Vor diesem Hintergrund ist jedoch entscheidend, dass der oben skizzierte Theologiebegriff des Boethius weniger von dem einer Offenbarungstheologie als von dem des Aristoteles einer *théologiké philosophia*[258] als oberster der spekulativen Wissenschaften geprägt ist. Dies hielt mittelalterliche Rezipienten aber nicht davon ab, dieses Programm für eine Verantwortung des christlichen Glaubens heranzuziehen, der ja im Wesentlichen auf Offenbarung sich gründet.[259]

Der Eckhartsche Ansatz im O.T. mit seiner angestrebten, wenn auch nie vollständig ausgeführten deduktiven Axiomatik kann als ein Integrationsmodell verstanden werden, das die boethianische Traditionslinie aufgreift. Natürliche Gotteserkenntnis und daraus abgeleitet natürliche Theologie gelten bei ihm auch für die beiden christlichen Offenbarungsdogmen, Trinität und Inkarnation, was Eckhart insbesondere im Johanneskommentar entfaltet. Das rührt daher, dass der Gegenstand der Betrachtung sowohl der Philosophie (Metaphysik) als auch der an der biblischen Offenbarung orientierten Theologie derselbe ist, was bei Eckhart in dem erwähnten Ausspruch[260] gipfelt, das Evangelium betrachte das Seiende, insofern es Seiend sei.[261] Auf gleiche Weise wird der Gegenstand der Metaphysik formuliert.[262]

---

[252] ARISTOTELES, De part. animal. A 1 (639 a 1–15).

[253] ALBERTUS MAGNUS, Quaestiones super De animalibus XI q. 1–2, Ed. Colon. XII, 218f.; ID., De animalibus, XI tr. 1 c. 1ff., Ed. H. Stadler, 761ff.

[254] ANONYMUS, Accessus philosophorum, Ed. Lafleur 432ff.

[255] AEGIDIUS ROMANUS, In I Sententiarum princ. 2 q. 2, Ed. Venedig 1521 f.5ra.

[256] Cf. THOMAS VON AQUIN, In I Sent. Prol. q. 1 a. 5c (Ed. Mandonnet 1929, 17–18); S.Theol.. I q. 102 a. 1c.

[257] Cf. KÖHLER.

[258] ARISTOTELES, Met. VI (E 1026 a 19); Met XI (K 1064 b 3).

[259] Cf. SPEER, Ethica 684f.

[260] S.o.S. 79.

[261] In Ioh. n.444 (LW III 380,13f.): „[...] *evangelium contemplatur ens inquantum ens*." Dieser Ausspruch bezieht sich zunächst auf das Verhältnis von Neuem und Altem Testament, das mit

Zentrale theologische Topoi, insbesondere die Trinität, gelten Eckhart als eigentlicher Ort der Entwicklung zentraler philosophischer Grundgedanken und – begriffe[263]. Verwiesen sei hier nur auf die in der Forschung sog. „Metaphysik des Wortes".[264] Aufgrund der in sich sehr differenziert zu betrachtenden Weise, wie hier hinsichtlich der Methode Boethius rezipiert wird, wird man nicht ohne weiteres der in der Eckhart-Forschung aufgestellten Behauptung zustimmen dürfen, dass bei Eckhart die Einheit von Offenbarungstheologie und Philosophie durch die Metaphysik erreicht werde.[265] Die eckhartsche Unterscheidung zwischen *historica veritas* – bezogen auf die Heilsgeschichte – und *veritas rerum naturalium* haben wir bereits vorgestellt.[266] Beide Erkenntnisweisen stehen nicht nebeneinander, sondern letztere greift in erstere hinein. Die Theologie im Sinne der Offenbarungswissenschaft wird der Philosophie nicht gegenübergestellt, sondern beide werden wirklich integriert, ohne aufgehoben zu werden. Dass faktisch das Element der *via narrationis* bei Eckhart kaum vorkommt, heißt nicht, das es in seinem heuristischen Wert ausgeschlossen wird. Die *via narrationis* bleibt eben nicht – und das ist für das Verständnis der von Eckhart angewandten Methode entscheidend – der einzige Zugang zu den Inhalten der Schrift. Im Prolog zum *Liber Parabolarum Genesis* finden wir folgende Unterscheidung: „Denn, wie Rabbi Moses sagt, ist die gesamte Schrift des Alten Testaments Wissenschaft von den Naturdingen oder geistliche Weisheit."[267]

Hierbei nimmt Eckhart Bezug auf MAIMONIDES, Dux Neutrorum, Prooemium (2 v 22). Eckhart zitiert diese Stelle, um sein eigenes Vorgehen im *Liber Parabolarum Genesis* zu veranschaulichen. Anders als im ersten Genesiskommentar möchte Eckhart im zweiten Kommentarwerk dazu anregen, die *latentia sub figura et superficie sensus litteralis* (LW I 447,8f.) herauszuarbeiten, d. h. das, was in der Bildsprache und dem ersten, literarischen Sinn des biblischen Textes verborgen ist. Wenn die *sapientia spiritualis* auf letzteres bezogen ist, dann ist mit ihr nicht die Weisheit in Bezug auf die göttliche Heilsgeschichte gemeint, denn diese liegt in dem Text ja ganz offen zu Tage, und genau dagegen wird *sapientia spiritualis* abgesetzt, sondern das, was in dieser Heilsgeschichte allgemein über das Verhältnis von Mensch und Gott ausgesagt wird. „Spirituell" wird hier von Eckhart gegen „natürlich" (*naturalis*) abgesetzt. Dabei ist Natur nicht im Sinne der Schöpfung unter Ausblendung des Gottesbezugs zu verstehen, sondern bei Eckhart immer unter Einschluss, ja Vorrang des letzteren. *Spiritualis* bezeichnet die dem Menschen eigene Bewusstwerdung und Verinnerlichung dieses immer schon gegebenen Verhältnisses. Es geht demnach um eine kognitives Verhältnis. Den Bezug, den Eckhart zwischen *spiritualis* und *moralis* er-

dem zwischen einem „Physiker" (jemand, der den Bereich des Kontingenten betrachtet, von daher ein „Naturwissenschaftler") und einem Metaphysiker verglichen wird, doch erscheint es legitim, da der Vergleich keine Bildrede beabsichtigt, sondern auf die reale Gegebenheit abzielt, diese Aussage auch außerhalb dieses Zusammenhangs zu betrachten.

[262] In Ioh. n. 443 (LW III 380,8) „[...] *metaphysica, cuius subiectum est ens in quantum ens*[...]"
[263] Cf. SCHÖNBERGER, Nominalismus und Mystik 411.
[264] S.u.S. 221.
[265] Letztere Auffassung vertritt MOJSISCH, Analogie 14f.
[266] Cf. die Ausführungen zu n.242.
[267] In Gen II n.1 (LW I 447,8–448,1): „*Nam, sicut dicit Rabbi Moyses, tota scriptura veteris testamenti vel est ,scientia naturalis' vel ,sapientia spiritualis'.*"

kennt, sehen wir an dieser Stelle ganz deutlich darin, dass Eckhart im vorausgehenden Satz seine eigene Absicht als *ad divina, naturalia et moralia* ausgerichtet bezeichnet (LW I 447,8). Alle drei bilden die Inhalte des menschlichen Wissens. Eckhart sieht darin einen Bezug zur platonischen Akademie[268]:

> „Das ist auch der Grund für die Lehre der Akademiker, alle intellektiven Wissenschaften, die vom Göttlichen, die natürlichen und die von den Tugenden, in sofern sie sich auf die Ethik (*scientias morales*) beziehen, mit der Seele gleich geschaffen (*concreatas*) sind."[269]

Dass der Bezug der Tugenden zu den *scientiae morales* eigens hervorgehoben wird, weist darauf hin, dass mit letzteren nicht eine Ethik im Sinne einer eigenständigen Wissenschaft vom menschlichen Handeln gemeint ist, sondern etwas übergreifendes, zu dem das richtige Handeln in Beziehung steht, aber nicht den eigentlichen Gegenstand ausmacht. Sonst könnte Eckhart hier auf das die Beziehung verdeutlichende *in quantum* verzichten.[270]

Auch Eckhart kennt eine Gegenüberstellung oder zumindest eine Abstufung von natürlicher Erkenntnis und gnadenhafter Erkenntnis. Beide haben denselben Gegenstand, und das Sein und die Einheit Gottes sind dem Denkenden schon auf natürlichem Wege erreichbar, bleiben jedoch nur unvollkommen erkannt. Zwar erkennt die Vernunft, dass im Sein Gottes alle Vollkommenheiten enthalten sind, aber sie erkennt dies nur durch deren Wirkungen. Eine eigentliche Schau hingegen ist nur durch Gnade möglich, und auch dies geschieht auf vollkommene Weise erst vor Gottes Angesicht, nach dem Tode, *in patria*.[271]

c)   Integration der Tradition durch Konzentration auf den Grundgedanken des Strukturschemas

In der Eckhart-Forschung ist die Frage nach dem Verhältnis von Theologie und Philosophie als Frage nach dem Verhältnis von Mystik und Philosophie verhandelt worden.[272] Die Frage kann nicht als ein Verhältnis zwischen einer Theologie und

---

[268] Zu den Vorstellung mittelalterlicher lateinischer Autoren hinsichtlich des *corpus platonocim* cf. LEMOINE 280.

[269] In Gen II n.2 (LW I 450,10–451,11): „*Propter quod etiam academici ponebant omnes scientias intellectivas, puta divines et naturales, et iterum virtutes, quantum ad scientias morales, esse animae concreatas.*"

[270] Den Bezug zu den Platonikern entnimmt Eckhart vermutlich AUGUSTINUS, De civitate dei VIII c.7.

[271] GORIS Einheit 186ff. untersucht in diesem Zusammenhang die Pariser Predigt zum Fest des Heiligen Augustinus (Sermo de beati Augustini Parisius habitus n.12 = LW V 99,5–6). SPEER, Ethica zieht diesen Text ebenfalls als zentralen Ausgangspunkt seiner Untersuchung heran.

[272] DE LIBERA, Mystique et philosophie; 319 n.1 liefert eine der Skizze der Diskussion, ob Mystik und Philosophie einen Gegensatz darstellen und wie Eckhart vor diesem Hinter-

Philosophie als jeweils solcher beantwortet werden, sondern muss die mit dem Begriffsverständnis verbundenen Traditionsstränge berücksichtigen. A. DE LIBERA ist der Ansicht, dass ein starres Unterscheidungsschema dem Phänomen nicht gerecht werde, auch nicht die Einschätzung, dass Eckhart sich mit seinem lateinischen Werk an einen anderen Adressatenkreis als mit seinem deutschen Werk wende.[273] Eine Zuordnung von Philosophie und Mystik setzt voraus, dass unter „mystisch" in diesem Zusammenhang der Themenbereich der Gotteserfahrung vor dem Hintergrund der Intellektlehre verstanden wird, d. h. die sogenannte „Wesensmystik" oder „intellektuelle Mystik".[274] In der Zeit des Werdens einer christlichen Theologie überhaupt stellt sich die Frage nach der Zuordnung von Theologie und Philosophie als die Frage der Zuordnung theologisch gedeuteter christlicher Glaubenserfahrung – d. h. Mystik im eigentlichen Sinne – und neuplatonischer Philosophie. Christlicherseits erheben sich zwei grundlegende Einwände gegen eine Übernahme neuplatonischer Gedanken: Das Christentum kennt keine prinzipielle Sündhaftigkeit bzw. Negativität des Materiellen, und Gotteserkenntnis bleibt stets gnadenhaft vermittelt und ist mehr als nur die Aufdeckung einer verdeckten Ähnlichkeit.[275] Der plotinischen Extase, der Abkehr von der Welt und Einkehr ins eigene Ich, steht die dionysische, d. h. christlich-neuplatonische Extase der Abkehr vom eigenen Ich hin zu Gott gegenüber. Die Spannung im Verhältnis von Philosophie und Theologie – unter notwendigem Einschluss ihrer mystischen, d. h. erfahrungsbezogenen Komponente – spiegelt sich Ende des 13. Jahrhunderts in der Auseinandersetzung zwischen intellektualistischen und voluntaristischen Ansätzen wieder. Sie stellt den zentralen Gegenstand des Korrektorienstreits zwischen Dominikanern und Franziskanern dar. Eckhart selbst hält – entgegen der sich absetzenden Schulbildung – keine Konsequenz in der Unterscheidung eines intellektualistischen von einem voluntaristischen Ansatz und ignoriert letztlich die Problematik des Korrektorienstreits[276], wenn er auch den traditionellen intellektualistischen Ansatz gegen eine voluntaristische Infragestellung, insbesondere hinsichtlich dessen, was Gott zuerst zukommt, verteidigt.[277] Im Umgang mit der für ihn zentralen Quelle christlich-neuplatonischen Gedankenguts, Pseudo-Dionysius Areopagita, zeichnet sich Eckharts Denken dadurch aus, dass es zu einem Nebeneinander einer „aristotelischen" und einer „stoischen" Interpretation dieses Gedankenguts gelangt. „Aristotelisch" meint in diesem Zusammenhang, dass die aristotelische Intellektlehre das Muster der Interpretation bestimmt. Diesen Weg haben die deutschen Dominikaner Dietrich von Freiberg und Berthold von Moosburg beschritten. „Stoisch" hingegen bezieht sich auf den Gedanken des *hégémonikon* als des vernünftigen Seelenteils, aus dem die vernunftgemäße Selbstbestimmung des Menschen herleitet. Diesen Gedanken hat Bonaventura im *itinerarium*

---

grund einzuordnen sei. Zu dieser Fragestellung cf. insbesondere ALBERT, Philosophie 516–531.

[273] DE LIBERA, mystique rhénane 235–238.

[274] Cf. SUDBRACK 51.

[275] Cf. IVANKA 447f.

[276] Cf. DE LIBERA mystique et philosophie 321f.

[277] Cf. DE LIBERA/ZUM BRUNN, *Métaphysique du Verbe* 19.

mentis ad deum (Kap. 7) im Hinblick auf den Weg der Seele zu Gott aufgegriffen.[278]
Die „aristotelische" und die „stoische" Interpretation des Dionysius lassen sich –
zusammenfassend dargestellt – der intellektualistischen bzw. voluntaristischen Denkrichtung zuordnen. Nicht nur hinsichtlich der Alternative Voluntaris-
mus/Intellektualismus, auch hinsichtlich der Alternative Plotin/Dionysisus versucht
Eckhart eine Synthese, womit er aber kein Neuland betritt, sondern sich letztlich
konsequent auf den Spuren der Vätertheologie, insbesondere GREGORS VON NYSSA
bewegt: Gotteserkenntnis ist Teilhabe an der Erkenntnis, mit der Gott sich selbst
erkennt.[279] Sie bedeutet nicht einfach nur Überformung und Substitution des Selbst;
sondern vielmehr Rückkehr zur ursprünglichen Herrlichkeit, nicht jedoch jenseits
der menschlichen Natur, sondern dorthin, wozu Gott den Menschen vor dem Sün-
denfall erschaffen hat. Das, was in der Hinwendung der Seele zu Gott wirkt, ist nicht
die Seele selbst, sondern bereits die göttliche Liebe, der Heilige Geist.[280] Der wirklich
in sich selbst einkehrende Mensch kehrt zugleich bei Gott ein, d. h. die plotinisch-
dionysische Alternative stellt sich so nicht. Eckhart greift eine Theologie der Wiederherstellung des Bildes auf, innerhalb der der Konflikt zwischen Intellektualismus
und Voluntarismus aufgrund einer Wirkeinheit göttlicher und menschlicher Liebe
von sekundärer Bedeutung ist.[281]

In der Eckhartforschung ist für die skizzierten Zusammenhänge der Ausdruck
„doppelte Offenbarung" – durch Schrift und Intellekt – geprägt worden.[282] Auch
wenn der damit ausgesagte Sachverhalt nicht von der Hand zu weisen ist, erscheint
diese Formulierung insofern nicht treffend, als sie dem genuinen Charakter von
Offenbarung in ihrem theologischen Sinne nicht gerecht wird. Gerade der geschichtliche Aspekt wird durch den Begriff impliziert, während die intellekthafte
Gotteserfahrung doch treffender als Mystik zu bezeichnen ist. Eckhart unterscheidet
hier von der Sache her, bringt die Bereiche jedoch aufgrund der Straffung seiner
Gedanken auf die strukturelle Ausrichtung der gesamten Wirklichkeit auf Gott hin
zusammen.

Der skizzierte Traditionsstrang zur griechischen Vätertheologie und zu Pseudo-
Dionysius verkörpert nicht die einzige Traditionslinie. Sie ist aber wesentlich für das
Verständnis der bei Eckhart vorzufindenden neuplatonischen Gedankenguts.[283]

---

[278] Cf. DE LIBERA mystique et philosophie 330.

[279] Zu diesem Gegenstand der Vätertheologie cf. DANIÉLOU 282.
WÉBER, tradition sieht bei Eckhart vier Topoi der Vätertheologie aufgegriffen; entsprechend lauten die Überschriften seiner Untersuchung: La grâce, participation divinisante à
la filiation du Verbe incarné – l'amour transformant – l'intellection infusée par grâce – union sans confusion.

[280] Der Gegenstand wird im DW weitaus häufiger erörtert. Für das LW cf. In Ioh. n.506 (LW
III 438,1–3): „*Sic enim et idem amor est spiritus sanctus quo pater filium diligit et filius patrem, quo deus
nos diligit et nos deum. Spiritus enim sanctus procedit a filio, amor a notitia; [...]*"

[281] Cf. DE LIBERA, mystique et philosophie 330–339. Zu Pseudo-Dionysius Areopagita auch
ID., Mystique rhénane 53–56; zum néoplatonisme chrétien IBID. 33–37 sowie IVANKA 373–
385.

[282] „double révélation" z.B. DE LIBERA/ZUM BRUNN, Métaphysique du Verbe 35.

[283] Authentisches neuplatonisches Gedankengut erreicht Eckhart nahezu ausschließlich durch
die Vermittlung christlicher Autoren. DE LIBERA bemerkt in seinem Buch zur sog. rheini-

Eckhart kann aus der differenzierten Wahrheitsperspektive und der gleichzeitigen Kraft der Synthese auf den zentralen Grundgedanken hin einen Pluralismus philosophischer Überzeugungen im Sinne verschiedener Überlieferungsstränge annehmen, da es sich um einen Pluralismus des Ausdrucks und der Annäherung an die Sache, jedoch nicht der Wahrheit als solcher handelt.[284]

Der Rückgriff auf die Autorität antiker Philosophen – wenn auch teilweise im Gewande ihrer arabischen Kommentatoren – stellt von seinem Ansatz her für den mittelalterlichen Autor keine Infragestellung der christlichen Überlieferung dar. Auch ist man nicht von der Überzeugung geleitet, der eigene Wissensstand sei – hinsichtlich Inhalt und Methode – rückständig und bedürfe deshalb einer Untermauerung mittels der „Alten". Der freie Umgang mit antiken Traditionen ist im Mittelalter vielmehr von dem Bewusstsein bestimmt, dieses Bildungsgut zu erheben und zu einer Vollendung zu bringen, die erst unter christlichem Vorzeichen als möglich erscheint. Ein derartiger Anspruch einer Vervollkommnung des Wissens im Sinne einer umfassenden Synthese, die die Gesamtheit des Wissbaren, sowohl inhaltlich als auch methodisch hinsichtlich seiner Möglichkeit ausschöpft, steht im Hintergrund des Entwurfs zum O.T..[285] Das Selbstbewusstsein für die eigene Leistung prägt

---

[284] schen Dominikanerschule (DE LIBERA, mystique rhénane 33) über den Begriff eines christlichen Neuplatonismus: „L'expression ‚néoplatonisme chrétien' n'est sans doute guère heureuse. Elle a été, en tout cas, vivement attaquée à propos du ‚néoplatonisme d'Augustin'. L'expression ‚christianisme néoplatonisant' paraît préférable, dans la mesure même où les ‚néoplatoniciens chrétiens' sont essentiellement des chrétiens qui instrumentent leur théologie à l'aide de tel ou tel philosophème néoplatonicien. Cependant il est bon de conserver ici la formule puisque nous n'entendons qualifier que le néoplatonisme hérité par la théologie rhénane. L'expression ‚néoplatonisme chrétien' n'a ainsi pour fonction que de souligner l'appartenance de telle ou telle thèse philosophique à l'un des ‚complexes théologiques' auxquels nous avons fait allusion précédemment." Wir übernehmen diese Einschätzung und gebrauchen die Bezeichnung „neuplatonisch" in dem Sinne, dass philosophische Theoriestücke aus der christlichen Überlieferungslinie neuplatonischen Gedankenguts in die Argumentation Eingang gefunden haben. Unter christlicher Überlieferungslinie verstehen wir hier insbesondere Boethius, Augustinus und Dionysius Pseudo-Areopagita. Authentisches neuplatonisches Gedankengut, wie es den Autoren des 13.Jh in erster Linie durch den *Liber de Causis* vermittelt wurde, finden wir bei Eckhart in den Zitaten aus eben diesem Werk. Unserer Einschätzung zufolge ist der Gebrauch hier ebenso versatzstückhaft, wie es im Hinblick auf andere nicht-christliche Autoren der Fall ist.

[284] Zu den verschiedenen Traditionslinien cf. u.a. BEIERWALTES, Primum; LIEBSCHÜTZ; FRIEDLANDER; KOCH, jüdische Religionsphilosophie; BORMANN; KUDZIALEK; MERLE.

[285] Ein Blick in den Bereich des Politischen mag diese in den verschiedensten Bereichen der Kultur bestimmende Haltung der Antike gegenüber veranschaulichen. Ein zentraler, mehrfach wiederkehrender Gedanke der kaiserlichen Politik seit Karl dem Großen war der der *Renovatio imperii*, der Erneuerung bzw. Wiederherstellung des Römischen Reiches. Dabei ließ man sich zwar vom Ideal der konstantinischen Zeit leiten, übernahm sogar bewusst Elemente dieser Zeit, etwa in der Architektur, war jedoch nicht bestrebt, den Alten einfach nachzukommen, sondern es in verbesserter Form in der Jetztzeit auf eine größere Zukunft hin zu steigern. Im Grunde fühlte man sich der Vergangenheit überlegen, wusste jedoch um den immensen Wert dieser Tradition und ihre Notwendigkeit als Fundament für das zu Schaffende. Auffallend ist, dass man trotz permanenter Fehlschläge diesen Gedanken im-

die Einstellung des mittelalterlichen Denkers im Umgang mit dem antiken Bildungsgut. Von daher ist der uns heute als sehr frei erscheinende Umgang mit Elementen der verschiedenen Traditionen, wie er uns bei Eckhart permanent begegnet, von dem Bewusstsein geprägt, diese in eine eigene Synthese konstruktiv zu integrieren und damit deren Aussagewert zu steigern. Diese Auffassung hinsichtlich eines Pluralismus in der Tradition ergänzt den Gedanken von der einen Wahrheit.

Der Umgang Eckharts mit der Überlieferung ist von Fragestellungen geprägt, die in dem geistigen Milieu seiner Zeit, namentlich in Paris, bestimmend waren. Auch hier müssen wir feststellen, dass Eckhart nicht direkt an etwaige Vordenker anschließt, seine Arbeiten nicht als ausdrückliche Bezugnahme oder Antwort auf anstehende Fragen betrachtet, sondern als einen selbständigen und originalen Entwurf zu präsentieren gewillt ist. Wir finden bei Eckhart keine direkten Hinweise auf ausdrückliche Präferenzen bezüglich der Tradition, sondern müssen diese aus der Fülle der Zitate herausfiltern, was zu keinem abschließenden Ergebnis führt. Das aufgegriffene Gedankengut aus Tradition und Umfeld wird nur in wenigen Fällen einer ausdrücklichen Untersuchung und Gegenüberstellung mit konträren Auffassungen unterzogen, sondern vornehmlich so in den eigenen Ansatz integriert, dass es in dessen Linie steht. Dies geschieht insbesondere dadurch, dass Eckhart den Begriffen eine eigene Formung gibt, die von seinem eigenen Verständnis geleitet wird und nicht den Anspruch erhebt, deren ursprüngliche Verwendungsintention zu erfassen. Eckharts Ausdrucksweise sucht zwar den Anschluss an die Tradition zu wahren, gibt deren Inhalten aber eine neue Prägung. Er knüpft an vorliegende Thematiken an, liefert aber keine erschöpfende Interpretation des Materials, sondern wählt die Themen und Punkte aus, die ihm von seinem Ansatz her wesentlich erscheinen. So entsteht sowohl bei der Behandlung biblischer Texte als auch beim Aufgreifen philosophischer Zitate der Eindruck, Eckhart distanziere sich vom Text und verkenne dessen eigentliche Aussageintention. Positiv gewendet kann diese Haltung als „diskursiv" bezeichnet werden, insofern, als er in Auseinandersetzung mit Vorgegebenen seine eigenen Auffassungen zur Sprache bringt. Ein eingängiges Beispiel für diese

---

mer wieder aufgriff und zum politischen Leitbild erklärte, so auch noch unter Karl IV. eine Generation nach Eckharts Tod (Zum Gedanken der *renovatio imperii* cf. BINDING 30f.).
Auch die Architektur entwickelt sich durch das Aufgreifen antiken Formenguts und antiker Techniken, die aber in freier Weise den jeweiligen Bedürfnissen, insbesondere der symbolischen Aussage des Kirchenraums, angepasst werden. In der fortschreitenden Entwicklung der Romanik und konsequent ausgeführt in der Gotik ist die Systematisierung des antiken Formengutes zu einer in allen Elementen abschließend durchstrukturierten Raumeinheit als *die* Grundtendenz unübersehbar.
Alle mittelalterlichen sogenannten Renaissancen sind vor dem Hintergrund dieser Grundhaltung zu verstehen (cf. BINDING a.a.O.), und auch die Renaissance des 15./16.Jh in all ihrer Absetzung vom dann erstmals so genannten „Mittelalter" verfährt aus dem Bewusstsein heraus, den Geist der Antike verstanden zu haben und in ihm das eigene Selbstgefühl adäquat ausdrücken zu können. Der Respekt vor der Antike und der eigene Wille zur Synthese stehen stets in einem spannungsvollen Zusammenhang.

Umgangsweise ist die Rezeption des aristotelischen Schemas von Form und Materie.[286]

Dass Vieles vor diesem Hintergrund dem Leser als neu und fremdartig (*nova et rara*) erscheinen mag, räumt Eckhart zu Beginn der *prologi* selbst ein.[287] Er geht dabei

---

[286] Cf. Abschnitt B.3.d, wo es um die Rezeption des aristotelischen Schemas innerhalb der der thomansichen Konzeption der Seele als *forma corporis* geht.

MICHEL 164 bemerkt im Hinblick auf die philosophischen Fragestellungen zur Zeit Eckharts und dessen Syntheseleistung: „Toutes ces questions apparaissent chez Eckhart. La puissance de sa pensée et de son style lui permet de les résoudre toutes ensemble. Mais pour y parvenir, il est obligé de transfigurer la rhétorique traditionelle, d'en peser les mots, d'en contrôler ou d'en éliminer les figures. Toute sa pensée repose sur une doctrine de l'être. Est-il possible de concevoir une rhétorique de l'être et de la mettre en œuvre? La question vaut encore pour notre temps."

Das, was für MICHEL bei Eckhart die Prägung des übernommenen Gedankengutes ausmacht, ist eine sogenannte „Rhetorik des Seins", das heißt eine Fokussierung auf die Göttlichkeit des Seins, der sich als Aussage in ihrer Radikalität und Exklusivität alle übrigen Aussagen unterordnen und in ihrer Aussagekraft relativiert werden. Die Lehre Eckharts „implique une rhétorique de l'être ou, pur mieux le dire, une poétique, puisqu'il s'agit de création. Nous voyons comment, au contact de l'être, les mots changent de sens et de portée. En particulier, on peut dire à la fois de Dieu qu'il est tout et qu'il n'est rien, énoncer les mêmes propositions à propos de l'homme. Une telle mise en question du langage par l'être ne pouvait manquer d'épouvanter, parmi les théologiens, ceux qui avaient compté sur l'univocité des mots et sur leur stabilité. Les hommes du XIVe siècle en étaient moins assurées: ils étaient souvent nominalistes, ils réfléchissaient sur les modes de discours, sur la signification et la supposition. Mais les disciples de Thomas d'Aquin voulaient, selon leur interprétation d'Aristote, fonder leur réalisme dans l'être. Duns Scot approfondissait déjà la réflexion sur l'ontologie. Eckhart la développait d'une manière radicale, selon une expérience directe: par l'être il arrivait à la mystique et il en formulait le langage de manière originale. Dans son ordre, cela impliquait une topique, une stylistique, une théorie des tropes et des figures."

Die Klassifizierung der eckhartschen Argumentation als „Rhetorik des Seins" darf nicht außer Acht lassen, dass für Eckhart die Struktur der Wirklichkeit auf vielerlei Weise ausgesagt werden kann. Das Sein als eigentlicher Maßstab der Wirklichkeit steht für einen Komplex von Begriffen – die *termini generales* –, anhand dessen das, was das Eigentliche der Wirklichkeit ausmacht, begrifflich erfasst werden kann. Zum Umgang mit der Tradition cf. auch MICHEL 169, wo Eckharts Vorgehensweise sehr treffend als eine „méthode d'expression qui sauvegarde la tradition tout en lui donnant un caractère nouveau" charakterisiert.

[287] Cf. Prol. gen. in Op. trip. n.2 (LW I 148,5–149,2): „*Auctoris intentio in hoc opere tripartito [...]adhuc autem tertio quantum ad auctoritatum plurimarum sacri canonis utrisque testamenti raras expositiones, in his potissime quae se legisse alias non recolunt vel audisse, praesertim quia dulcius irritant animum nova et rara quam usitata quamvis meliora fuerint et maiora.*" Auffallend ist, das Eckhart hier ein Qualitätsurteil abgibt, das den Wert seiner eigenen Untersuchungen zu mindern scheint. Diese Haltung lässt sich bei der Lektüre seiner Abhandlungen nicht weiter verfolgen, zumindest gewinnt man den Eindruck, dass Eckhart konsequent seinem zentralen Gedanken folgt. So können wir davon ausgehen, dass sich dieses im Konjunktiv vorgetragene wertende Urteil (*quamvis meliora fuerint et maiora*) auf den Grad der Verständlichkeit und Vermittelbarkeit bezieht, nicht auf die Sache als solche. Eckhart denkt offensichtlich von sich selbst, dass er seinem Leser mehr zumutet als andere Autoren. Nach der Aufzählng der termini generales räumt Eckhart ferner ein: „*Advertendum est autem quod nonnulla ex sequentibus propositio-*

aber von der Vorstellung aus, dass der Leser auf diese Weise zu einem tieferen Verständnis der untersuchten Sachverhalte gelangen werde. Insofern steht hinter der von Eckhart angewandten Vorgehensweise eine maieutische, gleichsam „aufklärende" Absicht, denn durch die kontrastierende Konfrontation soll das Auffassungsvermögen des Lesers geschärft und seine Durchdringung der behandelten Materie vertieft werden. Damit werden zwar vorhergehende Untersuchungen nicht abgewertet, wohl aber wird ein höherer Anspruch erhoben, der durch die Adverbien *sollerter* – d. h. geschickt, kreativ, mit Scharfsinn – und *studiosius* – mit größerer Hingabe – qualifiziert wird:

> „Es ist aber zu beachten, dass einiges aus den folgenden Thesen, Problemen und Auslegungen beim ersten Anblick ungeheuerlich, zweifelhaft oder falsch erscheinen wird. Anders aber verhält es sich, wenn man es mit Scharfsinn und größerer Hingebung durchdenkt. Dann wird deutlich zu erkennen sein, dass die Wahrheit und Autorität der Heiligen Schrift oder irgendeines Heiligen oder berühmten Gelehrten das Gesagte bezeugen."[288]

Eckhart ist der Überzeugung, mit seinem Ansatz den menschlichen Verstand in seinen Möglichkeiten weitaus stärker herauszufordern, als das bei anderen Autoren der Fall ist. Damit erhebt er implizit den Anspruch, Zusammenhänge in der Wirklichkeit aufzudecken, die normalerweise im Diskurs der Wissenschaft seiner Zeit verborgen bleiben. Mit den *nova et rara* zielt Eckhart offensichtlich auf Theoriestücke ab, die so innerhalb des gängigen Studienbetriebs eher unbekannt waren. Wenn sie solchermaßen innerhalb der gebildeten Schicht der Zeit unbekannt waren, stellt sich die Frage, woher Eckhart sie einbringt. Sind sie seinem eigenen Denken entsprungen oder greift er auf Traditionen zurück, die außerhalb des Bildungsbetriebs überliefert wurden? Ein solches außerscholastisches geistiges Überlieferungsmilieu wird in der französischsprachigen Forschung in der sogenannten *spiritualité rhéno-flamande* gesehen, als deren breite Trägerschaft vor allem die Beginen des rheinischen, flämischen und nordfranzösischen Raumes gelten. In der deutschsprachigen Forschung erscheint in diesem Zusammenhang weitaus häufiger der Begriff *Deutsche Mystik*. Er ist jedoch mit dem der *spiritualité rhéno-flamande* nicht wirklich deckungsgleich. Beide Begriffe erfassen das zu beobachtende Phänomen nicht umfassend. Während seiner Straßburger Zeit (1314–22), in der ihm unter anderem die *cura monialium* oblag, d. h. er als Nonnen- und Beginenseelsoger wirkte, wird Eckhart mit derartigem Gedankengut in Berührung gekommen sein, nicht zuletzt um diesem „laboratoire de la vie religieuse"[289] angesichts der weitreichenden Verdächtigungen eine orthodoxe theologische Reflexion und Fundierung zu verleihen.[290] Nicht von ungefähr betraute man

nibus, quaestionibus, expositionibus primo aspectu monstruosa, dubia aut falsa apparebunt, secus autem si sollerter et studiosius pertractentur. Luculenter enim invenietur dictis attestari veritas aut auctoritas ipsius sacris canonis seu alicuius sanctorum aut doctorum famosum."

[288] Lat. Zitat cf. Anm.287.

[289] DE LIBERA Penser 306.

[290] Cf. RUH, Spiritualität der Beginen; DE LIBERA/ZUM BRUNN, Métaphysique du Verbe, 27. HAAS sieht Eckharts Sorge um eine orthodoxe Einbindung eher in Bezug auf Begharden

mit dieser äußerst delikaten und anspruchsvollen Aufgabe einen gestandenen Pariser Theologen. Das Werk *Miroeur des simples ames anienties* der 1310 in Paris als Ketzerin hingerichteten MAGUERITE PORETE blieb diesem in den Jahren zuvor sicher nicht verborgen. In den Werken der Béatrice van Nazareth, Hadewijch van Antwerpen und der späteren Hadewijch II lassen sich auffällige Parallelen zu Gedanken Eckharts und nachfolgend Ruusbroecs, Taulers und Seuses ausweisen.[291] Offenbar hat Eckhart nicht nur als Theologe auf das geistliche Milieu eingewirkt, sondern in geistiger Offenheit sich von diesem bereichern lassen, womit er keine Ausnahme darstellt.[292] LARGIER weist darauf hin, dass auch hinsichtlich der philosophischen Argumentation dieser erweiterte Horizont vieler Dominikanergelehrter insbesondere im deutschsprachigen Raum ins Auge zu fassen ist.[293] Das zentrale Thema der *spiritualité rhéno-flamande* lässt sich unter „Erfahrung der Transzendenz" zusammenfassen. Für Eckhart drückt es sich in seinem Ringen um eine angemessene begrifflichen Fassung des Verhältnisses von Gott und Geschöpf in ihrer nicht einholbaren Verschiedenheit aus, wobei er sowohl Gott als auch dem Geschöpf das Sein bzw. das Nichtsein in exklusiver Weise zuzusprechen neigt.[294]

Die eckhartsche Akzentsetzung besteht in der radikalen Konzentration auf den Gedanken einer ausschließlich relationalen Wirklichkeit des einzelnen Kontingenten auf Gott hin. In diese Grundstruktur werden alle Traditionsstücke integriert. Die verschiedenen Strukturelemente, anhand derer Eckhart die Wirklichkeit erfasst, sind nicht allein aus systematischen Erwägungen entwachsen, sondern gehen zugleich auf verschiedene Theoriestücke zurück, die Eckhart aus der Tradition aufgreift und in seinen Ansatz integriert. Die Nebeneinanderordnung bietet den methodologischen Vorzug, die verschiedenen Elemente nicht vorschnell in eine Synthese zwingen zu müssen, die aus der Divergenz der Ansätze heraus überhaupt nicht zu leisten wäre. Solche Überlegungen lassen sich beispielsweise auch auf das Verhältnis von Einheits- und Seinsmetaphysik anwenden. Eckhart braucht innerhalb seines Strukturschemas nicht notwendig einem bestimmten transzendentalen Begriff den Vorzug vor allen übrigen zu geben, sondern kann sie als *convertibiliter idem* nebeneinanderordnen. Der Ansatz Eckharts erscheint vor diesem Hintergrund als ein anschauliches Beispiel für die scholastische Methode, die von der Spannung bestimmt ist, einerseits der Autorität der Überlieferung Rechnung zu tragen, andererseits einen systematischen, die Theoriestücke in einen Denkzusammenhang bringenden Ansatz vorzulegen.

In der Aufzählung der *termini generales* nimmt Eckhart nur an einer Stelle ausdrücklichen Bezug auf die Einarbeitung eines überlieferten Theoriestücks, was dadurch jedoch um so stärker ins Auge springt, nämlich hinsichtlich des dreizehnten Traktats, in dem es um Gott als das höchste Sein und seinen Gegensatz, das

---

und die Sekte vom Freien Geiste; cf. HAAS, Sermo mysticus 238–254. Zum geistigen Hintergrund der Beginenbewegung allgemein cf. GRUNDMANN.

[291] Cf. PORION, 19–20; LABOURDETTE, 645.

[292] Cf. LARGIER, Dominikanerschule 204ff.

[293] IBID 209ff.; LARGIER nimmt den Einfluss der Beginenspiritualität auf breiter Ebene, nicht begrenzt auf einzelne Topoi an; cf. ID, Recent work 152.

[294] Cf. ZUM BRUNN, homme 276–281; DE LIBERA, Penser 306ff.

Nichtsein geht.[295] Dabei verweist Eckhart nicht nur auf die entsprechenden Textstellen bei Augustinus, sondern arbeitet ein wörtliches Zitat unmittelbar in den Verlauf seiner eigenen Aussage ein.

10. ECKHARTS ZENTRALE PERSPEKTIVE: DIE IDENTITÄT VON BEGRIFFS- UND WIRKLICHKEITSSTRUKTUR

Zusammenfassend lässt sich aus dem ersten Untersuchungsschritt festhalten: Der weitaus größte Teil des O.T. in seiner überlieferten Form ist seiner Gattung nach exegetischer Text. Exegetische Texte setzen sich notwendigerweise mit Sprache auseinander, und das heißt im Falle der Bibelexegese mit einer Sprache, der als solcher normativer Charakter zugesprochen wird, die nicht nur normative Inhalte vermittelt, sondern bis in ihre Formulierung hinein autoritativen Charakter hat. Die zahlreichen Beispiele der bis in die Feinheiten der sprachlichen Struktur reichenden inhaltlichen Analyse machen dies immer wieder deutlich. So ist eine Zusammenschau von Inhalt und Gestalt als Hermeneutik von Anfang an vorgegeben. Die Exegese geht von dem aus, was der Text als Text vorgibt und kehrt auch wieder dahin zurück. Der Text ist als solcher die Sache, die er darstellt, d. h. seinen Formulierungen wird ein Notwendigkeitscharakter zugemessen. Die Sachverhalt verhält sich so, wie er formuliert und insbesondere wie er strukturiert ist und ist nicht von seiner sprachlichen Gestalt zu trennen, sondern geht unmittelbar aus ihr hervor.

Eckhart überträgt dieses Verständnis insofern auf seine gesamte Vorgehensweise, als er davon ausgeht, dass die Sachverhalte, die er auf einer philosophischen Ebene betrachtet, in der Sprache so abgebildet sind, dass sie dort in ihrer inneren Struktur analysierbar und greifbar sind. Dabei konzentriert er sich auf den Seinsbegriff und das, was mit diesem konvertibel aussagbar ist. Das Sein ist – für Eckhart in Bezug auf seine ihm wesentliche relationale Struktur – in der Sprache anwesend. Dadurch, dass es sprachlich erinnert wird, ist es auch da.[296] Sprachliche Ausdrücke sind nicht einfach gesetzte und im Gebrauch sich entwickelnde Zeichen, sondern haben Symbolcharakter. Das, was sie bezeichnen, ist mit ihnen anwesend und nur so erfahrbar anwesend. Das entscheidende Moment der Identität liegt für Eckhart auf der Ebene der Struktur. Eckhart sucht letztlich in allen Begriffen und Aussagezusammenhängen die relationale Seinsstruktur. Der Seinsbegriff als Zentrum aller sprachlichen Struktur steht für die einzige, umfassende Wirklichkeit, den wesentlichen Bezug, in dem alles steht. Als solcher ist der Seinsbegriff aber nicht mit einem Begriff von „Wirklichkeit" synonym. Ein letzter Begriff für „Wirklichkeit" ist aus dem vorliegenden Textmaterial nicht rekonstruierbar, da sich Eckhart dieser nicht in Reflexion auf einen allgemeinsten Begriff nähert, sondern in Betrachtung dessen, was dieser Begriff von seiner Struktur her ermöglicht, d.h. des Aussagevollzugs, innerhalb dessen der

---

[295] Prol. gen. in Op. trip. n.4 (LW I 150,15–17): *„Decimus tertius agit de ipso deo summo esse, quod ‚contrarium non habet nisi non esse', ut ait Augustinus De immortalitate animae et De moribus Manichaeorum."* Das Zitat bezieht sich auf AUGUSTINUS, De immortalitate animae c.12 n.19 sowie De moribus Manichaeorum c.1 n.1.

[296] Cf. WALDSCHÜTZ, Probleme 80.

Begriff steht. Dies wird innerhalb unserer Untersuchung anhand der Aussage *esse est deus* noch aufzuzeigen sein.[297]

Die von den Autoren des Mittelalters immer wieder gestellte Frage nach der Wirklichkeit der übrigen Allgemeinbegriffe – nicht der eckhartschen *termini generales*, sondern der sogenannten Universalien überhaupt – kann im Blick auf Eckhart so beantwortet werden, dass sie sich als solche nicht stellt, weil letztlich für ihn nichts einen allgemeinen Charakter besitzt außer dem Sein selbst und was mit ihm konvertibel ausgesagt werden kann. Die begriffstheoretischen Überlegungen sind auf die Inbegriffe der Wirklichkeit – greifbar in den *termini generales* – ausgerichtet. Diese Auffassung prägt nicht nur das Verständnis Eckharts von der Sprache, sondern auch seinen eigenen Umgang mit der Sprache. Solange der zentrale Gedanke mit ausgesprochen ist, ist das gesagt, worauf es ankommt. Die Argumentation braucht nicht sich nicht auf das Detail zu erstrecken, sondern kann sich am Wesentlichen ausrichten, ohne dass sie dadurch oberflächlich erschiene.[298]

Entscheidend für das Verständnis der *termini generales* ist die Gleichsetzung des Seins als solchem mit Gott. Den damit verbundenen Implikationen wird ein eigener Untersuchungsabschnitt gewidmet.[299] Eckhart leitet den Begriff des Seins und der übrigen schlechthinnigen Vollkommenheiten nicht mittels Verallgemeinerung und Abstraktion aus empirischer Beobachtung der Wirklichkeit her bzw. brächte diese damit in einen heuristischen Zusammenhang. Dieser Denkweg wird gar nicht erst beschritten, sondern der Gottesbegriff als solcher und die angenommene Identität der schlechthinnigen Vollkommenheit mit Gott sowie die sich daraus ergebenden begrifflichen Implikationen bilden den Ausgangspunkt der Betrachtung. Diese Identität gilt auch für jede Weise der Verwirklichung der Vollkommenheit innerhalb der kontingenten Wirklichkeit.[300]

Hinter dem Ansatz der *termini generales* steckt nicht das philosophische Schreckgespenst eines gesteigertern Universalienrealismus, sondern eine Vorstellung, die die sprachliche Gestalt als strukturgleich mit der Konstitution der umfassenden Wirklichkeit betrachtet. Von modernen sprachanalytischen Ansätzen unterscheidet dieser Ansatz sich grundlegend dadurch, dass er ohne Rücksicht auf die Kontingenz einer konkreten Sprache von einer absoluten Referenz der zentralen Begriffe und der durch sie begründeten sprachlichen Struktur ausgeht, die in ihrer Eigendynamik letztlich die sprachliche Form aufsprengt bzw. sie in einem transzendenten Bereich verankert. Sprache bildet zwar den Ausgangspunkt der Reflexion, jedoch nicht als eigenständiges Phänomen, sondern weil sie als unmittelbare Darstellung und Mani-

---

[297] Cf. Abschnitt D.2.

[298] Cf. MICHEL 172: Eckhart „cherche totalement l'être dans les mots, il retourne les questions posées par les nominalistes: pour lui, rien n'est général, sinon l'être. Il n'a donc pas à se demander si les idées générales ont une réalité." Zusammenfassend kann MICHEL bemerken: „On aboutit à un langage original, où la brièveté s'associe à la rencontre et à la fusion des opposés, où la simplicité sublime se combine avec l'élévation morale, où l'on commence par l'affirmation de l'être, avant de le prouver et d'exposer ses exigences, où l'on n'hésite ni devant le paradoxe, ni devant une obscurité qui naît de la subtilité même et du mystère de l'absolu."

[299] Cf. Abschnitt D.2.

[300] Cf. DE GANDILLAC, Dialectique 333.

festation des transzendentalen Bereichs angesehen wird. Ein Bewusstsein für die Kontingenz des sprachlichen Ausdrucks ist nicht artikuliert bzw. steht nicht im Mittelpunkt des Interesses.

Wir ersehen aus diesen Überlegungen, dass die auf den Umgang mit den philosophischen und theologischen Inhalten bezogene Vorgehensweise der Axiomatik mit dem Sprachverständnis, wie es sich anhand der *termini generales* manifestiert, in einem wesentlichen Zusammenhang steht. Anhand beider wird greifbar, wie sich für Eckhart Wirklichkeit als Struktur umfassender Relationalität formal konstituiert und manifestiert.

B. Die Tendenz zur Erfassung der Wirklichkeit als Struktur: Substantialität als Prozess der Beziehung veranschaulicht an Eckharts Naturbegriff

Bei den Untersuchungen zum Wesen der Zahl klang bereits an, dass Eckhart unter den *naturalia* in erster Linie die Strukturverhältnisse der Wirklichkeit versteht. Das als *natura* bezeichnete washeitliche Element eines Sachverhalts, d. h. seine Determiniertheit gegenüber dem Sein als solchen, ist bei Eckhart zwar nicht ausschließlich, aber doch wesentlich durch dessen strukturelle Einbindung bestimmt. Die in sich betrachtet durch einen einschränkenden Aspekt der Negativität gekennzeichnete *natura* ist bei Eckhart insofern mit der Struktur des Schemas der *termini generales* identisch, als die washeitliche Bestimmung eines Sachverhalts ebenfalls die Struktur einer Beziehungswirklichkeit aufweist und auch nur innerhalb dieser für Eckhart von Interesse ist. Die Beobachtungen, die sich hinsichtlich des Naturbegriffs anstellen lassen, bezeugen dieselbe Tendenz, die sich innerhalb des Schemas der *termini generales* abzeichnet, wobei in Zusammenhang mit dem Naturbegriff stärker der Vollzug der Relationalität und weniger deren Eckpunkte in den Vordergrund treten. Anhand des Naturbegriffs werden im Folgenden der Zusammenhang formaler und essentieller Aspekte und damit die innere Dynamik des Strukturschemas herausgearbeitet.

Insgesamt betrachtet hat der Begriff *natura* im O.T. verschiedene Facetten, nicht zuletzt dadurch, dass er sowohl als Substantiv *natura* im Singular als auch in Form des substantivierten Adjektivs *naturalia* im Plural vorkommt. Innerhalb der Aufzählung der *termini generales* ist er unmittelbarer Bestandteil eines der Gegensatzpaare: Vom Oberen und Niederen wird nicht als solchem gesprochen, sondern von der *natura superioris* bzw. *inferioris*.

Die Erörterung des Begriffskomplexes *natura* wird sich auf die Herausarbeitung der Priorität des strukturontologischen Aspekts konzentrieren, die in dieser Intensität, ja Ausschließlichkeit für das ausgehende 13. Jahrhundert keineswegs selbstverständlich ist. Dass in diesem Zeitraum unter den *naturalia* durchaus die konkreten Naturerscheinungen verstanden werden konnten, zeigt beispielsweise das Mitte des 13. Jahrhunderts entstandene, von ALBERTUS MAGNUS rezipierte und noch in den folgenden zwei Jahrhunderten wichtige Werk *De natura rerum* des Dominikaners

THOMAS VON CANTIMPRÉ[301], der unter diesem Titel eine umfassende naturkundliche Enzyklopädie ausgehend vom Menschen über Tier- und Pflanzenwelt, Geologie, Meteorologie bis hin zur Astronomie verfasst. Doch besteht auch von hierher ein Zusammenhang zum Naturverständnis Eckharts. Da Thomas von Cantimpré mit seinem Werk beabsichtigt, dem Prediger eine Sammlung von Anschauungsmaterial aus dem Bereich der Natur in die Hand zu geben, aus dem er seinen eigentlichen Gegenstand, das Verhältnis von Gott und Mensch veranschaulichen kann, erhebt er den Bereich der Natürlichen auf eine Ebene, die diesen als solchen übersteigt. Der Begriff *natura* hat aber auch dann seinen Ausgangspunkt im Bereich des Geschöpflichen in seinen Gattungen und Arten.

Was Eckhart als die natürlichen Strukturverhältnisse entwirft, bewegt sich vornehmlich, aber nicht ausschließlich auf der Ebene einer metaphysischen Betrachtung. Da Eckhart den Begriff von den *divina* absetzt, müssen wir davon ausgehen, dass der Wissenschaftsgegenstand der *naturalia* von der Metaphysik nicht als solcher abgedeckt wird, sondern nur insofern, als sie das Verhältnis des Geschaffenen zu seinem Ursprung, nicht jedoch diesen in sich betrachtet. Der Begriff *naturalia* hat im 13. Jh eine Weite, die ihn sowohl auf biologisch-physikalische Phänomene als auch deren metaphysische Verankerung anwendbar sein lässt. Die Tendenz als solche, die sich im Hinblick auf Eckhart feststellen lässt, liegt damit keineswegs außerhalb des Hauptstroms seiner Zeitgenossen. Eine metaphysische Implikation des Naturbegriffs ist für das 13. Jahrhundert nicht außergewöhnlich, sondern in seiner Absetzung von der noch im vorangehenden Jahrhundert vorherrschenden kosmologischen Deutung geradezu ein Charakteristikum.[302] Diese Tendenz war bereits durch die Begriffstradition vorgegeben, denn von der Überlieferung der griechischen Philosophie her hat der Naturbegriff (*physis*) eine dreifache Konnotation:[303]

1. NATUR ALS DAS AUS SICH SELBST HERAUS BEWEGTE

Unter Natur ist zunächst das zu verstehen, was aus sich selbst heraus wächst und sich entwickelt.[304] Dies definiert sich unter Absetzung vom Artefakt, das heißt von dem, was künstlich hergestellt wird. Für letzteres steht der Begriff *téchne* (lat. *ars*). „Kunst" hat in diesem Zusammenhang die Bedeutung, die dem Adjektiv „künstlich" anhaftet. Der heutige Kunstbegriff ist freilich wesentlich eingeschränkter. Dieser grenzt sich vom Handwerklichen als dem im eigentlichen Sinne Kunstfertigen ab, während für den Künstler nicht die Kunstfertigkeit, sondern die Fähigkeit zum Ausdruck das Entscheidende ist. Der Künstler vor der Renaissance, ob Maler, Bildhauer oder Architekt, signierte sein Werk in der Regel nicht, da er sich zuerst als

---

[301] Cf. THOMAS VON CANTIMPRÉ, De natura rerum, Ed. H. Boese.

[302] Cf. HONNEFELDER, Concept of Nature 76.

[303] Cf. HONNEFELDER, Concept of Nature 75; HAGER, Natur.

[304] Cf. ARISTOTELES, Metaphysik D, 4, 1015 a 14–15; Physik B, 192 b 21–23. In der Metaphysik bringt Aristoteles das Prinzip der Beweglichkeit aus sich selbst heraus in einen Zusammenhang mit der Substanz der Dinge, die in dieser Untersuchung als das dritte inhaltliche Moment des Naturbegriffs festgehalten wird.

Handwerker und nicht als schöpferisches Genie verstand. Die Abgrenzung von *natura* gegen *ars* finden wir bei Eckhart wieder. Beide stellen für ihn ein Prinzip der *actio* oder *productio* dar, sind in ihrer formalen Struktur gleich, jedoch verschiedenen Ursprungs.[305] Damit teilt Eckhart nicht nur die Abgrenzung des Begriffs, sondern auch die inhaltliche Konnotation als das aus sich heraus Wirkende, was freilich nicht ausschließt, das Eckhart weitreichendere Kausalitätszusammenhänge mit dem abschließenden Blick auf die Erstursache in Gott annimmt. Die *ars* hat ihren Ursprung in der menschlichen Seele.[306] Mit der *ars* formuliert Eckhart das einzige – in einem relativen Sinne – selbständige Ursächlichkeitsprinzip neben dem göttlichen, alle Naturvorgänge – im metaphysischen Sinne – begründenden Prinzip.

In anderen Zusammenhängen, zum Beispiel mit Überlegungen zum Wesen der *generatio*, d. h. des Entstehens, steht dem Prädikat *naturalis* das Prädikat *intellectualis*[307] sowie *moralis*[308] gegenüber. Bei letzterem ist der Ursprung in der handelnden menschlichen Person eindeutig, während *intellectualis* bei Eckhart zwar als Prädikat des menschlichen Geistes hinsichtlich seiner aktiven und passiven Fähigkeit zur Erkenntnis Verwendung findet, jedoch im eigentlichen Sinne in Bezug auf Gott als das eigentliche göttliche Proprium angewandt wird. Bezieht man die Begriffe mit Blick auf die kontingente Wirklichkeit auf die schöpferische – d. h. im weitesten Sinne

---

[305] Cf. In Ioh. n.165 (LW III 136,1) An dieser Stelle geht es um den Stellenwert der Liebe (*amor*) innerhalb der *actio* bzw. *productio*. Im Hinblick auf den Handelnden selbst ist das Tätigsein als *actio* zu bezeichnen, im Hinblick auf das Verursachte als *productio*. Die Liebe ist einerseits durch das Ziel ausgelöst, andererseits entsteht sie aus der Freude an der Handlung selbst. Eckhart zielt in seiner Argumentation auf die interpersonale Liebe innerhalb der göttlichen Dreifaltigkeit ab. Diese ist rein naturhaften Charakters. Der Verweis auf die *ars* dient lediglich der Veranschaulichung. Auf den unterschiedlichen Ursprung der *actione seu productione artis* oder *naturae* geht Eckhart nicht ein.

[306] In Zusammenhang mit der Auslegung des Verses über das Zeugnis des Johannes (Joh 1,15f.) verweist Eckhart auf die Himmelsleiter, die der Patriarch Jakob im Traum gesehen hatte (Gen 28,12). Diese Leiter versinnbildlicht (*significat et exprimit parabolice et per similitudinem*) die hierarchische Ordnung des Universums (*totum universum et eius partes universales*) „sei es hinsichtlich der Geister oder der Himmelskörper oder der Elemente oder aber der Seienden in der Natur oder in der Kunst, das heißt in der Seele." (Cf. In Ioh. n.175 = LW III 144,5ff.: „*sive in spiritibus sive in corporibus caelestibus sive in elementis sive in entibus in natura vel in arte, anima scilicet.*") *Natura* und *ars* sind nicht als Glieder einer durchgehenden, mit den *spirites* beginnenden Aufzählung zu verstehen, da sie durch die Konjunktion *vel* und nicht wie die übrigen Glieder durch *sive* verbunden sind. Die durch *vel* verbundenen Glieder werden als korrelativ in einem wesentlichen Zusammenhang zueinander stehend betrachtet: Entweder fällt etwas in den Bereich der *natura* oder in den der *ars*. Die durch *sive* verbundenen Elemente hingegen sind nicht Bestandteil einer abschließenden Aufzählung, sondern exemplarisch angeführte Möglichkeiten für Ordnungseinheiten, anhand derer die Gesamtheit des Universums gegliedert werden kann. Eine Gliederung nach dem Schema *natura-ars* vorzunehmen, impliziert, die übrigen angeführten Ordnungsglieder außen vor zu lassen.

[307] Cf. In Ioh. n.193 (LW III 161,10–162,7); In Sap. n.186 (LW II 522,7–523,6) hinsichtlich des Ursprungs der *actio*.

[308] In Ioh. n.509 (LW III 441,4–11). Eckhart stellt der *philosophia et theologia moralis* die *philosophia et theologia naturalis* gegenüber. Beide stehen hier für unterschiedliche Bereiche der Wirklichkeit: *in moralibus aut in naturalibus*.

hervorbringende – Tätigkeit des Menschen, stellt sich die Frage, ob *ars, intellectualitas* und *moralia* deshalb gleichzusetzen seien oder nur einen gemeinsamen Bezugspunkt haben. Im Sapientiakommentar kennt Eckhart in Bezug auf ähnliche Themenbereiche auch das Dreierschema *natura – mos – ars*.[309] Auf diesen Fragenkomplex werden wir im fortschreitenden Verlauf dieser Untersuchung in Zusammenhang mit der intellectualitas und der Unterscheidung zwischen theoretischer und praktischer Erkenntnis noch näher eingehen.[310]

2. DIE NATUR ALS ALLGEMEINE SUBSTANTIALITÄT: DER ZUSAMMENHANG VON WIRKLICHKEITSEBENEN ALS PROZESSHAFTE BEZIEHUNGSWIRKLICHKEIT

Eine zweite aus der Antike überlieferte Begiffskonnotation fasst *natura / physis* von der ersten Begriffskonnotation her abgeleitet als das Ganze dieser *naturae*, als die alles bewirkende und einende Ursache der einzelnen Naturen. Die Natur, die sich in den vielen Einzelnaturen äußert, wird als ein organisches Ganzes aufgefasst, das aus den allen gemeinsamen Ursprungsprinzipien hervorgeht. Seine konsequenteste Ausprägung findet dieser Gedankengang in der stoischen Vorstellung von der Natur als umfassender immanenter kosmischer Rationalität. Der Blick auf das Ganze schließt den Blick auf das Konkrete und Wirkliche nicht notwendig aus. Wir stoßen hier auf eine Ambiguität, die dem Naturbegriff von den frühesten Reflexionen her mitgegeben ist.[311]

Die Konnotation im Sinne der einen Natur finden wir bei Eckhart verhältnismäßig selten vor, in der Regel dann auch innerhalb eines Begriffskomplexes und nicht für sich genommen. Solche Begriffskomplexe sind beispielsweise das *principium totius naturae*[312] oder der *ordo naturae*[313]. Dabei hat die *natura* nicht notwendigerweise einen eigenen substantialen Charakter, sondern erscheint als ein Sammelbegriff, unter den die verschiedenen Phänomene der *naturalia* subsummiert werden.[314] Ein substantialer

---

[309] Cf. In Sap. n.28 (LW II 348,9) An dieser Stelle geht es wiederum um das Wesen der *actio*. Der Sapientiakommentar kennt jedoch genauso das Zweierschema *in moralibus – in naturam*, z.B. In Sap. n.50 (LW II 377,1–10), wo Eckhart Theoriestücke aus der jüngeren Stoa (CICERO, SENECA) aufgreift. Die Unterscheidung dieser beiden Wirklichkeitsbereiche ist für die Stoa wesentlich.

[310] Abschnitt E.4.

[311] Cf. MONTEIRO PACHECO 281f.

[312] Cf. In Gen I n.6 (LW I 189,9). Hierbei handelt es sich bei *natura* explizit um eine Begriffsübernahme aus dem LIBER DE CAUSIS (§ 8; 172,15.20.23), wo es um die bestimmende Rolle des *intellectus* gegenüber der *natura* geht. Damit kann die *natura* sowohl im Einzelnen als auch als Ganzes gemeint sein. Da es sich um einen strukturellen Zusammenhang handelt, stehen beide Möglichkeiten der Interpretation offen.

[313] Cf. In Gen I n.121 (LW I 277,6).

[314] Das gilt auch für In Sap. 209 (LW II 543,3–6): „[...] *sic universaliter unumquodque sicut habet esse per speciem suam solam in natura,* [...] *sic et cognoscitur unumquodque in sola specie sui ipsius in anima*

Charakter klingt bisweilen an, wenn Eckhart auf eine Gegebenheit *in natura* verweist, um anhand ihrer einen spirituellen Sachverhalt zu illustrieren[315], doch auch in diesem Falle kann nicht von einer eigenständigen Entwicklung eines solchermaßen verstandenen Naturbegriffs die Rede sein. Vielmehr müssen wir annehmen, dass ein Naturverständnis dieser zweiten Weise bei Eckhart vor allem in Zusammenhang mit aufgegriffenem Traditionsgut vorzufinden ist. Dies gilt auch hinsichtlich der Rede vom Vielen als einer Sünde gegen die Natur (*peccatum naturae*).[316] Unter „Natur" ist kein eigenständiges substantiales Prinzip zu verstehen, gegen das durch die Vielheit möglicherweise verstoßen würde, sondern die Gesamtheit der Wirklichkeitsprinzipien. Dies wird anhand der nachfolgenden Ausführungen deutlicher werden.

Ein Verständnis von Natur als einer zusammenhängenden Substantialität lässt sich bei Eckhart in den Aussagen feststellen, in denen er eine Gegenüberstellung der als Schöpfung verstandenen Natur und des Göttlichen vornimmt. Insbesondere im Exodus- und im Sapientiakommentar finden wir die Begrifflichkeit *supernaturalis* bzw. *supernaturalia*, die an diesen Stellen in Abgrenzung von *naturalis*, *naturalia* bzw. *natura* gebraucht wird.

Hinter dieser Begrifflichkeit steckt keine vollständig entwickelte Lehre von Natur und Übernatur, wie sie in der Neuzeit innerhalb des theologischen Traktats der Gnadenlehre verfestigt wurde, erst recht nicht der Gedanke an zwei verschiedene *ordines*. Letzteres entspricht ohnehin nicht der mittelalterlichen Begriffsprägung. Die durchgängige Differenzierung beider Begriffe bei fortwährender Komplementarität, wie sie THOMAS VON AQUIN in der Summa Theologiae entwickelt hat, spiegelt sich innerhalb der eckhartschen Überlegungen jedoch annährend wieder. Thomas geht von einer inneren Bezogenheit beider Bereiche aufeinander aus und bezeichnet als „übernatürlich" den Bereich der wesenhaften Transzendenz Gottes als das, was die Natur in ihren kreatürlichen Prinzipien übersteigt, worin die Natur, insbesondere die des Menschen, aber die in ihr bereits grundgelegte Vollendung erlangt. Der zentrale Ort dieser Überlegungen ist auch bei Thomas die Gnadenlehre, die sich bei ihm als ein Sachgebiet darbietet, innerhalb dessen es im Wesentlichen um Relationalität geht, d. h. die wirkende Beziehung Gottes zum Menschen bzw. die Empfänglichkeit des Menschen für das göttliche Wirken.[317]

---

cognoscentis [...]" Die Ausführungen über die Form als Existenzprinzip rekurrieren nicht auf eine substantial verstandene Natur, der das Einzelne möglicherweise seine Existenz verdankte.

[315] Cf. In Ioh. n.532 (LW III 463,6). Der Verweis auf die Formvollendung der Planeten, je größer ihr Abstand von der Erde ist, soll veranschaulichen, wie der menschliche Geist, je mehr er sich von allem Irdischen zu Gott hin bewegt, an innerer Schönheit und Vollendung gewinnt.

[316] In Ioh. n.114 (LW III 100,2f.): „*Multitudo enim, offensa et adversatrix unius, semper peccatum est naturae vel moris[...]*."

[317] THOMAS VON AQUIN, S. th. I–II q. 109–114. Thomas behandelt zunächst die Frage der Notwendigkeit von Gnade, wobei erkenntnistheoretische und praktisch-ethische Erwägungen bis hin zu der Frage nach der Vollendung aus eigener menschlicher Kraft den Ausgangspunkt bilden. Es folgen Abhandlungen, die den Sachgehalt des Begriffs Gnade über seine Relationalität zu klären suchen, indem sie auf das Verhältnis von Gnade und Seele eingehen. Der Begriff Gnade erfährt fernerhin in sich eine inhaltliche Differenzierung hin-

Eckhart formt den Begriff *supernaturalis* nicht selbst, sondern übernimmt ihn aus der Tradition und zieht ihn zur Illustration eigener Aussagen heran:

> „Denn wer die tiefen verborgenen Geheimnisse Gottes im Licht der Gnade, nämlich im Geist schauen will, muss den Verstand oder die natürliche Vernunft, das heißt eben das eigene Angesicht gefangen nehmen; deshalb heißen sie ja auch übernatürlich [...] Die Gnade durchgeistigt nämlich die Natur und hebt sie empor, so auch allgemein das Obere sein Niederes.“[318]

Der Begriff erscheint in Zusammenhang mit Überlegungen zur Wirksamkeit der Gnade, doch spielen nicht die klassischen Topoi der Rechtfertigung eine Rolle, sondern die Gotteserkenntnis.[319] Die bei Eckhart generell zu verzeichnende Tendenz, Überlegungen zur theoretischen und praktischen Erkenntnis sowie theologische und erkenntnistheoretische Gedankengänge miteinander zu verbinden, wird an dieser Stelle anschaulich. Die Rede von den *supernaturalia* leitet sich aus deren Transzendenz gegenüber dem natürlichen menschlichen Erkenntnisvermögen ab. Sie steht einem dabei unterstellten eingeschränkten Naturbegriff gegenüber, der sich auf die menschliche Natur reduziert und nicht von einer Natur als solcher ausgeht. Dies wird auch in folgenden Ausführungen deutlich:

> „Die (den Menschen Gott) angenehm machende Gnade, die auch übernatürliche Gnade genannt wird, ist nur im intellekthaften Teil (der Seele), aber auch darin nicht, insofern dieser eine Sache und Natur ist, sondern sie ist darin, insofern er Intellekt ist und

sichtlich seines Wirkens, an die sich Überlegungen zu ihrem Bewirktsein aus Gott heraus, ihrer Nichtquantifizierbarkeit und der entsprechenden menschlichen Disposition und Wahrnehmung anschließen. Dabei steht die Frage nach dem Wie und den Strukturen der Wirksamkeit im Vordergrund, während nachfolgend die Effekte als solche, das Was der Wirksamkeit, behandelt werden. Abschließend wird die Wirkung der Gnade unter dem Aspekt des Verdienstes (*meritus*) nochmals thematisiert.

Innerhalb dieser Ausführungen wird der mit dem Attribut *supernaturalis* bezeichnete Bereich als das im Hinblick auf den menschlichen *intellectus* dessen *naturae superadditum* (q.109 a. 1 = Ed. Leon. t. VII 290 a) eingeführt. Der begrenzten Natur des Verstandes kommt bei der Erkenntnis Gottes etwas zu Hilfe, das außerhalb ihrer und in Gott liegt. Die Überlegungen zum *supernaturale* leiten sich aus Überlegungen zum *naturale* ab, was schon aus der Begriffsbildung hervorgeht.

ID., De veritate q. 12 a. 7: In diesem Abschnitt wird das Wesen der Prophetie behandelt. Die zentrale Definition von Prophetie lautet in der *responsio: prophetia est quaedam supernaturalis cognitio* (Ed. Leon. XXII, 391,100f.) Der Begriff *supernaturalis* wird nicht eigens erklärt, sondern anhand seines Gegenteils verdeutlicht: Er bezeichnet das, was *supra naturalem facultatem* (391,124) liegt und steht damit im Gegensatz zur *potentia naturalis* (391,125). Der Bezugszusammenhang ist wiederum eine relationale Wirklichkeit.

[318] Cf. In Ex. n.13 (LW II 18,8–19,3): „*Oportet enim captivare intellectum sive rationem naturalem, faciem scilicet propriam, volentem videre secretiora et profundiora dei in lumine gratiae, in spiritu scilicet, propter quod et supernaturalia dicta sunt. Gratia enim inspirat et allevat naturam, et universaliter superius suum inferius.*“

[319] Cf. die bei THOMAS VON AQUIN (cf. Anm. 317, insbesondere S. th. I–II q. 109 *De necessitate gratiae*) angeführten Topoi *velle et facere bonum, diligere deum, mereri vitam aeternam* und das Verhältnis zur Sünde.

insofern er die göttliche Natur erspürt, und insofern ist sie etwas (höheres) über die Natur und infolgedessen etwas Übernatürliches. [...] Daher fließt die übernatürliche Gnade nur in den Intellekt, insofern der Intellekt etwas über der Natur ist. Deshalb ist nur das übernatürlich und angenehm machende Gnade, was dort aufgenommen und bewirkt wird."[320]

Eckhart greift zwar zentrale Topoi der Gnadenlehre auf, wie sie Thomas in der Summa Theologiae zusammengefasst hat, doch geht es ihm weniger um eine Klärung der Wirksamkeit der Gnade, das heißt um eine inhaltliche Klärung eines theologischen Sachverhalts hinsichtlich dessen, was dort eigentlich vor sich geht, sondern darum, wie die Wirksamkeit der Gnade als eine Beziehungswirklichkeit zu begreifen ist und wie bei der Verschiedenheit der Glieder dieser Beziehung ein Beziehungsvorgang überhaupt erst möglich ist. Eckhart räumt dem menschlichen Intellekt eine Sonderstellung innerhalb der Beziehung des Kontingenten zum Nichtkontingenten ein. Je nach Aspekt der Betrachtung ist er dem einen oder dem anderen Bereich zuzuordnen. Die verschiedenen Betrachtungsaspekte werden jeweils mit der Präposition *ut* eingeleitet: *ut res est et natura* bezieht sich auf den Bereich des Kontingenten, *ut intellectus et ut naturam sapit divinam*[321], *et ut sic est superior natura* auf den Bereich des Nichtkontingenten. Sie zeigen die verschiedenen Bezüge an, innerhalb derer der Sachverhalt ausgespannt ist.[322] Insbesondere der Aspekt des *superior natura* hat eine wesentlich relationale Struktur, ist außerhalb ihrer überhaupt nicht zu erfassen, da er sich auf keine eigene Substantialität bezieht, sondern sein Fundament ausschließlich in der intentionalen Ausrichtung auf den Bereich des *divinum* hin besitzt. Die Ambivalenz, die in den Ausführungen anklingt, wird von der Sache her nicht aufgehoben, sondern bleibt für den beschriebenen Zusammenhang konstitutiv, doch liegt für Eckhart in dieser Spannung eine lineare Ausrichtung, indem der erkennende Intellekt die prozesshafte Struktur der Wirklichkeit mitvollzieht, ohne dabei ganz und endgültig in einem Ziel zur Ruhe zu kommen, so dass man von einer dauerhaft prozessualen Struktur, nicht von einem einmaligen prozessualen Ablauf sprechen muss. Dem gesamten eckhartschen Wirklichkeitsverständnis haftet eine

---

[320] In Sap. n.273 (LW II 603,7–604,2): „*Secundum notandum quod gratia gratum faciens, quae et supernaturalis dicitur, est in solo intellectivo, sed nec in illo, ut res est et natura, sed est in ipso ut intellectus et ut naturam sapit divinam, et ut sic est superior natura, et per consequens supernaturale. [...]Sic ergo gratia supernaturalis in solo cadit intellectu, ut intellectus est super naturam. Propter quod omne et solum hoc est supernaturale et gratia gratum faciens quod ibi recipitur et agitur.*"

[321] Die kritische Edition übersetzt hier: „insofern er die göttliche Natur verspüren lässt". *Sapere* muss in diesem Zusammenhang jedoch nicht kausativ übersetzt werden, sondern kann in einem aktiven Sinne verstanden werden: Der *intellectus* spürt die göttliche Natur bzw. weiß um sie. Wir geben der intentionalen Übersetzung den Vorzug.

[322] Cf. In Sap. n.94 (LW II 428,4–8): „*Lumen quidem sapientiae, sub ratione sapientiae, non recipitur in corporibus, sed nec in anima rationali, ut natura sive ens est in natura, sed in ipso solo (intellectu), in quantum intellectus est, superius ,aliquid' est et ,divinus', secundum quod ,genus dei' sumus, Act. 17, secundum quod ad imaginem sumus increati dei.*" Der Begriff *natura* wird in diesem Zusammenhang als allgemeine Substantialität aufgefasst. Der begrifflichen Differenzierung *natura sive ens in natura* liegen nicht zwei verschiedene Konzeptionen des Naturbegriffs zugrunde. Es handelt sich lediglich um eine Konkretisierung des zugrunde gelegten Begriffs der Natur als allgemeiner Substantialität.

fortdauernde Unruhe an, die sich nicht aufheben lässt, sondern den Argumentationsgang immer wieder neu am Ausgangspunkt der linearen Struktur beginnen lässt.

Es lassen sich zahlreiche Textstellen ausweisen, wo Eckhart das durch Gegenüber und Ineinanderwirken gekennzeichnete Verhältnis von Gott und Geschöpf innerhalb des gemeinsamen Wirklichkeitsbereichs einer *natura* bzw. der durch die Parallelität der verschiedenen *naturae* geformten Beziehungszusammenhangs verortet. Die Betonung liegt bei Eckhart nicht so sehr auf einer Unterscheidung zweier Wirklichkeitsbereiche, als vielmehr auf ihrer Beziehung zueinander, die insbesondere für den Bereich des Kontingenten substantiellen Charakter hat, da das Kontingente nur in seiner Relation zum Nichtkontingenten Bestand hat, wobei sich diese Relation im Wesentlichen durch Verschiedenheit auszeichnet. Eckhart geht nicht von einem Gegensatz von Natur und Übernatur als zweier verschiedener Prinzipien aus, sondern betrachtet erstere als wesentlich auf letztere verwiesen, so dass letztere nicht als etwas der ersteren noch hinzukommendes gedacht werden kann, sondern ihr substantiell zugeordnet ist. Hier berühren sich Eckharts Gedanken mit denen des Thomas, fassen die Komplementarität jedoch substantieller. Die Betrachtung des Bereichs des Kontingenten geschieht, wenn sie auf – im Sinne Eckharts – rechte Weise erfolgen soll, ausschließlich als Rückführung in den Bereich des Nichtkontingenten. Vor diesem Hintergrund kann eine Unterscheidung zwischen Natur und Übernatur, von der her die Übernatur etwas der Natur Hinzukommendes wäre, innerhalb des eckhartschen Ansatzes keinen Sinn haben, da sie eine gesonderte Betrachtung beider als voneinander wesentlich getrennter Sachverhalte voraussetzen würde.

Die Tendenz, die sich bei Thomas von Aquin verzeichnen lässt, das Attribut *supernaturalis* relational zu fassen, findet sich bei Eckhart so weit gesteigert, dass eine Unterscheidung von *naturalis* und *supernaturalis* an sachlicher Notwendigkeit verliert, da beide als im Wesentlichen relationale Attribute aufgefasst werden und Eckhart bereits mit *naturalis* einen Bezug impliziert, der in den Bereich des Transzendenten hineinreicht. Eckhart begreift Transzendenz weniger im Sinne eines Jenseits einer fest umrissenen Grenze, sondern formal: Die zwei Wirklichkeitsbereiche lassen sich dadurch charakterisieren, dass innerhalb des einen die Wirklichkeit in sich ruht, während sie innerhalb des anderen unterwegs ist auf diese Ruhe hin. Die Unruhe liegt in der Verschiedenheit begründet. Diese kann jedoch nur in Relation zur Ununterschiedenheit gedacht werden, genauso wie sich die Unruhe an der Ruhe misst.

Vor diesem Hintergrund, da es offensichtlich keine explizite Grenze zwischen beiden Bereichen gibt, weil eine solche eine strukturelle Gleichheit bzw. Vergleichbarkeit beider voraussetzte, erscheint es angebracht, bei Eckhart nicht von zwei Wirklichkeitsbereichen, sondern von zwei Wirklichkeitsweisen zu sprechen, die sich nicht in einem Nebeneinander befinden, sondern nur in Relation zueinander begriffen werden können.[323]

Die positive Zuordnung beider Wirklichkeitsweisen, die gerade nicht in der Absorption der niederen durch die höhere besteht, wird in folgender Passage deutlich, wobei zu beachten ist, dass Eckhart nicht explizit auf die Terminologie *naturalis/supernaturalis* zurückgreift, wohl aber das strukturelle Muster zugrundelegt. Im

---

[323] Zur Unvergleichbarkeit und wesentlichen Verschiedenheit der beiden Ebenen cf. BRUNNER, goût 211.

Hintergrund steht der Schriftvers Joh 4,13 *„Omnis qui bibit ex aqua hac, sitiet iterum; qui autem biberit ex aqua quam ego dabo ei, non sitiet in aeternum."* Die auslegende Abhandlung Eckharts entspricht in ihrer argumentativen Struktur exakt dem Schriftvers:

> „Weltliche Lust besteht in einem gewissen begrenzten Maß; erreicht man dieses nicht oder überschreitet es, so bringt das keine Befriedigung mit sich, sondern Unzuträglichkeit. Das ist ganz deutlich beim körperlichen Essen und Trinken. Ferner aber auch: obwohl ,Licht süß ist, und es lieblich ist, mit den Augen die Sonne zu sehen' (Koh 11,7), so erfreut jedoch ein Übermaß des Sichtbaren nicht den Gesichtssinn, sondern schädigt ihn. Anders verhält es sich mit den göttlichen und geistigen Dingen; Geistiges und Höheres überschreiten nicht die natürliche Anlage des zugehörigen Niederen, sondern vervollkommnen sie. Denn zwischen dem Wirkenden der höheren Ordnung und dem zugehörigen Niederen gibt es überhaupt kein gemeinsames Maß, vielmehr übersteigt das Höhere stets unendlich das Niedere, wie aus der 16. These des Buches von den Ursachen[324] hervorgeht. Daher kommt es, dass der Intellekt durch häufiges Denken feinster Gedanken nicht geschwächt wird, sondern zu weiterer Einsicht erstarkt, wie es im Dritten Buch von der Seele[325] heißt."[326]

In diesen Ausführungen wird einerseits der Abstand zwischen beiden Bereichen betont, der sich nicht quantitativ durch eine höhere Distanz bemisst, die eine gleiche, jeweils zu steigernde Substanz voraussetzte, d. h. etwas, das vergleichbar und mit gleichem Maß messbar wäre, sondern in der wesentlichen Unvergleichbarkeit besteht, die in der ontologischen Verschiedenheit begründet liegt. Die Unvergleichbarkeit jedoch hat in den Worten Eckharts eine positive Konnotation. Der wesentliche Unterschied stellt sich als die Voraussetzung einer fruchtbaren Relation heraus, d. h. die Verschiedenartigkeit ermöglicht ein fruchtbares Zusammengehen. In diesem Zusammenhang erfährt der zitierte erkenntnistheoretische Gedanke des Aristoteles eine ontologische Interpretation.

Als das eigentliche Hindernis einer fruchtbaren Beziehung zwischen Gleichem gilt Eckhart das Maß, freilich nicht als solches, sondern aufgrund der damit bezeichneten Möglichkeit der quantitativen Verschiedenheit der Korrelate. Die Quantifizierbarkeit stellt die eigentliche Problematik dar. Eine fruchtbare Relation zwischen gleichartigem – d. h. auf gleiche Weise quantifizierbarem – ist nur dann möglich, wenn auf beiden Seiten eine bestimmte quantitative Größe erreicht ist. Diese kann über- und unterschritten werden, und dass das rechte Maß gefunden wird, ist offensichtlich nicht der Regelfall. Die angeführten, in ihrer Anschaulichkeit für sich sprechenden Beispiele – das rechte Maß der Nahrungsaufnahme und die Intensität der

---

[324] Cf. DE CAUSIS prop. 16 (§ 15; 177 seq.).

[325] Cf. ARISTOTELES De an. III t.7 (Γ c. 4 429 b 3).

[326] In Ioh. n.372 (LW III 316,12–8): „[...]*quia dilectatio mundana consistit in quadam commensuratione determinata quam vel non attingere vel transgredi non delectat, sed molestat. Patet hoc manifeste in cibo et potu corporali. Adhuc autem quamvis ,dulce lumen, et delectabile oculis videre solem', Eccl. 11, excellentia tamen visibilis non delectat visum, sed corrumpit. Secus in divinis et spiritualibus. Spiritualia enim et superiora non superexcrescunt naturalem habitudinem suorum inferiorum, sed ipsam perficiunt. Inter agens namque superioris ordinis et suum inferius universaliter non est commensuratio, quin immo superius semper est in infinitum suo inferiori, sicut habetur ex De causis 16. Hinc est quod intellectus ex frequenti intelligere subtilia non debilitatur, sed convalescit ad intelligere, ut dicitur III De anima."*

Lichteinstrahlung auf das Auge – machen deutlich, dass es sich bei Eckhart bei der Beziehung von Gleichartigem nicht um die Beziehung zweier Glieder derselben Gattung handelt, sondern um jeweils zwei verschiedene kontingente Entitäten, von denen die eine gebenden, über sich hinausgehenden, die andere aufnehmenden (rezeptiven) Charakter hat. Die Beziehungswirklichkeit ist auch auf dieser Ebene das, was im Mittelpunkt der Betrachtung steht. Die kontingente Verschiedenheit macht ihnen ein Zusammengehen schwieriger als es für eine Beziehung zweier Korrelate auf ontologisch verschiedener Ebene der Fall ist. Begrenztes kann mit Begrenztem nur begrenzt – gleichsam doppelt begrenzt – in Verbindung treten. Die quantitative Begrenzung hat ihre Voraussetzung in der gattungsbedingten qualitativen Begrenztheit. Hinter den Überlegungen steht die Prämisse, dass der Betrachtung des qualitativen Aspekts eine höhere Bedeutung als der des quantitativen Aspekts zukommt und letzterer von ersterem wesentlich bestimmt wird.

Die Verschiedenheit im Bereich des Kontingenten erweist sich als schwieriger zu überbrücken als die ontologische Verschiedenheit, die die wesentliche Kategorie der Verschiedenheit im Denken Eckharts darstellt. Sie besteht in der Unbegrenztheit eines der beiden Korrelate. Eckhart verwendet zur Unterscheidung die Kategorien Höheres (*superius*) und Niederes (*inferius*). Für das Verhältnis beider gilt der Struktur nach immer: *superius semper est in infinitum suo inferiori*. Das Höhere befindet sich dem Niederen gegenüber immer im Bereich des Unendlichen. Die Unterscheidung liegt in den Kategorien endlich/unendlich begründet. Auffällig ist, dass das Niedere in Bezug auf das Höhere durch ein possessives Attribut als das Niedere des Höheren (*suum inferius*) qualifiziert wird. Damit wird nicht ausgesagt, dass dem Höheren, das sich als solches in diesem Zusammenhang durch seine Unendlichkeit qualifiziert, nur ein bestimmtes Niederes im Sinne eines wesentlichen Komplementärs zukäme. Die Perspektive richtet sich nicht auf ein Höheres oder Niederes als solches, sondern auf die zwischen ihnen bestehende Relation, die erst die Rede von einem Höheren im Blick auf ein Niederes und umgekehrt ermöglicht. Das Attribut *suum* bezeichnet folglich die Beziehung, nicht das Komplementär in sich, und das Höhere ist ein Höheres im Blick auf das ihm zugeordnete Niedere.

Es gehört nun zur natürlichen Bestimmtheit (*naturalis habitus*) eines Kontingenten, dass dieses in Beziehung zu einem Höheren nicht seine Eigenart verliert, sondern darin vervollkommnet wird. Die Offenheit auf das Nichtkontingente hin ist dem Kontingenten wesentlich. Eckhart beschreibt den Sachverhalt im Wesentlichen so, dass ersterem gegenüber letzterem eine passive Rolle zukommt. Das Höhere sind in diesem Falle die *spiritualia*, die die Möglichkeiten des Niederen nicht übersteigen (*superexcrescunt*, wörtl. darüber hinaus wachsen), sondern deren Vervollkommnung bewirken (*perficiunt*). Eine Vervollkommnung ist dem Kontingenten nur außerhalb seiner selbst, im gänzlich anderen seiner selbst möglich, und das ist das Nichtbegrenzte.

Vor diesem Hintergrund stellt sich die Frage, wie diese Vollkommenheit im Anderen zu denken ist, bzw. worin die vervollkommnende Wirkung des Höheren auf das Niedere besteht. Eckhart nimmt offensichtlich nicht an, dass das Niedere durch die Einwirkung des Höheren substantiell verändert wird. Vollkommenheit als solche ist ein Prädikat der nichtkontingenten Wirklichkeitsweise. Käme dem Niederen durch die Einwirkung des höheren Vollkommenheit zu, dann handelte es sich letztlich doch um eine Auflösung der Eigensubstantialität des Niederen, da mit der Begrenztheit das Unterscheidungsmerkmal, d. h. das eigentliche Proprium wegfiele. Es geht Eckhart jedoch ausdrücklich um die Vervollkommnung des *habitus naturalis*, der als solcher nicht überschritten wird. Die Eigensubstantialität besteht zwar in einer permanenten Rückbindung an den Bereich des Höheren, ist aber formal von diesem unterscheidbar. Eine Vollkommenheit der eigenen Substantialität bliebe gegenüber der absoluten Vollkommenheit des Nichtkontingenten nur eine relative Vollkommenheit.

Eine Lösung dieser Problematik kann nur darin liegen, dass die Relation, die das Niedere zum Höheren unterhält, als eine Wirklichkeitsweise angenommen wird, der Substantialität zukommt. Die Relation ist dann nicht von akzidentellem Charakter – wie in der Kategorienlehre der aristotelischen Tradition angenommen wird –, sondern bestimmt die Substanz des in ihr Stehenden wesentlich. Substantialität als solche wird nur in zweiter Linie washeitlich, in erster Linie relational bestimmt bzw. schließt die Relationaliät als wesentlichen Aspekt der Washeitlichkeit mit ein. Die Relationalität ist wesentlicher Bestandteil des *habitus naturalis*. Er ist im Wesentlichen darauf angelegt und findet darin seine eigentliche Bestimmung.

Die wesentliche Relationalität wird in dem oben zitierten Textabschnitt als prozessual beschrieben, ohne dass Eckhart sie auf einen konkreten Vorgang in Raum und Zeit festlegen müsste. Um einen solchen könnte es sich letztlich nur aus der Perspektive des Kontingenten handeln. Die Beziehung wird nicht darin greifbar, dass ihre Glieder in einem bestimmten Verhältnis stehen, sondern dass eines auf das andere einwirkt, was für Eckhart stets die aktive Einwirkung des Höheren auf das Niedere und die daraus resultierende positive Veränderung – im Sinne einer Vereigentlichung – des passiv empfangenden Niederen meint.

Der von uns eingeführte Ausdruck „im anderen seiner selbst" ist nicht als eine Entfremdung oder Aufhebung des Kontingenten, sondern als eine Beziehungswirklichkeit gedacht. Nur wenn dem Kontingenten die Möglichkeit eröffnet wird, über sich selbst hinauszugehen – was nicht substantial, sondern relational im Sinne einer zum Nichtkontingenten reichenden und von daher wesentlichen Beziehung gedacht werden kann –, kann es zu einer wirklichen Festigung seiner eigenen Substantialität gelangen.

2. DIE GRUNDLEGUNG DER RELATIONALITÄT EINES SACHVERHALTS IN SEINER NATUR

b)   Die Unterscheidung zwischen Ursprung und Vollzug einer Relation

Die dritte überlieferte Konnotation des Naturbegriffs – neben Natur als dem aus sich selbst heraus Bewegten und Natur als allgemeiner Substanz – bezeichnet das Wesen eines Sachverhalts, das heißt das, was diesen zu dem macht, was er ist. Bei Eckhart finden wir dieses Naturverständnis auf alle Sachverhalte, insbesondere auch auf abstrakte bzw. ideale angewandt. Die Natur ist das, was einen Sachverhalt als das auszeichnet, was er ist. Dies kann einerseits im Sinne einer von innen in den Dingen wirkenden Kraft verstanden werden, womit wir der ersten Konnotation des Naturbegriffs wieder sehr nahe kommen: „Die Natur ist eine den Dingen einwohnende Kraft"[327], definiert Eckhart im Sapientiakommentar. Die innere Wirkursache ist der Grund der natürlichen Bewegung (*motus naturalis*) im Gegensatz zu aller äußeren Beeinflussung der Sache. Andererseits kann die Natur eines Sachverhalts auch als ein formales Prinzip aufgefasst werden. Dieses Naturverständnis nimmt bei Eckhart den weitesten Raum ein, was nicht verwundert, wenn man die im gesamten O.T. dominante Tendenz zur vornehmlich strukturmetaphysischen Betrachtungsweise im Auge behält, wobei unter Struktur auch die inhaltliche, das heißt von der Sache in ihrem Vollzug bestimmte Struktur mit intendiert ist. Struktur und Inhalt im Sinne des washeitlichen Gehalts sind bei Eckhart nicht voneinander abzulösen.

Dieses Naturverständnis – das formale Prinzip eines Sachverhalts – begegnet bereits bei der Aufzählung der *termini generales*: Der zu entwerfende neunte Traktat soll „von der Natur des Oberen und des Niederen, seines Gegensatzes"[328] handeln. Auffällig ist, dass innerhalb der Aufzählung nur bei diesem Gegensatzpaar von der Natur die Rede ist. Das neunte ist außerdem das einzige Gegensatzpaar, dass aus im Komparativ, das heißt zueinander relativ gebildeten Begriffen besteht. Nicht vom Höchsten und Niedrigsten als solchem ist die Rede, sondern von dem, was in der Ordnung zueinander als das Höhere bzw. Niedere dasteht. Das können je verschiedene Sachverhalte sein. In dem zu entwerfenden Traktat sollen diese Sachverhalte nicht als solche, sondern nur insofern sie einander übergeordnet bzw. untergeordnet sind, betrachtet werden. Es geht um das, was ihr ungleiches Verhältnis zueinander begründet und was ein solches ungleiches Verhältnis ausmacht, mit anderen Worten, es geht um die formale – washeitlich fassbare – Struktur eines solchen auf vielfache Weise in der Wirklichkeit realisierten Verhältnisses. Bei der Betrachtung des überlieferten Gesamtwerkes Eckharts lässt sich feststellen, dass in weiten Bereichen solche Relationen der Über- bzw. Unterordnung Gegenstand der Betrachtung sind,

---

[327]   Cf. In Sap. n.169 (LW II 505,9): „*Natura enim est vis insita rebus.*"
[328]   Prol. gen. in Op. trip. n.4 (LW I 150,10): „[...] *de natura superioris et inferioris eius oppositi.*"

dass sie im Wesentlichen die Struktur der Wirklichkeit ausmachen, dass sie in ihrer Struktur jedoch auch auf verschiedene Weise inhaltlich gefüllt werden können. Der Naturbegriff in der hier entfalteten Konnotation, so wird in diesem Zusammenhang deutlich, hat seine Verortung innerhalb der Strukturbetrachtung der Wirklichkeit. Die Natur ist das, was einen bestimmten Sachverhalt unter einer bestimmten Betrachtungsweise zu dem macht und erkennbar macht, als was er sich hier zeigt.

Einen Eindruck davon, wie der Traktat *de natura superioris et inferioris* konzipiert war, gewinnt man aus Ausführungen im Johanneskommentar zu Joh 1,16: „Aus seiner Fülle haben wir alle empfangen, Gnade um Gnade" (*De plenitude eius omnes accepimus et gratiam pro gratiam*)[329]: In seinen kommentierenden Ausführungen geht es Eckhart vornehmlich um die Unterscheidung zweier Strukturen des Verhältnisses von Oberem und Niederem in ihrer Wirkung aufeinander, die er an dieser Stelle als analoge bzw. univoke Beziehung (*in analogicis et in univocis*) charakterisiert. Eine analoge Beziehung liegt in diesem Zusammenhang dort vor, wo „Aktives und Passives nicht in der Materie oder in der Gattung übereinstimmen"[330], mit anderen Worten ein Verhältnis wesentlicher Ungleichheit bei dennoch bestehender Relation vorliegt. Analogizität definiert sich in diesem Zusammenhang durch relationale Einheit (Beziehungseinheit) bei wesenhafter (quidditativer) Verschiedenheit und Verschiedenheit in der kontingenten Verwirklichung. Eckhart kann diesen Sachverhalt auf das theologische Problem der Gnade beziehen, da die Ungleichheit der beiden Korrelate im Wesentlichen darin besteht, dass das Untergeordnete alles dem Übergeordneten verdankt und zu der Relation nichts aus sich selbst heraus beisteuert. In einer solchen Beziehung sieht Eckhart das, was durch das Niedere empfangen wird, als *consequens ipsam naturam superioris ut proprium*,[331] das heißt aus dem folgend, was der Natur des Oberen eigen ist. Hiermit klingt zwar auch der washeitliche Gehalt des Oberen an, der dem Niederen vermittelt wird, doch geht es in erster Linie um die Eigentümlichkeit (*proprium*) des Übergeordnetseins, die erst ein solches Verhältnis *in analogicis* ermöglicht. Nicht jeder Sachverhalt ist geeignet, in einem solchen Verhältnis die Position des Oberen einzunehmen, sondern muss über bestimmte – an dieser Stelle jedoch nicht näher explizierte – Eigenschaften verfügen, die ihm eine solche Position einzunehmen ermöglichen. Die washeitliche Komponente bleibt bei aller Konzentration auf die Strukturalität nicht komplett ausgeblendet. Hinsichtlich einer Relation *in univocis* braucht Eckhart nicht mehr von einer Natur des Oberen hinsichtlich seiner Eigentümlichkeit als Oberes zu sprechen, da in einer derartigen Relation die Glieder in einem Verhältnis von Gegenseitigkeit stehen:

„Bei Univokem jedoch kommen Aktives und Passives zusammen, auch Gattung und Art: Das Niedere hat das, was es empfängt, wohl aus Gnade des Oberen, aber nicht aus reiner Gnade. Der Grund ist der: In einer solchen Beziehung wirkt das Erleidende im Erleiden, und das Wirkende erleidet im Wirken. Ferner ist es auch nicht völlig passiv, noch entbehrt ihm jede Wirksamkeit; das Niedere empfängt wohl Ähnlichkeit und Form

---

[329] In Ioh. n.182 (LW III 150,5–152,13).
[330] In Ioh. n.182 (LW III 150,7): „[...] *ubi activum et passivum non communicant in materia sive in genere*".
[331] Ibid. LW III 150,9.

des Wirkenden von der Gnade des Oberen, verdient sie aber durch seine (eigene) Natur, weil es dieselbe Natur der Art nach wie das Wirkende hat."[332]

„Natur" steht in einer solchen Relation vornehmlich für die washeitliche Bestimmung des Sachverhalts, nicht insofern er die Stellung des Oberen oder Niederen einnimmt, sondern hinsichtlich dessen, was den beiden Gliedern der Relation gemeinsam ist, d. h. ihre gemeinsame Gattung (*genus*). Die gemeinsame Natur ist jedoch von relationaler Relevanz, weil sie die gegenseitige Einwirkung ermöglicht bzw. in diesem Zusammenhang erst aufgrund eines Prozesses des Einwirkens angenommen wird. Das Wirkenkönnen ist nicht bloß Bestandteil dieser Natur, sondern diese zeigt sich erst als diese Wirkung bzw. im Vollzug dieser Wirkung, so dass für diesen Zusammenhang nicht zuerst eine washeitliche im Sinne einer spezifischen Bestimmung, sondern eine strukturontologische im Sinne einer relationalen und prozessualen Bestimmung festgehalten werden kann. Die Betonung der *convenientia* liegt weniger auf *materia, genus* und *species*, sondern auf der *convenientia* von *activum* und *passivum*.

Die Natur eines relationalen Sachverhalts, d. h. die Relation als solche, – so wird in diesen Ausführungen deutlich – muss keineswegs einheitlich strukturiert sein, sondern kann sich in Form unterschiedlicher Strukturmuster entfalten. Sie bezieht zwar auch die washeitliche Bestimmtheit ihrer Glieder mit ein, erschöpft sich aber nicht in dieser, da sie in Form eines Prozesses vorgestellt wird. Die Form der Struktur steht mit dem inhaltlichen Gehalt des Sachverhalts bzw. seiner Komponenten in einem wesentlichen Zusammenhang, ist von diesen her wesentlich bestimmt, erschöpft sich aber nicht darin.

Wir berühren mit diesem Zusammenhang einen Themenkomplex, dem in der Eckhartinterpretation eine Schlüsselposition zukommt. B. MOJSISCH sieht für das Verhältnis zwischen analoger und univoker Relationalität bei Eckhart in der Theorie der Univozität die Grundlage für ein Verständnis der Theorie der Analogizität. ,Analogie', ,Univozität' und ,Einheit' (vgl. den Buchtitel) bilden die Theorieteile einer umfassenden Relationstheorie, innerhalb der der Univozität jedoch eine Schlüsselposition für das Gesamtverständnis zukommt. Im Hinblick auf die das Theorem „Gerechtigkeit" bemerkt Mojsisch: „Was dem Analogiedenken verborgen bleibt, wird dem Univozitätsdenken deutlich: Die Selbstvermittlung des Absoluten, der ungeborenen, aber gebärenden Gerechtigkeit."[333] Die univoke Beziehung gründe auf Gegenseitigkeit. So unterschieden sich univoke Relata zwar aufgrund ihrer Entgegensetzung (*inquantum in opponuntur / distinguuntur*), setzten sich zugleich aber wechselseitig in ihrer Relationalität (*in quantum relative, mutuo se ponunt*). Das „In-Sein" der Wirkung in ihrer Ursache mache das univoke Kausalverhältnis aus. In einer analogen Beziehung hingegen stamme das Hervorgebrachte zwar vom Hervorbrin-

---

[332] Ibid. LW III 150,12–151,6.: „*In univocis autem activum et passivum in materia conveniunt et genere et specie: inferius id quod recipit habet quidem de gratia superioris, sed non de mera gratia. Ratio est, quia in talibus passivum patiendo agit et activum agendo patitur. Item etiam non est se toto passivum nec carens omni actu ipsum inferius recipit similitudinem et formam activi de gratia quidem superioris, meretur tamen ex natura sua, eo quod sit eiusdem naturae in specie cum agente.*"

[333] MOJSISCH, Analogie 67.

genden ab, sei aber „unter seinem Ursprung, nicht bei ihm. Ferner wird es ein anderes der Natur nach, und so ist es nicht der Ursprung selbst. Allein insofern es im Ursprung ist, ist es der Ursprung selbst (dort nämlich ist es auf die Weise der Univozität)."[334] Bei der sogenannten „univoken Korrelationalität"[335] werde gegenüber der äußerlichen Relationalität analoger Relata ein immanentes Beziehungsverhältnis herausgestellt, indem Eckhart die wechselseitige Bezogenheit der univok-kausal sich durchdringenden Momente betone. Anhand des Univozitätsdenkens werde eine Selbstvermittlung des Absoluten – im konkreten Beispiel der Gerechtigkeit – deutlich, was dem Analogiedenken noch verborgen bleibe.

Der letzteren Einschätzung ist jedoch beizufügen, dass Eckhart in seinen Ausführungen zur Univozität weiterhin von einem Oberen und einem Niederen spricht, d. h. eine eindeutige Über- bzw. Unterordnung der Relata vornimmt. Von Gegenseitigkeit kann zwar die Rede sein, jedoch nur in einem insofern eingeschränkten Sinne, als eines der Relata – das sogenannte „Höhere" – die Relation begründet, während das in Bezug dazu Niedere erst auf den Anstoß des Höheren hin in der Lage ist, auf dieses zurückzuwirken. Die Unterscheidung zwischen analoger und univoker Beziehung bezieht sich auf den konkreten Vollzug der Relation, nicht auf ihren Ursprung. Die Ursprunghaftigkeit ist aber das wesentliche Konstitutivum jeglicher Prozessualität, und ihr gilt Eckharts eigentliches Interesse.[336]

Die Schlussfolgerung, die N. WINKLER zieht, zu deren Stützung er das hier noch zu untersuchende Illustrationsbeispiel von Feuer und Holz aus dem Johanneskommentar[337] herangezogen hat, erscheint vor dem Hintergrund dieser Überlegungen zu weitreichend: „Die univoke Einheit basiert auf Verwandlung dergestalt, dass sich der Mensch von seiner begrenzten Subjektivität befreit und die göttliche Subjektivität zu seiner eigenen macht. Es ist also nicht die Einheit *zwischen* zwei Subjekten gemeint, sondern die Umwandlung des einen in das andere."[338] Dem ist entgegenzuhalten, dass die von Eckhart entworfene univoke Relation nicht von einer verwirklichten Identität ihrer Relata ausgeht, sondern einen Prozess im Vollzug betrachtet. Eine vollendete Identität würde in letzter Konsequenz eine Aufhebung der Beziehungswirklichkeit bedeuten. Dem Beziehungsgeschehen als solchem kommt ein eigener substantialer Wirklichkeitsstatus zu, der mehr ist als die Addition oder Ineinssetzung der Relata. Zwischen den Prologen und den übrigen fertiggestellten Teilen des O.T. besteht bei aller entstehungsgeschichtlicher Distanz weiterhin ein sachlicher Zusammenhang. Die Vorbemerkungen der Prologe sind deshalb für das Verständnis der verschiedenen Theoriestücke als Hintergrund zu betrachten. Dies gilt auch für die in den Prologen grundgelegte Verhältnisbestimmung zwischen Höherem und

---

[334] MOJSISCH, Analogie 62.

[335] In ID., Theorie 271 spricht M. von „Univozität im Sinne korrelationaler Transzendentalkausalität", wobei er die Überlegungen in den Kontext einer Theorie des Ich, „das als Ursache seiner selbst sich als transzendentales Prinzip begründet" (IBID., 270), einbettet.

[336] Insofern können wir die von MOJSISCH hinsichtlich des transzendentalen Ich vorgestellte Identitätsformel (cf. n.335) nicht uneingeschränkt nachvollziehen.

[337] S.u.S. 116.

[338] WINKLER 79.

Niederem. Erst von hierher sind die die Relationalität spezifizierenden Aussagen zu verstehen:

> „Zweitens ist vorher zu bemerken, dass ganz allgemein das Frühere und Obere durchaus nichts von dem Späteren empfängt, ja sogar auch nicht von ihm berührt wird. Sondern das Frühere und Obere berührt vielmehr das Niedere und Spätere und steigt mit seinen Eigentümlichkeiten in es herab und gleicht sich – nämlich als Ursache und als Tätiges – jenes als das Verursachte und Leidende an."[339]

Das solchermaßen bestimmte Verhältnis zwischen Oberem und Niederen wird auch in der univoken Beziehung nicht aufgehoben. Es liegt kein Widerspruch vor, denn in der Passage aus dem Prolog wird lediglich ausgesagt, dass dem Oberen die Ursprunghaftigkeit zukommt und dass es in Bezug auf diese uneinholbar bleibt. Der konkrete Vollzug der Beziehung kann auf die skizzierte zweifache Weise angenommen werden. Die grundsätzliche Problemstellung, die hinter einer Unterscheidung zwischen einem analogen und einem univoken Ursächlichkeitsverhältnis steht, ist, ob Ursprunghaftigkeit notwendigerweise eine Affizierbarkeit des Ursprungs ausschließt, d. h. ob eine Rückwirkung des Verursachten auf das Verursachende möglich ist oder ob eine kausale Relation grundsätzlich nur in einer Richtung bestehen kann. Hinsichtlich dieser Problemstellung unterscheidet Eckhart zwei Möglichkeiten, wobei er anhand des Schemas der Univozität die aufgeworfene Frage grundsätzlich bejaht. Vorgestellt werden also „lediglich" zwei Modelle von Relationalität, die jedoch den Sachverhalt der Ursprunghaftigkeit als solchen nicht unmittelbar berühren.

Im Anschluss an die oben zitierte Passage aus dem Johanneskommentar illustriert Eckhart den Sachverhalt der Univozität folgendermassen:

> „Das Feuer wirkt in den Holzstücken die Hitze und verähnlicht sie mit sich in der Hitze, und das ist freilich aus Gnade, dass sie heiß sind. Das (er)zeugende Feuer, insofern es (er)zeugt, macht dennoch in der Hitze oder der Erhitzung des Holzes nicht halt, sondern ordnet diese Gnade hin auf die Erzeugung der (=seiner) Wesensform, welche die größere Vollkommenheit ist. Und so gibt es die Gnade der Erhitzung und Angleichung um der Gnade der arthaften Formung willen, damit nämlich das Holz durch die Erhitzung und Angleichung für die Wesensform aufnahmefähig sei. Daher ist die Erhitzung von dem sie erzeugenden Feuer nur akzidentell erstrebt. Deswegen geschieht die Veränderung bei der Erhitzung nur akzidentell oder durch die Akzidentien des Erzeugenden."[340]

---

[339] Prol. gen. in Op. trip. n.10 (LW I 154,13–155,1): „*Secundo est praenotandum quod universaliter priora et superiora nihil prorsus accipiunt a posterioribus, sed nec ab aliquo afficiuntur quod sit in illis; sed e converso priora et superiora afficiunt inferiora et posteriora et in ipse descendunt cum suis proprietatibus et ipsa sibi assimulant, utpote causa causatum et agens passum.*"

[340] In Ioh. n.182 (LW III 151,6–14): „*Ignis agit in lignis calorem et ipsa assimilat sibimet in calore, et hoc quidem de gratia est quod sint calida. Generans tamen ignis, in quantum generans, non sistit in calore sive calefactione ligni, sed hanc gratiam ordinat ad generationem formae substantialis, quae est maior perfectio, et sic gratiam calefactionis et assimilationis dat pro gratia specificae informationis, ut scilicet calefaciendo et assimilando formae substantialis lignum sit capax. Unde calefactio ab igne generante non est intenta nisi per accidens. Propter quod alteratio calefactionis fit per accidens sive per accidentia generantis.*"

Bezugspunkt dieser Ausführungen ist der doppelte Gnadenerweis, den der Schriftvers Joh 1,15f. unterstellt: *„De plenitude eius nos omnes accepimus, et gratiam pro gratia.“* Die Rede von der Gnade unterstellt a priori ein ungleiches Beziehungsverhältnis. Hier finden wir bereits das durchweg vertikale Verhältnis, das den Ausgangspunkt und Bezugsrahmen für Eckharts Überlegungen hinsichtlich Univozität und Analogizität darstellt. Innerhalb der von Eckhart angeführten Illustration sind diese Zusammenhänge auf den ersten Blick verborgen, was die Frage aufwirft, wo in dem Beispiel das univoke Beziehungsverhältnis vorliegt. Innerhalb des Prozesses, den Eckhart beschreibt, sind zwei wesentliche Ebenen zu unterscheiden. Diese Unterscheidung lässt sich an der Beschreibung einer zweifachen Vermittlung von Gnade festmachen: die hier aus dem Zusammenhang so genannte *gratia calefactionis et assimilationis* einerseits und die mit einem Allgemeinbegriff bezeichnete *gratia specificae informationis* andererseits. *Informatio* ist in diesem Zusammenhang wörtlich im Sinne von „Einformung“, d. h. Umprägung der wesensbestimmenden Form eines Sachverhalts durch einen anderen Sachverhalt. Der Prozess der Angleichung des Holzes an das Feuer wird durch die Hitze ausgelöst. Der Vollzug der wesentlichen Unterscheidung, von der ab nicht mehr von Holz, sondern von Feuer die Rede ist, wird losgelöst von diesem nur vorbereitenden Prozess betrachtet. Einerseits ist der Prozess der Erhitzung und dem zu Feuer werden durch das Feuer selbst ausgelöst, er ist jedoch im Hinblick auf das zukünftige Selbst-Feuer-Sein auch eine Bewegung, gleichsam ein Entgegenkommen des brennenden Holzes. So bemerkt Eckhart weiter:

> „Und das ist das, was hier gesagt wird, dass aus der Fülle des Höheren das Niedere all das Seine empfängt, Gnade um Gnade. Doch ist es wahr, dass auch umgekehrt das Holz die Gnade der Form des Feuers für die Gnade der Angleichung empfängt, vorbereitend und im Werden. So also empfängt bei Univokem das Niedere vom Höheren nicht nur aus Gnade, sondern aus Verdienst.“[341]

Das Verdienst, von dem hier die Rede ist, ist bloß ein relatives Verdienst, d. h. keine substantial eigenständige Leistung, da er die Hergabe bzw. Wirksamkeit von etwas bezeichnet, was zuvor empfangen wurde. Die Präposition *pro* des Ausdrucks *gratiam pro gratia* ist in ihrer Bedeutung schillernd, versucht man sie angemessen im Deutschen wiederzugeben. Sie bezeichnet einerseits – im Sinne eines *für* und *damit* – die Zweckgebundenheit der in diesem Beispiel ersten, gleichsam vorbereitenden Gabe, womit aber keine strikte Kausalität bezeichnet wird. Andererseits – das wird mit dem Satz *verum est tamen* eingeleitet – steht sie für den Austausch – *für* im Sinne von *anstatt* und einer zeitlichen Abfolge – der zuerst empfangenen und das eigene Wirken transformierenden Gnade für die zweite, die wesentliche Veränderung erwirkende Gnade. Das eigene Eingehen in die zunächst empfangende Wirksamkeit ist das, was Eckhart in diesem Zusammenhang unter Univozität versteht. Univozität wird folglich als ein Prozess aufgefasst und nicht, wie sich aufgrund der Erwähnung

---

[341] In Ioh. n.182 (LW III 151,14–152,2): *„Et hoc est quod hic dicitur quod de plenitude superioris recipit omne suum inferius, et gratiam pro gratia. Verum est tamen quod etiam e converso lignum recipit gratiam formae ignis pro gratia assimilationis dispositive et in fiendo. Sic ergo in univocis inferius recipit a superiori non solum ex gratia, sed etiam ex merito.“*

von *materia, genus* und *species* vermuten ließe, auf die Zuordnung von in sich substantial gründenden Wesenheiten. Ginge man von letzterem aus, läge überhaupt keine sachliche Notwendigkeit mehr vor, einen Prozess gegenseitigen Einwirkens von *activum* und *passivum* zu beschreiben. Die Terminologie, aus anderen Theoriestücken bekannt, ist in diesem Zusammenhang irreführend.[342] Die Annahme einer statischen Univozität unter Ausblendung der Prozessualität wäre vor dem Hintergrund des Illustrationsbeispiels von Feuer und Holz insofern absurd, als die Betrachtung reinen Feuerseins am Ende des Prozesses ohnehin zum Einen die vorherige Existenz des Holzes nicht interessieren muss, zum Anderen die Annahme eines reinen Feuers ohne etwas, das zu Feuer verbrennt so überhaupt gar nicht vorkommt. Eckhart geht es jedoch um eine Anschauung aus der empirisch wahrnehmbaren Wirklichkeit und von daher um die Prozesse, die sich als deren Grundlage vollziehen.

In der untersuchten Passage aus dem Johanneskommentar bildet der Naturbegriff das einheitsstiftende Moment. Worin besteht im angeführten Beispiel die *natura eiusdem in specie*[343]? Beschrieben wird der Prozess des Feuer-Werdens des Holzes, dessen Eckpunkte das wirkende Feuersein des Feuers und das Nichtfeuersein des Holzes sind. Würde der Naturbegriff auf eine für sich bestehende Wesensnatur des Holzes bzw. des Feuers angewandt, erschiene die Behauptung als sinnlos, da ja von Feuer und Holz die Rede ist. Bezöge sich die Behauptung auf eine gemeinsame Wesensnatur nach dem Prozess der Umwandlung des Holzes zu Feuer, wäre es sinnlos, die gemeinsame Natur zur Grundlage des Prozesses zu erklären, da von einer solchen erst bei Abschluss des Prozesses die Rede sein kann. Eine Identität wird hinsichtlich der Natur des *inferius* und der des *agens* behauptet. Der Blick richtet sich eindeutig auf den im Vollzuge befindlichen Prozess. Folglich wird unter *natura* in diesem Zusammenhang die relationale Ausrichtung und die Fähigkeit, einen derart substantialen Prozess einzugehen verstanden. Dies schließt nicht aus, dass mit Naturbegriff der reine Formalgehalt eines Sachverhalts, in diesem Falle des Feuers, belegt wird. Feuersein und zu-Feuer-werden-können ist beides unter der rein formalen Natur des Feuers zu subsummieren. Unsere Feststellungen zum relationalen Verständnis der Naturbegriffs lassen sich auch auf ein formales Verständnis beziehen. Die eckhartsche Konzeption umfasst beide Aspekte.

---

[342] MOJSISCH hebt weniger den Aspekt der Prozessualität, sondern vielmehr das Ergebnis des Prozesses hervor und beschreibt die Univozität als ein in sich stabiles Beziehungsverhältnis. Cf. n. 334. Diese Perspektive einer Abgeschlossenheit bleibt bestimmend, auch da, wo MOJSISCH den Aspekt der Prozessualität hervorhebt: Eckhart denkt „den Menschen, sofern er Gerechter als Gerechter oder Bild als Bild ist, als integratives Moment dieser Prozesse, als Moment, durch das diese Prozesse überhaupt auch erst möglich werden, indem die Momente sich wechselseitig setzen (mutuo se ponunt), ohne ihre Einheit zu verlieren." (ibid. S.81).

[343] Cf. Anm. 332.

b) Die Konzeption des Habitus – Identität und Differenz als Momente des Relationsschemas

Die Relationalität, die anhand des Naturbegriffs ausgesagt wird, wird auch an Eckharts Überlegungen zum Wesen des Habitus deutlich. Ein Habitus stellt sich nicht als eine Disposition dar, über die ein Träger frei verfügen kann, sondern als eine substantiale eigene Wirklichkeit, die sich mit dem Träger verbindet und ihn bestimmend prägt.

Mit der Lehre vom Habitus greift Eckhart ein aristotelisches Theoriestück auf. Von Aristoteles her lässt sich ein Habitus definieren als ein fortdauernder Zustand bzw. eine anhaltende Prägung, durch die sich ein zu eigenständigem Handeln fähiges Wesen auf eine bestimmte Weise verhält, jedoch ohne dass diese Prägung von jeher zur Substanz dieses Wesens gehörte. Der entsprechende aristotelische Begriff ist *hexis*. Der Habitus hat von daher eine Ursache außerhalb der Entität, die er prägt, was aber nicht eine wesentliche Relation zwischen ihr und diesem ausschließt.

Die aristotelischen Überlegungen, die eher das Phänomen zu beschreiben als es von seinen Ursprüngen her zu erklären beanspruchen, ordnet Eckhart in einen umfassenderen Gedankengang ein. Ihn interessieren – und das ist für seinen Ansatz insgesamt charakteristisch – weniger die Wirkweise und die sachlich-inhaltliche Differenzierung eines Habitus, sondern sein Ursprung. Diesen ortet er in Gott und von daher betrachtet er einen Habitus in erster Linie als eine relationale Wirklichkeit, die den Menschen, der sein Träger geworden ist, durch einen dauerhaften Vorgang mit Gott verbindet. Von dieser Konzeption her umgeht Eckhart eine Unklarheit, die dem aristotelischen Ansatz anhaftet, das Verhältnis zwischen Habitus und Disposition. Für letztere gebraucht Aristoteles einerseits den Begriff *diathesis*, andererseits verwendet er den Begriff *hexis* auch so, dass darunter eine Potenzialität auf eine durch Übung aktualisierte Disposition verstanden werden kann.[344] Den Bereich der Disposition blendet Eckhart zwar nicht aus, wie im Folgenden gezeigt wird, doch steht er außerhalb dessen, was für Eckhart den Habitus im eigentlichen Sinne ausmacht. Der Habitus als solcher, da in Gott gründend, ist keine Sache der Einübung. Eckhart folgt in seiner Rezeption des aristotelischen Ansatzes einer anderen Richtung als beispielsweise THOMAS VON AQUIN, der im Habitus viel stärker das aktuierende Moment dessen, was als Anlage bereits vorhanden ist, sieht.[345] Eckhart konzipiert seinen Ansatz vom Naturbegriff her.

Als eingehendes Beispiel für die Beschreibung der Natur eines *habitus* bei Eckhart lassen sich die Aussagen einordnen, die von der „Natur der Gerechtigkeit" (*natura iustitiae*) handeln. Die Gerechtigkeit ist innerhalb des O.T. das am häufigsten angeführte Beispiel eines *habitus*.[346] Sicherlich nimmt sie unter den *habitus* auch inhaltlich eine Sonderstellung ein, da sie bei Eckhart den praktischen Habitus überhaupt darstellt, doch gilt es ihren exemplarischen Charakter für die Natur eines *habitus*

---

[344] Cf. ARISTOTELES, Nikom. Ethik II, 4, 1105 b 26ff.

[345] Cf. THOMAS VON AQUIN, S. th. I II q. 54 a. 2 c.

[346] WELTE 139 spricht von einem „Leitmodell des Meisters."

überhaupt festzuhalten,[347] der sich in Verbindung mit der dem O.T. eigenen Methode des Systemsfragments bzw. der Abbreviatur ergibt.[348]

Eckhart selbst spricht hinsichtlich der Gerechtigkeit nicht explizit von einem Habitus, sondern von einem Habitus der Tugend, der jedoch dem entspricht, was die Gerechtigkeit als solche im Menschen bewirkt.[349] Die Mehrzahl der Überlegungen zu diesem Themenkomplex liegt im Johanneskommentar vor. In folgendem Zitat leuchtet der beschriebene Zusammenhang auf:

> „Zudem aber muss man wissen, dass der Gerechte dadurch die Gerechtigkeit kennt und erkennt, dass er selbst gerecht ist, wie er denn auch, im Habitus der Tugend, dadurch, dass er tugendhaft ist, weiss, was zur Tugend gehört, und wie er der Tugend gemäß handeln muss. Daher ist für ihn tugendhaft sein und die Tugend kennen dasselbe."[350]

Das Subjekt des einleitenden Vergleichs – der Gerechte (*iustus*) und der sich im Habitus der Tugend befindende (*habens habitum virtutis*) – bezeichnen in dem hier zugrunde gelegten Verständnis des Textes ein und dieselbe Person.[351] Der Habitus der Tugend – und davon abgeleitet der der Gerechtigkeit – stellt sich diesen Ausführungen zufolge primär als ein Wissen um den Zustand, in dem man sich befindet, dar. Dieses Wissen hat einen reflexiven Charakter, d. h. der Habitus geht mit dem Selbstbewusstsein seines Trägers zusammen. Ein Wissen um Gerechtigkeit oder Tugend als solche ist nicht möglich, sondern allein aus dem Bewusstsein der eigenen Gerechtigkeit und Tugend kann es ein Wissen darum, was diese in sich bedeuten,

---

[347] Mit WINKLER 136 teilen wir die Beobachtung, dass die Gerechtigkeit neben der Nächstenliebe bei Eckhart das große Thema auf dem Gebiet der praktischen Ethik ist und dass sie bei ihm für die Tugend überhaupt steht. In seinen Ausführungen zum Gerechten und zur Gerechtigkeit als dem *paradigma morale* differenziert W. jedoch nur ansatzweise zwischen den Ausführungen, wo Eckhart die Gerechtigkeit inhaltlich aufgreift und sie dann konkret im Sinne von Gleichheit ausfüllt, und den Stellen, wo Gerechtigkeit rein formal in ihrer prozessualen Wirksamkeit als Habitus beschrieben wird. Letzteres ist für das *opus tripartitum* bestimmend. Für diese Überlegungen sind inhaltliche Gesichtspunkte wie Gleichheit oder Selbstzwecklichkeit zunächst zweitrangig. Sie stellen die Konkreta dar, die den entworfenen Rahmen ausfüllen werden.

[348] S.u.Abschnitt D.1.

[349] Cf. das zweite Textzitat in n. 359; zum Zusammenhang von Tugend und Gerechtigkeit cf. auch das Zitat unter n. 378.

[350] In Ioh. n.191 (LW III 159,15–160,1): „*Adhuc autem sciendum quod iustus per hoc scit et cognoscit iustitiam quod ipse est iustus, sicut habens habitum virtutis scit ea quae virtutis sunt et quae secundum virtutem agenda per hoc quod est virtuosus. Unde ipsi idem est esse virtuosum et scire virtutem.*"

[351] Der Editor der kritischen Edition geht von zwei verschiedenen Subjekten aus und übersetzt: „ Zudem aber muss man wissen, dass der Gerechte dadurch die Gerechtigkeit kennt und erkennt, dass er selbst gerecht ist, wie denn auch, wer im Besitz der Tugend ist, dadurch, dass er tugendhaft ist, weiß, was zur Tugend gehört, und wie er der Tugend gemäß handeln muss." Der Fortgang der Eckhartschen Argumentation, innerhalb dessen die Rede von der Gerechtigkeit und die von der Tugend einander durchdringen, sowie die Tatsache, dass die Ausführungen über die Tugend so ausgebreitet zur Illustration des Verhältnisses des Gerechten zur Gerechtigkeit herangezogen werden, legen jedoch die Übersetzung im Sinne eines gemeinsamen Subjekts nahe. Der Gerechte ist zugleich der Tugendhafte.

überhaupt geben. Erkenntnis vollzieht sich in diesem Falle nicht aus einer Distanz gegenüber dem erkannten Sachverhalt heraus, sondern im Mitvollzug und in der Bewusstwerdung des dem Erkennenden selbst Gegebenen. Die Feststellung, dass die Erkenntnis eines Habitus nur dadurch gegeben ist, dass sich der Erkennende selbst in diesem Habitus befindet, wirft die Frage nach dem Wirklichkeitsstatus dieser Identität zweier für sich genommen nichtidentischer Entitäten auf. Bei der Klärung dieser Frage spielt der Naturbegriff eine wesentliche Rolle.

Im Zusammenhang mit den Eckhartschen Denkwegen von einer Identität des Nichtidentischen zu sprechen, geht auf Überlegungen von B. WELTE zurück.[352] Welte unterscheidet eine Identität des Geschehens von einer Nichtidentität des Bestandes. Sie gründet ihm zufolge bereits in den aristotelischen Überlegungen hinsichtlich einer Identität *kat'enérgeian*, d. h. einer Einheit in Wirken und Vollzug. Bei Aristoteles ist dieser Gedanke in der Erkenntnistheorie verankert. Im Erkenntnisvollzug bilden Wahrnehmbares und Wahrnehmendes eine Einheit, ohne von ihrem Sein her, d. h. je in sich genommen eine Einheit zu sein. Am ausgeprägtesten ist diese Einheit auf der Ebene des Geistes (*nous*): Der Geist, der eine Sache denkt, ist im Vorgang des Denkens eins mit dem von ihm Gedachten. Die Einheit vollzieht sich auf einer anderen Ebene als der, wo die Sache für sich steht bzw. in sich begründet ist.[353] THOMAS VON AQUIN greift diese aristotelische Lehre kommentierend auf und differenziert zwischen dem *actus*, den ein Subjekt vollzieht, und seiner *ratio*, d. h. dem, was es für sich genommen als solchen ausmacht.[354] In Bezug auf ersteres ist eine Einheit zweier Subjekte annehmbar, in Bezug auf letzteres nicht. Parallel dazu setzt Thomas die Unterscheidung zwischen dem *esse materiale* und dem *esse immateriale* einer Sache. In ihrem *esse materiale* bleibt eine Sache auf sich selbst bezogen auf das beschränkt, was sie ist. In ihrem *esse immateriale* ist sie unbegrenzt (*quodammodo infinitum*) und beim anderen (*quodammodo alia*). Das einschränkende *quodammodo* lässt sich unserer Ansicht nach zu dem eckhartschen *in quantum* in Beziehung setzen. „Gewissermaßen" heißt, dass die aufgestellte Behauptung in einer bestimmten Hinsicht gilt, dass sie jedoch aus anderen Blickwinkeln heraus relativiert werden kann. Eckhart formuliert mit Hilfe des *in quantum* von vornherein so, dass eine bestimmte Perspektive unterstellt wird, aus der – und nur aus der – heraus sich der Sachverhalt so wie beschrieben darstellt. Welte sieht die Identität mit dem Nichtidentischen bei Thomas als ein dialektisches Spannungsverhältnis, das von einer Differenz in der Weise der Identität eines Seienden – Identität in sich oder Identität des Vollzugs – ausgeht. Bei Eckhart führe der Gedanke an eine Identität des Geschehens zu einer Aufhebung der Subjekt-Objekt-Differenz. Die Aufhebung von Subjekt und Objekt in einer Einheit verwische bei Eckhart jedoch nicht die Unterscheidbarkeit der Seinssphären. Dies gelte insbesondere für das Hauptanwendungsgebiet dieses Theorems, das Verhältnis von Gott und Mensch. Alle Identitätsaussagen, die Eckhart in seinem Werk vorlege, seien im Sinne einer Identität des Vollzugs zu deuten. Ihm aufgrund seiner Identitätsaussagen einen pantheistischen Ansatz zu unterstellen, verkenne genau diese Identitätsverständnis. Eckhart habe damit die

---

[352] Cf. zu den folgenden Ausführungen WELTE 116–121.
[353] Cf. ARISTOTELES, De an III, 425 b, 20 und 431 b, 17.
[354] Cf. THOMAS VON AQUIN, In de anima, L III, lec 2, Nr. 590.

äußerste Konsequenz aus einem Ansatz gezogen, den im Grunde auch Thomas vertrete und der durch Aristoteles erstmals formuliert worden sei.[355]

Bevor sich die Untersuchung der Klärung des Problemfeldes einer anhand des Naturbegriffs fassbaren Identität zweier nichtidentischer Entitäten zuwendet, sollen zum näheren Verständnis des Naturbegriffs noch einige Anmerkungen zur eckhartschen Konzeption des Habitus im Allgemeinen eingeflochten werden, die uns von der Sache her wieder in die skizzierte Problemstellung zurückführen werden.

Eckhart selbst legt im *prologus generalis* nahe, einen Sachverhalt anhand eines Gegensatzes zu beleuchten. Innerhalb des Schemas der *termini generales*, dem diese methodologische Überlegung zugrunde liegt, findet sich der Begriff *habitus* zwar nicht explizit integriert, jedoch gibt es andere Textstellen, wo dies der Fall ist.[356] Der begriffliche Gegensatz des *habitus* ist die *privatio*. Diese Gegenüberstellung geht auf Aristoteles zurück. ARISTOTELES grenzt die *héxis* als Wirklichkeit des Habens und des Gehabten von der *stéresis* als Wirklichkeit des Nichthabens und des Nichthabenkönnens ab.[357] Unter *privatio* versteht Eckhart Trennung oder Einschränkung gegenüber einer Vollkommenheit, d. h. jede Form von Nichtvollkommenheit. Im Gegensatz dazu, bzw. unter Abstrich der mit der *privatio* ausgesagten Negativität, bedeutet *habitus* den uneingeschränkten Besitz bzw. die uneingeschränkte Teilhabe und Bindung eines Trägers an die durch den *habitus* bezeichnete Wirklichkeit. In dieser Begriffsdefinition klingt bereits eine wesentliche Relation an, genau genommen in

---

[355] WELTE 120 sieht in dieser Vorgehensweise Eckharts eine sich selbst aufhebende Eigenreflexivität der Metaphysik vollzogen: „Wenn man diesen Gedanken der Identität des Geschehens einen metaphysischen Gedanken nennen will, dann haben wir das faszinierende Phänomen vor uns, dass sich die Metaphysik als Gedankensystem von Unterscheidungen mit Hilfe eines selbst metaphysischen Gedankens aufhebt und diese Aufhebung sich noch einmal in diesem metaphysischen Gedanken spiegelt."

[356] z.B. In Ioh. n.75 (LW III 63,6–9): *„Lux in tenebris lucet etc., quia malum semper est in bono, nec videtur nec cognoscitur nec lucet nisi in specie boni. Sic falsum non cognoscitur nisi in veritate, privatio in habitu, negatio in affirmatione. Sic ergo bonum lucet in malo, verum in falso, habitus in privatione."* In diesen Ausführungen zu Joh 1,5 geht es um ein erkenntnistheoretisches Problem: Wie kann Negatives, da es Nichtsein unterstellt, erkannt werden? Die Möglichkeit sieht Eckhart ausschließlich darin gegeben, dass das Negative seinem positiven Gegenstück zugeordnet ist und im Kontrast zu diesem steht. Aus der zuordnenden Kontrastierung ist Erkenntnis eines Negativen möglich, nicht aber an sich. Negativität definiert sich als Mangel, nicht jedoch als Gegenprinzip zum Positiven. Die *species*, mit Hilfe derer ein Sachverhalt überhaupt erkannt werden kann, ist vor diesem Hintergrund der rein positive Gehalt des Begriffs. Negativität als solche kann nicht erkannt werden, da ihr keine positive *species* zugrunde liegt. In ähnlicher Weise stellt Eckhart im Exoduskommentar fest (In Ex. n.181 = LW III 155,13f.): *„[...] privatio necessario consequitur habitum et negatio fundatur in affirmatione[...]"*. An den Verben *consequi* und *fundari* wird deutlich, dass die Gründung des Negativen im Positiven nicht bloß erkenntnistheoretischen, sondern ontologischen Charakter hat. Diesen verdeutlicht eine Bemerkung im Sapientiakommentar (In Sap. n.104 = LW III 440,13–441,1): *„[...] omnia id, quod sunt et quod omnia sunt, per unum et in uno sunt, simili quodam modo sicut privatio in habitu et negatio in affirmatione, quorum est una scientia, et etiam unum scire et unum esse."* In unseren Überlegungen gehen wir den eckhartschen Denkweg umgekehrt und versuchen, anhand des negativen das positive Begriffspaar inhaltlich zu bestimmen.

[357] ARISTOTELES, Met. V 19 u. 22 (1022 b 1–10).

zweifacher Hinsicht: Die Beziehung des Trägers zu der Wirklichkeit dessen, wovon er Träger ist, und die Beziehung eines als *privatio* gekennzeichneten Sachverhalts zu der Wirklichkeit, auf die hin er als *privatio* erscheint.

Offensichtlich ist der Träger nicht natürlicherweise im Besitz eines *habitus*. Der *habitus* ist etwas hinzu Kommendes. Damit hat der *habitus* jedoch keinen akzidentellen Charakter, sondern der Zustand des Mangels (*non sufficit*), in dem sich der Mensch als potentieller Träger Gott gegenüber immer schon befindet und der Bestandteil seiner *natura* ist, macht den Erwerb eines *habitus* zur eigenen Vervollkommnung im Sinne der Vereigentlichung notwendig. Der Mangel, den eine Entität in sich trägt, macht die wesentliche Ausrichtung auf ein anderes ihrer selbst notwendig. Der *habitus* bezeichnet in diesem Zusammenhang jedoch nicht erst den erreichten Zielzustand, sondern bereits den auf diesen Zielzustand ausgerichteten Vollzug, der aber schon eine substantielle Relation bezeichnet in dem Sinne, dass der Prozess auf das Ziel hin bereits das Ziel verwirklicht. Besonders anschaulich wird dies anhand der Bezeichnung *habitus scientiae*, der sich im Erwerb des Wissens vollzieht.[358]

Die meisten Überlegungen zum Wesen eines Habitus stellt Eckhart im Johanneskommentar an. Sie beziehen sich in der Mehrheit auf die Frage nach dem Erwerb eines Habitus. Ein Habitus ist zwar entweder vorhanden oder nicht vorhanden – es gibt keinen Übergangsstatus –, doch ist sein Erwerb Bestandteil eines Prozesses: So bestehen Akte, die einem Tugendhabitus vorausgehen, und Akte, die von ihrem Wesen her einem solchen nachfolgen. Erstere haben in ihrer Erscheinungsweise eine negative, letztere eine positive Konnotation.[359] Die vorausgehenden Akte (*actus praecedentes*) dienen dem Erwerb des Habitus, führen diesen jedoch nicht wesentlich herbei, sondern bereiten gleichsam dessen Freiraum vor, da es sich bei dem entscheidenden Schritt um einen Vorgang handelt, der nicht durch kontingente Ereignisse ausgelöst wird, sondern sich auf einer von diesen unterschiedenen metaphysischen Ebene einstellt. Die kontingenten Akte stellen vor dem Hintergrund des eigentlichen Geschehens dessen Vorspiel und kontrastierende, d. h. den Prozess veranschaulichende Manifestation dar. Im Sapientiakommentar spricht Eckhart in diesem Zusammenhang von einer *dispositio*, worunter er ein vorbereitendes Wirken versteht, das bereits Merkmale des Habitus an sich trägt, dem jedoch die wesentliche Rückbindung in Gott fehlt, so dass es sich nicht um einen dauerhaften Zustand handelt, sondern um eine vorübergehende (*quasi transiens*) Erscheinung.[360] Die Ebenen des Kontingenten und der eigentlichen, göttlichen Wirklichkeit werden nicht vermengt, sondern stehen in einer wesentlichen Relation, die sich aber nicht als Kausalzusammenhang von der

---

[358] Cf. In Ex. n.51 (LW II 54,6–10): „*Sic etiam, quia essentia hominis non sufficit ad intelligere et ad scire, propter hoc ipsi additur potentia intellectiva et habitus scientiae. Hinc est quod habitus proprie non ponitur secundum doctores in illis potentiis, quae ex sui natura sufficiunt et declinantur ad actum.*"

[359] In Ioh. n.186 (LW III 155,15–156,4): „[...] *iterum et de actibus virtutem praecedentibus et actibus habitum virtutis subsequentibus in moralibus: illi enim sunt graves, tristes, poenosi, onerosi, laboriosi, isti autem, utpote perfecte ad Christum, filium, gratiam et veritatem pertinentes sunt leves, hilares, gaudiosi, faciles, quieti, suaves et deliciosi.*"

In Ioh. n.477 (LW III 410,5–7): „*In moralibus siquidem actus praecedentes habitum serviles sunt cum passione sive tristitia et difficultate, quosque generetur vrtus, puta iustitia quae filium facit, iustum scilicet.*"

[360] Cf. In Sap. n.102 (LW III 438,6–439,6).

unteren zur oberen Ebene gestaltet, sondern als ein Einwirken der oberen auf die untere Ebene.[361] Wenn Eckhart in diesem Zusammenhang davon spricht, dass der Mensch sich den Habitus aneignen kann (*acquirere*) und dies mit Lehren (*docere*) und Lernen (*discere*) in Zusammenhang bringt, gilt dies nur für die Ebene des Kontingenten, im Sinne einer Vorbereitung oder eines Sichöffnens, nicht jedoch für eine Erzeugung des Habitus als solchem. Die prozessualen Begriffe des Werdens bzw. Entstehens, die Eckhart dem Habitus zuordnet, sind *generatio* und *alteratio*[362]. Hierbei bezeichnet die *generatio* das eigentliche Entstehen von etwas Neuem als eben diesem, theologisch gesprochen den Akt der Schöpfung, während die *alteratio* die damit verbundenen Wandlungen innerhalb des Bereichs des Kontingenten meint.[363] Der Habitus als solcher zeigt sich nicht nach außen, da ihm als einer nichtkontingenten Wirklichkeit die äußerlich sichtbaren Akzidentien abgehen. Eckhart spricht stattdessen von Zeichen (*signa*), anhand derer sich die erfolgte *generatio* zeigt. Dem Träger widerfährt der Habitus, da er ihn nicht selbst erzeugt. Hinsichtlich des entscheidenden Schrittes, dem Übergang vom Nichtvorhandensein zum Vorhandensein des Habitus bzw. von dessen Nichtwirksamkeit zu dessen Wirksamkeit sieht Eckhart den Träger in einer passiven Rolle, und Formulierungen wie die, dass vor der Zeugung eines Habitus der Träger von negativen und nachher von positiven Gefühlen bestimmt sei, weisen auf den Charakter der Widerfahrnis.[364] Ein Habitus, wie er sich anhand der Gerechtigkeit darstellt, ist weder Gegenstand theoretischer Erkenntnis noch Resultat praktischen Handelns, sondern Gegenstand einer Erfahrung. Vor diesem Hintergrund unterscheidet Eckhart den Habitus klar von der Gewohnheit (*consuetudo*)[365], weshalb wir davon ausgehen müssen, dass Eckhart in seiner Konzepti-

---

[361]   In Ioh. n.461 (LW III 395,1–6): „*Secundo notandum quod actus praecedentes habitum imperfecti sunt, serviles sunt; serviunt enim docenti et discenti ad habitum acquirendum; propter quod non manent in domo virtuosi. Actus autem perfecti non serviunt nec serviles sunt, sed consequuntur habitum genitum ut prolem et filium et propter hoc manent in domo in aeternum, quamdiu filius, id est habitus, fuerit.*"

[362]   Cf. In Ioh n.150 (LW III 124,5ff.): „*Quod autem dictum est de alteratione et generatione quantum ad formas substantiales in naturalibus, eodem modo se habet circa generationem habituum sive virtutum in moralibus.*"

[363]   Zum Verhältnis *generatio – alteratio* siehe auch Abschnitt D.5.

[364]   z.B. In Ioh. n.668 (LW III 581,3f.11): „*Hic tamen nunc advertendum quod operari ex tristitia signum est habitus virtutis nondum generati et quod nondum homo est natus filius dei. [...] signum generati habitus est delectatio operis.*"
        In Ioh. n.340 (LW III 288,1f.): „*[...] signum virtutis et habitus perfecti est delectatio in opere.*"
        In Sap.n.27 (LW II 347,3f.): „*Hinc est quod signum generati habitus est delectatio in opere.*"
        Cf. ARISTOTELES, Eth. Nic. II c. 3 (B c.2 1104 b 3–5).
        Dasselbe Theoriestück findet sich von Eckhart an in verschiedene Zusammenhänge eingearbeitet. Dies wird dadurch möglich, dass Eckhart von einer in ihrem Grundschema einheitlichen Struktur der Wirklichkeit ausgeht. Dieses Schema setzt auf verschiedenen Ebenen an. Die daraus resultierende Strukturparallelität ist dadurch möglich, dass das wesentliche Charakteristikum dieses Schemas in seiner linearen Ausrichtung liegt. Die gemeinsame Ausrichtung ermöglicht ein Nebeneinander, so dass es sich bei extensionaler Deckung nicht um eine Tautologie handelt.

[365]   In folgedem Argumentationsgang, der sich auf den Fischfang der Apostel in Joh 21,3 bezieht, werden *habitus* und *consuetudo* zwar in einen Zusammenhang gebracht, jedoch sachlich klar voneinander unterschieden: In Ioh. n.716 (LW III 626,4–9): „*Fit enim consuetudo et consti-*

on des Habitus nicht das einzige Konstitutionsschema menschlichen Handelns erblickt, wohl aber das, welches menschliches Handeln in seiner vollendetsten, weil in Gott gründenden Weise beschreibt.[366]

Die von Eckhart entworfenen Strukturen des Habitus lassen sich auf das Begriffsfeld Gerechtigkeit übertragen. WELTE sieht die eckhartsche Gerechtigkeit als „gedacht und wohl auch erfahren als eine ursprüngliche Mächtigkeit, die sich im Menschen geltend macht, indem sie richtet. Denn der Mensch wird gemäß der Gerechtigkeit gerichtet und findet sich immer schon so gerichtet. Gerechtigkeit in einem solchen Verstande ist also nicht die der gesetzten und von Menschenhand entworfenen Rechtsordnung, sie ist vielmehr erfahren als eine stille und mächtige Größe, an der auch jede menschliche Ordnung immer wieder gemessen und oft genug verworfen werden muss."[367] Dass die Gerechtigkeit sich von sich aus geltend macht und sich primär als eine Erfahrung zeigt, entspricht den Beobachtungen am Text. Den Akzent jedoch auf ihre Eigenschaft als Richtmaß bzw. richtende Instanz zu setzen, finden wir so nicht bestätigt. Der Textbefund weist eher in die Richtung, dass der Gerechte aufgrund seiner Erfahrung der Gerechtigkeit, d. h. seines Stehens in ihr, zum richtenden Urteil befähigt ist. Diese Ansicht wird in folgender Passage deutlich:

„Es ist also zuerst zu bemerken, dass es drei sind, in denen der Mensch unterrichtet, belehrt und erleuchtet werden muss, damit er nämlich das Böse erkennt, um es zu meiden, das Gute, um es zu tun und ebenso das Urteil des Gesetzes, welches das Böse bestraft und das Gute belohnt. Und das ist der Sinn dessen, dass es hier heißt, der Heilige Geist überführe, das heißt er erleuchte die Welt über Sünde, Gerechtigkeit und Gericht. [...] Dem Philosophen zufolge ist das Gerade Richtmaß seiner selbst und des Krummen [...]. Der Intellekt jedoch, das geistige Auge, abgetrennt (von der Materie) und unvermischt (mit ihr), sieht ebenso wie anderes. Daher urteilen sie über die körperlichen und materiellen Akzidentien, zum Beispiel Farbe, Geschmack und dergleichen, nicht über sich noch beurteilen sie anderes, sondern werden von anderem beurteilt. Anders verhält es sich mit geistigen Dingen, wie Richtigkeit, Gerechtigkeit, Wahrheit [...] Aus dem Vorangehenden erhellt, dass weder über die Sünde, nämlich das Krumme, noch über die Gerechtigkeit, nämlich das Rechte, jemand zu richten hat als der Gerechte und Rechte [...]. Es wird deutlich, dass der Gerechte [...] aus sich selbst, nämlich als (Ge)Rechter, die Welt der Sünde, nämlich des Krummen überführt und belehrt, über die Gerechtigkeit, nämlich als dem aus sich selbst Rechten, und des Gerichts, wodurch der Ungerechte gerichtet und von dem Gerechten unterschieden wird."[368]

---

tuitur ex multiplicatis actibus, sicut et habitus virtutis qui etiam in modum naturae inclinat [...] et ars omnis ex multiplicatis actibus sumpta experientia perfecta est. [...] Sic ergo apostolis delectabile fuit naturaliter piscari, tum quia actus consuetus, tum quia ab arte processit, tum quia ex habitu." Die Kunstfertigkeit (*ars*) wird als dritte positive Handlungsmotivation neben *consuetudo* und *habitus* vorgestellt.

[366] Zur Zeugung des Habitus cf. E. ZUM BRUNN / A. DE LIBERA, Métaphysique du Verbe 94.

[367] WELTE 141.

[368] In Ioh. n.658–660 (LW III 573,3–575,6): „*Notandum ergo primo quod tria sunt in quibus homo debet instrui, doceri et illuminari, ut cognoscat scilicet malum ad vitandum, bonum ad operandum, item iudicium legis punientis mala et praemiantis bona. Et hoc est quod spiritus sanctus dicitur arguere, id est illuminare mundum de peccato, iustita et iudicio. [...] Secundum philosophum* (ARISTOTELES, De an. I t.85 (A c.5 411 a 5–7)) *rectum est iudex sui et obliqui, [...] . Intellectus autem, oculus spiritalis, separatus et*

Eckhart beschreibt in dieser Passage die Ermächtigung des Gerechten zum Urteil. Dabei ist kein Anklang an eine Fremdbestimmung zu finden: Die Gerechtigkeit urteilt nicht über den Gerechten, sondern wenn sie ihm zuteil geworden ist, versetzt sie ihn in die Lage zu urteilen. Die Wirkmächtigkeit des Urteils, sein Ursprung und seine Ermöglichung liegen jedoch in der Gerechtigkeit selbst. Eckhart beschreibt die Aneignung eines in sich Selbständigen, das einerseits seine Selbständigkeit behält, da es nicht in der Aneignung aufgeht, andererseits dem, der es sich aneignet, einen eigenständigen Vollzug ermöglicht. Fremd- und Eigenbestimmtheit gehen ineinander. Das Urteil eignet dem Gerechten als ein aktiver Vollzug. Der Gerechtigkeit, genauer gesagt ihrer Aneignung durch den Menschen, kommt damit eine Funktion zu, die sich mit der des Gewissens, insbesondere seiner Kontroll- und erst auf den zweiten Blick seiner Entscheidungsfunktion deckt. Neben den kognitiven Aspekt des Habitus tritt ein praktischer. Der Begriff des Gewissens (*conscientia*) als solcher spielt bei Eckhart eine untergeordnete Rolle, so dass man davon ausgehen kann, dass Eckhart den dadurch beschriebenen Sachverhalt in seine Konzeption der Gerechtigkeit integriert und keine selbständige Theorie des Gewissens entwickelt hat. Thomas von Aquin[369] verstand unter der *conscientia* einen praktischen Habitus, der die menschlichen Handlungen auf ihre Prinzipien, namentlich das *primum principium practicum* (*Bonum est faciendum, malum vitandum*)[370] und den Anspruch, unter der Vernunft zu stehen (*secundum rationem agatur*)[371], hin prüft. Im eigentlichen Sinne versteht Thomas darunter den Akt des Gewissensurteils als eines Urteils der praktischen Vernunft, im Vollzuge dessen das Wissen auf den angestrebten oder vollzogenen Akt hin angewendet wird.[372] Die beurteilten Akte sind stets die eigenen, nicht die fremder Personen. Darin liegt ein entscheidender Unterschied zu Eckharts Entwurf eines Urteilens ausschließlich aus dem Habitus der Gerechtigkeit heraus.[373] Aus dem obigen Zitat, dem Johanneskommentar entnommen, wird deutlich, dass der Mensch einerseits in der Lage ist, seine eigenen Taten zu beurteilen, wobei Eckhart wörtlich auf das *primum principium practicum* als einen dem Gerechten mitgegebenen Maßstab zurückgreift. Dieser Maßstab kommt dem Menschen von außen – einem „Außen" in seinem Innersten – zu, was anhand der Verben *instruere*, *docere* und *illuminare* deutlich wird, die ein aktives Prinzip beschreiben, gegenüber dem der Mensch sich passiv verhält. In seinem Urteil kommt dem Gerechten hingegen eine aktive Rolle zu. So

---

immixtus, ‚*videt se sicut alia*' (ARISTOTELES, De an. III t. 13 (Γ c. 4 429 b 29)). *Hinc est quod accidentia corporalia et materialia, puta color, sapor et huiusmodi, nec de se iudicant nec alia iudicant, sed ab alio iudicantur. Secus de spiritualibus, ut sunt rectitudo, iustitia, veritas [...] Ex praemissis patet quod nullus habet iudicare de peccato, utpote obliquo, nec de iustitia, utpote recto, nisi iustus et rectus [...]. patet quod iustus [...] ex se ipso, utpote rectus, arguit et docet mundum de peccato, utpote obliquo, de iustitia, utpote de se ipso recto, et de iudicio quo iudicatur et discernitur iniustus a iusto.*"

[369] Zur Gewissenslehre des Thomas von Aquin cf. HONNEFELDER, Gewissen.

[370] THOMAS VON AQUIN, S. th. I–II. q. 94 a. 2.

[371] ID., ST I II 94,4 q.

[372] ID., ST I q. 79 a. 13.

[373] Was MIETH 42 im Hinblick auf das Deutsche Werk Eckharts bemerkt, kann auf die Gedanken im O.T. angewandt werden: „Die Frage nach dem ‚sittlich Richtigen', ausgehend vom ethischen Konflikt, wird hier nirgends gestellt. Das Richtige erscheint vielmehr als selbstverständliche Folge des Guten: wer gut *ist*, der handelt auch richtig."

ist der Gerechte in der Lage, ein Urteil über den Bereich außerhalb seiner selbst zu fällen (*arguit et docet mundum de peccato*). Die Formulierung „Urteil des Gesetzes" (*iudicium legis*) lässt an ein Urteilsprinzip denken, das aus sich selbst heraus agiert, indem es nicht nur mit einen Anspruch auftritt, sondern auch als sanktionierend – lohnend und bestrafend – erfahren wird. Mit letzterem beschreibt Eckhart die Wirkmächtigkeit des Gewissensurteils.

Eckhart versteht den Prozess des Gewissensurteils als ein Ineinander von Aktivität und Passivität. Die Formulierungen legen auf den ersten Blick nahe, dass es sich nicht um einen Habitus handelt, der dem Menschen immer schon mitgegeben ist, sondern der angeeignet bzw. aufgedeckt und aktiviert werden muss. Dies würde bedeuteten, dass das Gewissen nicht zur natürlichen Ausstattung des Menschen gehörte, sondern ihm nachträglich von Gott verliehen würde. Man missversteht Eckhart jedoch, verstünde man die Befähigung zum Gewissensurteil als einen einmaligen, kontingenten, d. h. ereignishaft fassbaren Akt. Eine solche Interpretation ließe das Proprium des eckhartschen Strukturschemas der Wirklichkeit außer Acht, das gerade durch das Ineinander der beiden Ebenen der Realität, der des Kontingenten und des Nichtkontingenten, des zeitlich Veränderlichen und des überzeitlich Unveränderlichen gekennzeichnet ist.

Das – im Gegensatz zu seiner auf einen konkreten Fall bezogenen Anwendung in der *conscientia* unfehlbare – Wissen um das erste praktische Prinzip bezeichnet Thomas als *synderesis*. Sie – nicht die *conscientia* – hat im eigentlichen Sinne den Charakter eines Habitus[374] und bezeichnet das Wissen um die praktischen Grundprinzipien. Dieser Begriff findet bei Eckhart im zweiten Genesiskommentar Verwendung:

> „Der Same und die Wurzel der Tugenden ist die *synderesis* [...].Sie ist die Sohle und der Scheitel, in denen die Gesundheit bleibt [...] Denn immer beharrt die *synderesis* auf ihrem Widerspruch gegen das Schlechte und löst auch in den Verdammten noch die Neigung zum Guten aus."[375]

Der Begriff der *synderesis* steht in einem elementaren Zusammenhang mit dem der *conscientia* und bezeichnet das prinzipielle, unverlierbare natürliche Wertebewusstsein des Menschen, zusammengefasst im *primum principium practicum*. Eckhart erklärt *synderesis* in diesem Sinne als das Grundprinzip allen guten Handelns, das allen Menschen von ihrem Menschsein her gegeben ist. Indem er die *synderesis* mit „Sohle und Scheitel" vergleicht, macht er deutlich, dass es sich bei ihr um ein Prinzip handelt, das den gesamten Menschen konstitutiv umfängt. Eckhart bringt an gleicher Stelle eine Begriffserklärung zu *synderesis*:

---

[374] THOMAS VON AQUIN, S. th. I q.79 a 12 c. Cf. REINER 582.

[375] In Gen II n.199 (LW I 671,14–672,4): „*Semen autem et radix virtutum synderesis est*,[...] *haec est planta et vertex in quibus manet sanitas* [...]. *Semper enim synderesis manet malo remurmurans, ad bonum inclinans etiam in damnatis.*"

„Denn vielleicht besagt der Name *synderesis* soviel wie ‚ohne Häresie‘, das heißt ohne Trennung vom Guten. Oder *synderesis* kommt von *syn-, con-* (zusammen mit), und *haereo* (hängen), wie etwas, das immer mit dem Guten zusammenhängt."[376]

Synderesis besagt als die ununterbrochene Rückbindung des Menschen an das Gute die Rückbindung an Gott.

Die Untersuchung macht deutlich, dass die eckhartsche Gewissenslehre, auch wenn man ihr als solcher das Prädikat „uneigentlich" zuerkennen müsste, da sie keinen expliziten Gewissensbegriff entwickelt, eng mit der des Thomas verwandt ist und deren Hauptcharakteristikum übernimmt, das darin besteht, die *synderesis* als den eigentlichen Habitus zu erfassen, der im Gewissensakt zur Anwendung gelangt. Wie Thomas klammert auch Eckhart jedes voluntative Element aus. Der wesentliche Unterschied des Eckhartschen Ansatzes gegenüber Thomas besteht in der Einbindung des Theoriestücks in das Gesamtsystem des Ansatzes, die ihm die Eigenständigkeit und Originaliät, die ihm bei Thomas zukommt, zugunsten einer Integration in das einheitliche Modell einer prozessualen Wirklichkeitsstruktur nimmt.

Diese das gesamte *opus expositionum* durchziehenden integrierenden Bestrebungen werden in folgendem Textabschnitt besonders deutlich:

„Wie der innere Akt der Tugend, der darin besteht, zum Guten zu neigen und dem Schlechten zu widerstreben, göttlich ist und wie der Vater in uns bleibt und ihn wirkt, so lässt er in allem die Natur Gottes verspüren. [...] Ferner aber fällt der innere Akt nicht unter die Zeit, er wird immer geboren, nicht unterbrochen, und ist lebendig eben dadurch, dass er innen und von innen ist [...] Lebendig ist nämlich das, dessen Bewegung von innen ist; was aber von außen bewegt wird, ist nicht lebendig. Ebenso hat (der Lebendige) dadurch, dass er lebendig ist, das Leben in sich selbst, er ist nicht von einem andern bewegt, ist frei und dank seiner selbst und wirkt um seiner selbst willen, wie Gott. [...] Er tut nämlich das Gute um des Tuns des Guten willen, nicht um des Getanen, sondern um des Tuns selbst willen. Daher wollte und will er stets aus Übereinstimmung mit dem von innen lenkenden Habitus wirken."[377]

Den Aussagen innerhalb dieses Abschnitts liegen verschiedene Subjekte zugrunde. Zunächst spricht Eckhart über den sogenannten inneren Akt der Tugend, dann über das Lebendige als den Gattungsbegriff, dem ein solcher Akt zuzuordnen ist, und schließlich über das Subjekt des Tugendaktes, d. h. den, der das Gute tut. Wenn von dem *actus interior virtutis* als der Neigung zum Guten und dem Widerstreben dem Schlechten gegenüber die Rede ist, liefert Eckhart eine modifizierte Version seiner

---

[376] In Gen II n.199 (LW I 672,6–8): „*Hinc enim synderesis fortassis dicta est quasi sine haeresi, id est divisione a bono. Vel synderesis a syn-, con-, et haereo, quasi semper cohaerens bono.*"

[377] In Ioh. n.584 (LW III 511,12–513,2): „*[...] sicut actus interior virtutis, qui est inclinare ad bonum et repugnare malo, est divinus et ipsum pater operatur in nobis manens, sic in omnibus sapit natura dei in se operantis. [...] Adhuc autem actus interior non cadit sub tempore, semper nascitur, non intercipitur, vivus est hoc ipso quod intus est et ab intus est [...] Vivum enim est cuius motus ab intus est; quod autem movetur ab extra, vivum non est. Item etiam hoc ipso quod vivus est vitam habet in semet ipso, non motus ab alio, liber est, sui gratia est, propter semet ipsum operatur sicut deus [...] Operatur enim bonum propter operari bonum, non propter operatum, sed propter ipsum operari. Unde semper vellet et vult operari ex sola convenientia habitus intus inclinantis.*"

Konzeption des Gewissens, welche weniger unter dem Aspekt der Kontroll- als vielmehr der Entscheidungsinstanz steht, die die Handlung anleitet. Hervorgehoben ist in diesem Zusammenhang die Rückbindung dieses Habitus an Gott. Der Habitus bezeichnet ein wahrnehmbares göttliches Wirken, wobei Eckhart nicht von einer Erfahrung Gottes selbst, sondern einer Erfahrung der Natur Gottes (*natura dei*) spricht. Aufgrund dieser Wirksamkeit der göttlichen Natur in letzter Rückführung kann Eckhart dem *actus interior virtutis* das Prädikat „göttlich" (*divinus*) zusprechen. Die Unterscheidung zwischen Gott bzw. Gott dem Vater als dem inneren Ursprungsprinzip der Trinität und der Natur Gottes entspricht der Unterscheidung zwischen Gott als dem Urheber göttlichen Wirkens als solchem einerseits und der Erfahrung dieses Wirkens in seiner Wirksamkeit durch den Menschen andererseits. Gott selbst ist kein Gegenstand menschlicher Erfahrung, unter dem Ausdruck „Natur Gottes" jedoch erfasst Eckhart den relationalen Aspekt des Göttlichen, unter dem Gott als ein aus sich heraus nach außen Wirkendes in seinem Wirken erfassbar und dem Menschen erfahrbar ist. Wenn Eckhart von der „Natur" eines Sachverhalts spricht, so wird an dieser Stelle deutlich, bezieht er sich auf die Beziehung der damit bezeichneten Entität auf andere Entitäten hin, die von ihrer Struktur her nicht als statisch, sondern als Prozess, d. h. als eine eine Wirkung auslösende Bewegung nachvollzogen wird.

Das von Gott ausgehende Wirkverhältnis wird im Verlauf des zitierten Textes als ein Ineinanderwirken der beiden Wirlichkeitsebenen – Gott und kontingente Welt – vorgestellt. Dieses Ineinander lässt sich in einem Raum der Innerlichkeit (*intus*) lokalisieren, der nicht räumlich im Sinne eines Nebeneinanders zum Bereich des Kontingenten zu verstehen ist, sondern als die innere Mitte des Kontingenten, in der das Kontingente offen ist auf die in es einwirkende Welt des Nichtkontingenten. Gerade die Nichträumlichkeit ist es, die die Qualität dieses *intius* als *intus* ausmacht. Weil es nicht kontingent lokalisierbar ist, kann es als die gemeinsame Innerlichkeit verschiedener Entitäten zugleich begriffen werden. Das *intus* bezeichnet eine gemeinsame Koordinate, die eine in ihrer Struktur parallele Ausrichtung verschiedener Entitäten auf einen gemeinsamen Angelpunkt hin beschreibt. Diese Ausrichtung ist nicht nur als nicht-örtlich , sondern auch als nicht-zeitlich zu begreifen.

Innen und Außen (*extra*) in Bezug auf den Akt bzw. das handelnde Subjekt – Eckhart unterscheidet nicht klar zwischen beiden, sondern identifiziert das Subjekt mit dem von ihm vollzogenen Akt, versteht das Subjekt also relational, d. h. von seinen Vollzügen her – stehen sich als Gegensätze gegenüber, die zwei verschiedene Wirklichkeitsbereiche von Handlungen bezeichnen. Dem Bereich des Innen kommen Prädikate wie lebendig (*vivus*), frei (*liber*), nicht von etwas anderem bewegt (*non motus ab alio*) und aus sich selbst verursacht (*sui gratia*) zu, während das Außen für deren Gegenteile steht. Diese Zuordnung mag auf den ersten Blick paradox erscheinen, da das Innere oben als der genuine Wirkungsbereich Gottes bestimmt wurde. Die Bestimmtheit durch das göttliche Wirken hat für Eckhart offensichtlich keinen heteronomen Charakter, bedeutet nicht Fremd-, sondern Eigenbestimmung. Trotzdem bleiben Gott und das handelnde Subjekt klar voneinander unterschieden, denn dass mit dem in Freiheit Handelnden nicht Gott gemeint ist, geht nicht zuletzt daraus hervor, dass der Handelnde in seiner Freiheit mit Gott verglichen wird (*sicut deus*). Um als solcher mit Gott verglichen werden zu können, muss er von ihm unterscheidbar sein. Auch wenn Gott es ist, der in ihm wirkt, überlagert dieses Wirken den Menschen nicht so, dass er nicht mehr als ein eigenständiges Subjekt betrachtet werden könnte. Sprachlich ist dieser Subjektwechsel im Verlauf des Textes nicht weiter fassbar. Vielmehr muss es in Anbetracht dieses Befundes als für Eckhart selbstverständlich angenommen werden, das Wirken Gottes mit dem Wirken des Menschen parallel zu setzen, ja beides als ineinandergreifend anzusehen: Wo der Mensch wirklich frei handelt, handelt er konform seiner innersten Wirklichkeit, weil er in einer wesentlichen Beziehung mit ihr steht; m. a. W. ist es Gott, der in ihm handelt.

Mit diesen Überlegungen liegt uns eine umfassende Bestimmung dessen vor, was Eckhart unter einem Habitus versteht. Mit „Habitus" bezeichnet Eckhart eine durchgehende Ausrichtung der Handlungen eines Subjekts aus seiner inneren Mitte, die in der Rückbindung an den Zusammenhang der Geamtwirklichkeit in Gott besteht. Nicht das je einzelne kontingente Ziel ist es, wodurch die Handlung bestimmt wird, sondern die Selbstbestimmung des Subjekts, das Gute um seiner selbst willen zu tun, was bedeutet, dass eine Zielbestimmtheit zwar als sekundär mitwirkend, nicht jedoch als motivierend angenommen werden kann. Die von Eckhart mit dem Habitus verbundene Funktion des Gewissens als Kontroll- und Entscheidungsinstanz, das unter dem Begriff der *synderesis* erfasste Wissen um den Anspruch des Guten, getan zu werden, ist letztlich eingebunden in die wesentliche Hinneigung zum Guten, die der Handelnde in sich verspürt, die bereits jedes Wollen bestimmt (*vult operari ex sola convenientia habitus intus inclinantis*). Das kontingente Handeln entspricht dem inneren Habitus. Die Übereinstimmung (*convenientia*) wird jedoch nicht von einem neutral gedachten Subjekt aus einer wie auch immer gearteten Distanz heraus hergestellt – dann stünde *convenientia* mit der Präposition *in* –, sondern das handelnde Subjekt handelt aus seiner Prägung (*ex convenientia*) heraus. Den Grund zum guten Handeln legt das Subjekt nicht selbst, sondern das Gute in ihm. Gut zu handeln ist demnach bei Eckhart mit Gottbestimmtheit gleichzusetzen und dadurch wesentlich relational bestimmt. Die Vermittlung des göttlichen Wirkens mit dem menschlichen Handeln macht Eckhart an dem ebenfalls relationalen Begriff der göttlichen *Natur* fest.

Die Bestimmtheit eines Trägers durch einen Habitus versteht Eckhart nicht im Sinne einer Identität zwischen Träger und Habitus. Er hebt die Unterscheidung der beiden Ebenen der Wirklichkeit trotz deren Ineinanderwirkens an keiner Stelle auf. Im Weisheitskommentar akzentuiert er diesen Gedanken dadurch, dass er hinsichtlich des Trägers gegenüber dem Habitus als solchem von einer *conformatio* oder *configuratio* des ersteren durch letzteren spricht:

> „Mit den vorhergehenden Äußerungen leugnen wir jedoch nicht, dass es in den Tugendhaften Tugend-Habitus gebe, wir sagen vielmehr dies, dass sie so etwas wie Gleichformungen oder Gleichgestaltungen mit der Gerechtigkeit und mit Gott selbst sind, von dem sie stammen und dem sie (uns) gleichbilden und gleichgestalten [...] Das ist es, was wir sagen wollen: Die Tugenden, Gerechtigkeit und dergleichen, sind nämlich viel eher so etwas wie sich (je und je) vollziehende Gleichgestaltungen als etwas eingeprägt In-

nebleibendes, was im Tugendhaften fest verwurzelt Bestand hätte; sie sind in einem beständigen Werden, wie der Glanz im Mittel und das Bild im Spiegel."[378]

Der Begriff *conformatio* ist weniger von dem aristotelischen Terminus der *forma* nach dem Schema von Form und Materie zu verstehen, denn dann wäre die Unterscheidung der Ebenen (Gott und Mensch) aufgehoben, sondern wie der der *configuratio* im Sinne einer wirklichen Umgestaltung nach einem Vorbild. In dem ersten zitierten Satzgefüge ist die Zuordnung der Subjekte auf den ersten Blick unklar: Das Subjekt der *conformatio* bzw. *configuratio* ist der Tugendhabitus, sowohl im Singular als auch im Plural aufzufassen, der hier noch einmal von der durch ihn beinhalteten Vollkommenheit als solcher – in diesem Zusammenhang der Gerechtigkeit als dem Paradigma praktisch-moralischer Vollkommenheit – unterschieden wird. Diese Differenzierung haben wir bei den bisher untersuchten Textstellen so nicht vorfinden können. Was Eckhart in diesem Zusammenhang beschreibt, ist die Wirkung des Habitus. Das heißt noch nicht, dass damit dem Habitus eine eigene, von der Vollkommenheit getrennte Subsistenzweise zuzuschreiben wäre, wohl aber eine eigene Wirkweise. Dies intendiert Eckhart, wenn er vom *in continuo fieri*, dem kontinuierlichen Werden der Tugenden in ihrem Träger spricht. Die relationale Grundgestalt des Habitus tritt unter dieser Betrachtungsweise noch deutlicher hervor. Eine eigene, durchgängige Wirklichkeit in seinem Träger (*figuratum immanens*) oder von seinem Träger her (*habens fixionem et radicem in virtuoso*) hat der Habitus hingegen nicht. Sehr anschaulich ist der Vergleich mit dem Bild im Spiegel, das keine eigene Wirklichkeit im Spiegel hat, sondern als Bild des Gespiegelten von diesem her besteht. Bei dem Vergleich mit dem *splendor in medio* bezieht sich Eckhart auf das Licht einer Lichtquelle, das sich vermittels der Luft dem Auge als Lichtglanz darbiete. Der Träger dieses „Lichthabitus" ist die Luft. Auch wenn der Lichtglanz in dem Raum, den er erfüllt, als solcher wahrnehmbar ist – wie die Wirkung des Habitus – hat er keinerlei eigene Subsistenz, sondern besteht nur von der nicht notwendigerweise mit wahrgenommenen Lichtquelle her. Der Gedanke an eine kontinuierliche Prägung steht in keinem Widerspruch zu dem oben ausgeführten Gedanken einer kontingent nicht als Vorgang fassbaren *generatio* eines Habitus. Die Annahme einer Kontinuität bedeutet nicht, dass von einer zeitlichen Dauer des Vorgangs der *generatio* ausgegangen würde, sondern setzt den Gedanken an eine Überzeitlichkeit voraus, denn die *generatio* ist nicht an einem Augenblick festzumachen, so dass ihr Resultat dann gleichsam in die Welt gesetzt wäre, sondern wirkt in die kontingenten Abläufe permanent hinein.[379] Konsequent sucht Eckhart jeden Eindruck einer Vermischung der überzeitlichen mit der zeitlichen Ebene zu verhindern, indem der *generatio* nicht die unmittelbar wirkende Verursachung der kontingenten Vorgänge zugeschrieben wird,

---

[378] In Sap. n.45 (LW II 367,8–368,7): „*Nec tamen hoc dicendo, quod supra praemisimus, negamus habitus virtutum essse in virtuosis, sed hoc dicimus quod sunt quaedam conformationes et configurationes ad iustitiam et ad ipsum deum, a quo sunt et cui configurant et conformant [...] Et hoc est quod volumus dicere. Virtutes enim, iustitia et huiusmodi, sunt potius quaedam actu configurationis quam quid figuratum immanens et habens fixionem et radicem in virtuoso et sunt in continuo fieri, sicut splendor in medio et imago in speculo.*"

[379] Ähnlich wird in dem Glaubenssatz „aus dem Vater geboren vor aller Zeit" das „vor aller Zeit" nicht als ein zeitliches früher, sondern als außerzeitlich und damit aus der Perspektive der Innerzeitlichkeit als fortdauernd verstanden.

sondern eine Parallelität gezeichnet wird, die aber wegen der Inkongruenz beider Wirklichkeiten nur bedingt als eine solche bezeichnet werden kann. Gerade durch die wiederholte Beschreibung der Relationalität beider Ebenen hebt Eckhart auch ihre Unterscheidung und Nichtidentität hervor, denn was in Beziehung zueinander steht, ist nicht in Identität aufzuheben, da dann nicht mehr von zwei Korrelaten und folglich nicht mehr von einer Relation die Rede sein kann. Die Beziehung, die durch den Habitus hergestellt wird, ist die zwischen seinem Träger und dem Ursprung (*a quo*) des Habitus. Mit der Bezeichnung *configuratio* bzw. *conformatio* wird die Relationalität innerhalb des Habitus-Gefüges schon vom Begriff her verdeutlicht: Die Gleichgestaltung entsprechend eines Vorbilds sezt die Orientierung an diesem voraus, bezweckt jedoch nicht die Erstellung einer Kopie dieses Vorbildes, sondern die Formung eines nachgeordneten, in seiner Abhängigkeit vom Vorbild von diesem wesentlich unterschiedenen Bildes. Die Unterscheidung beider Ebenen, der des Vorbildes und des Abbildes, liegt nicht in einer inhaltlichen Dimension begründet, sondern in einem je verschiedenen Modus, wie diese Wirklichkeit gehabt wird, selbständig oder in Abhängigkeit. Dass die Begriffe *conformatio* bzw. *configuratio* in ihrem synonymen Gebrauch für *habitus* nicht statisch, d. h. als Zustandsbeschreibung, sondern prozessual und relational, d. h. im Sinne eines durch etwas anderes an einem Subjekt verursachten Vorgangs zu verstehen sind, dürfte aus den Ausführungen deutlich geworden sein.

Hinsichtlich der Unterscheidungen der beiden Ebenen bleibt Eckhart in Gebrauch und Abgrenzung des Begriffs *habitus* unscharf. Dies liegt in dem skizzierten Ineinander beider Ebenen der Wirklichkeit bei ihrer gleichzeitigen Unterscheidung begründet und an der relationalen Verwendung des Begriffs. So kann sich Eckhart dem Begriff *habitus* auch von der Ebene des Kontingenten her nähern und von einem *habitus in nobis* sprechen und diesen von einem *habitus innatus naturaliter vel a deo infusus* absetzen. Dabei handelt es sich jedoch nicht um eine Unterscheidung zweier Sachverhalte, sondern um eine Annäherung an einen relationalen, beide Wirklichkeitsebenen betreffenden Sachverhalt von zwei Seiten her. Die oben erwähnte Unterscheidung zwischen dem Zustand des Trägers vor bzw. nach seiner Einbindung in den Habitus kann auch als zwei Momente am prozessualen Geschehen des Habitus und damit in Form einer sachlichen   Differenzierung dieses Sachverhalts ausgedrückt werden.[380]

Die Prägung des Gerechten durch die Gerechtigkeit stellt vor diesem Hintergrund mehr als eine verspürbare Neigung zum Guten dar, nämlich eine wesentliche Verbindung mit dem Prinzip des Guten selbst, die sich nicht auf eine postulierte Anwesenheit des Guten beschränkt, sondern seine normative Wirkmächtigkeit impliziert. Das Verhältnis des Gerechten zur Gerechtigkeit hat prozessualen Charakter und besteht nicht in der Nebeneinanderordnung zweier Einheiten oder einer Ordnung auf ein Drittes hin, sondern in der als wirkendem Prozess aufgefassten einseitigen, nicht umkehrbaren Prägung des einen Gliedes durch das andere, durch die

---

[380] In Sap. n.173 (LW II 508,11–509,3): „*Quia (deus) movet singula dando formas et proprietates inclinantes naturaliter et ob hoc suaviter in fines suos. Ubi notandum quod habitus in nobis nascuntur ex actibus adhuc dissimilibus, et ideo cum labore. Secus de habitu innato naturaliter vel a deo infuso, qui laborem nescit, sed parit delectationem ex convenientia actus et habitus.*“

ersteres überhaupt erst Bestand hat. Diese wesentliche Abhängigkeit ist paradoxerweise zugleich die Ermöglichung von Freiheit und Selbständigkeit innerhalb der kontingenten Umwelt, in der das Relatum trotz seiner Rückbindung verbleibt.

Die Überlegungen zum Wesen und Status des Habitus veranschaulichen Eckharts grundlegende Ansichten hinsichtlich der von Relationalität und Prozessualität zwischen den zwei Realitätsebenen bestimmten allgemeinen Grundstruktur der Wirklichkeit. Was anhand dieser Gedankengänge skizziert wurde, ist die *natura habituum*[381]. Vor dem Hintergrund der skizzierten Zusammenhänge ist der Gebrauch des Naturbegriffs zu verstehen: Nicht die Gerechtigkeit als solche – in der Konsequenz des eckhartschen Denkweges mit Gott gleichgesetzt – ist das, was den Gerechten prägt, in dem Sinne, dass sie sich auf ihn übertrage, sondern die von beiden formal noch einmal unterschiedene Natur der Gerechtigkeit und des Gerechten: Die Gerechtigkeit und der Gerechte sind in der Natur ein und dasselbe (*iustitia et iustus ipsum unum in natura*)[382]. Dennoch wird das, was diese Natur darstellt, nicht abstraktiv, d. h. losgelöst von Gerechtigkeit und Gerechtem her gewonnen. Der Gerechtigkeit kommt innerhalb dieses Verhältnisses aufgrund ihrer exklusiven Ursprunghaftigkeit die Priorität zu, so dass stellenweise bei der Lektüre der eckhartschen Ausführungen der Eindruck entsteht, die Gerechtigkeit sei mit ihrer Natur gleichbedeutend.

Dieser Zusammenhang ist vor dem Hintergrund der Identifikation der Gerechtigkeit als solcher mit Gott zu sehen. Eckhart spricht vom *deus iustitia*, d. h. von Gott, der die Gerechtigkeit ist.[383] Eine derartige Formulierung unterstellt die Identität des durch die beiden Begriffe Bezeichneten. Eckhart gebraucht, wenn er eine relative Identität – ein Sachverhalt ist dies, kann aber darüber hinaus noch anderes sein – ausdrücken möchte, den Ausdruck *in quantum*. Vom *deus in quantum iustitia* ist jedoch an keiner Stelle die Rede. Wo von dem den Gerechten gebärenden Charakter der Gerechtigkeit die Rede ist, greift Eckhart den Topos von der Geburt des Gerechten aus Gott auf.[384] Der Gerechte als solcher ist innerhalb des so beschriebenen Zusammenhangs der, der Gott verkündet, d. h. in seinem Handeln kundmacht. Die Verkündigung Gottes durch den Gerechten ist nicht im Sinne einer verbalen Rede gemeint, sondern existentiell:

---

[381] Cf. die Verwendung dieses Ausdrucks in In Ioh. n. 668 (LW III 580,9–581,1): „*Sub his verbis innuitur natura et proprietas alterationis et generationis rerum naturalium et similiter natura habituum virtualium et differentia actuum praecedentium et actuum subsequentium ipsos habitus.*" Der Satz bezieht sich auf den Schriftvers Joh 16,21: „*Mulier cum parit tristitiam habet, cum autem peperit, iam non meminit pressurae propter gaudium, quia natus est homo.*" Die „Natur" eines virtuellen Habitus besteht der Zuordnung von Schriftvers und Erklärung zufolge im Wesentlichen aus seiner Einbindung in die prozessuale Struktur der Wirklichkeit. Siehe auch n. 618.

[382] Cf. In Ioh. n. 17 (LW III 15,1).

[383] Die kritische Ausgabe übersetzt hier: „Gott als Gerechtigkeit".

[384] Z.B. In Eccl. n.65 (LW II 295,8). Eckhart zitiert ORIGENES' Bemerkungen zur ewigen Geburt des Gerechten aus Gott aus der Jerusalemer Predigt über Jeremias (in der Überlieferung und Übersetzung des HIERONYMUS, Translatio homiliarum Origeneis in Ierusalem. Homilia V; PL 25,637).

„So tut also der Gerechte Gott kund, insofern er im Schoß der Vaters ist; (erstens,) weil er dort sein Sein empfängt."[385]

Auf den an dieser Stelle angesprochenen Zusammenhang mit der Sohnesgeburt kann in dieser Untersuchung nur insofern eingegangen werden, als die diesem Gedankengang zugrunde liegenden Denkstrukturen herauskristallisiert werden können. Anhand des modellhaft explizierten Verhältnisses von Gerechtem und Gerechtigkeit begreift Eckhart genauso das Verhältnis des Sohnes zum Vater in der göttlichen Trinität, ebenso jedoch das Verhältnis des Menschen zu seinem göttlichen Ursprung, innerhalb dessen es dem Menschen ermöglicht wird, auf seine Weise Bild und Sohn Gottes zu werden.[386] Mit dem für ihn insbesondere im deutschen Werk[387] zentralen Topos der Sohnesgeburt erfasst Eckhart die volle Entfaltung dessen, was im Menschen bereits in der Schöpfung angelegt ist, auf das Bild Gottes hin geschaffen zu sein. Da darunter im Wesentlichen zu verstehen ist, Gott in sich Raum zu geben, d. h. ihn wirken zu lassen, wird dieses Geschehen von Eckhart als gnadenhaft betrachtet. Der Mensch gewinnt Teilhabe am göttlichen Wirken, wie es sich – begrifflich fassbar in der Trinität – von ewig her vollzieht.[388]

Festzuhalten bleibt, dass der existentielle Bezug sein Fundament in der Gleichsetzung der Gerechtigkeit mit Gott hat. Das Gerechtsein hat seinen Grund in der von Gott empfangenen Existenz, was nicht im Sinne von faktischem Dasein zu verstehen ist, dann wäre der Mensch als solcher schlechthin gerecht, sondern sich auf den Vollzug der Existenz aus einer als Ausgangspunkt angenommenen Uneigentlichkeit in eine Eigentlichkeit hinein bezieht. Die Gerechtigkeit, in der der Gerechte steht, äußert sich in den gerechten Handlungen, und von der Identifikation der Gerechtigkeit mit Gott her kann Eckhart Gott als das Prinzip alles Strebens und Handelns (*principium omnis nostrae intentionis et actionis*)[389] bezeichnen. Die Einheit des Gerechten mit der Gerechtigkeit stellt zugleich eine Einheit mit Gott dar.

Die durchgehende Spannung von Einheit und Differenz – die das gesamte O.T. als eine grundlegende Thematik durchzieht – bringt Eckhart in einem Abschnitt des Johanneskommentars sehr anschaulich zum Ausdruck:

---

[385] In Ioh. n.192 (LW III 161,3f.): „*Sic ergo iustus enarrat deum ut in sinu patris, primo quidem, quia ibi accipit esse suum.*"

[386] Cf. WELTE 140.

[387] besonders anschaulich in Pr. 46; DW II, 378–379.

[388] HART p.199 bringt diese Gedanken treffend auf den Punkt: „Il semblerait donc que la seconde grâce de la Naissance du Fils dans l'âme ne vienne point se surajouter à la première, ne soit pas quelque chose qui se superpose à une nature humaine préalablement individuée. La Naissance est plûtot le dévoilement d'une nature humaine obscurcie ou cachée par la création dans le temps en tant que *personne* douée de telles ou telles caractéristiques: la restauration de la création temporelle en création éternelle, l'*imago* du Verbe récupérée du détour *ad imaginem* dans le temps, l'âme qui prend des distances infinies d'avec son *ne pas* ‚d'au-dessous'."

[389] Cf. In Ioh. n.51 (LW III 41,15f.).

„Die Vereinigung der gerechten Seele, insofern sie gerecht ist, mit Gott, der Gerechtigkeit, ist größer als die zwischen den körperlichen Gliedern in einem Leib."[390]

Der Vergleich ist komplizierter, als es auf den ersten Blick erscheint. Das Vergleichsmoment ist nicht die Einheit des Leibes als solche. Aus dem Textzusammenhang wird deutlich, dass Eckhart die Einheit des Leibes als eine Einheit gleichwertiger Glieder betrachtet, die in einem funktionalen Zusammenhang stehen. Innerhalb dieses Zusammenhangs ist keine Über- oder Unterordnung festzustellen. Die Einheit zeigt sich an dem gemeinsamen Wirken aller Glieder. Eckhart konkretisiert dies am Beispiel des Reaktionsweges von einem Fuß, auf den getreten wird, und der verbalen Reaktion der Zunge, die die Beschwerde über den Tritt zum Ausdruck bringt.

Das Verhältnis des Gerechten zu Gott hat aber nichts mit dem der Glieder eines Leibes untereinander zu tun, denn wäre dies so, müsste eine gemeinsame Einheit angenommen werden, innerhalb der Gott und Gerechter zu verorten wären. Davon ist nirgends die Rede und außerdem widerspräche dies dem sonst konsequent durchgehaltenen Schema einer vertikalen Ordnung. Innerhalb des Vergleichs werden folglich zwei verschiedene Ordnungsschemata aufeinander bezogen. Die Gleichsetzung Gottes mit der Gerechtigkeit wird an der begrifflichen Konstruktion *deus iustitia* deutlich. Diese lässt keine semantische Über- bzw. Unterordnung erkennen, sondern legt die Identität beider Elemente nahe.

Worin liegt nun das ausschlaggebende Vergleichsmoment? Das Hauptaugenmerk liegt auf der Intensität bzw. Festigkeit der Beziehung zwischen den Gliedern der Relation. Die funktionale Relation, wie sie für die Glieder des Leibes am Beispiel eines prozessualen Zusammenhangs beschrieben wird, wird empirisch in einer Unmittelbarkeit und Festigkeit wahrgenommen, dass eine Unterscheidung hinsichtlich dessen, was mögliche Abläufe an einem einzelnen Glied betrifft, nicht möglich ist. Die Unmittelbarkeit, die empirisch nicht mehr steigerbar zu sein scheint, wird von der Unmittelbarkeit der Beziehung des Gerechten zur Gerechtigkeit übertroffen.

Der Vergleich macht noch ein zweites deutlich, das der naheliegenden Fehlinterpretation des eckhartschen Gedankengangs vorbeugen kann, die darin liegt, die Einheit des Gerechten mit der Gerechtigkeit als eine Identität aufzufassen, was zwangsläufig einer Aufhebung der Transzendenz gleichkäme. Man muss eine solche Interpretation nicht von vornherein ausschließen – sie kann sich auf den Wortlaut berufen –, doch gilt es zu bedenken, dass das, was für das Verhältnis der Glieder des Leibes gilt, seine Anwendung auch im Verhältnis von Gott und Mensch findet: Einheit bedeutet nicht einfachhin Identität. Sie ist eine intensivierbare Größe. Im Textausschnitt ist nicht von *unitas*, sondern von *unio* die Rede. Bei *unitas* liegt die Konnotation eher auf einem Zustand, bei *unio* auf einem Vorgang der Vereinigung oder einer eingegangenen Verbindung. Letzteres ist freilich nicht der Fall, da Eckhart nirgends das Vorhandensein eines Gerechten außerhalb der Gerechtigkeit zu denken vermag, weil dies der inneren Konsequenz seines Ansatzes zuwiderliefe. Der Gerechte hat nur in Relation mit der Gerechtigkeit Existenz. Diese Relation muss als eine eigene Weise der Wirklichkeit verstanden werden, die sich nicht auf das

---

[390] In Ioh. n.355 (LW III 301,8f.): „*Maior autem est unio iustae animae, in quantum iusta, cum deo iustitia quam membrorum corporalium in uno corpore.*"

Nebeneinander zweier isolierbarer Entitäten reduzieren lässt. Von einer Wirklichkeit des Gerechten außerhalb der Relation kann keine Rede sein, jedoch genausowenig geht er in ihr auf, so dass die Relation als die eigentliche Weise der Wirklichkeit aufgefasst werden muss und ihr deshalb substantialer Charakter zuzusprechen ist.

Dass Eckhart Einheit zuerst als Prozess der Einigung und nicht statisch im Sinne einer vollendeten Identität versteht, ist für das rechte Verständnis seiner Ausführungen über die Einigung der Seele mit Gott, wie sie sein deutsches Werk bestimmen, von zentraler Bedeutung.[391] Die Vorstellung, durch Gnade das zu werden, was Gott von seiner Natur aus ist, der in dieser Form auf Wilhelm von Saint-Thierry[392] zurückgeht und den griechischen Topos der *theosis* aufgreift, hat bei Eckhart zwar den Charakter einer Identitätsformel unter Betonung der Nichtverschiedenheit angenommen[393], setzt jedoch eine Konzeption von Identität voraus, die Identität als einen Modus von Relationalität begreift. Im Johanneskommentar paraphrasiert Eckhart die Aussage *cuius esse deus est* als Aussage der Seinseinheit eines ganz auf Gott ausgerichteten menschlichen Wirkvermögens (*potentia operativa*) mit dem göttlichen Sein mit *cuius esse est dei esse* und *cuius esse est in deo esse*.[394] Die Seinseinheit ist eine Einheit im Sein. Das Sein der kontingenten Wirklichkeit ist nie mit dem Sein als solchem identisch. Eine Identität zwischen einer kontingenten Wirklichkeit und Gott ist nur als eine Einheit in Bezug auf dieses göttliche Sein denkbar, d. h. genau dann, wenn die kontingente Wirklichkeit in einen wesentlichen Bezug zur göttlichen Wirklichkeit (*dei esse*) tritt und in diese eingeht (*in deo esse*). Eine Identiät kommt nicht im Blick auf eine kontingente Substantialiät der kontingenten Wirklichkeit zustande. Diese geht zwar die Relation ein, sie geht aber nicht in ihr auf. Die Einheit besteht *im* Sein. Nun ist das, was in diesem Zusammenhang mit „Sein" bezeichnet wird, nicht lokal zu verorten, da es von wesentlich unterschiedener Qualität im Hinblick auf das kontingente Sein ist. Der entscheidende Qualitätssprung liegt im Vollzug der Beziehung begründet. Im Hinblick auf das kontingente Sein in sich ist er nicht denkbar, da damit dessen Existenz aufgehoben wäre und die Rede von Identität im Falle einer Aufhebung eines ihrer Glieder sinnlos wäre. Das kontingente Sein hat nur im Modus der Ekstase Wirklichkeit, nicht jedoch in sich selbst. Diesem Sachverhalt entspricht, dass für Eckhart das Sein als solches begrifflich nur aus der Ekstase des kontingenten Seins asymptotisch zu erfassen ist.[395]

Im Blick auf den Menschen heißt das, dass der Mensch nicht als Mensch in Gott aufgeht, wohl aber in seiner Gottesbeziehung, d. h. in seiner Bewegung auf Gott hin geht er in Gott auf. Insofern bedeutet die mystische Einigung eine völlige Einheit im Sein.[396] Wenn nun Eckhart die Seele als reine Beziehung auf Gott hin versteht, gewinnt die Rede von der Identität mit Gott eine Plausibilität, die jedoch nichts mit

---

[391] Zur Identitätsformel hinsichtlich der Einigung der Seele mit Gott cf. ZUM BRUNN, homme 273–276.

[392] WILHELM VON ST. THIERRY, Epistola aurea.

[393] Eckhart behandelt diese Thematik insbesondere in dem Traktat *Von abegescheidenheit* (DW V 400f).

[394] In Ioh. n.232 (LW III 194,14f.).

[395] Cf. dgg. DE GANDILLAC, Dialectique 346.

[396] Zur mystischen Einheit als Seinseinheit cf. ZUM BRUNN, homme 274.

der Annahme einer Identität zweier getrennter Sachverhalte zu tun hat. Eckhart betont immer wieder die notwendige Passivität der Seele der Einwirkung des Göttlichen gegenüber[397], was weniger in seiner Seelenlehre als vielmehr in seinen Überlegungen zur Relationalität gründet.

Aktivität und Passivität gehen beim Prozess der Einigung ineinander. In dem oben erwähnten Textabschnitt des Johanneskommentars beschreibt Eckhart die *potentia operativa*, das heisst die Fähigkeit zum Wirken, folgendermaßen:

> „Das wirkende Vermögen empfängt – als solches genommen – sein ganzes Sein von seinem Gegenstand und empfängt das Sein dieses Gegenstandes und den Gegenstand."[398]

Interessant ist, dass Eckhart an dieser Stelle einen Gedankengang, den er an anderer Stelle über das rezeptive Vermögen (*potentia passiva seu receptiva*) angestellt hat[399] und an die aristotelische Lehre vom *sensus et sensibile in actum sunt idem*[400] zurückbindet, auf das aktive Vermögen überträgt. Es geht Eckhart offensichtlich weniger darum, zwischen einem passiven und einem aktiven Vermögen zu unterscheiden, als vielmehr Überlegungen hinsichtlich der Intentionalität überhaupt anzustellen.[401] Strukturell sind passsive und aktive Intentionalität in ihrer Beziehung auf das Angestrebte hin identisch. Das, worauf sich die Intentionalität bezieht, ist ihr wesentlicher Grund, d. h. eine Intentionalität als solche ist nicht vorstellbar, sondern sie ist wesentlich konstituiert durch das, worauf sie ausgerichtet ist. Es geht jedoch nicht darum, dass das die Beziehung eingehende Subjekt durch sein Objekt überformt wird bzw. in diesem aufgeht. Die grammatische Subjektposition in der zitierten Passage wird von *potentia operativa* eingenommen, nicht von dem Subjekt, das ihr Träger ist. Durch das Attribut *in quantum huiusmodi* wird die *potentia operativa* von dem ihr zugrunde liegenden Subjekt abgelöst, d. h. der relationale Prozess als solcher wird betrachtet. Dass ein wirkendes Vermögen überhaupt besteht – trotz der Bezeichnung *potentia* ist hier der aktive Vollzug gemeint – liegt allein an dem, worauf es ausgerichtet ist. In seiner Intentionalität hat ein Subjekt teil an der Wirklichkeit von etwas anderem.

---

[397] Cf. ZUM BRUNN, homme 275: „L'abandon de toute activité propre à l'âme, en laquelle elle se complairait, lui permet de recevoir une formation supérieure et nouvelle, qui est, à proprement parler, déification."

[398] In Ioh. n.232 (LW III 194,12f.): „[...] *potentia operativa totum suum esse, in quantum huiusmodi, accipit a suo obiecto et accipit esse ipsius obiecti et obiectum.*"

[399] In Ioh. n.107 (LW III 91,5): „[...] *potentia passiva seu receptiva universaliter et naturaliter per id, quod quid est potentia, totum suum esse accipit ab obiecto, et ab ipso solo, non plus a suo subiecto quam ab alio quolibet alieno subiecto.*"

[400] Cf. ARISTOTELES, De anima III t. 15 (Γ c.4 430 a 3).

[401] Für das Vermögen im Allgemeinen stellt Eckhart in In Ioh. n.76 (LW III 64,9f.) fest: „*Universaliter: omnis potentia relucet et accipit esse non a subiecto in quantum potentia, sed ab obiecto sive oppositio.*"

c)   Einheit der Natur nach als Einheit im Vollzug

Die Feststellung Eckharts, dass das, was sich über die Beziehung des Gerechten zur Gerechtigkeit sagen lässt, nur insofern gilt, als dieser gerecht ist (*inquantum iustum*), bestätigt die Einschätzung, dass der Relation ein substantialer Charakter zukommt, denn einerseits kann der Gerechte noch unter anderen Aspekten betrachtet werden, ohne dass man ihn zugleich als Gerechten sehen muss, so dass sich seine eigene Substantialität nicht darin erschöpft, andererseits kann das Gerechtsein des Gerechten für diesen nicht den Status eines Akzidens besitzen, was Eckhart bereits im *prologus generalis* vorausschickt.[402]

Die Priorität der Gerechtigkeit besteht innerhalb der wesentlichen Relation, in der Gerechtigkeit und Gerechter stehen. Möchte man den Gerechten betrachten, insofern er gerecht ist (*inquantum iustum*), das heißt unter Absehung von allem dafür nicht Wesentlichen, muss man ihn in der ihn hervorbringenden Gerechtigkeit betrachten.[403] Letztere bringt ersteren hervor, nicht umgekehrt. Dieses Verhältnis drückt Eckhart in verschiedenen Formulierungen aus:

> „Es steht erstens fest, dass der Gerechte als solcher in der Gerechtigkeit selbst ist. Denn wie wäre er gerecht, wenn er außerhalb der Gerechtigkeit wäre, getrennt von der Gerechtigkeit draußen stünde?
> Zudem aber zweitens: der Gerechte ist in der Gerechtigkeit selbst vorgeordnet (enthalten), wie das Konkrete im Abstrakten und das Teilhabende in dem, woran es teilhat.
> Wiederum drittens: Der Gerechte ist das Wort der Gerechtigkeit, durch das die Gerechtigkeit sich ausspricht und kundgibt. Denn wenn die Gerechtigkeit nicht gerecht machte, würde niemand sie erkennen, sondern sie wäre sich allein bekannt [...].“[404]

Das Verhältnis des Gerechten zur Gerechtigkeit gestaltet sich innerhalb einer Spannung von Identität und Differenz. Einerseits liegt keine wesentliche Trennung vor, denn der Gerechte ist ja in der Gerechtigkeit, andererseits aber eine deutliche Unterscheidung. Diese Unterscheidung wird innerhalb, nicht außerhalb der Gerechtigkeit verortet: Innerhalb der Gerechtigkeit ist der Gerechte von dieser zu unterscheiden. Sicherlich haben wir es hier nicht mit einem räumlich zu verstehenden innerhalb bzw. außerhalb zu tun. Eckhart gebraucht die Kategorie der Räumlichkeit in einem übertragenen Sinne,[405] der darin liegt, dass es in dem Bereich der *habitus* klar umrissene Bereiche der Zugehörigkeit und Nichtzugehörigkeit gibt. Damit ein solches Verhältnis der Immanenz und damit der Zugehörigkeit möglich ist, muss der

---

[402] Text cf. n. 461.

[403] Cf. In Ioh n.14 (LW III 13,2f.): „[...] *quis advertat in iustitia gignente iustum, in quantum iustum est.*"

[404] In Ioh. n.14 (LW III 4–7): „*Constat enim primo quod iustus ut sic est in ipsa iustitia. Quomodo enim iustus esset, si extra iustitiam esset, divisus a iustitia foris staret?*
Adhuc autem secundo: iustus praeest in ipsa iustitia, utpote concretum in abstracto et participans in participato.
Rursus tertio: iustus verbum est iustitiae, quo iustitia se ipsam dicit et manifestat. Nisi enim iustitia iustificaret, nemo ipsam cognosceret, sed sibi manifestat."

[405] Wie er auch in anderen Zusammenhängen von der *regio* als der *regio dissimilitudinis* etc. spricht.

habitus seinem Träger vorausgehen. Nun ist es keineswegs so, dass der Träger in den Bereich des *habitus* eintritt, sondern insofern er dessen Träger ist, wird er von diesem erst hervorgebracht. Diese Hervorbringung bezieht sich darauf, dass er ein Gerechter ist. Nur insofern wird er durch die Gerechtigkeit hervorgebracht, seine übrige Substantialität bleibt davon unberührt.

In seinem Status des Hervorgebrachtseins ist der Träger nicht nur mit dem Habitus verbunden, sondern zugleich von diesem verschieden, da er zugleich *in* etwas von ihm verschiedenen hervorgebracht wird. Darin ist er zugleich *etwas* verschiedenes. Eckhart beschreibt diesen Vorgang als Sprechen (*dicere*) und ein Sichzeigen (*manifestatio*) des Habitus. Der Gebrauch dieser Ausdrücke setzt die Annahme eines Wirklichkeitsbereichs außerhalb dessen voraus, von dem die Handlung des Sprechens und Sichzeigens ausgeht, auch wenn die Annahme möglich ist, dass dieser Wirklichkeitsbereich erst im Vollzug dieses Hervorgangs entsteht. Die eckhartschen Überlegungen zum Gerechten setzen voraus, dass der, der durch das Wirken der Gerechtigkeit zum Gerechten erst wird, vorher auf eine andere, der Gerechtigkeit fremde und mit ihr in keinerlei Zusammenhang stehenden Weise existiert hat.

Erst in seiner Wirksamkeit auf etwas – dann notwendig – Verschiedenes zeigt sich der Habitus und wird in seinen Eigenschaften für unseren wahrnehmenden Verstand erfassbar, doch kann Eckhart zugleich auch die Möglichkeit einer in sich geschlossenen, in Bezug auf ein mögliches Außen gleichsam wirkungslosen Existenz des Habitus annehmen. Die Frage nach der Immanenz und Transzendenz stellt sich für Eckhart auffälligerweise zuerst aus der Perspektive des Habitus, nicht aus der des Trägers: Wie wirkt der transzendente Habitus innerhalb einer kontingenten Wirklichkeit? – und nicht: Welchen Bezug hat ein kontingenter Sachverhalt zu einer ihn bestimmenden transzendenten Wirklichkeit? Diese Perspektive finden wir bereits im *prologus generalis* vorgegeben. Hinter diesen Überlegungen steht der Analogiegedanke in seiner für Eckhart kennzeichnenden Ausprägung, denn das Verhältnis der Gerechten zur Gerechtigkeit entspricht in seiner Struktur letztlich dem des einzelnen Seienden zum Sein als solchen.[406]

Im weiteren Verlauf der zitierten Überlegungen zum Verhältnis des Habitus zu seinem Träger und der damit verbundenen Frage ihrer Unterscheidung greift Eckhart auf den Naturbegriff zurück, der sich als für das Verständnis des Wesens dieses Verhältnisses grundlegend erweist:

„Der Gerechte, der aus der Gerechtigkeit hervorgeht und aus ihr gezeugt ist, wird eben dadurch von ihr unterschieden. Denn nichts kann sich selbst zeugen (hervorbringen). Und doch ist der Gerechte *der Natur nach* nicht etwas anderes als die Gerechtigkeit, einmal weil der Gerechte die Gerechtigkeit allein bezeichnet, wie der Weiße (*albus*) diese Eigenschaft allein; sodann weil die Gerechtigkeit niemanden gerecht machte, wenn die Natur hier und dort eine andere wäre, wie auch die Weiße (*albedo*) nicht schwarz und die Grammatik nicht musikalisch macht."[407]

---

[406] Siehe dazu den eigenen Abschnitt D.3.
[407] In Ioh. n.16 (LW III 14,6–10): „*Iustus procedens et genitus a iustitia, hoc ipso ab illa distinguitur. Nihil enim se ipsum gignere potest. Nec tamen iustus est aliud in natura quam iustitia, tum quia iustus*

Die wichtigste Eigenschaft der gemeinsamen Natur, wie sie Eckhart in diesen Ausführungen entwirft, liegt darin, dass sie die Grundlage und Möglichkeit der als Prozess beschriebenen Beziehung bildet. Der Vergleich mit der Farbe Weiß und der Grammatik verdeutlicht, dass ein Wirkendes nur das bewirken kann, was in ihm selbst angelegt ist, bzw. in den hier beschriebenen Fällen nur sich selbst: Die „Weiße" wirkt ihre eigene Eigenschaft im anderen, indem sie es weiß macht. Eckhart beschreibt jedoch mehr als nur einen Prozess des Übergangs der wesentlichen Eigenschaft des einen auf ein anderes, nämlich etwas, was dem Prozess bereits vorausgeht: Die gemeinsame Natur des Gerechten und der Gerechtigkeit erscheint als die Voraussetzung dafür, dass überhaupt ein Prozess des „Gerechtwerdens" in Gang sein kann. Der Prozess des Gerechtwerdens des Gerechten durch die Gerechtigkeit ist nicht als ein einmaliger Prozess aufzufassen, sondern als ein Vorgang permanenter Formung. Nur durch die Gerechtigkeit und nur im Hinblick auf sie bleibt der Gerechte gerecht. In diesem Prozess der Kontinuität ist die gemeinsame Natur die Voraussetzung der bleibenden Formung im Sinne des Grundes, auf dem Letztere fortwirkend ansetzen kann.

Betrachtet man die Formulierung genauer, so fällt auf, dass Eckhart nicht vom Nicht-Anderssein *secundum naturam*, sondern *in natura* spricht, d. h. nicht gemäß der Natur, sondern in der Natur. Die Natur ist nicht eine inhaltliche Bestimmung, auf die sich die Relativa beziehen, sondern stellt einen Wirklichkeitsbereich dar, innerhalb dessen die Relativa eine gemeinsame Verortung haben. Dass die *iustita* als solche gänzlich in diesem Bereich verortet ist, weil sie die Natur als Ganze umfasst, steht dem Relationscharakter nicht entgegen. Wesentlich besteht die Relation nur vom Gerechten auf die Gerechtigkeit hin, in der er sein Fundament besitzt, während die Gerechtigkeit umgekehrt auch ohne einen konkreten Gerechten Bestand hat. Der Gerechte geht in der beschriebenen Verortung in der Natur der Gerechtigkeit nicht auf, auch wenn er, um ein Gerechter zu sein, in diesen Bereich eingebunden sein muss. Die Natur stellt diesen Ausführungen zufolge einen Wirklichkeitsbereich dar, in dem Sachverhalte in eine wesentliche Beziehung treten können bzw. in den sie mittels dieser Beziehung eintreten. Der Vergleich mit einer Schnittmenge bzw. einer Teilmenge erscheint nicht angebracht, da in einem Mengenverhältnis eine gemeinsame Ebene zu denken wäre, auf der sich die einzelnen Mengen nebeneinander gleichgeordnet befänden. Diese gemeinsame Ebene kommt im eckhartschen Denken aufgrund dessen linearer und hierarchischer Ausrichtung – letzteres im Sinne einer eindeutigen Unter- bzw. Überordnung verschiedener Wirklichkeitsbereiche – so nicht vor. Wesentlich für das eckhartsche Schema ist die Über- bzw. Unterordnung, die jedoch eine Teilnahme der Ebenen aneinander im Sinne eines gegenseitigen Durchwirkens innerhalb relationaler Prozesse mit einschließt, ja zur wesentlichen Voraussetzung dieses Ordnungszusammenhangs macht. Dabei kommt es aber niemals zu einer Vermengung der Ebenen oder gar einer Verwischung der genuinen Unterschiede. Diese Feststellung ist wesentlich als Voraussetzung für das Verständnis zentraler eckhartscher Theoreme hinsichtlich der Seelen- und Intellekt-

---

solam iustitiam significat, sicut albus solam qualitatem, tum quia iustitia non faceret quempiam iustum, si esset natura alia hinc inde, sicut nec albedo facit nigrum, nec grammatica musicum."

lehre, insbesondere hinsichtlich einer vermeintlichen Identität von göttlichem und menschlichem Intellekt.[408] Der Gerechte wird von Eckhart nie als ein Gerechter als solcher betrachtet. Das Gerechtsein macht stets nur einen Teilbereich seiner Wirklichkeit aus. Den Gerechten zu betrachten, insofern er gerecht ist (*in quantum iustum*), bedeutet, ihn innerhalb der Natur der Gerechtigkeit, d. h. innerhalb dieser Beziehungswirklichkeit zu betrachten. Das bedeutet, dass es neben dieser Natur noch andere Naturen gibt, innerhalb derer der Sachverhalt verortet werden kann, beispielsweise die menschliche Natur. Die anderen Naturen sind jedoch irrelevant, insofern der Gerechte ein Gerechter ist. Mit dem präpositionalen Ausdruck *in quantum* verweist Eckhart auf eine Betrachtungsperspektive hin, die eine wesentliche Relation bezeichnet, neben der auch andere möglich sind. Der Blick auf die Natur ist demnach nicht der einzige und auch nicht der notwendig erste Blick, den der Verstand auf einen Sachverhalt werfen kann, er ist jedoch auf die wesentliche Beziehung, innerhalb der der Sachverhalt in der Struktur der Wirklichkeit steht, gerichtet und insofern für sein Verständnis grundlegend.

Die Verwendung des Naturbegriffs in Zusammenhang mit der Gerechtigkeit lässt dessen relationalen und strukturontologischen Anwendungscharakter hervortreten. Im Hinblick auf die kontingente Verwirklichung des Gerechtseins in einem gerechten Menschen besteht die Natur der *iustitia* gerade in dem Empfangenkönnen und dem Prozess ihres Empfangens. Wenn Eckhart von der Natur der Gerechtigkeit spricht, spricht er nicht davon, was Gerechtsein als solches bedeutet – die inhaltliche Klärung, auch daraufhin, wie sich Gerechtigkeit konkret zeigt, bleibt im O.T. of-

---

[408] Die Frage nach Identität und Nichtidentität in der prozesualen Struktur wird stets einen Grenzbereich berühren, innerhalb dessen die Spannung beider Pole nicht aufhebbar ist. MOJSISCH, Kritik 55 weist darauf hin, dass es in der von Eckhart entworfenen Prozessualität der Liebe – diese steht in unmittelbarem Zusammenhang mit der hier skizzierten Prozessualität der Gerechtigkeit – „keine Verteilung der Aufgaben[...], keinen Vorrang des Einen gegenüber dem Anderen" gebe. Der liebenden Begründung des Geliebten durch das Liebende entspreche umgekehrt die liebende Begründung des Liebenden (als solchem) durch das Geliebte. Darin gehe das Geliebte in das Liebende über und begründe sich so auch selbst als das Geliebte, so dass es nicht allein als Geliebtes, sondern auch als Liebendes lieben könne. M. beschreibt einen Prozess, der auf eine Gegenseitigkeit und eine letztendliche Identität in der Liebe hinausläuft. In Eckharts Ausführungen zur Gerechtigkeit ist diese Tendenz weniger ausgeprägt, ja bleibt die prägende Ursprunghaftigkeit der Gerechtigkeit uneingeholt. WINKLER 132 beschreibt Eckharts Verständnis der Liebe als „selbstreferentielle Einheit von Gott und exemplarischem Ich in der Gottheit[...] . Gott macht, dass wir lieben. Seine Liebe setzt uns in Existenz, und er ist das Ziel unserer Liebe." Aufgrund dieser umfasssenden Prägung durch die göttliche Liebe gilt: „Gott ist die Liebe in uns selbst, die allerdings nur dann erscheint, wenn der Mensch sich selbst und die Welt lässt." In der Predigt 5 A „*In hoc apparuit charitas dei in nobis, quoniam filium suum unigenitum misit deus in mundum ut vivamus per eum:*" (DW I 80,1–3) formuliert Eckhart diese Identität in der Gottesliebe im Sinne einer prozesualen Ausrichtung: „[...] *die liebe, die ein mensch gibt, do ensind nit zwey, me eyn und eynung, und in der liebe bin ich me got, dann ich in mir selber bin.*" Die Einung hin auf Gott gilt im Hinblick auf das Lieben. Damit klingt das lateinische *iustus in quantum iustus* an. Insoweit der Mensch liebt, ist er eins mit Gott, nicht in sich. Die Einheit ist relational und prozesual, nicht substantial zu verstehen.

fen –, sondern wie sich der Prozess der Formung des Gerechten durch und in der Gerechtigkeit vollzieht.

Die Betonung der Prozessualität impliziert, dass ein wirkliches Verständnis dessen, was Gerechtigkeit ist, nur demjenigen möglich ist, der diesen Prozess der Formung selbst mitvollzieht, der also selbst im Begriff ist, ein Gerechter zu werden.[409] Die Gerechtigkeit ist außerhalb ihrer selbst nicht zu verstehen, da sie außerhalb ihrer selbst überhaupt nicht zu erkennen ist. Der Erkenntnis kommt in diesem Zusammenhang ein praktischer Charakter zu. Eine theoretische Betrachtung aus einer Distanz gegenüber dem Objekt heraus ist demnach unmöglich. Erkenntnis vollzieht sich in der Prägung des Erkennenden durch das Erkannte selbst. So hat das Verständnis der Wirklichkeit innerhalb prozessualer Strukturen letztlich den Charakter eines Entwurfs von Wirklichkeit, der zu seinem Verständnis den Mitvollzug und nicht die begriffliche Abstraktion zum Ausgangspunkt hat. Dieser Zusammenhang liegt in der Annahme einer umfassenden Einheit von Sein und Erkennen im göttlichen Intellekt begründet, aus der Eckhart die Einheit der Prinzipien von Sein und Erkennen insgesamt ableitet,[410] sowie der Annahme einer im Wesentlichen prozessual strukturierten Wirklichkeit, in der die Gesamteinheit, aber auch der Eigenstand ihrer Bestandteile durch eine Vielfalt von Wirkzusammenhängen konstituiert wird. Freilich geht für Eckhart selbst die eigene Erfahrung dem Entwurf voraus, umgekehrt kann der Entwurf vom Betrachter verifiziert werden, wenn er sich auf die Reflexion seiner eigenen Erfahrung vertieft. Die Erfahrung innerhalb des Mitvollzugs der Wirklichkeitsstruktur ist zugleich die reflexive Erfahrung des eigenen Eingebundenseins in diese und von daher Selbsterfahrung.[411]

---

[409] In Ioh. n.222 (LW III 186,1f.): „*Constat quod nemo iustitiam invenit nisi in ipsa iustitia, et non in illo quod est aliud, alienum et distinctum a iustitia.*" Um dieser Aussage keine Retorsivität zu unterstellen, dürfen wir davon ausgehen, dass unter „in der Gerechtigkeit" das Gerechtsein des Gerechten selbst gemeint ist.

[410] In Ioh. n.189 (LW III 158,8–159,1): „*Quod autem iustus primo omnium iustitiam videat, in quantum iustus, patet primo quia ab eodem res habet esse et cognoscere, maxime in simplicibus et divinis, ubi esse et noscere idem est et ab eodem est; secundo quia eadem sunt principia essendi et cognoscendi; tertio quia omnis res in suis principiis originalibus cognoscitur. Sicut ergo filius et omne genitum per prius est in suo principio, sic et cognoscit primo per prius se ipsum et omne quod noscit iustus in ipsa iustitia.*" Die Einheit von Sein und Denken in Gott wird von der Einheit der Prinzipien von Sein und Erkennen und diese wiederum von der erkenntnistheoretischen Tatsache unterschieden, dass die Ursprungsprinzipien den Erkenntnisprinzipien entsprechen.

[411] In Ioh. n.192 (LW III 160,14–161,1): „*Iustus, filius scilicet iustitiae, novit se ipsum et omne iustum in ipsa iustitia, in sinu patris sui, scilicet iustitiae, quia in patre, principio scilicet omnium rerum, sunt rationes rerum, quia ordinantur et sunt de proprietate non entium extra, sed sunt de proprietate cognitionis et intellectus. Intellectus enim locus est specierum sive rationum, [...] .*" Im Hintergrund dieser Ausführungen steht die Rückbindung aller schlechthinnigen Vollkommenheiten in Gott, die Eckhart in dem Schriftvers „*Unigenitus, qui est in sinu patris, ipse enarravit*" (Joh 1,18) ausgesagt findet. Eckhart spricht diesen Gedanken nicht an allen Stellen aus, doch liegt hier der letzte Zusammenhalt des Gesamtentwurfs, was jedoch eine separate Betrachtung der einzelnen Phänomene, wie sie sich in der wahrnehmbaren Wirklichkeit zeigen bzw. wie sie im Vollzug mitgelebt werden, nicht ausschließt. Eckhart reduziert nicht die Vielfalt der Erscheinungen in das eine zurück – das würde den größten Teil seines Entwurfes letztlich überflüssig machen –, sondern betrachtet die Vielheit vor dem Hintergrund und in ihrer Rückbindung an die-

d)   Relational begründete Substantialität

Nur auf den ersten Blick konkreter gibt sich der Naturbegriff zu fassen, wenn von der menschlichen Natur (*natura humana*) die Rede ist. Wenn mit diesem Ausdruck das gemeint ist, was den Menschen zum Menschen macht und mittels Erfassung dessen er als Mensch zu erkennen ist, bezeichnet *natura* hier das Moment der Form innerhalb des aristotelischen Schemas von Form und Materie. Eckhart kennt die aristotelische Begrifflichkeit in ihrer lateinischen Form und wendet sie innerhalb des O.T. als theoretisches Versatzstück[412] an. Einer Gleichsetzung der *natura* mit der *forma* im aristotelischen Sinne steht jedoch entgegen, dass Eckhart im *prologus generalis* auch von einer *natura accidentium* spricht.[413] An dieser Stelle geht es ihm darum, in einer hermeneutischen Vorbemerkung im Blick auf das Gesamtwerk sicherzustellen, dass die *termini generales* nicht *secundum modum et naturam accidentium* verstanden werden, das heißt, ihren substantialen Charakter gegenüber einer Fehldeutung als Akzidentien klarzustellen. Das Schema von Form und Materie auf die Akzidentien anzuwenden, liegt dem aristotelischen Ansatz durchweg fern, da es sich auf die Substanz bezieht. Eine Identifikation des Begriffs *natura* mit der *forma* im aristotelischen Sinne ist von daher nur bedingt gegeben, insofern es bei der *forma* um die inhaltlich beschreibende Komponente geht, während die metaphysische Implikation differiert. Fragen hinsichtlich eines Verhältnisses der *natura* zur Materialität werden bei Eckhart nicht aufgeworfen, und auch implizit wird nicht auf einen positiven Anteil der Materialität zur Konstitution eines Sachverhalts eingegangen.

Die Beifügung des Begriffs *modus* zu *natura* weist in die Richtung, wie der Begriff *natura* in dem erwähnten Zusammenhang zu verstehen ist: *Natura* bezeichnet das, was den akzidentellen Charakter des Akzidens ausmacht, gleichsam die Akzidentalität als solche. Damit ist zugleich die dem Akzidens eigene Weise zu sein gemeint. Von daher rührt die Verwendung des Begriffs *modus*. Mit dem Begriff *natura* versucht Eckhart das washeitliche Proprium eines Sachverhalts zu erfassen, ohne auf die metaphysischen Implikationen des aristotelischen Schemas von Form und Materie zurückzugreifen. Der ontologische Status des bezeichneten Sachverhalts wird anhand dieses Begriffs jedoch nicht abschließend erfasst.

Beziehen wir diese Beobachtungen nun auf die *natura humana*, lassen sich diese Feststellungen bestätigen, aber auch weiter modifizieren. Im Johanneskommentar ist die Rede von *mortalitas* und *passibilitas* als den *propria homini et naturae humanae*[414]. Der Gattungsbegriff *homo* wird von dem der *natura humana* unterschieden. In Anbetracht des eckhartschen Selbstanspruchs, knapp und präzise zu formulieren,[415] dürfen wir davon ausgehen, dass keine Tautologie vorliegt. Näher betrachtet werden die *propria*, das heißt die einem Sachverhalt eigenen Merkmale. Im Textzusammenhang geht es um die menschlichen Eigenschaften Jesu, die theologisch seit den frühen Konzilien,

ses Eine. Wir können folglich die Aussagen innerhalb dieses Satzzusammenhangs auch für unsere Überlegungen hinsichtlich der Natur der Gerechtigkeit heranziehen.
[412] Zu dieser Methode cf. S.251f.
[413] Cf. Prol. gen. in Op. trip. n.8 (LW I 152,10); Text in n.461.
[414] Cf. In Ioh. n.102 (LW III 88,7–9).
[415] Zur Form der *brevitas* s.u.S.191ff.

insbesondere dem Chalcedonense, innerhalb der Zweinaturenlehre thematisiert werden. Eckhart geht auf diese Lehre ausgehend von einem Vers des Johannesprologs ein: *in propria venit* – er kam in sein Eigen. Den Begriff *proprium* bezieht Eckhart unmittelbar auf das Wesensmerkmal im philosophischen Sinne und nicht, wie es wohl vom Evangelisten ursprünglich intendiert war, auf das Verhältnis von Gott bzw. göttlichem Logos und Welt, in dem Sinne, dass mit *proprium* das „Eigentum" gemeint ist, also der Bereich, der dem Logos ursprunghaft zukommt, ihm jedoch durch die Wirklichkeit der Sünde entfremdet ist.

Aufschlussreich für die Stellung der Natur für die Konstitution eines Sachverhalts ist folgende Feststellung:

„Die menschliche Natur ist jedem Menschen innerlicher als er sich selbst."[416]

Mit dem Attribut *intimus* möchte Eckhart in Zusammenhang mit dieser Aussage nicht einen Vorrang des Allgemeinen vor dem Individuellen behaupten oder die bloße Tatsache, dass ein Mensch seine Gattungszugehörigkeit nicht verlieren kann und diese im Gegensatz zu seiner je individuellen Ausprägung unverlierbar ist. Die Aussagen finden sich in Zusammenhang mit Überlegungen zur Menschwerdung des göttlichen Wortes in Jesus Christus. Eckhart bemerkt vorausgehend:

„Gott, (das heißt) das Wort, nahm menschliche Natur, nicht eine menschliche Person an."[417]

Die Natur bezeichnet den Ort, wo das zentrale und wesentliche Ereignis der Schöpfung überhaupt, die Inkarnation des göttlichen Wortes stattfindet. Eckhart beschreibt sie als den Inbegriff von Relationalität überhaupt. *Natura* steht folglich weniger für den in sich substantialen, sondern für den relationalen Aspekt. Die *natura* ist an dieser Stelle nicht nur das, was einen Sachverhalt zu dem macht, was er ist, sondern was ihn in einen wesentlichen Zusammenhang einbindet. Der wesentliche Zusammenhang überhaupt ist die Inkarnation, die für Eckhart kein kontingentes Ereignis der Heilsgeschichte ist, sondern eine strukturelle Notwendigkeit, in der Struktur der Wirklichkeit immer schon begründet, darstellt.

Im Exoduskommentar spricht Eckhart von einer doppelten Natur des Menschen. Dies hängt einerseits mit der besonderen Stellung des Menschen in der Gesamtheit der Schöpfung, ja der Wirklichkeit überhaupt zusammen, wirft andererseits auch ein Licht auf die mit „Natur" verbundene Begriffskonzeption überhaupt:

„Man muss wissen, dass der Mensch aus zwei Naturen, einer sinnlichen und einer vernünftigen besteht, nämlich aus Fleisch und Geist (*spiritus*), Materie und Form. Materie und Fleisch sind das Sinnliche, deren Kräfte an Fleisch und Materie gebunden, in sie

---

[416] In Ioh. n.289 (LW III 241,14f.): „[...] *natura humana est cuilibet homini intimior quam ille sibi.*"
[417] In Ioh. n.289 (LW III 241,5f.): „[...] *deus verbum assumpsit naturam, non personam hominis.*"

eingesenkt und von ihnen umfangen sind. Die Vernunft (*ratio*) aber ist Geist (*spiritus*) und eine Form, die in kein fleischliches Organ eingesenkt oder daran gebunden ist."[418]

Die Zuordnung von Fleisch und Materie einerseits sowie von Geist und Form andererseits lässt an die thomanische Konzeption von der Seele als der *forma corporis*, d. h. der substantialen Form des Leibes denken. Der Begriff Seele (*anima*) als solcher spielt innerhalb der anthropologischen Erwägungen Eckharts eine untergeordnete Rolle. Er ist kein Bestandteil der eigenen Systembildung, nimmt also nicht die Funktion eines Systemfragments ein, sondern wird als Element eines begrifflich festgeschriebenen Theoriestücks eingearbeitet. Die eigenständigen Überlegungen zu diesem Sachgebiet gebrauchen vornehmlich den Begriff *intellectus*, schränken diesen damit nicht auf denn kognitiven Bereich ab, sondern formulieren aus der Dynamik dieses Begriffs heraus ein eigenes Wirklichkeitsfeld, das sich im Wesentlichen durch seine Abgrenzung vom Bereich des Materiellen auszeichnet. Was Eckhart mit *intellectus* bezeichnet, deckt sich im Blick auf den Menschen im Wesentlichen mit dem, was ARISTOTELES als den spezifisch menschlichen Seelenteil, den *nous* bezeichnet.[419] Wir haben es mit einer Vereinfachung, Straffung und einer Dynamisierung[420] der übernommenen Begrifflichkeit zu tun. Im zitierten Textausschnitt werden die beiden Bereiche mittels der Adjektive *sensitivus* und *rationalis* voneinander abgegrenzt.

Materie und Form werden jeweils einer der beiden menschlichen Naturen zugeordnet. Erstere erscheinen hier weniger als metaphysische Konstitutionsprinzipien, sondern als zwei voneinander getrennte Wirklichkeitsbereiche. Von einem metaphysischen Schema bzw. von zwei zusammenwirkenden metaphysischen Prinzipien, wie es die aristotelische Tradition aufgefasst hat, kann in diesem Zusammenhang nicht die Rede sein. Die zentrale anthropologische Fragestellung des ausgehenden 13. Jahrhunderts, die nach der Einheit des Menschen als Leib und Seele, „wie eine inkorruptible geistige Substanz Form eines korruptiblen Körpers sein" kann, „und zwar so, dass beide eine wirkliche Einheit im Sein, ein *unum simpliciter* bilden"[421], wird im eckhartschen Text nicht aufgeworfen bzw. insofern auf den ersten Blick scheinbar negativ beantwortet, als zwei Prinzipien nebeneinander gereiht werden. Es entsteht zwar der Eindruck, dass Eckhart die thomanische Formel von der *forma unica* kennt und diese hier im Hintergrund steht, dass die von Thomas damit verbundene

---

[418] In Ex. n.213 (LW II 178,12–179,2): „[...] *homo constituitur ex duplici natura, scilicet sensitiva et rationali, utpote ex carne et spiritu, materia et forma. Materia et caro est sensitivum, cuius vires alligatae sunt et immersae seu comprehensae in carne et materia. Ratio vero spiritus est et forma, non immersa ne alligata alicui organo carnis.*"

[419] Cf. ARISTOTELES, De Anima III,4 429a 10–14, a 22–23. Eckhart greift im zweiten Genesiskommentar die aristotelische Lehre von der dreifachen Gliederung der Seele bzw. von den drei Vermögen der Seele, die in der Natur vorzufinden sind und die Aristoteles alle drei in der menschlichen Seele vereint sieht, insofern auf, als er in der Gesamtheit der Natur alle drei Vermögen (*anima vegetativa / anima sensibilis / anima rationalis*) in ihrer Wirksamkeit unterscheiden kann [cf. In Gen. II n.211 (LW I 688,4–8)]. Im Hinblick auf den Menschen ist für ihn jedoch nur das höchste Seelenvermögen von Relevanz.

[420] Cf. HAAS, Nim din selbes war 41. Die hier auf das deutsche Werk bezogene Einschätzung lässt sich auf das lateinische Werk übertragen.

[421] SCHNEIDER, Einheit 9.

Problematik jedoch als solche nicht gesehen wird bzw. diese in Eckharts Zusammenhang nicht brisant ist.

Im Johanneskommentar wird die Formel *anima forma substantialis corporis* [422] zwar explizit aufgegriffen, und die Einheit von Seele und Leib wird als ein *compositum* beschrieben, in dem das Fleisch[423] die charakteristische Eigenschaft (*proprietas*) und das Wirken (*operatio*) der Seele gänzlich aufnimmt (*suscipit*)[424], doch klingt bereits mit diesen letzten Überlegungen an, dass Eckhart beide Prinzipien von der Sache her klar unterschieden und letztlich doch als eigene Wirklichkeiten behandelt wissen will. Vollends gegenläufig zum Einheitsgedanken erscheint die Tendenz in folgender Passage, ebenfalls innerhalb des Johanneskommentars:

> „Je mehr eine Form von Materie, Ausdehnung und Zeit getrennt ist, um so edler und göttlicher ist sie. So sollst du sein: demütig, das heißt Gott unterworfen, getrennt von Zeit und Ausdehnung, unvermischt und mit nichts etwas gemeinsam habend: Dann kommst du zu Gott und Gott zu dir."[425]

Diese Abgrenzung findet ausdrücklich Anwendung auf das Verhältnis des menschlichen *intellectus* zur Leiblichkeit des Menschen, d. h. dort, wo nicht von der *anima* im Allgemeinen, sondern spezifiziert von der *anima rationalis* die Rede ist. Eckhart stellt fest,

> „dass die Form jedes Zusammengesetzten über die Materie hinausreicht und gewissermaßen sich davon entfernt. Sie übt nämlich eine gewisse Tätigkeit aus, die über die Materie hinausreicht. [...] Und je mehr eine Form sich auf einer höheren und vollkommeneren Stufe befindet, desto mehr ist sie von der Materie getrennt und übersteigt diese und desto weniger ist sie in die Materie versenkt, bis hin zum Verstand des Menschen. Ferner ist auch bei den Seelenvermögen das um so vollkommener, je mehr es von der Materie getrennt und gelöst ist."[426]

---

[422] In Ioh. n.93 (LW III 80,4ff.): „[...] *anima, quae ut forma substantialis corporis immediate adest singulis membris se tota, et propter hoc dat esse et vivere omnibus membris.*"

[423] Eckhart bevorzugt die Terminologie des Johannesevangeliums (nach der Vulgata) und spricht daher von *sarx*, wenn er *corpus* meint.

[424] In Ioh. n.126 (LW III 109,3–9): „[...] *sicut caro suscipit, capit et videt experientia esse ipsum animae, sic et omnem animae proprietatem et operationem, adeo ut esse et operatio omnis non sit animae proprie, sed totius coniuncti. Communicant enim sibi caro et anima sua idiomata, id est proprietates et affatus et loquelam, ita ut non dicatur anima esse nec sentire nec intelligere, sed totum compositum ex ipsa et carne dicitur esse, sentire et intelligere, ut dicitur I De anima.*" Cf. ARISTOTELES, I De Anima t.12 (A c. 1 403 a 5–10).

[425] In Ioh. n.318 (LW III 266,3–7): „[...] *forma omnis quanto est separatior a materia, continuo et tempore, tanto nobilior et divinior. Esto talis: humilis, scilicet subiectus deo, separatus a tempore et continuo, impermixtus, nulli nihil habens commune: venis ad deum et deus ad te.*"

[426] In Ioh. n.554 (LW III 483,4–9): „[...] *omnis compositi forma supergreditur et quasi elongatur a materia; [...] Et quo magis forma est altioris gradus et perfectioris, tanto plus separatur et superexcedit materiam et minus immergitur materiae usque ad intellectum hominis. Adhuc etiam in potentiis animae, quanto est aliqua perfectior, tanto est separatior et abstrahit a materia.*"

Die Abgrenzung von Form und Materie ist ein dynamisches Geschehen, d. h. sie ist steigerbar und nicht auf das Verhältnis von Leib und Seele des Menschen beschränkt, auch wenn sie hierbei am deutlichsten wird. Eckhart sieht die Möglichkeit gegeben, dass die Rolle einer Form nicht darin aufgeht, das prägende Prinzip im Hinblick auf eine ihr komplementäre Materie zu sein, d. h. dass ihre Ausrichtung sich nicht auf das Prinzip der Materie beschränkt, sondern eine darüber hinaus reichende Ausrichtung besitzen kann, die innerhalb der Struktur der Wirklichkeit in eine gleichsam entgegengesetzte Richtung verläuft. Die Form ist in einem solchen Falle nicht mehr bloß ein metaphysisches Prinzip, denn ihre Relationalität sprengt den im aristotelischen Schema wesentlichen Zusammenhang mit dem komplementären Prinzip der Materie auf. Die Herauslösung der Form aus dem Schema von Form und Materie kleidet Eckhart sprachlich in die Beschreibung eines Vorgangs, ohne damit eine substantiale Veränderung am Menschen anzunehmen. Dies müsste jedoch der Fall sein, läge ein streng aristotelisches Verständnis von Form und Materie zugrunde, das im Verhältnis beider die Begründung der Substantialität erblickt. Von einem solchen her wäre die Annahme eines die Form von der Materie entfernenden Prozesses absurd, und die durch die spezifsche Form bzw. Materie begründete Entität hörte auf zu bestehen, da sie des Zusammenhalts ihrer beiden Grundprinzipien beraubt wäre. Nun stellt Eckhart den Ausgangszusammenhang, d. h. die ausgängliche Verwiesenheit von Form und Materie aufeinander, nirgends in Frage und löst ihn auch nicht wirklich auf. Im ersten und im zweiten Genesiskommentar – also auf verschiedenen Abfassungsstufen des O.T. – lassen sich Bemerkungen ausfindig machen, die darauf schließen lassen, dass Eckhart das aristotelische Anliegen, Form und Materie als zwei voneinander nicht trennbare Prinzipien in zusammengesetzer Einheit nach dem Schema von Akt und Potenz aufzufassen, auch selbst so aufgegriffen und verstanden hat.[427] Die eigentliche Veränderung, die Eckhart vornimmt, besteht darin, dass er den Bezugsrahmen der beiden Prinzipien, insbesondere der Form, erweitert. Das aristotelische Schema dient auch Eckhart zur Begründung der Substantialität. Da er letztere jedoch weiter fasst – im Sinne von Relationalität und Prozessualität – erfährt auch das Schema von Form und Materie eine Öffnung, jedoch auf die Gefahr hin, dass das ursprüngliche Anliegen und die ursprüngliche Konsistenz verlorengehen und das Schema als solches verzerrt wird.

Hinsichtlich der Anwendung des Schemas auf das Verhältnis von Leib und Seele bleibt festzuhalten, dass das, was für Thomas eine Formel der Einheit und Zuordnung ist, bei Eckhart zunehmend den Charakter einer Formel der Unterscheidung annimmt. Damit läuft Eckhart in letzter Konsequenz der Tendenz zuwider, die

---

[427] In Gen I n.199 (LW I 345,8ff.): „[...] *activum et passivum, forma et materia, potentia et actus duo quaedam in se sunt principia, sed in esse et actu unum sunt in compositio.*"; In Gen. II n.29 (LW I 498,4ff.): „*Materia est propter formam, nihilominus tamen forma substantialis non plus potest esse sine materia quam materia sine forma.*" [unter Berufung auf AVICENNA, Metaphysica, jedoch nicht wie angegeben l. III, sondern l. II c.4 (77 va–b)]; In Gen. II n.33 (LW I 501,7ff.): „*Materia et forma sic sunt rerum duo principia, quod nihilominus sunt unum in esse et ipsorum est unum esse et unum operari.*"

auch ausdrückliches Anliegen des Konzils von Vienne (1312)[428] war, die substantielle Einheit des Menschen in der Formhaftigkeit der *anima rationalis* gegründet zu sehen. Zwar leugnet Eckhart die Einheit nicht, sie war ja inzwischen Konsens,[429] unterstreicht jedoch die Verschiedenheit, die in der unterschiedlichen Einbindung – thematisiert mit Hilfe des Naturbegriffs – begründet liegt. Entweder ist die Einheit für Eckhart als solche in Frage gestellt, oder die Einheit wird mit einer solchen Selbstverständlichkeit vorausgesetzt, dass vor ihrem Hintergrund die Frage nach der Unterscheidung auf eine andere Art und Weise virulent werden kann. Letzteres ist nach unseren vorausgehenden Untersuchungen eher der Fall.

Von der besonderen Stellung des Menschen als geisthaftes Sinnenwesen her ist das eckhartsche Zuordnungsschema zwar ohne weiteres nachvollziehbar bzw. dem Rahmen der Tradition zuzuordnen, jedoch dadurch, dass Eckhart auf beide Prinzipien, Form und Materie, den Naturbegriff anwendet,[430] bleibt eine Deutung des Naturbegriffs im Sinne des Formprinzips schwierig. Fasst man unter *natura* das Substanzhafte eines Sachverhalts auf, das, was ihn zu dem macht, was er ist, erscheint der Zusammenhang von Natur und Form zwingend, der von Natur und Materie jedoch fraglich. Wir müssen deshalb davon ausgehen, dass Eckhart die Substantialität, die der Naturbegriff bezeichnet, anders fasst als der Formbegriff innerhalb des aristotelischen Schemas von Form und Materie. Betrachtet man die Aussageabsicht, die mit dem Naturbegriff in diesem Zusammenhang verfolgt wird, so liegt diese darin, dass es darum geht, die doppelte Einbindung des Menschen in einen Bereich des Geistigen und einen des Materiellen zu beschreiben. Der Begriff *materia* ist im Wortsinn materiell gebraucht, in einem physikalischen und erst daraus abgeleitet in einem metaphysischen Sinn. Von einer Unterscheidung zwischen physikalischer und metaphysischer Wirklichkeitsbetrachtung kann an dieser Stelle keine Rede sein.

Hinter dieser vereinheitlichenden Tendenz können zwei Absichten vermutet werden. Zum einen kann sie darauf beruhen, dass der Bereich des Materiellen bzw. des Physischen für Eckhart eine ohnehin untergeordnete Rolle spielt, so dass kein weiteres Interesse an einer differenzierteren Erfassung besteht. Damit ginge eine isoliert negativ wertende Betrachtung einher. Zum anderen kann die Absicht dieser Tendenz in einem Willen zur Vereinheitlichung selbst bestehen. Damit steuerte Eckhart einer Entwicklung fortschreitender Differenzierung der Wissenschaften entgegen, indem er die gesamte Wirklichkeit innerhalb einer vertikal verlaufenden Struktur bzw. von dieser her begriffe. Das metaphysische Strukturschema wäre dann zugleich das Strukturschema, das den physischen mit dem metaphysischen Bereich verbindet. Selbst eine Strukturierung nach dem Schema positiv-negativ liefe so nicht auf einen Ausschluss oder die Notwendigkeit einer Nichtigung des Negativen hinaus, sondern auf eine Integration.

---

[428] Cf. DH 902. Die Konzilsdefinition ist negativ, d. h. verurteilt wird die Ablehnung folgender Formeln: *„substantia animae rationalis seu intellectivae vere ac per se humani corporis sit forma"* bzw. *„anima rationalis seu intellectiva non sit forma corporis humani per se et essentialiter"*. Beide Formeln unterstellen einen einfachen Hylemorphismus.

[429] Cf. SCHNEIDER, Einheit 256f.

[430] Cf. Anm. 418.

Auf diese Tendenz lässt folgende Textstelle aus dem Sapientiakommentar schließen:

„Ferner ist auch [...] zu bemerken, dass etwas naturgemäß und der allgemeinen Natur entsprechend gut (ein Gut der allgemeinen Natur) ist, was (zugleich) aber für die Einzelnatur übel und unnatürlich ist. So ist zum Beispiel die Zeugung von etwas Weiblichem unnatürlich und übel, ist akzidentell und gegen die Absicht des einzelnen Wirkenden, das ja als männliches immer auf ein ihm gleiches Männliches abzielt. Das allgemeine Wirkende aber, das nach Avicenna[431] eine den Himmelskreisen innewohnende Kraft ist, trägt Sorge für das gesamte Weltall und schließt das Weibliche nicht aus, sondern zielt auf es ab, aus dem Grund, weil ohne es die ganze Art der Zeugenden aufgehoben würde und damit das gesamte Weltall und seine Vollkommenheit."[432]

Schon im ersten Satz sticht die für Eckhart kennzeichnende differenzierte Betrachtungsweise entsprechend verschiedener Betrachtungsaspekte ins Auge. Je nach Betrachtungsaspekt erscheint der Sachverhalt negativ oder positiv, wobei letzteres offensichtlich nicht im Sinne von „an sich positiv", sondern von „in eine positive Wirklichkeit eingebunden" zu verstehen ist. Die zunächst negative Wertung des Weiblichen erklärt sich daraus, dass die Entstehung eines Sachverhalts, d. h. von etwas in sich Neuem und Selbständigem, von Eckhart stets als ein Prozess der Zeugung (*generatio*) angenommen wird. Dieser Vorgang ist von der Tradition her männlich belegt, da die geschlechtliche Zeugung sein ursprüngliches Paradigma darstellt. Dieser Gedanke ist mit der Vorstellung verbunden, dass innerhalb eines Zeugungsvorgangs der Frau eine rein passive Rolle zukommt. Sie ist gleichsam „nur" das Gefäß für den männlichen Samen, fügt diesem nichts hinzu, sondern nimmt ihn allein auf, damit er sich dort entwickeln kann. Hinzu kommt das aus der philosophischen Tradition übernommene Theorem, dass alles aktiv Wirkende (*agens*) in seinem Wirken auf ein ihm ähnliches hinzielt, d. h. ein solches hervorzubringen trachtet.[433] Vor diesem Hintergrund ist die Hervorbringung von etwas Weiblichem, d. h. von etwas, das nicht wiederum zu zeugen im Stande ist, als defizient zu betrachten. Eckhart möchte genau diesen Betrachtungswinkel erweitern, indem er von der Ebene des *particulare* auf die Ebene des *universale* wechselt. Innerhalb des gesamten Geschehens der Schöpfung, innerweltlich zusammengehalten durch das *agens universale*, das hier nicht unmittelbar mit Gott identifiziert wird, sondern als immanentes Prinzip der den Zusammenhang der kontingenten Welt gewährleistenden Himmelsbahnen, kommt dem Einzelnen eine Bedeutung zu, die dem partikulären Zusam-

---

[431] AVICENNA, Metaphysica VI c. 5 (94va 13): „*intelligo per naturam universalem virtutem infusam in substantias caelorum.*"

[432] In Sap. n.231 (LW II 566,1–7): „*Rursus etiam* [...] *notandum quod aliquid est naturale et bonum naturae universali, quod tamen malum est et innaturale est naturae particulari. Exempli gratia: generatio feminae innaturalis et mala est et per accidens, praeter intentionem agentis particularis, quod cum sit masculum, semper intendit sibi simile masculum. Agens vero universale, quod secundum Avicennam est vis insita orbibus caeli, providens universo, feminam non excludit, sed intendit, eo quod sine ipsa tolleretur species tota generantium et per consequens totum universum et eius perfectio.*"

[433] Cf. n.29 sowie In Ioh. n.30 (LW III 23,5f.); *sibi simile agere* bezieht sich auf ARISTOTELES Ars rhet. I c. 4 (1360 a 5) sowie De gen. et corr. I t. 51 (A c. 7 324 a 9–11), *se ipsum alterum agere* auf ID., De an. II t. 34 (B c. 4 415 a 26–29).

menhang so nicht entnommen werden kann. Hinsichtlich des Beispielfalls des Weiblichen besteht sie in dessen notwendiger Rolle innerhalb des generativen Fortpflanzungsprozesses.

Die positive Beziehungswirklichkeit wird mit dem Adjektiv *naturale* klassifiziert und stellt ein „Gut der Natur" (*bonum naturae*), genauerhin der *naturae universalis* dar. Der Sachverhalt wird nicht aus seiner eigenen Substantialität, sondern aus seiner Relationalität heraus als „natürlich" bezeichnet. Als „unnatürlich" muss er in dem ersten Zusammenhang deshalb gelten, weil keine wirkliche Beziehung zustandekommt, sondern der Sachverhalt aus dem betrachteten Beziehungszusammenhang herausfällt. Wird ein Sachverhalt nur in sich selbst, isoliert von allen möglichen Beziehungen betrachtet, ist demnach keine Aussage hinsichtlich Natürlichkeit oder Unnatürlichkeit möglich.

Es handelt sich beim Wechsel der Ebenen nicht bloß um den Wechsel der Betrachtungsperspektive, als wäre der Sachverhalt demgegenüber indifferent, sondern um einen Wechsel des Beziehungszusammenhangs. Innerhalb beider hat der Sachverhalt Wirklichkeit, d. h. die sich jeweils darauf beziehenden Betrachtungsperpektiven werden keineswegs relativiert. Relativiert werden sie nur insofern, als nicht der Blick eines Betrachters, sondern ein nach Eckhart in sich wirklicher und substantialer Beziehungszusammenhang Ausschlag gebend ist. Für den zuerst geschilderten Zusammenhang müssen wir freilich von einer „unwirklichen Wirklichkeit" oder einer Wirklichkeit mit negativem Vorzeichen sprechen, da er als solcher defizient ist und von daher nicht wirklich zustandekommt.

Von diesen Überlegungen her können wir Rückschlüsse darauf ziehen, wie Eckhart Positivität und Negativität begreift. Ersteres bezeichnet eine bestehende Relation, letzteres eine gestörte, d. h. eigentlich nicht bestehende. Bei den Klassifizierungen „gut" und „böse" haben wir es erst in zweiter Linie mit ethischen Klassifizierungen zu tun. Das ergibt sich aus dem Eckhart eigenen Verständnis des Verhältnisses theoretischer und praktischer Aussagen bzw. Wirklichkeiten. Er nimmt keine wirkliche Trennung beider Bereiche oder eine wesentliche Verschiedenheit an, sondern leitet praktische Überlegungen aus theoretischen ab. Eine eigenständige *scientia practica* kann – oder braucht – innerhalb seines Ansatzes nicht zum Tragen zu kommen.

Wenn wir noch einmal auf den Zusammenhang zurückschauen, innerhalb dessen Eckhart im Exoduskommentar die Rede von den zwei Naturen des Menschen eingeführt hat, können wir unsere vorangehenden Überlegungen hinsichtlich der Implikation des Naturbegriffs auf eine positive Beziehungswirklichkeit darauf anwenden. Eckhart stellt fest, dass

„nach Dionysius, Von den Gottesnamen, Kapitel 4, für den Menschen gut ist, was vernunftgemäß ist, schlecht aber, was widervernünftig ist. Der Grund liegt darin, dass das Gute immer der Form entspricht, das Schlechte der Materie und dem Materiellen."[434]

---

[434] In Ex. n.212 (LW II 178,8–11): „[...] *sicut ait* DIONYSIUS *De divinis nominibus c.4* [§ 32, PG 3, 733], *bonum hominis est secundum rationem esse, malum autem quod est praeter rationem. Ratio est, quia semper bonum est a forma, malum ex materia et ex materiali.*"

Es geht Eckhart offensichtlich darum, die richtige Einbindung, d. h. die positive Beziehungswirklichkeit eines Sachverhalts zu begreifen. Von seiner Wesensform her, darin folgt Eckhart konsequent Thomas, ist der Mensch Vernunft. Von daher ist es seine Natur und so für ihn positiv, nicht bloß von seiner Anlage her ein Vernunftwesen zu sein, sondern in den Zusammenhang des Vernünftigen überhaupt eingebunden zu sein und insbesondere dies vernunftgemäß, d. h. bewusst immer mehr einzuholen. Das, was gegeben ist, stellt sich zugleich als Aufgabe dar, ist also nicht bloß Wirklichkeit, sondern verlangt einen Prozess der permanenten Verwirklichung.

e)   Abschließende Überlegungen zur Relevanz des Naturbegriffs im strukturontologischen Schema

Anders als auf die bisher beschriebene grammatische Art und Weise, wonach der Naturbegriff einem anderen Begriff zugeordnet wird als die Natur von etwas (z.B. *natura iustitiae*), kann er selbst in seiner allgemeinen Form eine attributive Präzisierung erfahren, beispielsweise als *natura activa* bzw. *natura passiva*. In dieser allgemein gehaltenen Formulierung möchte man zunächst eine Konzeption von Natur als allgemeiner Substantialität vermuten. Doch handelt es sich in diesem Falle der Form nach letztlich nicht um den Allgemeinbegriff einer Natur als solcher, die aktiv oder passiv in Erscheinung treten kann, sondern um die begriffliche Umschreibung dessen, was Aktivität beziehungsweise Passivität als solche ausmacht. So passt auch diese Verwendungsweise in das Schema des Naturbegriffs als das, was eine Sache als das, was sie ist, auszeichnet. Bei Aktivität und Passivität haben wir es wiederum mit relationalen Begriffen zu tun, denn vom aktiven oder passiven Charakter eines Sachverhalts kann nur die Rede sein, wenn er in Bezug auf etwas anderes sich aktiv oder passiv Verhält. Es besteht keine Aktivität oder Passivität in sich, sondern ausschließlich in Bezug auf etwas.

An einzelnen Stellen des O.T. stoßen wir auf eine Inbezugsetzung der Adjektive *naturale* und *reale*. Daraus kann keine Deckung ihrer Begriffsextension abgeleitet werden. Was eine Natur hat, besitzt zweifelsohne Realität, jedoch kann das eckhartsche Verständnis des Ausdrucks *reale* nicht einfachhin mit „real" im Sinne von „wirklich" gleichgesetzt werden. In Zusammenhang mit der Unterscheidung der Transzendentalien Wahres und Gutes spricht Eckhart im Johanneskommentar in der Auslegung zu Joh 10, 30 „Ich und der Vater sind eins" (*ego et pater unum sumus*) von einer *natura realis extra animam* innerhalb der sich das unter den *termini generales* angeführte Gegensatzpaar *bonum et malum* ausmachen lässt. Gleich bedeutend mit diesem Ausdruck setzt er *ens reale extra animam*.[435] Wahres und Gutes werden – wie die Trans-

---

[435] In Ioh. n.514 (LW III 445,3–11): „*Restat videre quomodo esse sub ratione sive proprietate unius principium est et ab ipso procedit universitas et integritas totius entis creati. Sciendum ergo quod ens secundum totum sui ambitum prima sui divisione dividitur in ens reale extra animam, divisum in decem praedicamenta, et in ens in anima sive in ens cognitivum,[...] Adhuc autem sciendum, sicut in VI [De causis] dicitur, bonum et malum sunt in rebus extra animam in natura reali, verum autem et falsum sunt in anima. Ex quo patet quod pertinet ad ens cognitivum et ad cognitionem, bonum autem pertinet ad ens reale sive ad ens naturale.*

zendentalien insgesamt – innerhalb des *prologus generalis* gleichgesetzt, an dieser Stelle jedoch unterschiedlichen Wirklichkeitsbereichen zugeordnet, die sich aus ihrem Verhältnis zur menschlichen Seele ergeben[436], wobei sie aber in ihrer strukturellen linearen Ausrichtung übereinstimmen. In dem Ausdruck *natura reali* steht *realis* als attributive Bestimmung des Subjekts Natur. Eckhart spricht also von der „realen Natur", was, wenn es sich nicht um eine Tautologie handelt, als eine nähere – ein-schränkende – Bestimmung des Naturbegriffs zu betrachten ist. Die Einschränkung bildet den Berich der *decem praedicamenta*, d. h. das, was unter die zehn Kategorien nach Aristoteles fällt. Daraus lässt sich schließen, dass Eckhart die Bezeichnung *realis* in diesem Zusammenhang dem Bereich der Kontingenz vorbehält. *Res* bezeichnet den kategorial begrenzten Sachverhalt, wie er dem erkennenden Verstand in seiner Umwelt gegenübertritt. Der Naturbegriff als solcher ist, wie aus unseren angeführten Beispielen und aus seiner pragmatischen Verwendung im gerade betrachteten Zu-sammenhang deutlich wird, in sich weiter gefasst. Im weiteren Verlauf seiner Aus-führungen zu Joh 10,30 ordnet Eckhart *ens reale* und *ens naturale* nebeneinander. Durch das zuordnende *sive* wird eine begriffliche Differenzierung des *ens extra animam* hergestellt, was an dieser Stelle als dem im Verstande seienden (*ens cognitivum*) gegen-überstehend angesehen wird. Das *ens naturale* stellt insofern eine Erweiterung des *ens reale* dar, als es auch die nichtkategorialen extramentalen Wirklichkeiten umfasst, das heißt die unveränderlichen Strukturen, innerhalb derer die kategorialen Realitäten überhaupt erst Bestand haben können.

Zusammenfassend kann festgehalten werden, dass Eckhart die verschiedenen Konnotationen des aus der Antike überlieferten Begriffs der *physis* zwar in ihrer ganzen Bandbreite kennt – geprägt von der Spannung zwischen Substanzialität und Ursächlichkeit, Immanenz und Transzendenz, innerem und äußerem Aspekt[437] –, dass die Tendenz jedoch dahin geht, die erwähnte erste (die relative Eigenprin-ziplichkeit) und zweite Konnotation (die umfassende Substanzialität) auf die dritte (das Grundlegende eines Sachverhalts) zu beziehen, und innerhalb dieser wiederum die Anwendung auf den Bereich der relationalen Wirklichkeitsstruktur der auf einen rein quidditativen Bereich vorzuziehen bzw. letzteren in ersterer zu verorten.

Mit dem Begriff der *natura* ist ein Begriff eruiert, mit dem Eckhart die Wirklich-keit in ihrer wesentlichen Grundstruktur zu erfassen vermag, wobei der Begriff innerhalb der Komplexität der Wirklichkeit auf verschiedene Weise – gleichsam analog – Verwendung findet, aber dennoch nicht den letzten Zusammenhang des Ganzen bezeichnen kann, da er ein Strukturbegriff ist, der das Wie, nicht jedoch das Was und das Woraufhin des inneren Zusammenhangs der Wirklichkeit bezeichnet.

Die Frage nach dem Zusammenhang der vom Naturbegriff ausgehenden Über-legungen zum Zusammenhang der Wirklichkeit und denen, die sich in dem Raster der *termini generales* bewegen, wird von Eckhart selbst nicht aufgeworfen, stellt sich aber vor dem Hintergrund des von ihm selbst postulierten systematischen Zusam-menhangs seines Gesamtentwurfs. Beide Gedankengänge finden sich terminologisch bereits im *prologus generalis* grundgelegt. Im Hinblick auf die inhaltliche Konnotation des Naturbegriffs lässt sich bei Eckhart wenn nicht durchgehend eine Konzentration,

---

[436] Zur Deutung der Lehre Eckharts als Transzendentalienlehre s.u. Abschnitt C.1.
[437] Cf. MONTEIRO PACHECO 282.

so doch stets eine Hinordnung auf die prozessuale Struktur der Wirklichkeit feststellen, auf die auch die washeitlichen Aspekte wesentlich ausgerichtet sind. Diese Struktur drückt sich in der Spannung der Gegensatzpaare der *termini generales* ebenfalls aus. Vom Textbefund her lässt sich keine durchgängige Anwendung des Naturbegriffs auf die klassischen transzendentalen Begriffe *ens, unum, verum, bonum* ausmachen, wohl aber auf die dieses System bei Eckhart erweiternden, damit konvertiblen Begriffe wie z.B. *iustitia,* so dass man von einer Übertragbarkeit ausgehen kann. Dass Eckhart neben der aus dem Adjektiv abgeleiteten Substantivform *unum, verum* bzw. *bonum* auch eine abstrakte Form *unitas, veritas* bzw. *bonitas* kennt, deutet darauf hin, dass das, was den Sachverhalt des Eins-, Wahr- bzw. Gutseins als solchem ausmacht, nochmals begrifflich zu erfassen ist. Den Strukturbegriffen kommt folglich ein inhaltliches Moment zu. Wenn man beim Gebrauch des Naturbegriffs eine Tendenz von der inhaltlichen zur strukturellen Betrachtung festhalten möchte, so bedeutet dies keine Gegenüberstellung zweier Grundprinzipien Struktur und Inhalt, denn eine Inhaltslosigkeit der Struktur zu behaupten, erscheint im eckhartschen Denken widersinnig, da die Inhalte sich aus relationalen Zusammenhängen definieren. Auch die Struktur als solche hat ein washeitliches Moment und ist als *etwas* zu begreifen. Vielmehr haben wir es mit zwei real bestimmbaren Ebenen der Wirklichkeit zu tun, deren eine sich nach Gattung und Art gliedert, während die andere die relationalen Strukturen bezeichnet, innerhalb derer erstere sich entwickelt. Wenn von *termini generales* die Rede ist, handelt es sich nicht um eine Abstraktion aus einer niederen auf eine höhere Ebene, sondern um den allgemeinen Ordnungszusammenhang. Folglich ist *generalis* nicht im Sinne von Verallgemeinerung, sondern von Grundlegung zu verstehen. Die einzelnen, nach Art und Gattung washeitlich fassbaren Entitäten bestehen ausschließlich innerhalb des durch die Begriffspaare der *termini generales* abgesteckten Spannungsfeldes. Der Naturbegriff bezeichnet das washeitliche Moment auf beiden Ebenen, wobei zum washeitlichen Moment auf der Ebene von Gattung und Art die strukturale Einbindung immer schon wesentlich hinzutritt. Innerhalb des Naturbegriffs lässt sich folglich ein qualitativer Sprung ausmachen, dessen beide Ebenen jedoch in wesentlicher Beziehung zueinander stehen.

C. Das disjunktive Relationsschema der *termini generales* als Entwurf einer Transzendentalienmetaphysik

Nachdem in Teil A die formale Explikation des Schemas der *termini generales* erfolgt ist, in Teil B der Zusammenhang formaler und essentieller Aspekte und die innere Dynamik des Strukturschemas anhand des Naturbegriffs herausgestellt wurde, soll in einem dritten Schritt ein erster Angang einer essentiellen Explikation des Begriffsschemas unternommen werden, wobei die in Teil B aufgezeigte Kohärenz – die essentielle Relevanz des Strukturschemas – im Auge zu behalten ist. Nachdem in Schritt A das Verständnis von *terminus* geklärt wurde, geht es nun um die Begründung der „Generalität" der *termini generales*.

3. STRUKTURONTOLOGIE ALS TRANSZENDENTALIEN-METAPHYSIK – EINORDNUNG UND ABGRENZUNG DES ECKHARTSCHEN ANSATZES IN BEZUG AUF ANSÄTZE DES 13. JAHRHUNDERTS

Die zentrale Stellung, die die transzendentalen Begriffe *ens, unum, verum* und *bonum* innerhalb des Schemas der *termini generales* einnehmen, legt es nahe, den eckhartschen Ansatz in einen Zusammenhang mit anderen Ansätzen sogenannter Transzendentalienmetaphysik zu stellen und von daher das eckhartsche Proprium weiter herauszuarbeiten. Unter Transzendentalienmetaphysik verstehen wir jeden Ansatz, der Metaphysik von transzendentalen Begriff her entwickelt, die sich dadurch auszeichnen, dass sie die anhand der aristotelischen Kategorien erfassbare Wirklichkeit übersteigen.[438]

a) Versuche zur Einordnung des eckhartschen Denkens in der Forschungsliteratur

Um eine Ausgangsbasis für die weitere Interpretation zu erlangen, stellen wir zunächst verschiedene Verständniszugänge aus der Forschungsliteratur zur Konzeption der *termini generales* vor.

---

[438] Cf. AERTSEN, Medieval Philosophy and Transcendentals 428f.

FISCHER[439] erkennt in dem Schema der *termini generales* eine Vorgehensweise gemäß ausgewählter Kapitel – oder gar Bücher – der aristotelischen Metaphysik und weist ihm die wesentliche hermeneutische Aufgabe zu, als inhaltliche Vorentscheidungen die gedankliche Struktur des gesamten O.T. vorzugeben. Leider verzichtet Fischer auf einen näheren Nachweis der Abhängigkeit dieser metaphysischen Struktur von Aristoteles.

RUH[440] hält eine Inbezugsetzung des Schemas auf die aristotelische Metaphysik für problematisch. Er betrachtet die Auflistung der *termini generales* als Provisorium, sowohl dem Inhalt nach, aber auch in jedem Falle in ihrer Ordnung. Er erkennt hinsichtlich letzterer keine konsistente Reihenfolge und auch kaum einen Ansatz zur Gruppenbildung. Wohl aber liege ihr die aristotelische Unterscheidung in der Vorgehensweise der Metaphysik, einerseits die Betrachtung des Seienden als Seiendes[441] und andererseits die des höchsten Seins, mit anderen Worten Ontologie oder Theologie, zugrunde. Einen eindeutigen Zusammenhang erkennt er lediglich in der Zuordnung der Traktate „vom Sein und den Transzendentalien ‚Einheit', ‚Wahrheit' und ‚Gutheit'", die das Herzstück der Eckhartschen Metaphysik bilde.

Dass das Schema der *termini generales* ganz im Gegenteil alles andere als provisorischen Charakter hat, sondern die eckhartsche Vorgehensweise insgesamt widerspiegelt, dürfte in unseren Untersuchungen bis hierher hinlänglich deutlich geworden sein.

N. LARGIER[442] nimmt folgende Aufteilung des Schemas der 14 *termini* vor: Zuerst stehen die vier Transzendentalien Sein, Eines, Wahres, Gutes als die allgemeinen Grundbegriffe der Metaphysik, einschließlich ihrer Gegensätze. Danach gehe das Werk zu praktischen Fragen der Liebe und der Tugend über, wobei im Hintergrund der das Verhältnis eines tugendhaften Lebens zu seinem Grund in Gott bestimmende Einheitsgedanke stehe. Die Entfaltung der Einheit, insbesondere die Stellung des Geschaffenen ihr gegenüber, werde in den Thesen acht bis zehn behandelt, und im Folgenden dieser Aspekt im Sinne der Fülle der Dinge in Gott ebenfalls weiter betrachtet. Dem Schema liege demnach ein durchgehender Gedanke zugrunde, die Einheit der Wirklichkeit in Gott und ihre Entfaltung.

AERTSEN[443] sieht in der Auflistung der *termini generales* den Entwurf eines philosophisch-theologischen Integrationsmodells in Form einer Zusammenstellung unterschiedlicher philosophischer Traditionen, anhand derer Eckhart eine Übersicht über die metaphysischen Hauptthemen seines Werkes geben möchte. Die Begriffspaare stehen nach Aertsen für die einzelnen Traktate dieses Entwurfs. Die ersten vier Traktate – vom Sein, von der Einheit, Wahrheit und Gutheit – stellten vor diesem Hintergrund die Grundstruktur einer „Transzendentalienmetaphysik" dar, zu deren Bestandteil auch die moralischen Vollkommenheiten aus der sechsten und siebten

[439] Cf. FISCHER, Arbeitsweise 57.

[440] Cf. RUH, Theologe 79.

[441] RUH spricht von „Sein als Sein", ich folge in der Formulierung HONNEFELDER, Anfang 167.

[442] Cf. MEISTER ECKHART, Werke II. Herausgegeben und übersetzt von Niklaus LARGIER. Frankfurt/Main 1993, 823f.

[443] AERTSEN, außerordentliche Metaphysik 16–20.

Gruppe der *termini* zu rechnen seien. Die Transzendentalien umfassten damit die Vollkommenheiten (*perfectiones*) – die als solche nur Gott zukommen – unter Integration der Ethik in die Metaphysik. In den Gegensatzpaaren VII–XII erkennt AERTSEN nähere Bestimmungen des Verhältnisses von Gott und Geschöpf, während XIII und XIV Abschluss und Zusammenfassung des Thesenwerks darstellten.

Nach AERTSEN besteht die Intention dieser Transzendentalienmetaphysik darin, „das Göttliche in den Dingen und die Dinge im Göttlichen zu betrachten"[444]. Wir teilen diese Ansicht, doch scheint es mir auffallend, dass Eckhart die *termini generales* einführt, ohne sie zunächst mit dem Verhältnis von Gott und Geschöpf in Zusammenhang zu bringen, sondern dies ausdrücklich einem einzelnen Traktat (*de ipso deo summo esse quod contrarium non habet nisi non esse*) zuordnet. Wäre diese Thematik bereits mit dem ersten Traktat explizit abgehandelt, hätten wir es mit einer überflüssigen Doppelung zu tun. Stellenweise gewinnt man bei der Lektüre des O.T. zwar den Eindruck eines synonymen Gebrauchs der Begriffe Gott und Sein, doch die Tatsache, dass Eckhart zu Beginn des *prologus in opus propositionum*[445] einen Beweis für den Satz „Das Sein ist Gott" (*esse est deus*) liefert, macht deutlich, dass er mit der Einführung des Begriffs noch nicht unmittelbar den Gottesgedanken einführt. Dass das Sein Gott sei, erfolgt aus der Analyse der beiden Begriffe. Der *Prologus in opus propositionum*[446] stellt nicht mehr als eine Beweisführung und Herleitung dieses Satzes und eine Betrachtung der sich daraus ergebenden ontologischen Implikationen dar.[447] Es erfolgt also bereits in den Prologen die Gleichsetzung des Seins mit Gott, so dass der Gottesgedanke von Anfang an bestimmend ist, doch ist das ein Schluss, den mitzuvollziehen Eckhart den Leser einlädt. Um sein eigentliches Anliegen auszudrücken, bevorzugt Eckhart offensichtlich das Vokabular der transzendentalen Wirklichkeitsbetrachtung.

Für BRUNNER[448] hat die unmittelbare Gleichsetzung der Transzendentalien mit Gott noch weitreichendere Konsequenzen. Er erkennt in den *termini generales* Transzendentalien (transcendentaux), die als solche geistige Vollkommenheiten sind. Sie gehen den Dingen voraus, haben in Gott ihren Ursprung, stehen sogar für Gott selbst, der mittels ihrer die Dinge sich selbst angleicht[449]. Sie repräsentieren die Erstursache in den Dingen und gründen damit deren gesamte Wirklichkeit. Für Brunner attestieren die *termini generales* Eckharts „volonté de systématisation extraordinaire"[450] in der Absicht, mittels der 14 Termini und ihrer Gegenteile den gesamten Bereich des Wissens abzudecken. Die *termini* als solche sieht Brunner in der aristotelischen Tradition begründet, von Eckhart jedoch auf platonische Weise im Sinne göttlicher Eigenschaften interpretiert. Die damit vorgelegte Systematisierung begründe eine „science divine", eine „göttliche Wissenschaft", die sich unmittelbar auf das Verhältnis Gottes zur Welt beziehe und sich so zugleich auch den Inhalten der göttli-

---

[444] IBID. 20.
[445] Cf. Prol. in op. prop. n.1ff. (LW 166f.)
[446] LW I 166,1–182,8.
[447] Diesem Thema ist der Abschnitt D.2 gewidmet.
[448] BRUNNER, Foi.
[449] IBID. 197: „Ils sont Dieu assimilant les choses à lui."
[450] IBID. 199.

chen Offenbarung öffne. Die Vernunft, die sich der Offenbarung öffne, entdecke in ihr ihren höchsten Gegenstand und ihre eigene Regel. WACKERNAGEL[451] schließt sich Brunner in der Fokussierung auf den Gottesgedanken an, widmet jedoch dem Strukturschema als solchem mehr Aufmerksamkeit. Er betrachtet die *termini generales* unter dem Gesichtspunkt der Konvertibilität der Transzendentalien. Die *termini* erläutern anhand einer sich wiederholenden Struktur die umfassende Wirklichkeit. Ausdruck ihrer Konvertibilität ist für Wackernagel der dreizehnte Traktat, *de ipso deo summo esse, quod contarium non habet nisi non esse,*[452] der gleichsam die Vollendung einer Kreisbewegung darstellt, da er sich auf den ersten Traktat (*esse/ente* und *non esse*) zurückbezieht und so den Zusammenhang herstellt, der die Kernaussage *esse est deus* und die Grundlage des Analogiegedankens ermöglicht.[453] In der Beobachtung der Strukturparallelität sehen wir den entscheidenden Zugang zur Systematik der *termini generales*.

b)   Grundzüge Transzendentalen Denkens im Mittelalter – die Vielfalt im Umgang mit einem einheitlichen begrifflichen Werkzeug

Mit der zentralen Stellung, die Eckhart den Transzendentalien durch die Aufstellung der *termini generales* einräumt, steht er mitten in der Thematik, die die philosophische Dimension des Denkens im Hochmittelalter kennzeichnet. Diese Feststellung bezieht sich auf den Gegenstand des Denkens, die bestimmende Ausrichtung des Denkens, und nicht darauf, was darunter inhaltlich verstanden wird, denn dahingehend sind die Auffassungen der einzelnen Autoren ausgesprochen divergent. Es geht den Autoren um die begriffliche Erfassung der *transcendentia* – der Begriff „Transzendentalien" ist noch nicht in Gebrauch – als den zentralen, d. h. grundlegenden und die kategoriale Wirklichkeit letztbegründenden Seins- und Denkinhalte, zu denen übereinstimmend das „Seiende", das „Eine", das „Wahre" und das „Gute" gerechnet werden.[454] Will man ihr Charakteristikum hervorheben, kann die philoso-

---

[451] WACKERNAGEL 100.

[452] Prol. gen. in Op. trip. n.4 (LW I 150,15f.).

[453] WACKERNAGEL 100: „De sorte que, pris en eux-mêmes, les transcendentaux se convertissent finalement en un nouveau terme – et un treizième livre – qui n'est autre que Dieu [...] Ce treizième traité devrait marquer l'accomplissement d'un cercle, puisqu'en revenant sur le premier, il est possible de dire que si le contraire de Dieu est le non-être, alors „l'être est Dieu", ce qui nous ramène au problème du premier livre, celui de l'être, de l'étant et du néant, leur opposé; dont on venait d'apprendre qu'il recelait toute la science de l'analogie."

[454] Die Bezeichnung *transcendentia* für die Transzendentalien ist nicht allen Autoren des 13./14. Jh. geläufig. Dies gilt insbesondere für den Beginn der Ausprägung dieses Lehrstücks: Bei Philipp dem Kanzler und Alexander von Hales, aber auch bei Heinrich von Gent ist sie abwesend. Stattdessen erscheinen die Begriffe *prima* und *communissima,* (Cf. AERTSEN, What is First 187.), bei Heinrich in der Linie seines Ansatzes auch *primae intentiones* (HEINRICH VON GENT, Summa 24,7 [Badius 145rH]). Eckhart kennt die entsprechende Verwendung des Begriffs *transcendentia* (cf. n.592); sie bildet jedoch keinen zentralen Bestandteil seiner Terminologie.

phische Denkweise des Hochmittelalters im weitesten Sinne als eine transzendentale Denkweise bezeichnet werden[455], insofern es ihr um die Rückführung (*resolutio*) der Denkinhalte auf das Ersterkannte in Form allgemeinster Begriffe geht, die zugleich als das erste und durch sich selbst Erkannte angesehen werden. Alle Reflexion gründet auf diesen Inhalten, und alle Begriffsbildung setzt diese Grundbegriffe voraus. Das inhaltliche Gegenteil zu „transzendental" ist „kategorial", und bezeichnet das, was auf eine Verwirklichung in Raum und Zeit beschränkt ist, also das Gegenständliche und Begrenzte. Die Betrachtung des Kategorialen – so sehen wir es bei Eckhart deutlich – wird bei dieser Denkweise nicht ausgeblendet, wohl aber vor einen bestimmten Hintergrund gerückt.

Um den Gehalt der Begriffsfeldes „transzendental" angemessen zu erfassen, sei an dieser Stelle darauf hingewiesen, dass unter „transzendentalem Denken" in dem hier skizzierten Zusammenhang nicht das zu verstehen ist, was im Anschluss an Kant darunter verstanden wird und bis heute den Gebrauch dieser Begrifflichkeit prägt. Transzendentales Denken erscheint im Hochmittelalter in einer anderen Gestalt, die sich in ihrer Eigenart durch einen Vergleich mit zentralen kantischen Gedanken herauskristallisieren lässt. Kant spricht von transzendentaler Erkenntnis und bezeichnet mit „transzendental" Vorstellungen bzw. Bestimmungen, die nicht empirischen Ursprungs sind, also a-priorischen Charakter haben und darüber hinaus notwendige Bedingung für die Möglichkeit von Erfahrung überhaupt sind: „Ich nenne alle Erkenntnis transzendental, die sich nicht sowohl mit Gegenständen, sondern mit unseren Begriffen a priori von Gegenständen überhaupt beschäftigt. Ein System solcher Begriffe würde Transzendental-Philosophie heißen."[456] In dieser Schärfe und Ausschließlichkeit lässt sich die Definition von „transzendental" auf die mittelalterlichen Texte nicht anwenden, was jedoch nicht bedeutet, dass in ihr nicht ein Aspekt aufleuchtet, der innerhalb eines größeren Zusammenhangs auch ein Moment der mittelalterlichen Konzeptionen ist. Die Untersuchung wird im Hinblick auf Eckhart zeigen, dass seiner Ansicht nach die Transzendentalien auf eine Erfahrung zurückgehen, die nicht empirischer Art ist und die Voraussetzung empirischer Erkenntnis bildet, die jedoch die Existenz eines transzendentalen Bereichs postuliert, der anders und weiter zu fassen ist als das transzendentale Subjekt im kantischen Sinne. Für letzteres stellt Kant fest, dass es „nur durch die Gedanken, die seine Prädikate sind, erkannt wird, und wovon wir, abgesondert, niemals den geringsten Begriff haben können"[457]. Dass mittelalterlichen Denkern diese Einschränkung der Erkenntnismöglichkeit der Vernunft so nicht bewusst war, dass sie vielmehr eine reflexe Rückkehr des Geistes zu sich selbst zu vollziehen trachteten, ist der entscheidende Unterschied der transzendentalen Denkweise des Mittelalters gegenüber der Kants.[458]

Die transzendentale Denkweise, wie sie für philosophische Ansätze zur Zeit Eckharts kennzeichnend war, stellt kein in sich geschlossenes System dar, das als solches

---

[455] Mit dieser Einschätzung schließe ich mich AERTSEN an (cf. ID., mittelalterliche Philosophie 174–177). Bereits LOTZ 67 bezeichnet die Transzendentalienlehre als das Kernstück der scholastischen Ontologie und Metaphysik. MÜLLER 49 schreibt der Transzendentalienlehre die Grundlegung der Ontologie zu.

[456] KANT, KrV A 11f.

[457] KANT, KrV B 404.

[458] Zur Bedeutung der mittelalterlichen Transzendentalienlehre für die Kants cf. insgesamt BREIL.

ein philosophisches Allgemeingut darstellte, sondern ist eher als eine gemeinsame Ausrichtung des Denkens zu verstehen, die dann in ihrer jeweiligen Konkretisierung die Eigenart eines Denkweges deutlich hervortreten lässt. Mit diesen Ausführungen soll nicht behauptet werden, dass es in Form der Transzendentalienlehre möglicherweise *die* Philosophie des Mittelalters gäbe.[459] Der von IMBACH vorgetragenen These „s'il est une idée qu'il faut abandonner une fois pour toutes, c'est bien celle de l'unité du Moyen Âge"[460] soll hier nachdrücklich zugestimmt werden, jedoch wird sie sich nicht gegen die Feststellung anführen lassen, dass es im Bereich der Metaphysik strukturelle und inhaltliche Gemeinsamkeiten gibt, die sich im Blick auf die Mehrheit der Autoren beobachten lassen. In der jeweiligen Entfaltung und Umsetzung dieser Gemeinsamkeiten wird deutlich, dass mit einer gemeinsamen begrifflichen Struktur noch lange nicht das gleiche Vorverständnis verbunden sein muss, was mit diesen Begriffen letztlich bezeichnet wird. Die sprachliche Einheitlichkeit der mittelalterlichen Philosophie ist insofern irreführend, als sich dahinter alles andere als die Einheitlichkeit eines Denkweges verbirgt.

c) *Eckharts Spezifikum im Verständnis der Transzendentalien*

Wenden wir uns jetzt dem Verständnis der Transzendentalien bei Eckhart zu, indem wir dessen grundlegende Überlegungen zum Status der *termini generales* aus dem *prologus generalis* heranziehen:

> „Von den Allgemeinbegriffen, also Sein, Einheit, Wahrheit, Weisheit, Gutheit und Ähnlichem darf man sich keine Vorstellung machen oder urteilen gemäß der Weise und Natur der Akzidentien, die das Sein im Träger und durch den Träger (der Akzidentien) und durch dessen Veränderung empfangen. Und sie sind später als dieser und sie empfangen das Sein, indem sie ihm anhängen (in ihm gegründet sind). Deshalb empfangen sie sowohl Zahl als auch Einteilung nach diesem Träger, inwieweit der Träger in die Bestimmung solcher Akzidentien eingeht, sofern sie Sein haben. Völlig anders aber verhält es sich mit den genannten Allgemeinbegriffen. Denn das Sein selbst und was mit ihm bis zur Vertauschbarkeit identisch ist, kommt nicht wie etwas späteres zu den Dingen hinzu, sondern ist früher als alles andere in den Dingen. Denn das Sein selbst empfängt sein Sein nicht an etwas, noch von etwas, noch durch etwas noch kommt es (von außen) herbei noch zu etwas hinzu, sondern es geht voraus und ist früher als alles."[461]

---

[459] Zu dieser Diskussion cf. SCHULTHESS/IMBACH, 17–24; AERTSEN, mittelalterliche Philosophie.

[460] IMBACH, Raisons 9.

[461] Prol. gen. in Op. trip. n.8 (LW I 152,8–153,5): „[...] de terminis generalibus, puta esse, unitate, veritate, sapientia, bonitate et similibus nequaquam est imaginandum vel iudicandum secundum modum et naturam accidentium, quae accipiunt esse in subiecto et per subiectum et per ipsius transmutationem et sunt posteriora ipso et inhaerendo esse accipiunt. Propter quod et numerum et divisionem accipiunt in ipso subiecto in tantum, ut subiectum cadat in diffinitione accidentium huiusmodi in ratione qua esse habent. Secus autem omnino se habet de praemissis generalibus. Non enim ipsum esse et quae cum ipso convertibiliter idem sunt, superveniunt rebus tamquam posteriora, sed sunt priora omnibus in rebus. Ipsum enim esse non accipit quod

Warum warnt Eckhart an dieser Stelle so ausdrücklich davor, die *termini generales*,
d. h. die Transzendentalien im Sinne von Akzidentien mißzuverstehen? Das
Hauptmerkmal des Akzidentellen ist seine Unselbständigkeit und wesentliche Abhängigkeit, mit anderen Worten seine Zugehörigkeit zum Bereich des Kontingenten.
Die Akzidentien sind etwas an der Wirklichkeit, jedoch nicht die Wirklichkeit als
solche, das heißt in ihrer Selbständigkeit. Gerade letztere möchte Eckhart durch die
Transzendentalien bezeichnen – in der Breite, wie er sie entwirft, das heißt unter
Einschluss jeder Weise von Substantialität. Die Transzendentalien betreffen nicht
etwas an der Wirklichkeit der Dinge, sondern die eigentliche Wirklichkeit. Sie haben
keine Zahl und Einteilung von etwas zugrunde Liegendem her empfangen, sondern
sind in Bezug auf all dies früher.[462] Sie sind damit, wie Eckhart in dem Zitat auf
verschiedene Weise ausführt, keiner Kausalität unterworfen, sondern haben substantialen Charakter. Die durch die *termini generales* bezeichneten Wirklichkeiten, und
nicht die Dinge als solche, sind das, was Wirklichkeit konstituiert. Sie entfalten – im
übertragenen Sinne – den Raum, innerhalb dessen sich die Dinge erst in ihren
verschiedenen Relationen und innerhalb von Prozessen entfalten können und sind
somit das eigentliche Konstitutivum von Wirklichkeit. Die Transzendentalien sind
für Eckhart der eigentliche Ort der Reflexion, da der Verstand nur hier zur inneren
Struktur der Wirklichkeit durchzudringen vermag, die sich als eine Einheit in Vielfalt entfaltet. Letztlich geschieht dieser Durchbruch permanent, d. h. mit jedem
Denkvollzug, denn die Transzendentalien sind das, was in jeder Aussage implizit
affirmiert wird, auch in jeder Frage und innerhalb einer Negation.

Bei der Aufzählung der Transzendentalien im vorangehenden Zitat ist bemer-
kenswert, dass Eckhart an dieser Stelle auch die Weisheit (*sapientia*) dazuzählt. Bei
der Aufzählung der *termini generales* fehlte sie. Diese Tatsache sollte nicht zu der Annahme verleiten, dass Eckhart ein offenes, variables System entwerfe, dass je nach
Betrachtung weitere Zuordnungen zuließe. Offen ist das System nur im Blick auf
verschiedene Gesichtspunkte, unter denen sich die in Gott gründende Einheit der
Wirklichkeit betrachten lässt.

Der Begriff *sapientia* fasst einen Teilbereich der *termini* aus der einleitenden Aufzählung unter einen bestimmten Gesichtspunkt zusammen. Eckharts Aufzählung der
Transzendentalien umfasst nicht nur deskriptive, kognitiv erfassbare Vollkommenheiten unserer Wirklichkeit – wie z.B. Sein, Eines, Gutes, Wahres –, sondern auch
Vollkommenheiten, die ein – subjektbegründetes – Verhältnis zur Wirklichkeit
beschreiben, wie z.B. Liebe (*amor et caritas*) oder die rechte Ausrichtung (*rectum*). *Rectum* ist ein inhaltlich dynamischer Begriff, da er über sich hinaus verweist und eine
Beziehung impliziert, sowohl im Sinne eines Ziels als auch eines auf etwas hin Zie-
lenden. Mit diesem Begriff klingt eine Normativität an, die den Anspruch eines die
Wirklichkeit begründenden Prinzips erhebt.[463] Dieser Anspruch einer rechten Erkenntnis lässt sich mit *sapientia* zusammenfassen. Eckhart versteht demnach die Wirklichkeit nicht nur als etwas objektiv Gegebenes, sondern als etwas, das eine innere

---

*sit in aliquo nec ab aliquo nec per aliquid, nec advenit nec supervenit alicui, sed praevenit et prius est omni-
um. Propter quod esse omnium est immediate a causa prima et a causa universali omnium.*"
[462] Cf. MOJSISCH, Analogie 42.
[463] Cf. FISCHER, Einführung, 81.

Dynamik besitzt, zu der der Mensch in einem Verhältnis steht. Es handelt sich dabei nicht um ein lediglich kognitives Verhältnis, sondern um ein praktisches Verhältnis, das ein Streben beinhaltet und von daher zum Handeln anleitet. Die Verhältnishaftigkeit gründet jedoch nicht im menschlichen Subjekt und hat dort auch nicht ihren eigentlichen Ort. Dies widerspräche dem skizzierten – im nichtkantischen Sinne – transzendentalen Charakter der *termini generales*. Die Verhältnishaftigkeit ist wesentlicher Teil der Wirklichkeit als solcher, hat folglich eine Substantialität in sich. *Amor* und *rectum* sind relationale Begriffe, die über den Sachverhalt hinausverweisen. Liebe zielt auf etwas, und eine richtige Ausrichtung läuft auf etwas hinaus. Eckhart denkt eine Relationalität, die nicht kategorial, sondern substantial zu fassen ist.[464]

Vorangehende Überlegungen gelten für den schon näher untersuchten Begriff *iustitia*, der bei anderen Aufzählungen der Transzendentalien hinzukommt:

„Das Seiende [...] oder das Sein und jede Vollkommenheit, insbesondere jede allgemeine, zum Beispiel Sein, Eines, Wahres, Gutes, Licht, Gerechtigkeit und dergleichen [...]"[465]

Mit der Bezeichnung *perfectio generalis* d. h. allgemeine Vollkommenheiten, wird der unter je anderen Aspekten aufleuchtende gemeinsame Inhalt der Transzendentalien angesprochen. Aufgrund dieses Zusammenhangs lehnt Eckhart eine grundsätzliche Trennung von theoretischer und praktischer Erkenntnis ab. Er bildet die Voraussetzung für die Entwicklung eine metaphysisch grundgelegten Ethik, die im Wesentlichen Haltungs- und Tugendethik[466] ist. Dahinter steht der Gedanke, dass eine Erkenntnis des Seins, d. h. Gottes bzw. der Welt in ihrer Tiefenstruktur, nicht möglich ist, ohne zugleich eine Haltung dazu einzunehmen. Die Haltung wird geradezu zum Maßstab der Qualität der Erkenntnis. Das Sein impliziert ein Sollen, und aus der Erkenntnis des Seienden erwächst ein Anspruch.

Das transzendentale Denken bei Eckhart umfasst mehr als nur den logisch-kognitiven Aspekt. Wir müssen deshalb die von AERTSEN vorgenommene Einordnung als moralische Vollkommenheiten[467] dahingehend nuancieren, dass es Eckhart in diesem Zusammenhang nicht um die moralischen Vollkommenheiten als solche geht, sondern um das von Grund auf praktische – und nicht allein distanziert-theoretische – Verhältnis des Menschen zur Wirklichkeit als Ganzer. Die menschliche Geistigkeit (*intellectualitas*) ist umgekehrt betrachtet fester Bestandteil der Grundstruktur der Wirklichkeit und steht ihr nicht gegenüber. Auf diesen Zusammenhang, die praktische Dimension des Ansatzes, wird am Schluss dieser Abhandlung näher eingegangen.[468]

---

[464] Auf diese Überlegungen wird in Abschnitt E.4 abschließend eingegangen.

[465] In Sap. n.52 (LW II 381,1–3): „*Ens autem sive esse et omnis perfectio, maxime generalis, puta esse, unum, verum, bonum, lux, iustitia et huiusmodi, dicuntur de deo et creaturis analogice.*"

[466] Formulierung nach WINKLER 54.

[467] S.o.S. 69.

[468] Abschnitt E.3 und E.4.

2. DISJUNKTIVE ERFASSUNG DER WIRKLICHKEIT, NICHT DISJUNKTIVE WIRKLICHKEIT

Die Aufzählung der Transzendentalien erfolgt bei Eckhart nicht in positiver Aneinanderreihung, sondern in der Gegenüberstellung einander ausschließender Gegensatzpaare, als ein System disjunktiver, d. h. einander entgegenstehender Begriffe. Der *perfectio simpliciter*, der einfachen Vollkommenheit, wird ihr Gegenteil zugeordnet. Dem *nobilius* steht das *minus nobile* gegenüber, was voraussetzt, dass aus dieser Ordnung ein Kriterium ersichtlich wird, das die *nobilitas* vorgibt.

Diese Vorgehensweise wirft die Frage auf, ob mittels ihrer intendiert wird, die Transzendentalien in der Konfrontation mit ihrem Gegenteil in ihrem positiven Gehalt schärfer hervortreten zu lassen, was mit einschlösse, dass sie als ausschließlich positiv gefasst zu denken wären, oder ob auch die negative Fassung als Bestandteil der Transzendentalien selbst verstanden wird. Die erste Alternative – Alternative ist hier als tendenzieller, nicht als absoluter Begriff zu verstehen – fasst die Transzendentalien als reale Entitäten auf, an denen die Wirklichkeit partizipiert, die zweite zielt eher auf eine transzendentale, das heißt auf die Washeitlichkeit der Begriffe bezogene Denkweise ab.

Hinter den disjunktiven Gegenüberstellungen bei Eckhart, insbesondere der grundlegenden von *esse/ens* und *nihil*, steht der Satz vom Widerspruch (*principium contradictionis*). Unter Berufung auf Aristoteles stellt Eckhart fest, dass die Gegensätze, das heißt ihre gegensätzlichen Glieder, Bestandteil ein und desselben Wissens sind.[469] Was an sich entgegengesetzt ist, ist im Verstand eins:

> „Im Verstand ist im eigentlichen Sinne weder Übel noch [überhaupt] konträr Entgegengesetztes. Die Ideen des Entgegengesetzten sind in ihm nicht entgegengesetzt. Vielmehr ist die Idee des Schlechten gut, und die Idee des Guten und die des Schlechten sind dieselbe. Deshalb ist [...] die Wissenschaft vom Schlechten gut oder vielmehr eine."[470]

Der menschliche Intellekt umfasst in sich Dinge, die an sich nicht zugleich gesetzt sein können, wie zum Beispiele Sein und Nichtsein. Es stellt sich die Frage, inwieweit darunter eine Anspielung auf eine dialektische Grundstruktur menschlichen Erkennens und Denkens zu verstehen ist.[471] Eine derartige Schlussfolgerung sollte nicht voreilig gezogen werden. Sicher gilt zunächst, dass, indem Eckhart sein Denken strukturell auf die Aufstellung verschiedener *propositiones* gründet, er in einer kritischen Reflexion Gegensätzliches aufarbeiten kann, ohne das Eine zugunsten des

---

[469] Prol. gen. in Op. trip. n.3 (LW I 149,9): „*oppositorum eadem est scientia*"; cf. dazu ARISTOTELES, Topica I c. 14 105 b5.

[470] In Gen II n.99 (LW I 564,3ff.): „*In intellectu enim malum non est proprie nec contrarium. ,Rationes contrariorum in ipso non sunt contrariae', quin immo ratio mali bona est est et ipsa ratio boni eadem est et mali. Propter quod malorum scientia bona est [...] vel potius una est.*" Cf. THOMAS VON AQUIN S. th. I q.75 a.6.

[471] ALBERT, These 25 hegt Bedenken, in diesem Zusammenhang von dialektischem Denken zu sprechen, da Eckhart sich hier ausdrücklich auf Aristoteles beziehe und dieser dann auch als Dialektiker zu verstehen sein müßte.

Anderen aufheben zu müssen. Der Blick ist von der Unmittelbarkeit der *propositio* auf eine umfassendere Ebene der Betrachtung zu heben. Eine Aussage und ihr Gegensatz werden nicht auf ein Mittleres zwischen ihnen reduziert, sondern für sich statuiert[472], indem sie von einem größeren Zusammenhang her betrachtet werden.[473] Dieser hebt im Fall der *termini generales* die Gegensätzlichkeit aber nicht auf einer anderen – übergeordneten – Ebene auf, da eine solche nicht besteht. Innerhalb des Spannungsgefüges besteht vielmehr eigene relationale Substantialität, da der negative *terminus* auf den positiven hingeordnet ist und erst von diesem her seine Bestimmung erhält. Die negative Fassung ist allein von der positiven her bestimmt. Der positive *terminus* begründet einen Zusammenhang, der insofern über ihn selbst hinausreicht, als er ein anderes seiner selbst auf sich hinordnet. Die dialektische Struktur, die Eckhart hinsichtlich des Verhältnisses von Gott und Geschöpf, als *similitudo* und *dissimilitudo*, Identität und Differenz entwickelt, erhält mittels der disjunktiven *termini* ihre begriffliche Grundstruktur.

a) *Im Vergleich (I): Die Anwendung eines disjunktiven Schemas bei Duns Scotus vor dem Hintergrund Heinrichs von Gent*

Einer Vorgehensweise mittels Disjunktion begegnen wir bei dem zeitgleich mit Eckhart schreibenden DUNS SCOTUS, bei dem sie einen Kerngedanken seiner Lehre bildet. Beide lehren zur gleichen Zeit in Paris.[474] Eine Gegenüberstellung der Gedanken Eckharts mit denen des Scotus soll nicht dazu dienen, Spekulationen hinsichtlich gegenseitiger Beeinflussungen anzustellen, sondern ihre jeweilige Eigenart angesichts einer gemeinsamen Vorgehensweisen verdeutlichen. Dabei soll nicht von vornherein ausgeschlossen werden, dass fremde Theoriestücke übernommen und in ein neues Verhältnis gesetzt werden. Gerade eine augenscheinliche Gemeinsamkeit kann zu falschen Schlussfolgerungen verleiten, denn innerhalb eines gewandelten Zusammenhangs können die gleichen Gedanken zu einer gewandelten inhaltlichen Aussage führen. Gemeinsamkeiten beider Autoren müssen fernerhin nicht aus einem direkten Verhältnis resultieren, sondern können auf gemeinsamen Denkvoraussetzungen beruhen. Beide schaffen unter den verschärften Bedingungen metaphysischer Spekulation – insbesondere des sogenannten Gottesbeweises – nach den Verurteilungen von 1277, und beide stehen unter dem Einfluss und in Auseinandersetzung mit HEINRICH VON GENT, der als Weltgeistlicher keiner der mehr oder minder konkurrierenden „Schulen" der Franziskaner und Dominikaner zugerechnet werden braucht, mit seiner als ontotheologisch charakterisierten Lehre von Gott als dem

---

[472] Eckhart verwendet die Verben *statuere* und *constituere*; cf. Prol. in Op. prop. n.15 (LW I 176,7) bzw. Tab. prol. in Op. trip. n.4 (LW I 132,11).
[473] Cf. FISCHER, Einführung 42f.
[474] BÉRUBÉ 325 stellt fest. „ Eckhart pouvait donc connaître les doctrines scotistes, soit par des copies ou notes d'élèves en circulation, soit simplement par la renommée précoce du futur Docteur Subtil."

primum cognitum jedoch die Denkwege aller Schulrichtungen herausforderte und in dieser Richtung befruchtete.[475]

Gegenüber einer diskursiv-rationalen, aus der Betrachtung der Geschöpfe abgeleiteten Gotteserkenntnis, die Gott als Ersterkanntes notwendig verneinen muss, beschreibt Heinrich von Gent eine nicht-diskursive, naturhaft-nezessitäre Weise der Gotteserkenntnis. Die Wesenheit Gottes kann naturhaft aus den Transzendentalien als den ersten Intentionen des Seienden erkannt werden, wenn Gott als das *primum comprehensibile per intellectum* angenommen und diese Intellekterkenntnis klar von jeder Form der Sinnenerkenntnis abgesetzt wird. Beide Erkenntnisweisen sind jedoch in ihrer Struktur einander parallel. Dies gilt insbesondere für das *indeterminatum*, d. h. die Tatsache, dass ein Gegenstand zuerst als etwas Unbestimmtes erfasst wird. Hinsichtlich der Intellekterkenntnis unterscheidet Heinrich zwischen der privativen Indetermination, die die Möglichkeit einer späteren Determination offen lässt, und der negativen Indetermination, die die Undeterminierbarkeit ihres Objekts als solche besagt und ersterer ontologisch vorgeordnet bleibt. Letzteres ist der Fall bei der Ersterkenntnis des Intellekts, die als solche eine Theologisierung erfährt, indem Heinrich intellektuales Denken als grundsätzlich darauf ausgerichtet betrachtet, die Vollkommenheiten an den Dingen zu erfassen und diese erkenntnisfüllenden ersten Intentionen, im Vollzug des allgemeinsten Erkennens als negative Indeterminationen erkannt, als Gottesattribute versteht.[476]

Gott als der alleinige Verstehensgrund der kreatürlichen Dinge kann nach Heinrich selbst nicht erkannt, da nicht unterschieden werden. Das *primum cognitum* ist im Sinne von Erkenntnisgrund zu verstehen, als die indistinkte, aber permanent notwendige Voraussetzung aller Verstandeserkenntnis. Heinrich wendet sich insofern gegen eine „Aristotelisierung" des christlichen Glaubens, als er einer in seiner Sicht bestehenden Tendenz der Entdivinisierung des menschlichen Intellekts Einhalt gebieten möchte. Das Gewahrwerden von Gott und Sein ist nicht das Resultat eines Beweisgangs, da die Priorität des Seins im Erkenntnisprozess nun nicht als eine des real existenten – gegen THOMAS VON AQUIN -, sondern als eine des intentionalen Seins angenommen wird. Das *primum cognitum* hat dabei – und das ist für ein Verständnis Heinrichs entscheidend – präreflexiven Charakter. Der Gedanke der sachlichen Priorität des Indeterminierten verbindet sich mit der Annahme, dass die allgemeinen Prädikate über Gott indeterminierter sind als solche über Geschöpfe. Dieser Gedankengang präsentiert keine Vollgestalt der Gotteserkenntnis, sondern sieht im Gottesbegriff ein Gewissheitskriterium der Erkenntnis überhaupt, als ein Apriori, das über die logischen Strukturen hinaus reicht, indem Heinrich die Präsenz von Primärbegriffen mit der Annahme eines gottgerichteten Dynamismus menschlichen Erkennens verbindet.[477]

SCOTUS setzt vor diesem Hintergrund der Konzentration auf die Intentionalität an, versucht jedoch die Frage nach der richtigen Weise, das Erste begrifflich zu denken, unter Ausklammerung des präreflexiven Elements ausschließlich mit einer

---

[475] Zum Einfluss Heinrichs von Gent auf Eckhart und Scotus cf. BÉRUBÉ 347f.

[476] HEINRICH VON GENT, Summa 24, 7–9 (ed. Badius Ascensius. Paris 1520, 143vE–146vY); cf. LAARMANN 290–294.

[477] Cf. LAARMANN 309ff.; PICKAVE 519–521.

Analyse der durch Abstraktion gewonnenen distinkten Begriffe bzw. ihrer Prädikationsweisen zu beantworten.[478] Er fragt nach den transkategorialen Voraussetzungen unserer kategorialen Welterfahrung innerhalb der Reichweite ihrer Rezeptivität. Scotus Vorgehensweise ist die Begriffsresolution, d. h. das Zurückgreifen allein auf die in Frage stehenden Begriffe als Begriffe, die innere Struktur der Begriffe und deren Aussageverhältnisse. Die erste und grundlegende dieser Voraussetzungen erkennt er in dem durch Abstraktion gewonnenen, in sich gänzlich undeterminierten Begriff des „Seienden" (ens). Der Begriff (in diesem Zusammenhang conceptus) bezeichnet die grundlegende Bestimmtheit, wodurch einem Etwas überhaupt eine ratio subiecti, die Möglichkeit, ein Gegenstand zu sein, zukommt. Diese besteht schlichtweg in der Abhebung vom Nichts, darin, dass seine Existenz – zunächst welcher Art auch immer – möglich ist, oder mit Scotus' Worten gesagt, dass es ihm nicht widerstreitet zu sein (ein hoc, cui non repugnat esse).[479] In seiner Undeterminiertheit bleibt dieser erste Begriff allem, in dem er enthalten ist, gegenüber indifferent, stellt gleichsam den ontologischen Minimalkonsens aller Wirklichkeit dar und ist von daher univok auf alles Seiende anwendbar.

Die Metaphysik findet unter dieser Voraussetzungen nicht mehr – wie noch bei Thomas – ihren Angelpunkt im ersten Seienden (Gott), sondern wird zur Wissenschaft von der formalen Struktur der Seiendheit.[480] Sie verliert mit anderen Worten jegliche kosmisch-physischen Verbindungsstücke und beschränkt sich auf strukturontologische Überlegungen. Weil Metaphysik so allen modalen Bestimmungen – wie beispielsweise endlich/unendlich – vorausliegt, können ihre Aussagen sowohl im Bereich des Kontingenten als auch des Nichtkontingenten notwendig gelten. Auf eine Konzeption von Analogizität ist sie demnach nicht mehr angewiesen. Durch die Einführung disjunktiver modaler Bestimmungen kann Scotus die – vom christlichen Glauben her vorausgesetzte – Transzendenz Gottes wahren, und die Gefahr umgehen, Gott zum bloßen Teil des Subjekts der Metaphysik zu machen und trotzdem den Weg zu einer Gotteserkenntnis weisen.

Unter Transzendentalien versteht Scotus alle Aussagen, die vom Seienden als solchen, das heißt vor seiner Differenzierung in endliches und unendliches Sein (in quantum est indistinctum ad finitum et infinitum)[481] bzw. in kategoriale Begriffe, gemacht werden können Er unterscheidet drei Klassen von transzendentalen Begriffen:[482] Neben den einfachen transzendentalen Bestimmungen (passiones simplices convertibiles), die mit ens schlechthin konvertibel sind – unum, verum und bonum – kennt er die sogenannten disjunktiven Transzendentalien[483] und die reinen Vollkommenheiten (perfectiones simpliciter). Allen drei Klassen ist gemeinsam, dass das Kriterium der Transzendentalien nicht die Allgemeinheit im Sinne einer maximalen Extension ist, sondern eine Allgemeinheit, die den Begriffen ausschließlich durch ihren Bedeutungsgehalt

[478] Cf., auch zu den folgenden Ausführungen über Scotus, HONNEFELDER, Metaphysik und Transzendenz; ID., Anfang 178–181.
[479] DUNS SCOTUS, Ord. IV d.1 q.2 n.8, ed. Viv. XVI 108f.
[480] Cf. KLUXEN Originalität 308f.
[481] Ord II d.1 q.4–5 n.15 .
[482] Cf. WOLTER 162–175; DREYER / MÖHLE 60–69.
[483] Cf. Ord I d.39 q.1–5 n.13.

zueignet, also sachlich noch vor einer Bezugnahme auf konkrete Gegenstände, von denen die transzendentalen Begriffe ausgesagt werden, ansetzt. Die entscheidende Bedingung für die transzendentalen Begriffe besteht darin, dass sie unter keinen übergeordneten Gattungsbegriff fallen.[484]

Bei den *perfectiones simpliciter* handelt es sich um Bestimmungen, von denen feststeht, dass es besser ist, dass sie ihrem Träger zukommen als dass sie ihm nicht zukommen. Dabei wird mit eingeschlossen, dass sie immer auch vom unendlichen Seienden präsidiert werden können, sich also nicht auf die begrenzte Vollkommenheit eines endlichen Trägers beschränken dürfen. Der transzendentale Charakter besteht nach Scotus gerade in der Indifferenz gegenüber den Modi des Unendlichen und des Endlichen.

Der transzendentale Charakter der konvertiblen Transzendentalien – ens, unum, verum bonum – besteht für Scotus darin, dass sie ihren Gegenstand transkategorial – mit je wechselnder Bedeutung – bestimmen. Diese Ansicht akzentuierend weist Scotus darauf hin, dass *ens* unter ihnen herausrage, da die übrigen vier den Status von qualifizierenden Eigenschaften (*in quale*) des washeitlich (*in quid*) verstandenen Begriffs des Seienden haben. In dieser Hinsicht werden sie als *passiones entis* bezeichnet.

Die disjunktiven Transzendentalien zeichnet aus, dass jeweils einer ihrer beiden Begriffe von jedem Seienden prädiziert werden kann. Scotus unterscheidet kontradiktorische – d. h. einander ausschließende – und korrelative – d. h. voneinander abhängige bzw. in einem wesentlichen Verhältnis stehende – Transzendentalienpaare.[485] Was sie von den beiden anderen Arten der Transzendentalien grundlegend unterscheidet, ist, dass erstere im Gegensatz zu den beiden letzteren keine eigene Realität als Bezugspunkt ihres jeweiligen Sinngehalts zugesprochen bekommen. Das in den disjunktiven Transzendentalien ausgesprochene Differenzierungsmoment hat also nicht den Status einer eigenen Realität, sondern kommt dem Seienden – das die eigentliche Realität besitzt – als ein innerer Modus (*modus intrinsecus*) zu. Andererseits ist ein Begriff ohne einen solchen Modus wiederum unvollkommen (*conceptus imperfectus*). Die modale Bestimmung stellt nicht die Alternative zweier Formalobjekte auf, sondern erst ein modal bestimmter Begriff – ein „eigentümlicher" Begriff (*conceptus proprius*) – erfasst die bezeichnete Sache ganz.[486] Die Lehre von den disjunktiven Transzendentalien erhält bei Scotus ihre besondere Signifikanz durch ihre Anwendung als Instrumentarium, das es der natürlichen Vernunft gestattet, die Existenz Gottes zu „beweisen".[487] Nicht zuletzt vor diesem Hintergrund wird deutlich, dass das sogenannte „Law of Disjunction" eine zentrale Stellung in der scotischen Metaphysik einnimmt. A. WOLTER hat diesen Ausdruck geprägt und bezieht sich damit insbesondere auf die Möglichkeit, aus dem weniger edlen das edlere Glied der Disjunktion aufzuweisen.[488]

---

[484] Cf. Ord. I d. 8 p. 1 q. 3 n. 114, Vat. IV 206.

[485] Ein Beispiel für erstere sind endlich/unendlich, für letztere Ursache/Verursachtes.

[486] Cf. Ord. I d. 8 p. 1 q. 3 n. 139f., Vat. IV 222–223.

[487] Cf. die Vorgehensweise in De primo principio.

[488] Cf. WOLTER 159ff.

Da der Vergleich mit den eckhartschen *termini generales* sich geradezu aufdrängt, soll an dieser Stelle eine Aufzählung der disjunktiven Transzendentalien in der Reihenfolge von WOLTER erfolgen: Zu den korrelativen disjunktiven Transzendentalien zählen das Vorhergehende und das Folgende (*prior et posterior*), Ursache und Verursachtes (*causa et causatum*) sowie Übertreffendes und Übertroffenes (*excedens et excessum*). Für die kontradiktorischen disjunktiven Transzendentalien stehen u. a. Wirkliches oder Mögliches (*actus vel potentia*), Unabhängiges oder Abhängiges (*dependens vel independens*), Notwendigkeit oder Kontingenz (*necessitas vel contingentia*), Substanzialität oder Akzidentalität (*substantia vel accidens*), Endliches oder Unendliches (*finitum vel infinitum*), Absolutes oder Relatives (*absolutum vel relativum*), Einfaches oder Zusammengesetztes (*simplex vel compositum*), Eines und Vieles (*unum vel multum*), Gleiches oder Verschiedenes (*idem vel diversum / aequale vel inaequale*). Die grammatische Form der disjunktiven Transzendentalien ist nicht durchgehend identisch. Neben der adjektivischen Form erscheint die Nominalform sowohl als Abstraktum als auch als Konkretum, so dass ihr eigentlich attributiver Charakter nicht immer deutlich wird. Wichtig ist festzuhalten, dass erst die Disjunktion als Ganze mit dem Sein als solchem koextensiv ist. Durch eine sorgfältige Analyse solcher Attribute, die ihre logischen Wechselbeziehungen aufdeckt und sie zu einem kohärenten System zusammenfügt, gelangt der Verstand bis zur Erkenntnis eines *primum ens*. Der Gottesbeweis – um den es Scotus in *de primo principio* abschließend geht[489] – folgt damit einer streng metaphysischen Vorgehensweise. In konsequenter Absetzung von AVERROES, der den Gottesbeweis an die Zuständigkeit der Physik verwiesen hatte und damit die Metaphysik einer eigentlich niederen Wissenschaft unterordnete,[490] zieht Scotus eine strenge Unterscheidung der physikalischen von der metaphysischen Wirklichkeitsebene und ihrer jeweiligen Prinzipien durch, während bei Thomas dem Übergang der Prinzipien – beispielsweise dem der Bewegung – von der einen zur anderen Ebene noch eine entscheidende Stellung innerhalb seines Gottesbeweises[491] zukam.[492]

Der thomanische Gottesbeweis, wie er in den *quinque viae* formuliert wird, findet die ihm eigene Prägung gerade im Übergang von der Physik zur Metaphysik.[493] Dies ist vom Anliegen seiner Überlegungen her bestimmt. Thomas geht es darum, zu überprüfen, ob vom Gottesbegriff, der innerhalb der Offenbarungstheologie die Stellung des Subjekts einnimmt, aufgewiesen werden kann, dass er der Hauptforderung der aristotelischen Wissenschaftstheorie Rechnung trägt, dass ein solches Subjekt als existierend (*an sit*) vorausgesetzt werden kann. Im Zusammenhang dieser Fragestellung entwirft Thomas einen Beweisgang, der auf die als notwendig zu erweisende erste Ursache der Eigenschaften des Bewegtseins, des wirkursächlichen Verursachtseins, der Kontingenz, der gradweise sich zeigenden Qualitäten und des finalursächlichen Verursachtseins abzielt. Es handelt sich offensichtlich um die wesentlichen kausalen Zusammenhänge der Phänomene, wie sie sich der menschlichen Welterfahrung darbieten. Damit berührt Thomas zentrale Themen der aristo-

[489] DUNS SCOTUS, Tractatus de primo principio IV,9.
[490] AVERROES, Physic. I com. 83.
[491] THOMAS VON AQUIN, S. th. I 2,3
[492] Cf. HONNEFELDER, Metaphysik und Transzendenz 150–153.
[493] Cf. KLUXEN, Übergang.

telischen Physik, wie z.B. die Kontingenz als der kosmologisch-physikalischen Eigenschaft des Entstehen- und Vergehenkönnens innerhalb der sublunarischen, aus dem Prinzip von Form und Materie konstituierten Welt, oder das Prinzip, dass alles, was bewegt wird, von einem anderen bewegt werde. Der entscheidende kausale Überstieg (*transcensus*) zur ersten Ursache erfolgt im Rahmen der Physik, erst das Ergebnis wird einer metaphysischen Deutung unterzogen, indem die erste Ursache als ein Seiendes ausgelegt wird, dessen Wesen das Sein selbst ist (*ipsum esse subsistens*).[494]

Im Vorgehen des Duns Scotus liegt ein entscheidender Bruch mit der aristotelischen Tradition der Metaphysik, nicht jedoch mit der aristotelischen Logik und Wissenschaftstheorie. Dieser Bruch zeigt sich deutlich an dem veränderten Verständnis von Kontingenz. Scotus versteht diese nicht mehr primär als eine in der Materialität der Welt gründende Eigenschaft, die epistemologisch dem Bereich der Physik zuzuordnen wäre, sondern als eine mögliche Qualität – die des Bewirkbarseins – , die die Seiendheit als solche und damit den Gegenstand der Metaphysik betrifft, eine *passio metaphysica*. Der Übergang liegt nicht in einer Ordnung der Ursache, sondern in dem von einem Modus zu einem anderen Modus des Seienden. Scotus kann sich bei seinen Überlegungen streng an das eigentliche Subjekt der Metaphysik, das *ens inquantum ens*, halten, indem er dessen Attribute untersucht. Die Aufgabe der Metaphysik besteht in der *resolutio plena*[495], der vollständigen Zurückführung bzw. Auflösung, die die notwendigen Implikationen dieser Attribute des Seienden aufdeckt und so zu einem gesicherteren – weil nach metaphysischen Maßstäben ursprünglicherem – Wissen gelangt als es eine physikalische Vorgehensweise überhaupt erreichen kann.[496]

b)   *Im Vergleich (II): Die Anwendung eines disjunktiven Schemas bei Bonaventura*

Die scotische Lehre von den disjunktiven Transzendentalien liegt über Heinrich von Gent hinaus und neben dieser in der Traditionslinie des BONAVENTURA.[497] Dieser bringt in der *Quaestio disputata de mysterio Trinitatis* eine Beschreibung disjunktiver Begriffspaare, die er als die *decem conditiones et suppositiones per se notae* bezeichnet. Sie sind jeweils eine Bestimmung des Seienden (*ens*), in der Form, dass wenn die eine gegeben ist, dann – so schließt Bonaventura – auch die andere gegeben sein muss: Zum Späteren (*posterius ens*) gehört das Frühere (*prius ens*), zum vom anderen her seienden (*ab alio ens*) das nicht vom anderen her seiende (*non ab alio ens*), zum Möglichen (*possibile ens*) das Notwendige (*necessarium ens*), zum Relativen (*respectivum ens*) das Absolute (*absolutum ens*), zum Eingeschränkten oder nach einem Gesichtspunkt gestalteten (*diminutum sive secundum quid*) das auf einfache Weise seiende (*simpliciter ens*), zum für ein anderes seienden (*propter aliud ens*) das für sich selbst seiende (*propter se ipsum*

---

[494]   Cf. HONNEFELDER, Metaphysik und Transzendenz 149f.

[495]   Dieser Ausdruck geht auf BONAVENTURA zurück. Cf. Itinerarium mentis in Deum, c. 5, n. 5; Opera omnia V, 309.

[496]   Cf. WOLTER 130f.; SÖDER 35–84; zu den entsprechenden Scotus-Textstellen in den Distinktionen 38–40 der Kommentare zum ersten Buch der Sentenzen cf. SÖDER 11–14.

[497]   Cf. WOLTER 132.

ens), zum durch Teilhabe seienden (*per participationem ens*) das aus seinem Wesen her-
aus seiende (*per essentiam ens*), zum Potentiellen (*in potentia*) das Aktuelle (*in actu*), zum
Zusammengesetzten (*compositum*) das Einfache (*simplex*), zum Veränderlichen (*mutabile*)
das Unveränderliche (*immutabile*).[498] Bei Bonaventura ist das System der disjunktiven
Transzendentalien zwar nicht das Ergebnis einer Begriffsresolution, denn nicht jedes
Glied folgt notwendig aus dem anderen, doch leitet er seine Überlegungen aus einer
Betrachtung der Wirklichkeit der geschaffenen *entia* ab, geht also metaphysisch im
strengen Sinne vor und klammert jede Anlehnung an die Physik im Sinne eines
Rückgriffs auf das Prinzip der Bewegung aus. Ausgangspunkt ist die Betrachtung des
Universums als des Ganzen, in dem das Vorhandensein zumindest eines der beiden
disjunktiven Glieder offenkundig ist. Dieses fragt – die Notwendigkeit einer Voll-
ständigkeit unterstellt – nach dem entsprechenden Gegenüber:

> „Wenn es also ein Universum von Nachfolgendem gibt, ist es notwendig, dass es frühe-
> res Seiendes gibt. [...] Wenn es notwendig ist zu setzen: ‚es gibt bei den Geschöpfen et-
> was, das zuerst und etwas, das später ist,‘ dann ist es notwendig, dass das Ganze des Ge-
> schaffenen ein erstes Prinzip impliziert und erfordert."[499]

Bei Bonaventura findet sich ein weiteres Beispiel für die Anwendung des Disjunktionsschemas, bei dem die disjunktive Vorgehensweise in ihrer gedanklichen Schärfe
deutlicher hervortritt und der ontologische Hintergrund und die Rechtfertigung
dieser Vorgehensweise greifbar wird, in der Abhandlung *Itinerarium mentis in Deum*:

> „Betrachte nun dieses reinste Sein, wenn du es vermagst, und es zeigt sich dir, dass es
> nicht gedacht werden kann als etwas, das von etwas anderem her empfangen ist, und
> deshalb ist es notwendig, dass es als das in jeder Weise erste gedacht wird, was weder
> aus dem Nichts noch von etwas anderem her sein kann. Was wäre nämlich für sich
> (selbständig), wenn dieses Sein nicht für sich oder aus sich heraus wäre? – Es zeigt sich
> dir außerdem, dass ihm jede Weise des Nichtseins entbehrt, und deshalb auch, dass es
> niemals anfängt noch aufhört, sondern ewig ist. – Fernerhin zeigt sich dir, dass es sich
> durch nichts auszeichnet, als dass es das Sein selbst ist, und deshalb auf keine Weise zu-
> sammengesetzt, sondern das schlechthin einfachste ist. – Es leuchtet dir auf als etwas,
> das keine Möglichkeit in sich trägt, denn jedes Mögliche hat auf eine je andere Weise
> etwas vom Nichtsein, und deshalb als das am vollkommensten Wirkliche. – Es zeigt sich
> dir außerdem als völlig fehlerlos und daher als das Vollkommenste. – Zuletzt erscheint
> es dir als das, was keinerlei Verschiedenheit besitzt und so als das höchste Eine.
> Das Sein also, das das reine, einfache und absolute Sein ist, ist das erste, ewige, einfachs-
> te, wirklichste, vollkommenste und höchste eine Sein."[500]

---

[498] BONAVENTURA, De Mysterio Trinitatis, q. 1, a. 1; Opera omnia V, 46b–47b.

[499] IBID.: „*Si ergo est universitas posteriorum, necesse est, ens primum. Si ergo necesse est ponere, aliquid esse prius et posterius in creaturis; necesse est, universitatem creaturarum inferre et clamare primum principium.*"

[500] BONAVENTURA, Itinerarium mentis in deum, c. 5, a. 5, Opera omnia V, 309ab: „*Vide igitur ipsum purissimum esse, si potes, et occurrit tibi, quod ipsum non potest cogitari ut ab alio acceptum; ac per hoc necessario cogitatur ut omnimode primum, quod nec de nihilo nec de aliquo potest esse. Quid enim est per se, si ipsum esse non est per se nec a se? – Occurrit etiam tibi ut carens omnino non-esse, ac per hoc ut numquam incipiens, numquam desinens, sed aeternum. – Occurrit etiam tibi ut nullo modo in se habens, nisi*

Der Weg der Gotteserkenntnis, der hier beschrieben wird, ist der Vollzug des intellektiven Vermögens des Geistes. Im vorliegenden Ausschnitt gibt sich der Geist Rechenschaft über den Begriff des reinen Seins (*purissimum esse*). Das, was Bonaventura hier untersucht, sind die sachlichen Implikationen, die sich aus einem solchen Begriff notwendigerweise ergeben. Die Implikationen sind notwendige Bestandteile des Denkprozesses: (*necessario cogitatur*), der unter dem Anspruch der Folgerichtigkeit und Abgeschlossenheit steht. Durch die Rückfrage an den Geist, ob er das Gegenteil der begrifflichen Feststellung denken kann, was sich als unmöglich und in sich widersinnig erweist, wird das Ergebnis der Begriffsreflexion festgehalten: „*Quid enim est per se, si ipsum esse non est per se nec est a se?*" Das, was der Geist bei der Begriffsreflexion als erstes statuiert, ist das Nichtzutreffen eines negativen Begriffsgehalts. Daraus ergibt sich – da die Vollständigkeit der Disjunktion vorausgesetzt wird – das Zutreffen des Gegenteils.

Es stellt sich die Frage, ob Bonaventura hier ein Schlussverfahren präsentiert, in dem er aufgrund des Nichtzutreffens des *minus nobile* auf das Zutreffen des *nobilius* schließt. Das *minus nobile* ist die *negatio* der *perfectio*. Die Struktur der Argumentation baut sich wie folgt auf: Nach der Feststellung im Schema der *negatio negationis* kann die *affirmatio* der *perfectio* angenommen werden. Das ist noch nicht die Struktur eines Schlusses, da wir es im zweiten Teil nicht eindeutig mit einer synthetisch gewonnenen *conclusio* zu tun haben. Vielmehr wird die Vollständigkeit der Disjunktion als dem Intellekt bereits gegeben vorausgesetzt, sie stellt sich gleichsam selbst als die Voraussetzung seiner Tätigkeit dar. In den dem zitierten Abschnitt vorausgehenden Ausführungen spricht Bonaventura von einer „Blindheit des Intellekts, der das, was er zuerst sieht und ohne das er nichts erkennen kann, für gewöhnlich nicht betrachtet."[501] Die alltägliche Erkenntnis des Menschen liegt unter dem Verdikt des Unvollständigen und Inkonsequenten, das jedoch bei konsequenter Ausschöpfung der im Intellekt angelegten Möglichkeit aufgehoben werden kann. Die Erkenntnis des *purissimum esse* stellt keinen auf besondere Weise ausgezeichneten Weg der Erkenntnis dar, etwa im Sinne eines *transcensus*, d. h. eines Überstiegs des sinnlich-kategorialen, sondern steht innerhalb der Disjunktion hinsichtlich seiner Erkennbarkeit unter denselben Bedingungen wie das Kategoriale. Es steht zuerst als notwendig und richtig gedachter Begriff da, der sich von seinem Begriffsgehalt her auf verschiedene Weise explizieren lässt. „Notwendig" bedeutet in diesem Zusammenhang, dass der Begriff von der faktischen Struktur des Denkens vorausgesetzt wird, dass sie ihn so, wie sie sich in der Reflexion faktisch darstellt, erfordert.

Die Disjunktionspaare innerhalb dieses Gedankengangs sind folgende: Sein von einem anderen her (*esse ab alio acceptum*) und Erstes (*primum*), Nichtsein (*non-esse*) und Ewiges (*aeternum*), eine Bestimmung habend (*modo in se habens*) bzw. Zusammengesetz-

---

quod est ipsum esse, ac per hoc ut cum nullo compositum, sed simplicissimum. – Occurrit tibi ut nihil habens possibilitatis, quia omne possibile aliquo modo habet aliquid de non-esse, ac per hoc ut summe actualissimum. – Occurrit ut nihil habens defectibilitatis, ac per hoc ut perfectissimum. – Occurrit postremo ut nihil habens diversificationis, ac per hoc ut summe unum.

Esse igitur, quod est esse purum et esse simpliciter et esse absolutum, est esse primarium, aeternum, simplicissimum, actualissimum, perfectissimum et summe unum."
[501] Ibid. c. 5, a. 4 (p. 309a).

tes (*compositum*) und Einfachstes (*simplicissimum*), Möglichkeit habend und damit etwas vom Nichtsein (*habens possibilitas – aliquid de non esse*) und Wirklichstes (*actualissimum*), Fehlerhaftes (*habens defectibilitatis*) und Vollkommenstes (*perfectissimum*), Verschiedenheit besitzendes (*habens diversificationis*) und Eines (*unum*). Ein Glied der Disjunktion bezeichnet jeweils einen Aspekt des *purissimum esse*, teilweise in der Form eines Superlativs, während sich für das gegenteilige Glied als gemeinsames Merkmal das *habens aliquid de non esse*, etwas vom Nichtsein in sich zu haben, festhalten lässt. Im letzten Satz des zitierten Abschnitts wird deutlich, dass Bonaventura das *purissimum* (bzw. *purum*) *esse* mit *esse* schlechthin gleichsetzt. Diese Tatsache macht es schwierig, dem hier vorliegenden Schema uneingeschränkt den Charakter einer Disjunktion zuzusprechen. Eine Disjunktion im strengen Sinne zeichnet sich dadurch aus, dass ihre Glieder dem Umfang nach keine gemeinsamen Elemente haben, sich wechselseitig ausschließen, jedoch unter einen gemeinsamen Oberbegriff fallen. Sein und Nichtsein schließen sich zwar gegenseitig aus, lassen sich jedoch unter keinem gemeinsamen Oberbegriff fassen. Dennoch hat die zwischen ihnen bestehende Beziehung zweifelsohne eine disjunktive Struktur. Sein kann nur im Gegensatz zu Nichtsein bzw. umgekehrt gedacht werden. Sein und Nichtsein machen aber genau genommen die vorliegende Disjunktion nicht aus, denn die eingeschränkten Glieder dieses Disjunktionsschemas werden nicht mit dem Nichtsein als solchem gleichgesetzt, sondern als von diesem bestimmt angenommen. Sie „haben etwas vom Nichtsein", sind aber nicht nichts, sondern etwas. Als solches sind sie zugleich soweit vom Sein bestimmt, dass sie den Rückschluss auf dieses offenhalten. Insofern schließen sich die Glieder dieser Disjunktion nicht vollständig aus, als das *minus nobile* notwendig durch das *nobilius* bestimmt ist, umgekehrt jedoch nicht. Ersteres besteht nur in der Hinordnung auf letzteres; eine umgekehrte Hinordnung erscheint bei Bonaventura nicht als notwendig. Die Disjunktion ist folglich ungleichgewichtig, eines ihrer Glieder ist dominant und ersetzt gleichsam den fehlenden Oberbegriff, wobei zu fragen wäre, ob sich eine Disjunktion notwendig durch eine Gleichgewichtigkeit ihrer Glieder auszeichnen muss, oder ob nicht vielmehr die Ungleichgewichtigkeit ihr eigentliches Wesensmerkmal darstellt. Dabei ist freilich zwischen der strukturellen und der inhaltlichen Ebene zu unterscheiden.

c) Das Proprium der disjunktiven Vorgehensweise bei Eckhart

Die Beobachtungen, die im Hinblick auf Duns Scotus und Bonaventura getätigt wurden, sollen nun herangezogen werden, um das Proprium des Disjunktionsschemas der Transzendentalien in der Aufzählung der *termini generales* bei ECKHART zu erschließen. Im Blick auf Eckhart fällt sogleich auf, dass er bei der Aufzählung der einfachen transzendentalen Bestimmungen wie Scotus auf *res* und *aliquid* verzichtet, anders als Thomas, der diese von Avicenna übernommen hat[502] und den erstmals bei Philipp dem Kanzler in der *Summa de bono* behandelten vier Transzendentalien *ens*,

---

[502] Zu Rezeption von *res* bei Thomas von Aquin cf. AERTSEN, Medieval Philosophy and Transcendentals 193–199.

unum, verum, bonum beifügt,[503] wenn dies auch nicht durchgängig der Fall ist.[504] Bei Scotus kommt diesen Begriffen (*res* und *aliquid*) neben dem univok verwendbaren Begriff des Seienden kein eigener Aussagebereich mehr zu, denn das, was ersteren eigen ist, das washeitliche Moment der Sache, wird vom Begriff des Seienden bei Scotus mit erfasst.[505] Das gleiche gilt für Eckhart, wobei hinzukommt, dass das konkret washeitliche Moment für ihn von untegeordnetem Interesse ist. Des weiteren kennt Eckhart in der Aufzählung der Transzendentalien diverse *perfectiones simpliciter*, wie zum Beispiel Liebe (*amor et caritas*), Tugend (*virtus*), Gerechtigkeit (*iustitia*) oder Weisheit (*sapientia*), wobei er ähnlich wie Scotus an keiner Stelle zu einer abschließenden Aufzählung gelangt.[506]

Der entscheidende Unterschied Eckharts gegenüber dem scotischen Verständnis der Transzendentalien liegt darin, dass er die Form der Disjunktion auf das gesamte System der Transzendentalien ausdehnt. Während Scotus die disjunktiven Modi innerhalb des Begriffs des Seienden verortet, erscheint bei Eckhart dieser Begriff selbst als Bestandteil einer Disjunktion. Diese Tatsache wirft eine zweifache Fragestellung auf: Erstens muss untersucht werden, ob der ontologische Status dieser Disjunktion derselbe ist wie der der scotischen disjunktiven Transzendentalien oder ob hier nicht eine möglicherweise andere Ebene in der Betrachtung der Wirklichkeit berührt wird. Dabei ist zu berücksichtigen, dass die disjunktive Gegenüberstellung bei Eckhart nicht nur eine methodische, sondern auch eine inhaltliche Intention verfolgt. Zweitens gilt es, dem je verschiedenen Gebrauch des Seinsbegriffs bzw. seiner Akzentuierung Rechnung zu tragen. Die Frage geht in die Richtung, ob die eckhartsche Disjunktion letztendlich der scotischen von endlichem und unendlichem Sein entspricht, dies jedoch von einem anderen ontologischen Bezugspunkt her in eine drastischere Sprache fasst.

Die drei einfachen transzendentalen Bestimmungen erscheinen bei Eckhart ebenfalls in einer disjunktiven Fassung, wobei die Gegenüberstellung von *unum* und *multum* auch bei Scotus in dieser Form als disjunktives Transzendentalienpaar erscheint. An dieser Stelle ist zu klären, ob Eckhart und Scotus mit der gleichen Begrifflichkeit den gleichen Sachverhalt intendieren und wie in diesem Zusammenhang die Tatsache zu verstehen ist, dass Scotus das *unum* sowohl disjunktiv als auch als *passio simplex* einordnet. Letzteres hängt damit zusammen, dass er deutlich zwischen verschiedenen, vom Betrachtungsstandpunkt her bedingten Arten von Transzendentalien unterscheidet, was Eckhart nicht macht. Als *perfectiones simpliciter* im scotischen Sinne

---

[503] Cf. AERTSEN, Transzendental; zu Philipp dem Kanzler cf. ID, Medieval Philosophy and Transcendentals 25–40.

[504] In *De veritate* liefert Thomas sowohl die Aufzählung inklusive *res* und *aliquid* als auch ohne (Cf. De veritate q.1. a.1 mit q.21 a.1 und a.3). J.B. LOTZ betrachtet in der thomasischen Auflistung der Transzendentalien *res* und *aliquid* als sekundäre Bestimmungen gegenüber den primären Attributen *ens, unum, verum* und *bonum*. Dies erkläre sich daraus, dass *res* bzw. *aliquid* als konstitutive Faktoren *ens* bzw. *aliquid* zugehörend seien, d. h. keinen unmittelbar eigenen Aussagewert, sondern explizierenden Charakter hätten (LOTZ 67ff.).

[505] Cf. DREYER / MÖHLE 11.

[506] *Iustitia* ist die im *opus tripartitum* am intensivsten und damit exemplarisch für die übrigen behandelte *perfectio*. In der einleitenden Aufzählung der *termini generales* fehlen *iustita* und *sapientia*. Cf. dazu S.161f..

erscheinen in der Aufzählung Eckharts *amor, honestum, virtus* und *rectum*, wiederum mit einem disjunktiven Gegenstück. Allen haftet eine ethische Konnotation an. Disjunktive Transzendentalien in der Weise, wie Scotus sie einführt, finden sich neben dem erwähnten Einen und Vielen (*unum et multum*) mit Ununterschieden/Gemeinsamem und Unterschiedenem (*commune/indistictum et distinctum*), der Natur des Oberen und der des Niederen (*natura superioris et natura inferioris*), dem Ersten und dem Letzten (*primum et novissimum*), sowie Substanz und Akzidens (*substantia et accidens*).

Die übrigen disjunktiven Paare des eckhartschen Schemas lassen sich nicht in die scotische Einteilung einordnen und verweisen damit um so deutlicher auf ein Verständnis der Transzendentalien bei Eckhart, das sich trotz auffälliger Gemeinsamkeiten doch in wesentlichen Zügen von dem des Scotus unterscheidet, zuallererst darin, dass der Ausgangspunkt nicht die Resolution des Seinsbegriffs ist. Es zeichnet sich die Feststellung ab, dass die Gemeinsamkeiten, die sich auf den ersten Blick feststellen lassen, weder auf einen gemeinsamen Ausgangspunkt bei der Betrachtung der Wirklichkeit noch auf eine gemeinsame Vorgehensweise schließen lassen, wohl aber auf einen Konsens darin, welche Vorgehensweise ausgeschlossen wird, nämlich jegliche Anlehnung an das – nach aristotelischem Wissenschaftsverständnis – in den Bereich der Physik gehörende Schema der Bewegung. Jede Betrachtungsweise, die eine solche kontinuierliche, das heißt in sich fortlaufende Struktur ablehnt, muss von einem entscheidenden qualitativen Sprung in der Struktur der Wirklichkeit ausgehen, wie ihn Eckhart durch die Gegenüberstellung von Sein und Nichtsein, Scotus durch die von unendlichem und endlichem Sein skizziert. In dieser Linie folgen beide Heinrich von Gent, der den Ansatz vom konkret existenten Sein her zugunsten des vom intentionalen Sein her fallengelassen hat. Will ein metaphysischer Ansatz einerseits das Prinzip einer absoluten Transzendenz wahren, was der christliche Gottesbegriff notwendig impliziert, zugleich aber von einem einheitlichen, nicht dualistischen Begriff der Wirklichkeit als Ganzer ausgehen und diesen Zusammenhang begrifflich eindeutig, nicht bloß präreflexiv erfassen, bleibt notwendigerweise nur das Schema der Disjunktion übrig, um einen solchen Ansatz begrifflich zu fassen. Dass Scotus und Eckhart disjunktiven Strukturen einen zentralen Stellenwert in ihren Gedankengängen zur Metaphysik einräumen, ist deshalb noch kein Beweis einer irgendwie gearteten Abhängigkeit, sondern einzig mögliches Resultat der gemeinsam geteilten Voraussetzung, dass ein – nur im Rahmen der Physik denkbares – Kontinuitätsmoment der Forderung nach der absoluten Transzendenz Gottes nicht gerecht werden kann. Eckhart geht mit Scotus völlig gleich, aus seinem metaphysischen Ansatz jedes kosmologische Element auszublenden und die Transzendenz des Gottesbegriffs zu wahren.

Wir finden diese Voraussetzung bei Eckhart nicht explizit ausgesprochen, können sie jedoch trotzdem festhalten, da sie sich einerseits gleichsam „disjunktiv" aus der eckhartschen Vorgehensweise ableitet – aus dem Fehlen jeder den Bereich der Bewegung berücksichtigenden Gedankengänge – und andererseits aus den äußeren Umständen des Lehrbetriebs, namentlich hinsichtlich der Unmittelbarkeit des göttlichen Wirkens,[507] als Resultat der Pariser Verurteilungen von 1277, angenommen werden kann.

---

[507] Cf. BIANCHI 100f.

Um das hier Gesagte zu veranschaulichen, sei der Blick auf ein besonders aussagekräftiges Paar des eckhartschen Disjunktionsschemas gerichtet: Die Disjunktion „Gott als höchstes Sein" (*deus summum esse*) gegenüber dem „Nichtsein" (*non esse*) bringt die theologische Dimension der Metaphysik ein.[508] Bei Scotus wird der Gottesgedanke, gleichgesetzt mit dem unendlichen Sein, innerhalb der Resolution des Seinsbegriffs behandelt. Es stellte sich bereits die Frage, warum Eckhart die Betrachtung des *summum esse* als eigenständigen Traktat neben der Betrachtung von Sein und Nichtsein einführt.[509] In den erhaltenen Passagen des O.T. finden wir diese Differenzierung so nicht wieder. Methodisch könnte sie eine Abgrenzung von der averroistischen Vorgehensweise, d. h. deren vollständiger Integration der Metaphysik in die Theologie implizieren. Trifft dies zu, hätten wir es im ursprünglichen Entwurf des *opus propositionum* mit einer zweistufigen Metaphysik zu tun, die zunächst den Seinsbegriff untersucht und erst in einem zweiten Anlauf sich seiner inhaltlichen Füllung im Gottesbegriff und im Seinsvollzug zuwendet. Damit wäre letztlich doch eine Vorgehensweise bei Eckhart erkennbar, die der des Scotus in Grundstrukturen entspricht. Die zweifache Betrachtung des Seinsbegriffs legt als solche noch nicht die Folgerung nahe, dass Eckhart zwischen einer allgemeinen und einer besonderen Metaphysik (*metaphysica generalis et specialis*) unterscheidet, sondern kann als die Beleuchtung ein und desselben Sachverhalts unter je verschiedenen Aspekten angesehen werden. In den Prologen geht es Eckhart explizit und unmittelbar um das Verständnis einer Gleichsetzung des Gottes- mit dem Seinsbegriff. Die Differenzierung, die Eckhart bei der Aufzählung der *termini generales* vorlegt, ist offensichtlich weniger sachlich als epistemologisch begründet, da das *deus summum esse* in den Prologen als *esse est deus*, d. h. aus einer anderen Richtung ausgesagt wird.

Zieht man nun die oben untersuchten Ausführungen des BONAVENTURA heran, so entsteht zunächst der Eindruck, dass die eckhartsche Disjunktion *deus summum esse/non esse* dort eine Entsprechung finde. Das höchste Sein entspricht dem, was Bonaventura im *Itinerarium mentis in deum*[510] mit reinstem Sein bezeichnet (*purissimum esse*) und von jeder Form des Nichtseins absetzt. Die ausdrückliche Nennung des Gottesbegriffs erfolgt bei Bonaventura jedoch nicht, und so erscheint es angemessener, seinen Ausgangspunkt der Disjunktion mit dem ersten Disjunktionspaar bei Eckhart zu vergleichen. Hier liegt offensichtlich eine Entsprechung vor. Für Bonaventura ist das reinste Sein das Sein schlechthin, wie auch Eckhart alle superlativen Attribute des Seins mit dem Sein schlechthin gleichsetzt.

Wenn beide auch die disjunktive Gegenüberstellung von Sein und Nichtsein als Ausgangspunkt wählen, so ist doch der funktionale Stellenwert innerhalb der Gesamtargumentation ein jeweils anderer, was wiederum Rückwirkungen auf das inhaltliche Verständnis hat. Bei Bonaventura handelt es sich ausdrücklich um einen Reflexionsgang des Geistes, der mit dem Ziel des Aufweises des Gottesbegriffs nachvollzogen wird. Die Betrachtung der disjunktiven Verschiedenheiten im Blick auf das Sein ist in den allgemeinen Gedankengang als ein – wenn auch wesentlicher – Schritt integriert. Der Leser wird zu diesen Überlegungen mittels anderer hinge-

---

[508] Zur Deutung WACKERNAGELs hinsichtlich der Einbindung dieses Theoriestücks s.o.S.158.

[509] S.o.S. 157.

[510] Cf. n.500.

führt. Bei Eckhart hingegen haben wir es mit dem Gesamtwerk vorausgehenden Vorüberlegungen im Sinne inhaltlicher Begriffsklärungen zu tun, zu denen es keine ausdrückliche Hinführung oder methodische Begründung[511] gibt, sondern mit denen die Betrachtung überhaupt erst beginnt. Dies lässt darauf schließen, dass Eckhart das Schema der Disjunktion – zumindest in der von ihm ähnlich Bonaventura konzipierten Ungleichgewichtigkeit der Glieder – als die der Wirklichkeit von vornherein angemessenste und ursprünglichste Weise der Betrachtung erachtet. Daraus kann geschlossen werden, dass das, was bei Bonaventura ein Teilaspekt des Gedankengangs ist, bei Eckhart den Kerngedanken, aber auch die Grundstruktur des Gesamtwerkes darstellt.

Die übrigen Disjunktionspaare im *Itinerarium* des Bonaventura lassen sich nur eingeschränkt mit dem eckhartschen Schema vergleichen. Beide erwähnen das Eine (*unum*), doch stellt Bonaventura es in Relation mit dem, was Verschiedenheit besitzt (*habens diversificationem*), während Eckhart ihm das Viele (*multum*) gegenüberstellt. Dass das Viele die Verschiedenheit als Voraussetzung seiner Möglichkeit hat, ist sicher auch Eckhart bewusst, und doch macht die unterschiedliche Disjunktion deutlich, dass beide den Begriff des Einen unter einem je verschiedenen Aspekt beleuchten. Bonaventura geht von der durch den Begriff bezeichneten Sache aus: Etwas ist ein eines, und das Gegenteil dazu ist, dass dieses Etwas Verschiedenheit besitzt. Betrachtet wird der Begriff des Einen in seiner pragmatischen Bezogenheit auf ein bestimmtes Subjekt. Eckhart hingegen betrachtet den reinen begrifflichen Gehalt des Einen. Er setzt auf einer anderen Betrachtungsebene als Bonaventura an, indem er in der reinen begrifflichen Form, das heißt in dem *terminus generalis* in seinem sachlichen Begriffsgehalt den zugrunde liegenden allgemeinen, nichtkontingenten Sachverhalt unmittelbar begreifen kann. So kommt er dazu, als das Gegenteil der reinen Aussage des Einen das Viele zu setzen. Während Eckhart vom Inbegriff her deduziert, gelangt Bonaventura induktiv von der Beschreibung eines wahrnehmbaren Sachverhalts zum in der Vollform des Begriffs fassbaren nichtkontingenten Sachverhalt. Die gleiche Beobachtung lässt sich für den Begriff des Ersten (*primum*) anstellen. Bonaventura ordnet ihm das „von einem anderen her sein" (*esse ab alio acceptum*), Eckhart den Begriff des Letzten (*novissimum*) zu. Bonaventura betrachtet ein konkretes Subjekt, das entweder von einem anderen abhängt, oder aber, weil ersteres nicht der Fall ist, das schlechthin Erste ist. Eckhart stellt dem Begriffsgehalt „Erstes" den des „Letzten" gegenüber, stellt also wiederum eine Untersuchung anhand der unterschiedlichen Begriffsgehalte in Aussicht.

Von dem Disjunktionsschema des Bonaventura in De Trinitate unterscheidet sich das Eckhartsche noch stärker, denn von der Terminologie her finden wir keine Übereinstimmung. Grundlage der Disjunktion bei Bonaventura ist das Seiende. Dies

---

[511] Was Eckhart vor der Aufzählung der *termini generales* an Vorüberlegungen bringt, z.B. der erwähnte Bezug auf ARISTOTELES (cf. n.13), ist eine unmittelbare Explikation der Vorgehensweise, nicht aber eine Hinführung, die den Leser an einem anderen Ausgangspunkt abholt, wie es eben bei Bonaventura der Fall ist.

gilt freilich im Hinblick auf die Konvertibilität der Transzendentalien sachlich auch bei Eckhart, doch muss das bereits für den Vergleich dem *Itinerarium* zu Eckhart Bemerkte auch hier herangezogen werden. Bonaventura betrachtet das Verhältnis disjunktiver Modi des Seienden; bei Eckhart hingegen ist das Seiende Glied der Disjunktion. Sicherlich klingt bei dem Verhältnis des *simpliciter ens* zum *diminutum sive secundum quid* (Bonaventura) das eckhartsche Verhältnis des *totum* zum *pars* im Sinne von Selbständigem und Unselbständigem an, doch zielt die eckhartsche Perspektive auf das Verhältnis zweier allgemeiner, hier nicht an eine kontingente Wirklichkeit gebundene Begriffe, die sich allein aus ihrem Gehalt heraus bedingen.

Die Traditionslinie, deren Verlauf über Bonaventura zu Duns Scotus feststellbar ist, ist – so kann abschließend festgehalten werden – nicht die, in der Eckhart steht, denn erstere ist bestimmt durch die disjunktive Betrachtung des Begriffs des Seienden. Bei Eckhart liegt der Ausgangspunkt nicht in der Begriffsexplikation, sondern in der disjunktiven Zuordnung der Begriffe. Das begriffslogische Ganze wird nicht in der Resolution des einen Begriffs gedacht, sondern in der Kontrastierung des in sich einfachen *nobilius* mit dem – begriffslogisch von ihm getrennten – *minus nobile*. Geht es bei Scotus und Bonaventura darum, die Struktur der Wirklichkeit in der richtigen Ordnung vom *minus nobile* zum *nobilius* zu durchwandern und von hierher begriffslogisch das Ganze zu denken, kann bei Eckhart von einer solchen „Durchwanderung" keine Rede sein, da nur das *nobilius* als positiver Ausgangsbegriff zur Verfügung steht.

Kontrastiert mit der scotischen Betrachtungsweise kann die eckhartsche als eine „Disjunktion von außen" im Gegensatz zur scotischen „Disjunktion von innen" charakterisiert werden. Die Spannung liegt nicht im Begriff selbst begründet, sondern in der Zuordnung der Begriffe. Diese Feststellung lässt sich wiederum mit der Beobachtung in Beziehung setzen, dass Eckhart ausdrücklich von *termini* spricht, das heißt von Begriffen, die innerhalb eines Aussagezusammenhangs stehen und nicht einfach für sich genommen werden. Dass er auf diese Weise nicht zu ähnlichen Schlussfolgerungen wie Scotus kommen kann, ist damit nicht ausgeschlossen, doch darf nicht übersehen werden, dass die beiden gemeinsame Methode der Disjunktion an unterschiedlicher Stelle ansetzt und von daher zu einer unterschiedlichen Vorgehensweise führt. Vor diesem Hintergrund halte ich es nicht für angemessen, davon auszugehen, dass bei Eckhart ein bestimmtes Problembewusstsein, wie es Scotus auszeichnet, schlichtweg noch nicht vorhanden wäre. Naheliegender ist, dass Eckhart aufgrund seiner von ihm selbst aufgestellten Voraussetzungen nicht zu einer Begriffsreflexion wie der des Scotus gelangen kann, sondern notwendig in anderen Bahnen denken muss. Eckhart denkt weniger substantial als relational und muss von daher die Unterscheidung zwischen Seiendem und Sein nicht substantial fassen, sondern kann das Seiende in einem Beziehungsgefüge zwischen Sein und Nichtsein begreifen. Dass damit ein gewisser Mangel an gedanklicher Differenzierung der Sachverhalte einhergehen kann, liegt auf der Hand. Eckhart teilt zwar die Voraussetzungen bzw. Startbedingungen des scotischen Weges – und das sind eben die nach 1277 und die „Vorarbeit" Heinrichs von Gent –, im Ganzen jedoch stellt sein Entwurf eine Alternative zu der von Scotus vertretenen Richtung dar. Die Unterschiede liegen bereits im Ansatz. Das eckhartsche Disjunktionsschema zeichnet sich nicht nur durch die Ziehung der ontologischen Trennlinie aus, die zwischen Sein und Nichtsein ansetzt und damit der ontologischen Struktur von Anfang an eine eigene Ausrichtung gibt, sondern durch einen anderen Blick auf das Wesen des Begriffs und damit der in Begriffen formulierten Wirklichkeit überhaupt. Eckhart erweist sich insofern als seinem Vordenker Heinrich von Gent treu, als er den Ausgangspunkt der intellektual-intentionalen Erkenntnis bei den Begriffsvollkommenheiten festhält, und diese nicht auf eine reine Quiddität zurückführt bzw. letztere nur im Sinne einer *perfectio* verstehen kann.

Die Abgrenzung des eckhartschen Disjunktionsschemas von denen des Duns Scotus und Bonaventura lässt darüber hinaus aufleuchten, dass nicht nur die Strukturen der Schemata anders geartet sind, sondern auch das Verständnis der einzelnen Begriffe – hingewiesen sei nur auf *unum* – z.T. gravierend voneinander abweicht. Dass die Autoren des ausgehenden dreizehnten Jahrhunderts die transzendentalen Begriffe weitgehend in den Mittelpunkt ihrer Entwürfe zur Metaphysik stellen, heißt nicht, dass sich hinter denselben Begriffen dieselben Vorstellungen verbergen. Das weitgehend einheitliche begriffliche Rohmaterial dient der Ausformung teils sehr stark differierender Vorstellungen von den Grundstrukturen der Wirklichkeit. Der entscheidende strukturontologische Leitfaden liegt dem Disjunktionsschema in seiner intensionalen Ausfüllung bereits zugrunde, ist also nicht erst aus den konkreten Begriffen abgeleitet, da diese sich von ihrem Gehalt her in verschiedene Strukturschemata einbinden lassen.

2. DIE SPANNUNG VON RELATION UND ISOLATION ALS STRUKTURPRINZIP DER TERMINI GENERALES – BEOBACHTUNGEN ZU DREI PAAREN DES DISJUNKTIONSSCHEMAS

Die Eigenart des eckhartschen Ansatzes lässt sich anhand zweier herausstechender Disjunktionspaare näher aufzeigen, die aus der inneren Logik des Systems so weder bei Bonaventura noch bei Scotus erscheinen können, sich für den eckhartschen Ansatz jedoch als charakteristisch erweisen.

b) Das Disjunktionspaar idea et ratio – informe et privatio

Die Einführung von *idea et ratio* im Gegensatz zum Ungeformten bzw. zur Abtrennung (*informe et privatio*) als disjunktivem Begriffspaar weist auf eine Betrachtung der Wirklichkeit, die einer im weitesten Sinne platonisch-neuplatonischen Tradition verpflichtet ist. *Idea* kann im Sinne des Urbildes oder der Idee verstanden werden, die ihren Ursprung in Gott hat und durch die Vermittlung des Logos die Wirklichkeit der geschaffenen Welt bestimmt. Eckhart unterscheidet im zweiten Genesiskommentar

„[...] das zweifache Sein, auf das die Ideen (*ideae*) in Gottes Geist oder im Beweger des Himmels hinzielen, nämlich das geistige Sein in der Vernunft (*rationali*) des Menschen und das natürliche Sein in der Materie, (das) unter der Veränderlichkeit (steht).“[512]

Die Ideen in Gott haben von sich aus eine Intentionalität auf die Schöpfung hin. Es klingt an dieser Stelle so, als wäre die Schöpfung für Gott wesensnotwendig. Dabei ist jedoch zwischen Gott und den Ideen in ihm zu unterscheiden. Sie sind es, die die Wirklichkeit in der Materie prägen und zugleich die Voraussetzung menschlicher Erkenntnis bilden. Ein weiterer Aspekt leuchtet in folgender Aussage auf:

„Es ist also zu bedenken, dass jedes Geschöpf, das unter dem Menschen steht, nach der Ähnlichkeit Gottes geschaffen und Idee von etwas in Gott ist. [...] ‚Gott aber ist einer‘ (Deut 6,4; Gal 3,20), Ideen aber gibt es viele. Auch ist Ähnliches immer Ähnliches unter vielen.“[513]

Die Idee ist offensichtlich nicht mit der göttlichen Einheit gleichzusetzen, die in den meisten Fällen mit der positiven Begriffsfülle der Transzendentalien identifiziert werden kann. Sie bezeichnet eine Ähnlichkeit mit Gott. Ähnlichkeit impliziert notwendig Verschiedenheit, sonst handelte es sich um Identität, und da diese Verschiedenheit nicht notwendig in einem bestimmten Sachverhalt bestehen muss, sondern sich auf unendlich viele Bereiche erstrecken kann, bedeutet Ähnlichkeit zugleich Vielheit. Die Einschränkung, die ein Ähnliches notwendig gegenüber seinem Vorbild einschließt, drückt Eckhart aus, indem er den Ideen nicht die Gottebenbildlichkeit zuspricht, sondern sie als Ideen *alicuius in deo*, das heißt als Ideen von etwas in Gott, auffasst. Gottes Einfachheit muss demnach als eine Einheit in der Fülle verstanden werden. Wie dies mit der für Gott reservierten Einfachheit (*simplicitas*) in Einklang steht, die Eckhart als mit der *intellectualitas* konvertibel annimmt, ist noch zu klären.[514] Der Ursprung der Vielheit liegt diesen Ausführungen zufolge bereits in der Einheit begründet und erscheint nicht als deren kontradiktorisches Gegenstück, sondern als deren Ausfaltung.[515]

Als für die Deutung des Schemas der *termini generales* entscheidend ist an dieser Stelle festzuhalten, dass die Anordnung der disjunkten Transzendentalien bei Eckhart sich nicht auf die Gegenüberstellung des absolut Vollkommenen gegenüber dem minder vollkommenen und daher negativen beschränkt, sondern ein Strukturschema entfaltet, dass seine Anwendung auf verschiedenen Ebenen der Wirklichkeit findet, denn wir haben es bei der vorliegenden Disjunktion im Falle des *nobilius* nicht mit einer *perfectio simpliciter* zu tun, sondern mit einer relativen *perfectio* innerhalb des disjunktiven Verhältnisses. Auch wenn sie notwendig in Verschiedenheit erscheint,

---

[512] In Gen. II n. 202 (LW I 674,4–6): „[...] *duplex esse quod respiciunt ideae in mente divina sive in motore orbis, puta esse intellectuale in rationali hominis et esse naturale in materia cum transmutatione* [...]“

[513] In Ioh. n.549 (LW III 479,1–5): „*Sciendum ergo quod omnis creatura citra hominem facta est ad similitudinem dei et idea alicuius in deo.* [...] *‚Deus autem unus est‘, Deut. 6 et Gal. 3, ideae vero plures sunt. Etiam simile semper plurium est.*“

[514] Zur *simplicitas* in deo s.u. Abschnitt E.2.

[515] Dieser für CUSANUS bedeutsame Gedanke wird bei Eckhart nicht weiter entfaltet, jedoch bilden Eckharts Überlegungen dessen Grundlage. Cf. WACKERZAPP 102–118.

ist die *idea* als *perfectio* nicht der von Eckhart so genannten *regio dissimilitudinis* als dem Bereich der kontingenten Verschiedenheit zuzurechnen. Die Unterscheidung zwischen einer *regio intellectualis* (auch *regio rationalis/intelligibilium*)[515] und einer *regio dissimilitudinis* (vielfach *sensitivum/corporalia*)[516] ist nicht als ein Ausschluss jeglicher Art von Verschiedenheit im Bereich der *regio intellectualis* aufzufassen, sondern setzt an einer anderen Stelle an. Eine gewisse Unschärfe dieser Grenze, wie sie im gerade untersuchten Zitat deutlich wurde, kann insofern ein intendierter Bestandteil des Eckhartschen Denkens sein, als Schema nicht an einer festen ontologischen Schnittstelle, sondern proportional an verschiedenen Stellen ansetzt, da die relationale Struktur das eigentliche Fundament der Wirklichkeit darstellt.

Die *regio intellectualis* ist der Raum von Einheit und Identität. Als solche kommen diese in der Welt der Dinge (*corporalia*) nicht vor. Weitere Grundkategorien, die sich von Einheit und Identität ableiten, sind Gleichheit, Bildsein, Ähnlichkeit und Beziehung,. Auch sie lassen sich als solche nie außerhalb der *regio intellectualis* finden.

Die Welt als solche ist in ihrer Konkretheit eine *regio dissimilitudinis*, ein Bereich der Unähnlichkeit zu Gott. Der Ausdruck *regio dissimilitudinis* geht auf Augustinus zurück und ist von seinem Ursprung her genuin platonisch-neuplatonischen Sprachgebrauchs.[517] In den Confessiones (VII 10,16) heißt es: *„et inveni longe me esse a te in regione dissimilitudinis.“*[518] Augustinus beschreibt mit diesem Terminus das existentielle Befinden des Menschen in seiner erfahrenen Ferne zu Gott. Augustinus erfährt seinen Abstand zu Gott infolge seiner eigenen Sündhaftigkeit. In seiner Sehnsucht nach Gott wird sich der Mensch seiner Verlorenheit aufgrund seiner Verfehlungen bewusst. Diese Ausrichtung bleibt bei Eckhart zwar erhalten, wird aber durch die ontologische Ausrichtung modifiziert. So erfährt der augustinische Terminus letztlich eine inhaltliche Umdeutung, indem er von der existentiellen Ebene auf die ontologische Ebene verlagert wird.[519] *Regio dissimilitudinis* meint im Eckhartschen Sinne eine Beschreibung des Grundverhältnisses der Welt zu Gott, wenn auch nur ein bestimmter Aspekt hervorgekehrt wird, nämlich der der je größeren Verschiedenheit von Gott. Um die Tragweite der *dissimilitudo* aufzuzeigen, ist es sinnvoll, diesen Begriff darüber hinaus mit „Entfremdung" und „Veräußerung" wiederzugeben.[520] Damit wird wieder eine praktische Relevanz angedeutet.

Ratio bezeichnet bei Eckhart im Grunde den gleichen Sachverhalt wie *idea*, bringt ihn jedoch unter einer umgekehrten Betrachtungsperspektive, nämlich aus der Schöpfung auf Gott hin. Im zweiten Genesiskommentar schreibt Eckhart:

---

[515] Cf. In Gen. II n.80 (LW I 542,3)

[516] Cf. In Ioh. n.48 (LW III 39,10f.).

[517] Cf. AUGUSTINUS, De Gen. ad litt. XII c.26; Conf. VII c.10.

[518] ID.,Conf. VII c.10 n.16 (CCSL XXVII 103,17).

[519] Cf. LOSSKY 176.

[520] Cf. VANNINI, alienazione 93. V. bringt in Bezug auf *dissimilitudo/regio dissimilitudinis* den Begriff „alienazione" (Entfremdung) ein.

„[...] die *ratio* in Gott und allgemein in einer Ursache berücksichtigt zweierlei, die Erkenntnis, die durch den Himmel, und das Werden, das durch die Erde versinnbildlicht
wird."[521]

Die Disjunktivität, die mit der hier untersuchten Begriffsgruppe angesprochen
wird, verweist nun eindeutig auf eine anderen Ebene als die der Begriffsexplikation,
die dem scotischen Disjunktionsschema zugrunde liegt, da „Begriff" (*idea* oder *ratio*)
in seiner inhaltlichen Dimension bei Eckhart selbst ein Moment des disjunktiven
Schemas ist und nicht mehr das zugrunde liegende Subjekt der Disjunktion. Dabei
ist freilich zu berücksichtigen, dass es Eckhart an dieser Stelle nicht um den *terminus*
geht, den sprachlich verfassten Begriff, sondern um den reinen Begriffsgehalt – die
ratio – in seiner Allgemeinheit. *Ratio* hat zunächst keinen ontologisch qualifizierenden
transzendentalen Aussagesinn wie z.B. „sein" oder „gut", sondern bezeichnet die
formale Struktur einer Aussage hinsichtlich ihrer Sinnhaftigkeit.

Durch die Aufstellung der hier betrachteten Disjunktion behauptet Eckhart, dass
nicht die gesamte Wirklichkeit mittels der *rationes* erfasst werden kann, sondern dass
es daneben den Bereich des Ungestalteten und damit aus dem Gesamtzusammenhang herausfallenden – deshalb getrennten –, weil aufgrund seiner unscharfen ontologischen Struktur nicht einzuordnenden „wirklichen Unwirklichen" gibt. Mit dieser
Disjunktion führt Eckhart die erkenntnistheoretische Relevanz des Schemas der
termini generales ein. Gegenstand einer wissenschaftlichen Betrachtung kann nur das
sein, was mittels der *rationes* erfasst werden kann.

Das, was durch die *rationes* erfasst werden kann, erläutert Eckhart in Zusammenhang mit der Auslegung zu Gen 1,1, die den anfänglichen Ursprung der Vielheit der
Schöpfung in der Einheit und Ewigkeit Gottes behandelt:

> Zum ersten muss man wissen, dass der Ursprung, in dem Gott Himmel und Erde er-
> schuf, die *ratio idealis* ist. Das wird in Joh 1 ausgesagt: ‚im Anfang war das Wort' – der
> griechische Text hat Logos, was *ratio* ist – und es folgt: ‚alles ist durch es geworden und
> ohne es ist nichts geworden.' Im Allgemeinen nämlich bildet den Ursprung eines jeden
> Dinges und seine Wurzel die *ratio* dieses Dinges. Daher kommt es, dass Plato die Ideen
> oder *rationes* der Dinge als Ursprünge des Seins wie des Wissens von allen Dingen an-
> nahm. Daher kommt es drittens auch, dass der Kommentator zum VII. Buch der Me-
> taphysik sagt, die Alten hätten sich immer darum bemüht, die Washeit des sinnlich
> wahrnehmbaren Dinges zu kennen; denn wenn diese gewußt wird, wird die erste Ursa-
> che von allem gewußt. Mit der ersten Ursache meint der Kommentator aber nicht Gott,
> wie einige Irrende meinen, sondern die Washeit der Dinge, die die *ratio* der Dinge ist,
> die die Definition anzeigt, nennt er die erste Ursache. Diese *ratio* ist nämlich das ‚*quod
> quid est*' der Dinge und das ‚*propter quid est*' aller Eigenschaften der Dinge. Begriffsdefiniti-
> on und Beweis unterscheiden sich nämlich nur durch die Anordnung, wie der Philosoph
> sagt."[522]

---

[521] In Gen II n.217 (LW I 693,1–3): „[...] *ratio in deo et universaliter in causa ad duo respicit, ad
cognitionem scilicet, quae per caelum, et ad generationem, quae per terram parabolice intelligitur.*"

[522] In Gen I n.3 (LW I 186,13–187,12): „*De primo sciendum quod principium, in quo creavit deus caelum
et terram, est ratio idealis. Et hoc est quod Ioh. 1 dicitur: ‚in principio erat verbum' – Graecus habet logos, id
est ratio – et sequitur: ‚omnia per ipsum facta sunt, et sine ipso factum est nihil'. Uniuscuiusque enim rei*

An dieser Stelle sind *ratio* und *idea* zu dem Ausdruck *ratio idealis* zusammengefasst, was den sachlichen Zusammenhang beider Begriffe betont, die letztlich einen zusammenhängenden Sachverhalt unter zwei Aspekten aussagen. Die *ratio idealis* ist der Existenzgrund des Dinges und zugleich seine inhaltliche Bestimmung.

Die *ratio idealis* liefert mit der *quiditas* nun aber nicht nur den Erkenntnisgrund des Dinges, sondern auch die Einsicht in den allgemeinen Ursprung der Wirklichkeit (*causa prima omnium*). Damit führt sie doch zurück auf die Ebene der konvertiblen Transzendentalien im Sinne der allgemeinsten Bestimmungen der Wirklichkeit. Weil jeder Sachverhalt seine *ratio idealis* hat, steht er im Zusammenhang der gesamten Wirklichkeit. Die *ratio idealis* ist also nicht nur die washeitlich unterscheidende Bestimmung – nicht zu verwechseln mit dem Individuationsprinzip –, sondern zugleich die Einbindung in die Wirklichkeit in der Ausrichtung auf das Ganze. Die Bestimmung des *quod* ist hier zugleich auch das *propter*, woraus folgt, dass die Ebene der metaphysischen Betrachtung bei Eckhart keinen weiteren Schritt der Abstraktion beansprucht, sondern die Definition eines Sachverhalts – das heißt seine inhaltliche Erfassung – nicht losgelöst von seiner Existenz und seiner Stellung im Gesamt der Wirklichkeit erfolgen kann.

a) Das Disjunktionspaar quo est - quod est *– Das Ursächlichkeitsprinzip als transzendentale Größe*

Diese Beobachtung scheint durch die nachfolgende disjunktive Unterscheidung zwischen dem, wodurch etwas ist, und dem, was etwas ist (*quo est et quod est*) in Frage gestellt zu sein, weil das, was in den vorhergehenden Überlegungen als eine Einheit in *principio* konstatiert worden ist, sich nun disjunktiv gegenübersteht. Die Disjunktion wird in der Aufzählung gegenüber der vorhergehenden durch das Adverb *vero* hervorgehoben, welches an dieser Stelle mit „allerdings" wiedergegeben werden kann. Eckhart räumt ein, dass der bisherige Rhythmus der Disjunktionspaare an dieser Stelle nicht durchgängig ist. Das Problem wird entschärft, wenn man die *termini generales* strukturontologisch auffasst und der Struktur als solcher einen absoluten Status zumisst, sie aber zugleich als perspektivisch bedingte Relationen begreift.

Im Falle der vorliegenden Disjunktion handelt es sich im Unterschied zu den vorher aufgezählten nicht um einen kontradiktorischen Gegensatz, denn nicht vom *oppositum* ist die Rede, sondern vom *condivisum*, was sich mit „Gegenstück" oder „Zugeordnetes" wiedergeben lässt. Damit fällt dieses Begriffspaar bereits durch die Weise seiner Gegenüberstellung aus dem Rahmen. Von einem Gegensatz kann nicht die Rede sein. Die Bezeichnung *condivisus* wird verwendet, um innerhalb einer

---

universaliter principium et radix est ratio ipsius rei. Hinc est quod Plato ponebat ideas sive rationes rerum principia omnium tam essendi quam sciendi. Hinc est et tertio quod commentator VII Metaphysicae dicit quod quiditas rei sensibilis semper fuit desiderata sciri ab antiquis, eo quod ipsa scita sciretur causa prima omnium. Vocat autem commentator primam causam non ipsum deum, ut plerique errantes putant, sed ipsam rerum quiditatem, quae ratio rerum est, quam diffinitio indicat, causam primam vocat. Haec enim ratio est rerum ,quod quid est' et omnium rei proprietatum ,propter quid est'. Est enim diffinitio et demonstratio sola positione differens, ut ait philosophus."

logisch begründeten Einteilung die Nebeneinanderordnung zweier oder mehrerer Sachverhalte auf der gleichen logischen Ebene anzuzeigen. Mehrere Sachverhalte sind einander zugeteilt. *Condivisum* kann also im Sinne von „Zugeteiltes" verstanden werden. Die Verbform *condivido* lässt sich mit *distinguere* in einen sachlichen Zusammenhang bringen und im Sinne von „eine Einteilung durch Unterscheidung vornehmen" übersetzen. Ein weiteres Synonym ist *coaequare*. Dies ist nicht im Sinne von „angleichen" zu verstehen, sondern ebenfalls von „auf eine gleiche Stufe stellen", wobei durch *co* der gemeinsame Bezug ausgedrückt wird. Aufgrund dessen lässt sich ferner der Wortbereich *participare* und *communicare* einordnen, womit in diesem Zusammenhang gegenseitiges teilhaben, in Austausch stehen oder etwas gemeinsam haben ausgesagt wird.

Um was geht es Eckhart mit der Zuordnung von *quo est* und *quod est*? Eine Unterscheidung zwischen kontradiktorischen und korrelativen disjunktiven Transzendentalien, wie sie sich bei SCOTUS beobachten lässt,[523] führt in diesem Zusammenhang nicht weiter, da das Wodurch und das Was weder kontradiktorisch einander gegenüberstehen noch zwei korrelative Prinzipien sind, in dem Sinne, dass das eine notwendig aus dem anderen herzuleiten wäre. Das müssen wir zumindest aus der der Verwendung dieser Terminologie zugrunde liegenden Perspektive heraus festhalten. Eckhart greift mit diesem Paar der *termini generales* das Prinzip der Ursächlichkeit in der Form eines Theoriestücks zweier Koprinzipien, das auf BOETHIUS zurückgeht,[524] auf und integriert es in das System der Transzendentalien. Hierin liegt ein entscheidender Unterschied gegenüber Scotus, der diese Dimension zugunsten der Begriffsresolution des einzelnen Begriffs grundsätzlich ausgeklammert hat. Eckharts Interesse reicht über den semantischen Begriffsgehalt hinaus, es geht ihm um die Zusammenhänge und Beziehungen, innerhalb derer der Begriff steht.

Insbesondere gilt es zu konstatieren, dass Kausalität überhaupt in das Schema der *termini generales* aufgenommen wird. Einer metaphysischen Betrachtungsweise in der Schärfe, wie Eckhart sie mit der Unterscheidung von *esse* und *ens hoc et hoc* vorlegt, sollte doch das Unveränderliche und Ewige und damit das, was keiner Kausalität bedarf, zugrunde liegen. Mit den Prinzipien des *quo est* und *quod est* wird jedoch eindeutig das Verursachte und damit das Kontingente in den Blick genommen, und erst von dorther die nichtkontingente Ursache. Vom Vorhandensein einer solchen ersten Ursache muss Eckhart von seinem Ansatz her ausgehen. Würde eine Ursache für jedes Seiende angenommen, führte das zu einem *regressus in infinitum*. Wenn der Traktat über die Kausalität nun wesentlicher Bestandteil des Entwurfs der eckhartschen Metaphysik ist, so können wir hinsichtlich der Frage nach ihrem Subjekt festhalten, dass es ihr nicht um die Betrachtung des Nichtkontingenten in sich geht, das in den Transzendentalien begrifflich erfasst wird, sondern um seine Beziehung zum Kontingenten. Genau genommen muss diese Beziehung umgekehrt formuliert werden. Die Ursächlichkeit, wie sie hier einer Betrachtung unterzogen werden soll, ist die des Kontingenten in seinem Verursachtsein durch das Nichtkontingente. Im metaphysischen Ansatz Eckharts wird nicht das Nichtkontingente in sich, sondern

---

[523] S.o.S. 167.

[524] Cf. WEBER, ontothéologisme. Zum Aufgreifen dieser Tradition durch THOMAS VON AQUIN cf. M.-D. ROLAND-GOSSELIN 142ff.

das Kontingente im Nichtkontingenten betrachtet sowie letzteres in Gegenüberstellung zu ersterem. Die Beziehung zum Nichtkontingenten ist in dieser Perspektive der Betrachtung dem Kontingenten wesentlich.

Die grundlegende Eigenheit des eckhartschen Kausalitätsverständnisses besteht darin, dass Ursächlichkeit innerhalb des Geschaffenen anhand von bloß zwei Prinzipien erläutert wird und nicht vier. Darin folgt Eckhart einem Theoriestück HEINRICHs VON GENT, der die Prinzipien des *quod est* bzw. *quo est* als die Prinzipien des Seins einer kontingenten *essentia* in seinem System der *divisio entis* der quidditativen *ratio realitatis a reor reris* bzw. dem relationalen Existenzbezug der *ratio esse eius quidditativi* zuordnet.[525] Aristoteles hatte Ursächlichkeit nicht als solche definiert, sondern sie anhand von vier Arten definiert: Erstens die Materialursache als das, woraus etwas entsteht, zum Beispiel eine Statue aus Erz; zweitens die Formursache die das Was des Gegenstandes bestimmt und damit das, was von ihm durch den Verstand erkennbar ist; drittens die Wirkursache, die die Formgebung auslöst, wobei Aristoteles auf das Prinzip der Bewegung rekurriert; viertens die Zielursache als das, um dessentwillen die Wirkursache (!) wirkt. Wirk- und Zielursache stehen in ihrer Ursächlichkeit in einer unmittelbaren Beziehung. Sie kommen – so wie sie hier verstanden werden – dem Bewirkten von außen zu, während mit Material- und Formursache die beiden Momente der dem Verursachten immanenten Ursächlichkeit bezeichnet werden.[526]

In der scholastischen Rezeption der Vierursachenlehre, die so erst mit dem Vorliegen der Übersetzung sämtlicher Werke des Aristoteles möglich war, ist eine Tendenz zur Betonung der Wirkursache als der, der an erster Stelle die Bezeichnung „Ursache" zukommt, zu beobachten.[527] Diese Tendenz findet bei Eckhart eine eigene Modifizierung. Was bei Eckhart in seinen Betrachtungen zur Kausalität überhaupt nicht explizit erwähnt wird, sind die Materialursache und die Zielursache. Stattdessen werden mit den Ursächlichkeitsprinzipien *quo est* und *quod est* die Wirk- bzw. die Formursächlichkeit abgedeckt. Es wird sich zeigen, dass für Eckhart diese beiden als Grundprinzipien der Kausalität ausreichend sind um das, was innerhalb seines Strukturentwurfs der Wirklichkeit Ursächlichkeit ausmacht, zu veranschaulichen.

Die Unterscheidung von *quod est* und *quo est* als zwei Prinzipien der Ursächlichkeit innerhalb des Bereichs des Kontingenten nimmt Eckhart wie folgt vor:

„Denn diese beiden sind in allem Geschaffenen verschieden und stellen die allen geschaffenen Dingen eigentümlichen Prinzipien dar. Allein im Ungeschaffenen sind das Wodurch und das Was ein und dasselbe, eben aufgrund seiner Ungeschaffenheit. [...] (Gott) schuf zwei Prinzipien, nämlich das Wodurch und das Was, (die) allem Geschaffenen aufgrund seines Geschaffenseins (eigentümlich sind). Denn diese zwei sind in allem Geschaffenen, und zwar nur in ihm, zwei und nicht eins. Der Grund ist der, dass alles, was von einem anderen her und geschaffen ist, das Sein oder das Wodurch von einem anderen hat. Das, was es ist oder die Washeit hingegen hat es, wie Avicenna sagt, nicht

---

[525] Zu HEINRICH VON GENT cf. in diesem Zushg. DECORTE 161f.; die *divisio entis* entwickelt Heinrich in Quodl. V, q.2, Quodl. VII, q. 1–2 sowie Summa quaest. ordin., art. 32 q.2.5.
[526] Cf. ARISTOTELES Metaphysik I 3–7; IV 2.
[527] Cf. DE VRIES .99.

von einem anderen. Dass der Mensch ein Sinnenwesen ist, hat er ja nicht von einem anderen. Denn unabhängig davon, wo es gesetzt ist und wird und wo nicht, immer ist es wahr, dass der Mensch ein Sinneswesen ist. Aber dass der Mensch ist, das hat er von einem anderen. So sind also in allem Geschaffenen – und nur in ihm – das Wodurch und das Was zweierlei, und diese sind sowohl die Eigenheiten als auch die Ursprünge der geschaffenen Dinge."[528]

Der zweite Genesiskommentar zeigt mit seiner zweigliedrigen Ursachenlehre eine große Nähe zum *prologus generalis*. Zentrale Vorstellungen haben sich bei Eckhart offenbar durchgehalten. Die Unterscheidung der beiden Prinzipien gliedert sich nicht nach extrinsischem oder intrinsischem Prinzip, sondern nach Fremd- und Eigenbestimmtheit, das heißt konkret von einem anderen her oder nicht von einem anderen her (*ab alio* bzw. *non ab alio*) bestimmt zu sein. Der Blick richtet sich nicht primär auf das Verursachte, sondern auf die Relation der Ursächlichkeit. Dies wird auch dadurch deutlich, dass Eckhart die beiden Ursächlichkeitsprinzipien in dem *quod creata sunt*, das heißt in dem Geschaffensein der Sachverhalte gründet. *Quod creata sunt* ist eine relationale Klassifizierung, die aus der Perspektive des Geschaffenen den Bezug zu einem Schöpfer voraussetzt. Insofern man von dieser Relation ausgeht, können entsprechend Aussagen über das Kausalverhältnis aufgestellt werden. Im Gegensatz dazu bezeichnet die Ungeschaffenheit (*quod increatum est*) keine Relation, denn das Ungeschaffene ist das, was in sich selbst, d. h. in Gott unmittelbar besteht. Diesen Bereich zieht Eckhart offensichtlich nicht zur Betrachtung heran.

Das Verhältnis der beiden Prinzipien gestaltet sich in dem zitierten Textabschnitt wie folgt: Die Washeit erscheint als rein formales, im Sachverhalt selbst gründendes Prinzip. In dem, was eine Sache ist, steht sie in sich selbst und grenzt sich in dieser Selbständigkeit von allem anderen ab. In diesem Zusammenhang denkt Eckhart aristotelisch, da er die Washeit nicht von einer transzendenten Idee bestimmt, sondern in der Sache selbst angelegt sieht. Dabei trennt er jedoch wie Thomas die Wesensbestimmung vom Existenzprinzip, ohne an dieser Stelle begrifflich eine Unterscheidung zwischen *essentia* und *esse* einzuführen. Die *quiditas* ist das Prinzip von Unterscheidung und Differenz. Als solche ist sie die Grundlage der Definition eines Sachverhaltes und dient als Grundlage von Aussagen, die gemacht werden können, unabhängig davon, ob der Sachverhalt tatsächlich existiert oder nicht. Der Begriffsgehalt ist gegeben, unabhängig davon, in welchem Zusammenhang der Begriff positiv gesetzt oder verneint wird. Nimmt man diese Aussage so, wie sie hier formuliert wird, geht Eckhart von einer eigenen semantischen Wirklichkeit aus. Wir folgen in diesem Zusammenhang nicht der Übersetzung, die die kritische Edition vorlegt. Sie übersetzt *quocumque enim posito vel non posito* mit „Denn unabhängig davon, was

---

[528] In Gen. II n.34 (LW I 502,2–13): „*Haec enim duo differunt in omni creato et sunt rerum creatarum omnium principia et proprietates. In solo autem increato id ipsum est quo est et quod est, hoc ipso quod increatum est. [...] creavit duo principia, quo est scilicet et quod est, omnium entium quae creata sunt, hoc ipso quod creata sunt. Sunt enim haec duo duo, non unum, in omni creato et in solo creato. Ratio est: omne enim quod ab alio est et creatum est, habet esse sive quo est ab alio, id autem quod est sive quiditatem non habet ab alio, ut ait Avicenna. Quod enim homo sit animal, non habet ab alio. Quocumque enim posito vel non posito semper verum est quod homo est animal. Quod autem homo sit, habet ab alio. Sic ergo in omni creato et solo creato quo est et quod est duo sunt et proprietates et principia creatorum sunt.*"

man (als wirklich) setzt oder nicht setzt". Nuanciert man auf diese Weise, so bleibt letztlich unklar, um welchen sachlichen Zusammenhang es hier geht. Die Konjunktion *quocumque* ist ortsbezogen. Auf einen Begriff angewendet – und es geht hier um die Betrachtung des Begriffs *homo* – ist damit seine Stellung innerhalb eines Aussagezusammenhangs gemeint. *Quod* verweist also auf die semantische Ebene des in dem Begriff fassbaren Sachverhalts.

Unter dem Aspekt des *quo* betrachtet Eckhart eine andere Dimension des Begriffs, die Faktizität des durch ihn bezeichneten Sachverhalts. Den Ursprung seiner Faktizität hat der Sachverhalt außerhalb seiner selbst. Eine Eigenursächlichkeit (*causa sui*) wird durch den Umstand des Geschaffenseins ausgeschlossen. Jeder Sachverhalt steht unter diesem Doppelaspekt von sachlicher Selbständigkeit und wesentlicher Abhängigkeit, von Eigenbestimmtheit und verdankter Existenz. Wirklichkeit – die *actualitas* des Kontingenten – bedeutet Einbindung. Festzuhalten bleibt, dass bei diesem Disjunktionspaar das Geschaffene betrachtet wird, denn innerhalb des Ungeschaffenen – begrifflich greifbar in der Trinität– gibt es keine Unterscheidung der Ursächlichkeitsprinzipien in sich. Das erste Glied der Disjunktion in der Aufzählung der *termini generales* bringt zwar den Gesichtspunkt der metaphysischen Betrachtung, doch geht es nicht primär um die Betrachtung des Unveränderlichen, sondern um den Zusammenhang der gesamten, eben auch der kontingenten Wirklichkeit.

Die Wirkursache wird nicht mehr im aristotelischen Sinne als eine unmittelbare kontingente Ursache innerhalb eines komplexen Ursachenzusammenhangs gesehen, sondern als die unmittelbare Existenzursache. Sie ist damit in einen ontologischen Bezug gerückt. Aristoteles hatte die Frage auf dieser Ebene nicht gestellt, umgekehrt stellt Eckhart die Frage nach dem kontingenten Ursachenzusammenhang nicht. Aus dem gleichen Grunde erscheint es nachvollziehbar, dass Eckhart die Materialursache in seine Erwägungen nicht mit einbezieht. Wenn man der Intention des Eckhartschen Ansatzes in innerer Konsequenz folgt, wird man feststellen, dass sich die Unterscheidung in Wirk- und Zielursache letztendlich aufhebt. So wie Gott der Existenzgrund des Einzelnen ist, so hat das Einzelne in Gott auch sein Ziel. Die Existenz des Einzelnen verdankt sich dieser Eingebundenheit. Die Unterscheidung in äußere und innere Ursache, wie sie von Aristoteles entworfen wurde, hebt sich bei Eckhart insofern auf, als Innen und Außen eine andere Bedeutung erlangen.[529] Der Bereich des Äußeren, wie er in der aristotelischen Terminologie zunächst erfasst wird, bleibt bei Eckhart ausgeblendet.

Die Unterscheidung der beiden Kausalprinzipien des Wodurch und des Was lässt sich mit der zwischen der eigentlichen und der uneigentlichen Prädikation (*termino-*

---

[529] GORIS Einheit 270 stellt zur Grundstruktur der eckhartschen Metaphysik fest: „Sie betrachtet alles unter Absehung der extrinsischen Kausalität und somit als *Göttliches*. Die Metaphysik Meister Eckharts ist primär eine *Einheitsmetaphysik*, primär, nicht weil sie sich in Überschreitung des göttlichen Seins definiert, vielmehr weil die Einheit jenen entscheidenden Gesichtspunkt heranträgt, durch den sich die Metaphysik definiert: Sie betrachtet das Sein im Einen, somit als göttliches. Dies ist das Ergebnis einer fruchtbaren Anwendung der Spannung zwischen der inklusiven und der exklusiven Vollkommenheit Gottes, denn in der Abgrenzung gegenüber der extrinsischen Kausalität gewährt die Metaphysik ihre Universalität, erreicht sie eine Betrachtung des Seienden als solchen."

rum existentia und *terminorum cohaerentia*)[530] parallel setzen. Ein Sachverhalt kann unabhängig von seiner faktischen Existenz als das bestimmt werden, was er ist, indem er einfach prädiziert wird. Er wird damit in seinem *quod est* erfasst. Eine solche inhaltliche Bestimmung lässt sich in ihrer Struktur als *cohaerentia terminorum* beschreiben. Die *existentia terminorum* besagt die Einbindung in die allgemeine Wirklichkeit des Seins in Gott, das heißt die wesentliche Relation, wodurch (*quo*) der Sachverhalt überhaupt existent ist.

Die wiederholte Unterscheidung des Geschaffenen vom Nichtgeschaffenen in diesen Ausführungen wirft die Frage auf, ob Eckhart neben dem Geschaffenen nur das Ungeschaffene – Gott – kennt, oder ob hier ein Bereich ausgeklammert wird, der jenseits dieser Unterscheidung steht und aus der inneren Dynamik des Strukturschemas herausfällt, eben das, was seinen Ursprung nicht auf Gott zurückführen kann und der bereits angesprochenen „unwirklichen Wirklichkeit" zuzurechnen wäre.

Die nähere Betrachtung der Disjunktion *quo est* – *quod est* lässt die eigentliche Intention, die Eckhart mit dem System der *termini generales* verfolgt, stärker hervortreten. Strukturprinzip dieses Systems kann nicht, wie es die kontradiktorischen Paare vermuten lassen, der Gegensatz von Sein und Nichts sein, das heißt ein ontischer Dualismus, der durch die übrigen Paare näher expliziert würde, sondern ein Prinzip von wesentlicher Einbindung und Isolation, von ontologischer Abhängigkeit und scheinbarer Selbständigkeit. Letztere Formulierung mag eigenwillig erscheinen, da im gewöhnlichen Sprachgebrauch Abhängigkeit einen negativen, Selbständigkeit einen positiven Beiklang hat. Abhängigkeit ist an dieser Stelle jedoch als die Einbindung in den Zusammenhang des Ganzen und das heißt für Eckhart als die wesentliche Ausrichtung auf Gott zu verstehen. Vor diesem Hintergrund bedeutet Selbständigkeit dann unter den meisten Aspekten Isolation und damit Nichtexistenz. Sie erscheint nicht als das Gegenprinzip zur Einbindung, sondern ist von ihr wesentlich unterschieden, da sie ihr an Wirkmächtigkeit nicht entgegensteht, sondern gerade das Gegenteil aller Wirkmächtigkeit impliziert. Was auf den ersten Blick als Selbständigkeit und Unabhängigkeit erscheint, verdient diese Bezeichnung nur vordergründig, weil alles, was außerhalb der Ordnung des Seins steht, zur Nichtigung strebt. Die Selbständigkeit des Einzelnen ist eine scheinbare. Das Einzelne ist in sich uneigentlich, eigentlich ist es nur im Zusammenhang des Ganzen. Eigentlichkeit und Uneigentlichkeit als Unterscheidungskriterien lassen sich bei Eckhart nicht nur für die Prädikation der *termini generales* anführen,[531] sondern als grundsätzliche ontologische Kriterien für den Status eines Phänomens der Wirklichkeit. Wesentliche Einbindung und nichtigende Isolation sind die wesentlichen Kategorien, anhand derer das eckhartsche Verständnis von relationaler Wirklichkeit begreifbar wird.

---

[530] Cf. S. 25.

[531] Zu Eigentlichkeit/Uneigentlichkeit im Hinblick auf die Prädikation der *termini generales* s.o. S. 27.

c) *Das Disjunktionspaar* totum et pars – *Die Modifizierung des Teilhabegedankens*

Teil und Ganzes stehen vor dem Hintergrund dieser Überlegungen nicht in einem additiven Verhältnis, sondern sind von ihrem Wesen her grundverschieden. Bei etwas, was als ein Ganzes bezeichnet werden kann, sind es nicht die Teile als einzelne, die das Sein zustande bringen und damit das Ganze konstituieren. Das Ganze ist mehr als die Summe seiner Teile; es ist von seinem Wesen her nicht das Zusammengesetzte, sondern der *apriori* bestehende Zusammenhang, vor dessen Hintergrund überhaupt erst die Rede von Einzelnem sein kann. Es gilt also umgekehrt, dass es die Teile sind, die vom Ganzen her sind. Wäre es umgekehrt, müßten die Teile ihr eigenes Sein als Einzelnes hinzubringen und ihre eigene Bestandsgrundlage sein, wäre die Existenz eines Ganzen vom Ansatz Eckharts her nicht mehr annehmbar bzw. überflüssig:[531]

> „Die einzelnen Teile bringen ihrem Ganzen durchaus kein Sein zu, sondern empfangen vielmehr ihr ganzes Sein von ihrem Ganzen und in ihrem Ganzen. Andernfalls wäre nämlich das Ganze nicht eines, sondern so vielfach, wie Teile vorhanden sind, wenn jeder Teil dem Ganzen sein eigenes Sein zufügte."[532]

Anhand der Thematisierung des siebenten Gegensatzpaares der *termini generales*, Ganzes und Teil (*totum et pars*), wird anschaulich, wie Eckhart bei der Betrachtung jedes der Gegensatzpaare einen anderen Aspekt der Relationalität hervorhebt und die einzelnen Gegensatzpaare die Wirklichkeit aus einem jeweils bestimmten Blickwinkel heraus beleuchten. Die Gegenüberstellung von Ganzem und Teil unterscheidet sich insofern strukturell von der von Sein und Nichts, als der Teil in dem Ganzen aufgeht, eben ein Teil des Ganzen ist, während das Nichts nie ein Teil des Seins sein kann, da beide sich von der Sache her ausschließen. Bezeichnend ist jedoch, dass Eckhart die Betrachtung nicht auf je eines der beiden Paarglieder fokussiert, sondern stets von Ihrer Beziehungswirklichkeit ausgeht. Diese ist für Eckhart die eigentliche Realität beider Gegensatzpaare. Insbesondere gilt das für das Glied, das für sich genommen negativen Charakter hat. Die entscheidende strukturelle Gemeinsamkeit der Gegensatzpaare besteht darin, dass die negativen Korrelate in einer Beziehung zu ihren positiven Korrelaten an deren Positivität partizipieren. Das, was in sich nichts ist, hat in Beziehung mit dem Sein positiven Bestand. Eckhart spricht in diesen Zusammenhängen nicht explizit von Partizipation, sondern beschreibt Beziehungswirklichkeiten. „Sie empfangen ihr Sein" (*accipiunt suum esse*) heißt es in obigem Zitat von den Teilen in Bezug auf das Ganze. Das Possessivpronomen *suum* in Bezug auf das Sein und das Ganze unterstreicht den relationalen Charakter, da es eine

---

[531] Cf. FISCHER, Einführung S.61.
[532] Prol. in Op. prop. n.18 (LW I 176,15–177,5): „[...] *partes singulae nullum esse prorsus afferunt suo toti, sed potius totum suum esse accipiunt a suo toto et in suo toto. Alioquin enim totum non esset unum, sed esset tot numero, quot sunt partes, si pars quaelibet suum esse proprium adiceret ipsi toti. Duo autem esse aut plura inveniri et permisceri in uno est impossibile maius quam esse plures formas essentiales in uno subiecto.*"

wesentliche, bestandsnotwendige Hinordnung ausdrückt, bezeichnet aber nicht ein vom Sein als solchem unterschiedenes eigenes Sein. Die Feststellung, dass dieser Seinsempfang sich nicht bloß von, sondern in dem Ganzen vollzieht, verweist auf die eckhartsche Ausprägung des Teilhabegedankens.[533] Er lässt sich in seiner Eigenart in Unterscheidung von dem des THOMAS VON AQUIN erläutern.[534] Thomas modifiziert den platonischen Gedanken einer *méthexis*, den er als Einprägung (*impressio*) durch die für sich subsistierende immaterielle Idee (*forma separata*) und daraus resultierende Verähnlichung des Gegenstandes mit dieser auffasst,[535] indem er ihn ausschließlich auf das Seinsverhältnis anwendet: Jedes Seiende hat sein Sein von Gott als dem durch sein Wesen Seienden, und dies auf die Weise einer Verähnlichung (*assimilatio*), nicht jedoch eines Teilbesitzes der göttlichen Vollkommenheit.[536] Eckhart kennt den Gedanken des Seinhabens,[537] nicht jedoch den der *assimilatio*. Letzterer nimmt eine eigene Weise der Seinswirklichkeit auf Seiten des einzelnen Seienden an, was mit der Radikalität des eckhartschen Unmittelbarkeitsgedankens so nicht vereinbar ist. Teilhabe bedeutet für Eckhart ein Anteilnehmen an der Wirklichkeit dessen, woran Anteil genommen wird, nur innerhalb dieser Wirklichkeit selbst, in keinster Weise jedoch auf Seiten des Anteilhabenden. *Participatio* als *partem capere* im wörtlichen Sinne ist innerhalb des eckhartschen Schemas nicht zu denken, da sie eine eigene Subsistenzweise und Verwirklichung dessen, woran teilgehabt wird, in dem Teilhabenden unterstellt. Sinnvoller wäre es, im Blick auf Eckhart von einer wesentlichen „Hinordnung" zu sprechen. Um jeden Gedanken an eine – einen aktiven Aspekt unterstellende – Weise der Aneignung abzuweisen, spricht Eckhart vom Seinsempfang *in* dem Ganzen, nicht bloß von ihm. *Participatio* ist als reine Beziehungswirklichkeit gedacht: In Bezug zu dem Sein als solchen ist eine kontingente Wirklichkeit in die Seinswirklichkeit als solche aufgenommen. Das substantiale Verständnis der Beziehungswirklichkeit erübrigt in diesem Ansatz den Gedanken an eine kontingente Verwirklichung des Seins und anderer Vollkommenheiten bzw. deren begriffliche Unterscheidung von der Wirklichkeit des Seins als solchem.

---

[533] Zum Partizipationsgedanken bei Eckhart, insbesondere in Auseinandersetzung mit dem des Thomas von Aquin, cf. FABRO 551–567.
[534] Cf. DE VRIES 93–96.
[535] THOMAS VON AQUIN, S. th. 1 q. 65 a. 4.
[536] ID., S. th. 1 q. 6 a. 4; In 2 Sent. d. 17 q. 1 a. 1 ad 6.
[537] Cf. n. 573.

4. DAS RELATIONALE STRUKTURPRINZIP IN DER PARALLELORDNUNG DER *TERMINI GENERALES* – FOKUSSIERUNG DER FRAGESTELLUNG

Der erste Angang einer essentiellen Explikation des Begriffsschemas hat gezeigt, dass Eckhart den Ansatz einer Transzendentalienmetaphysik auf die Ausarbeitung eines allen transzendentalen Ordnungen zugrunde liegenden durchgängigen Strukturschema fokussiert. Damit ist die essentielle Klärung keineswegs abgeschlossen, denn eine weitere Untersuchung der essentiellen Relevanz des Strukturschemas, seiner inneren Logik und seines ontologischen Status liegt nahe. Dieser widmet sich der folgende Untersuchungsabschnitt D.

Damit wird die Frage berührt, wie angesichts der festgestellten strukturellen Kongruenz der inhaltliche Unterschied der *termini generales* zu fassen ist, d. h. welcher ontologische Status ihm zukommt und worin die Notwendigkeit einer Unterscheidung der verschiedenen Gegensatzpaare liegt. Offensichtlich ist, dass diese Unterscheidung, d. h. die Nichtunivozität der *termini generales*, mit der menschlichen Betrachtungsweise zusammenhängt, indem sie unterschiedliche Aspekte des Strukturschemas hervorkehrt und deshalb nicht grundlegend essentieller Natur ist. Die Konvertibilität der Transzendentalien besagt jedoch nicht notwendig, dass das, was durch sie bezeichnet wird, in der Konstitution seiner Grundprinzipien identisch wäre, sondern sie kann genauso eine prinzipielle Verschiedenheit nahelegen, d. h. verschiedene Bedingungen, unter denen ein Seiendes gemäß des einen oder anderen *terminus generalis* entsprechend derer inneren Funktionsungleichheit zu bestimmen ist.[538] Eine durchgehende Klassifizierung verbunden mit einer festen Folgeordnung der Transzendentalien ist Eckhart ungeläufig, wenn es auch wiederholt der Fall ist, dass bestimmte Transzendentalien zur Exemplifizierung bevorzugt herangezogen werden, wie z. B. *esse* und *iustitia*. An verschiedenen Stellen des O.T. erläutert Eckhart einen relationalen Sachverhalt, indem er nicht bloß einen, sondern verschiedene *termini generales* aneinandergereiht heranzieht. Ausführungen über Sein und Nichtsein beispielsweise folgen unmittelbar Gedankengänge zu Einheit und Vielheit, die sich in ihrer Struktur entsprechen. Eckhart nutzt die Konvertibilität der Transzendentalien zur vielfältigen *demonstratio* eines Sachverhalts, der sich damit in erster Linie als struktureller Sachverhalt darstellt. Die verschiedenen inhaltlichen Ausfüllungen der Struktur werden von einer einzigen Wirklichkeit umfasst, die diese zwar übersteigt, mit inhaltlichen Begriffen jedoch nicht mehr zu fassen ist, sondern nur noch als Struktur.[539] Der differenzierten Sichtweise des Scotus steht bei Eckhart ein einheitliches Strukturschema gegenüber. Die inhaltlichen Grundlagen dieser Vereinheitlichung werden im O.T. in den Ausführungen über den Seinsbegriff erarbeitet, insbesondere im *prologus in opus propositionum*. Die Tendenz zeichnet sich dahingehend ab, dass das eckhartsche Denken auf eine ausgearbeitete strukturelle Differenzierung der Transzendentalien zugunsten einer strukturellen Parallelität der *termini*

---

[538] Cf. BREIL 67ff.

[539] WACKERNAGEL 100 spricht in diesem Zusammenhang von „structures répétitives qui, comme autant de facettes, reflètent l'unique réalité qui les englobe et les dépasse toutes."

generales als einheitliche Grundstruktur der Wirklichkeit verzichtet. Das Strukturschema ist der eigentliche Ausgangsgedanke im Ansatz der Metaphysik.

Die Untersuchungen bis hierher zeigen ferner, dass hinter der Konzeption der
termini generales bei Eckhart eine Auffassung steht, die von einer Beziehungs- und
Verhältnisstruktur der Wirklichkeit ausgeht, zu der das menschliche Erkenntnisvermögen in einem wesentlichen Zusammenhang steht. Aussagen über die Struktur des
Ganzen implizieren Aussagen über die Struktur des diese Struktur erkennenden
Subjekts. Metaphysik, so wird bereits bei der Betrachtung ihrer grammatischen und
inhaltlichen Grundprinzipien deutlich, vollzieht sich als vollständige Rückkehr (*reditio
completa*) des Geistes zu sich selbst. Diesen Zusammenhängen wendet sich die Untersuchung abschließend in Abschnitt E zu.

D. Die Entfaltung des relationalen Strukturprinzips

1. DIE EINHEIT DES SYSTEMS IN DER REIHUNG DER FRAGMENTE

Beobachtungen, die sich auf die strukturelle Eingliederung der einzelnen Begriffe und der durch sie bezeichneten Entitäten beziehen, finden sich in Bezug auf die Topik des Werkes wieder. Das Gesamtwerk besteht aus einer begrenzten Anzahl von Theoriestücken, die einander parallel gesetzt werden und sich strukturell entsprechen. Der *terminus generalis* als zentraler Begriff bezeichnet das von ihm bestimmte Theoriestück als solches. Die zentralen Begriffe stehen zwar für sich selbst, bezeichnen jedoch nicht bloß einen bestimmten Betrachtungsaspekt, sondern einen komplexeren relationalen Sachverhalt. Hinter der Reihung der einzelnen Theoriestücke besteht eine umfassende, in der Strukturparallelität gründende, essentielle Einheit. Die „Generalität" der *termini generales*, ihre innere Logik, der in diesem Abschnitt vertiefend nachgegangen wird, liegt in der ihnen eigenen Verbindung des Transzendenz- und Immanenzgedankens in Bezug auf jede beschreibbare kontingente Wirklichkeit.

Die Frage, inwieweit Eckhart mit der Reihung der *termini generales* ein metaphysisches System im Sinne einer geschlossenen Einheit vorlegt, setzt für ihre Beantwortung eine Klärung dessen voraus, was in diesem Zusammenhang unter einem „System" zu verstehen ist. Eine Grundbedingung dafür, dass von einem solchen gesprochen werden kann, ist, dass zwischen den einzelnen Thesen ein inhaltlicher und struktureller, d. h. denkmethodischer Zusammenhang besteht. Dieser Systembegriff ist weit genug, auch nach den folgenden Überlegungen, die eine offene Einheit herausstellen, von einem „metaphysischen System" bei Eckhart zu sprechen.[540] Letztlich wird die systematische Tendenz des eckhartschen Denkens schon durch den Stellenwert der Transzendentalienlehre als solcher deutlich, eine Tendenz, die auf diese Weise für die Scholastik allgemein gilt. Eine Transzendentalienlehre syste-

---

[540] Cf. zu dieser Problematik ALBERT, These 109f. (dieser weist v.a. auf die ablehnende Bewertung bei BERNHART 181 hin. Nach B. hat überhaupt kein Bedürfnis nach Systematik gehabt.

matisiert die Vielfalt der Wirklichkeit auf wenige zentrale Begriffe hin. Andererseits darf nicht aus dem Auge verloren werden, dass Eckhart mit seinem Werk sicherlich nicht die Vollständigkeit einer *Summa* angestrebt hat. Treffender ist es deshalb, mit FISCHER von „Systemfragmenten" bei Eckhart zu sprechen.[541]

Eckharts eigene Vorbemerkungen erwecken auf den ersten Blick den Eindruck, als sei die getroffene Auswahl der behandelten Gegenstände dem Zufall überlassen. Für das – nicht überlieferte – *opus quaestionum* bemerkt Eckhart:

> „Das zweite Werk nun, das der *quaestiones*, gliedert sich nach deren Gegenständen, die in der gleichen Reihenfolge wie in der Summa des ausgezeichneten Lehrers und verehrten Bruders Thomas von Aquin behandelt werden, aber nicht alle, sondern wie es sich aus der Gelegenheit beim Disputieren, Vorlesen und Besprechen ergab."[542]

Das Auswahlprinzip ist der scheinbar freie Lauf der Disputation im Schulbetrieb, wie er sich faktisch ergeben hat. Dies geschah in mündlicher Form. Die Verschriftlichung ist demnach als sekundär zu betrachten und wird eine ihr gemäße Form der Umarbeitung des Materials erfordert haben. Der Eindruck des Fragmentarischen wird dadurch gesteigert, dass die Gedankengänge des Kommentarwerks auf den ersten Blick zusammenhanglos nebeneinander stehen.

Und doch erkennt Eckhart in all dem eine gemeinsame Mitte. Der Bezug ist vom Leser mitzuvollziehen. Darauf weisen die weiteren Vorbemerkungen im *prologus generalis* hin, bei denen Eckhart die nichtakzidentelle Stellung der *termini generales*,[543] das Sein als Akt und Vollkommenheit und damit den unmittelbaren Existenzgrund und die Wirklichkeit von allem bezeichnend,[544] das nicht der Zeitlichkeit unterworfene Sein als erstes Objekt des *intellectus*[545] und das Verhältnis von Einheit und Verschiedenheit als in der Einheit wurzelnde Verschiedenheit[546] behandelt. Es handelt sich der Intention des Autors nach bei diesen einführenden Worten nicht um eine Vorwegnahme einzelner Überlegungen zur Metaphysik, die eigentlich Bestandteil

---

[541] Cf. FISCHER, Einführung 40–43.

[542] Prol. gen. in Op. trip. n.5 (LW I 151,2–6): „*Opus autem secundum, quaestionum scilicet, distinguitur secundum materiam quaestionum, de quibus agitur ordine quo ponuntur in Summa doctoris egregii venerabilis fratris Thomae de Aquino, quamvis non de omnibus sed paucis, prout se offerebat occasio disputandi, legendi et conferendi.*"

[543] S.o.S. 162.

[544] Prol. gen. in op. trip. n.8 (LW I 153,4–7): „*Propter quod esse omnium est immediate a causa prima et a causa universali omnium. Ab ipso igitur esse, et per ipsum et in ipso sunt omnia', ipsum non ab alio. Quod enim aliud est ab esse, non est, aut nihil est. Ipsum enim esse comparatur ad omnia sicut actus et perfectio et est ipsa actualitas omnium, etiam formarum.*"

[545] Prol. gen. in Op. trip. n.9 (LW I 154,1–6): „*Hinc est quod omnis res quamvis mobilis et transmutabilis de consideratione est metaphysici, inquantum ens, etiam ipsa materia, radix rerum corruptibilium. Et iterum: esse rerum omnium, inquantum esse, mensuratur aeternitate, nequaquam tempore. Intellectus enim, cuius obiectum est ens et in quo secundum Avicennam ens cadit primo omnium, ab hic et nunc abstrahit et per consequens a tempore.*" Der Hinweis auf AVICENNA bezieht sich auf Met. I c.2 (70vb 37–39).

[546] Prol. gen. in Op. trip. n.10 (155,3–5): „*Semper divisum inferius unum est et indivisum in superiori. Ex quo patet quod superius nullo modo dividitur in inferioribus, sed manens indivisum colligit et unit divisa in inferioribus.*"

des Thesenwerks sein müßten, denn dies widerspräche der erklärten Absicht Eckharts, sich kurz zu fassen,[547] sondern um hermeneutische Vorbemerkungen zum Gesamtverständnis des Werkes. WALDSCHÜTZ hat diese Ausführungen als „Korrektur des Denkens" im Sinne der Absetzung von einem sich der grundlegenden Struktur der Wirklichkeit nicht bewussten „Alltagsdenken" bezeichnet.[548] Die Hermeneutik – d. h. die Gebrauchsanweisung an den Leser, die ihm die Perspektive vorgibt, aus der heraus er das Werk zu lesen hat – ist aus diesen Gedanken zur Struktur der Wirklichkeit herauszufiltern. Der Leser hat zu berücksichtigen, dass die gesamte Wirklichkeit in einem Zusammenhang steht, dass hinter allem die eine Wirklichkeit als umfassende Relationsstruktur steht, in der das Einzelne als das, was es ist, existiert, und als deren Koordinaten die *termini generales* erscheinen. Diese Perspektive ist dem menschlichen *intellectus* von Grund auf eigen, nicht erst durch sekundäre Abstraktion, sondern gleichsam apriori.[549] Letztlich wird jede Betrachtung, will sie Betrachtung der Wirklichkeit sein, auf den Grund und Zusammenhang des Ganzen zurückstoßen, ihn nicht konstruieren, sondern in dem, was ihr Gegenstand ist, mit erkennen, weil sich die Vielheit, richtig betrachtet, immer schon als Einheit von Beziehungen darbietet. Dieser Zusammenhang ist nicht aus der Wirklichkeit des Einzelnen abzuleiten – genau das wäre der Fall, würden die Tranzendentalien als akzidentell gedacht – sondern umgekehrt. Nur aus dem Zusammenhang heraus und in seinen Relationen ist das Einzelne als das, was es ist, erkennbar. Fragment und System stehen bei Eckhart in einer Wechselbeziehung. Das Systemfragment hat insofern keinen wirklich „fragmentarischen" Charakter, als das Theorieganze bereits in ihm aufleuchtet, um seiner Verständlichkeit willen aber einer erklärenden Einordnung von der Einheit der grundlegenden Struktur her bedarf.

Eckhart kennt außerhalb der Systemfragmente keinen absoluten Ausgangspunkt, von dem aus Gedankengänge betreffend aller Themenbereiche seines Gesamtwerkes entwickelt werden könnten, auch wenn die exemplarische Verwendung des Seinsbegriffs innerhalb der Prologe zunächst einen anderen Eindruck hinterlässt. Zwischen der exemplarischen Anschaulichkeit und einem wirklichen sachlichen Vorrang besteht jedoch ein Unterschied. Das heißt nicht, dass Eckharts Lehre als ganze inkonsistent bzw. in sich grundlegenden Veränderungen unterworfen wäre, sondern dass aus einem bestimmten Blickwinkel je andere Aspekte und insbesondere relationale Zusammenhänge eines Sachverhaltes aufleuchten. Das hermeneutische Schlüsselwort[550] dazu ist bereits erwähnte *inquantum*, was sich mit „insofern" wiedergeben lässt: Unter einem bestimmten Aspekt, insofern eine Sache solchermaßen beschaffen ist und sich in dieser bestimmten Relation befindet, gilt eine bestimmte Behauptung. Die Wirklichkeit ist ein vielschichtiges Beziehungsgefüge, und Eckhart versucht dem Rechnung zu tragen, indem er seine Thesen jeweils im Blick auf ein bestimmtes Beziehungsgefüge formuliert. Damit wird keinem Relativismus gehuldigt, der die Erkenntnis einer Wirklkichkeit an sich grundweg ablehnte, wohl aber unterstellt, dass sich ein und dieselbe Wirklichkeit nie auf eine einzige Weise zeigt, sondern je

---

[547] Cf. Prol. gen. in Op. trip. n.7 (LW I 151,7–13–152,2).
[548] WALDSCHÜTZ, Denken 76.79.
[549] Cf. Abschnitt E.3 und E.4.
[550] Cf. RUH, Theologe 86.

nach Blickwinkel sich bestimmte Aspekte aufzeigen lassen, die aus einem anderen Blickwinkel heraus betrachtet einseitig und auch widersprüchlich erscheinen mögen. Fest steht, dass Eckhart nur bestimmte, nämlich die einfachsten und grundlegendsten Beziehungsgefüge der Wirklichkeit betrachtet, innerhalb derer sich ein Sachverhalt als das, was er ist, konstituiert. So erscheint der Partikel *in quantum* innerhalb der Formulierung *in quantum ens* bzw. *esse*[551] oder *iustus in quantum iustus.*[552] Die Auflistung der *termini generales* lässt sich vor diesem Hintergrund im Sinne einer perspektivengeleiteten Betrachtung der Wirklichkeit verstehen, die die Phänomene beschreibt, anhand derer sich die Wirklichkeit selbst zeigt.

In Hinblick der Vielseitigkeit der grundlegenden Phänomene, wie sie sich anhand der *termini generales* erfassen lässt, entwirft Eckhart keine – im phänomenologischen Sinne – „regionalen Ontologien". Eine Abgrenzung paralleler „Regionen" gegeneinander lässt sich im O.T. nicht beobachten. Dies gilt auch hinsichtlich der – ohnehin nicht durchgängigen – Unterscheidung der drei Bereiche *in naturalibus, in moralibus* und *in spiritualibus*. Das Schema der *termini generales* hat keinerlei Bezug zu dieser Unterscheidung, sondern beschreibt eine Struktur, die innerhalb jedes der drei Wirklichkeitsbereiche zu beobachten ist.

2. DAS ZENTRALFRAGMENT *ESSE EST DEUS* – DIE HERMENEUTISCHE RELEVANZ DES SYSTEMFRAGMENTS

Die Tatsache, dass Eckhart seine Metaphysik als ein offenes begriffliches System konzipiert, macht es schwer, diesen Ansatz innerhalb der Entwicklungslinien der Metaphysik im Mittelalter zu verorten. Auf die Bedeutung der boethianischen Traditionslinie wurde bereits hingewiesen.[553] Die für die Rezeption der Metaphysik des Aristoteles im Laufe des 13. Jh. als charakteristisch angenommene Entwicklung von einer theologischen hin zu einer ontologischen Deutung lässt sich bei Eckhart nicht ohne weiteres verzeichnen. [554] Gleiches gilt für die Wandlung des Verständnisses einer ersten Philosophie als Weisheit hin zu einer ersten Philosophie als Wissenschaft und einer zunehmenden Betrachtung des *Begriffs* des Seienden statt des Seienden als solchen. Das Ineinander verschiedener Theoriestücke bei Eckhart hinterlässt auf den ersten Blick den Eindruck einer Ungleichzeitigkeit. Eindeutig zu vermerken ist zwar eine Tendenz zur ontologischen Ordnung, doch ist nicht ohne weiteres zu entscheiden, ob eine Theorie des Seienden als solchen oder als des Ersterkannten entwickelt wird. Beides klingt an. Ausgangspunkt ist die Prädikation der Grundbegriffe, doch wäre es zu kurz gegriffen, bei Eckhart von einer Transzendentalwissenschaft, wie sie bei Scotus sich abzeichnet, zu sprechen. Eine Tendenz zur Selbstbegrenzung im Dienste einer wachsenden Selbstvergewisserung lässt sich ebenfalls auf den ersten

---

[551] Z.B. die erste Erwähnung im *prologus generalis*; cf. n. 545.
[552] Cf. n. 403.410.
[553] S.o.S.89.
[554] Zu den Grundlinien der Entwicklung des Metaphysikverständnisses cf. HONNEFELDER, Anfang 185f.

Blick nicht feststellen. Die Ausarbeitung eines Lehrstücks über die Transzendentalien bzw. der Gebrauch dieser Begrifflichkeit allein lassen nicht notwendig darauf schließen, dass ein Autor Metaphysik im engeren Sinne als Transzendentalwissenschaft konzipiert. HONNEFELDER weist darauf hin, dass die Entwicklung hin zur einer ontologisch-transzendentalen Deutung der Metaphysik nicht *per se* unproblematisch sei. Wie die ontologisch-theologische Deutung in der Gefahr der Überschwenglichkeit stehe, so die ontologisch-transzendentale bzw. universalsemantische unter dem Verdacht der Leere.[555] Da bei Eckhart bereits bei der Aufstellung der *termini generales* beide Tendenzen feststellbar sind, stellt sich die Frage, wie der eckhartsche Ansatz mit dieser doppelten Problematik umgeht, ob sie ihm überhaupt bewusst ist, ob er ihr letztlich in beiden Richtungen erliegt, oder gerade in seiner Spannung zu einem in sich tragfähigen Lösungsansatz gelangen kann.

Die Entwicklungslinie der metaphysischen Ansätze im Zuge des 13. Jh. lässt sich weiterhin nach den Gesichtspunkten „ganzheitstheoretisch" und „reihentheoretisch" differenzieren.[556] Diese Differenzierung zeichnet sich in den Entwürfen des Aristoteles ab und bestimmt die Rezeptionsgeschichte der Metaphysik in einem entscheidenden Maße. Unter einem ganzheitstheoretischen Entwurf ist ein Ansatz zu verstehen, der einen Begriff des Ganzen des Seienden – als des Seienden als Seienden – zu erfassen versucht und sich dabei insbesondere einer Sprach- und Prädikationsanalyse der Gesamtheit unserer Aussageweisen von Seiendem bedient. Dieser Ansatz berücksichtigt demnach vornehmlich transzendentalphilsosophische Motive. Der reihentheoretische Entwurf der Metaphysik nimmt seinen Ausgang bei einer „ersten Philosophie", die das dem Rang und Ursprung nach erste, das heißt göttliche Seiende zum Subjekt hat. An dieser Stelle fällt er also mit einem theologischen Entwurf zusammen. „Reihentheroetisch" heißt dieser Entwurf deshalb, weil von einer Rangordnung des Seienden ausgegangen und gemäß dieser Rangordnung die Betrachtungen differenziert werden. Diese Rangordnung ist zugleich eine Ordnung der Abhängigkeit, da sie von einem ersten Seienden ausgeht, das mit Gott gleichgesetzt den Ursprung alles anderen Seienden darstellt. Im Grunde ist mit der Betrachtung dieses ersten Seienden die wesentliche Arbeit einer so verstandenen Metaphysik geleistet, weil darin das Seiende im Ganzen bereits erfasst ist. Das erste Seiende ist transzendent, insofern es von Materialität und Prozessualität getrennt ist.

Die skizzierten reihentheoretischen Tendenzen finden wir bei Eckhart wieder, ohne dass wir deshalb seinen Ansatz uneingeschränkt als reihentheoretisch bezeichnen könnten. Eckhart formuliert: „Gott ist Sein" – *deus est esse*.[557] Es finden sich zwar

[555] HONNEFELDER, Anfang 186.

[556] Cf. HONNEFELDER, Gegenstands– und Weltbegriff 369; ID., Transzendent oder transzendental 273f.; ZIMMERMANN führt seine Untersuchung zum Gegenstand der Metaphysik anhand einer dreifachen Differenzierung durch, die sich an der Bedeutung des Gottesbegriffs für den Gesamtentwurf orientiert, womit Z. der Relevanz der theologischen Fragestellung für den Entwurf einer Metaphysik explizit Rechnung trägt: Gott als eines von mehreren Subjekten der Metaphysik – Gott als Ursache des Subjekts der Metaphysik – Gott als Teil des Subjekts der Metaphysik. Der reihentheoretische Ansatz wird also nochmals differenziert betrachtet. Scotus wird der dritten Gruppe zugeordnet; Eckhart ist kein Gegenstand der Untersuchung.

[557] Cf. u.a. Prol. in Op. trip. (LW I 171,6); ibid. n.14 (173,14).

auch verschiedene Qualifizierungen des Seinsbegriffs im Hinblick auf Gott – beispielsweise die Begriffsbildung „unendliches Sein"[558] – , doch ist der Seinsbegriff als solcher, ohne eine weitere Präzisierung, in erster Linie auf Gott als den Inbegriff des Seins anzuwenden. Dass in Gott Wesen und Sein identisch sind, dass Gott sein Sein ist, ist notwendig, um die Einfachheit Gottes zu denken und von daher unabdingbare Grundlage jeder Gotteslehre, die eine philosophische Auseinandersetzung mit ihrem Gegenstand anstrebt. Die so entwickelte Begrifflichkeit ist der Reflexion einer monotheistischen Gotteslehre von Grund auf angemessen, und so haben jüdische, christliche und islamische Denker immer wieder auf sie zurückgegriffen. Die Gleichsetzung Gottes mit dem einfachen Sein findet ihre biblische Fundierung in Ex 3,14, wobei für dieses Verständnis freilich die Überlieferungstradition der Septuaginta, nicht der hebräische Text ausschlaggebend ist. Streng genommen ist die Aussage „Gott ist Sein" keine metaphysische, sondern eine theologische Aussage, da sie keine Aussage über das Sein, sondern eine über Gott ist. Spricht man in diesem Zusammenhang von einer sogenannten Exodusmetaphysik,[559] so haben wir es eigentlich mit einer abgeleiteten Metaphysik zu tun. Eckhart geht einen anderen Weg.

Weitaus signifikanter für Eckhart und im Hinblick auf andere Autoren außergewöhnlich ist nun die Umkehrung des zitierten Satzes: „Das Sein ist Gott" – *esse est deus*. Diese Aussage leitet sich mit innerer Konsequenz aus dem Subjekt der Metaphysik, wie es von Eckhart begriffen wird, ab und stellt eine Extrapolation dessen dar, was für Eckhart in *esse* immer mitausgesagt wird. Die Formulierung findet sich nur in Eckharts lateinischen Werken und ist in dieser Form eckhartsches Eigengut.[560] Diese Beobachtung führt BEIERWALTES zu der Einschätzung, dass sich bei Eckhart die ontotheologische Grundfrage in ihrem Extrem entfalte. Der Gedanke des Zusammenhangs von Gott und Sein nehme bei ihm eine Ausprägung an, die von ihren philosophischen und theologischen Voraussetzungen her und auch mit Blick auf die weitere Entwicklung als die gewagteste überhaupt betrachtet werden könne.[561] Ohne

---

[558] In Ex. n.14 (LW II 20,9f.): „*Infinitum autem esse et immensum soli deo convenit.*" Es entspricht durchaus der eckhartschen Intention, *esse* hier substantivisch zu lesen, das heißt, das *infinitum* als Attribut aufzufassen und nicht umgekehrt *esse* als Verbform dem Subjekt *infinitum* unterzuordnen. Wir folgen mit dieser Überlegung Eckharts Ausführungen zur eigentlichen und uneigentlichen Prädikation der *termini generales*. Cf. o. S. 27.

[559] Cf. n.59.

[560] Cf. ALBERT, These 195. DENIFLE 436 hatte angenommen, das *esse est deus* eine für die Scholastik nicht ungewöhnliche Aussage sei. ALBERT 38 hält dem entgegen: „Die Eigenart von Eckharts Seinsthese liegt aber darin, dass sie keine Aussage über Gott macht, sondern eine Aussage über das Sein. Vom Sein wird gesagt, es sei Gott. Von einem derartigen Satz kann nicht mehr gelten, dass er ‚rein scholastisch' sei. Damit möchten wir noch keineswegs behauptet haben, dass er nur pantheistisch verstanden werden könne. Es geht hier nur um die Feststellung, die These ‚esse est deus' sei eine Eigenlehre Eckharts." Zum eckhartschen *esse est deus* cf. BRUNNER, Compatibilité 138ff.

[561] Cf. BEIERWALTES, Platonismus 38. F. BRUNNER widmet einer von ihm beobachteten Vorliebe Eckharts für Extrempositionen eine eigene Untersuchung: BRUNNER, goût; cf. IBID. 209: „En observant le langage de Maître Eckhart, on ne peut manquer d'être frappé par la fréquence du termes extrèmes tels que ‚tout' ou ‚rien', par le privilège dont jouissent les expressions superlatives et les renforcements, comme ‚si grand soit-il', ‚ni plus ni moins',

dieser Einschätzung grundlegend widersprechen zu wollen, halten wir es für ein angemessenes Verständnis notwendig, auf den Kontext des eckhartschen Satzes einzugehen.

Wir finden den Ausdruck zuerst im *Prologus generalis in Opus tripartitum* an der Stelle, an der Eckhart seine Vorgehensweise im Hinblick auf das Gesamtwerk anhand eines Beispiels erläutern möchte:

> „Die erste These lautet also: Das Sein ist Gott. Die erste Frage hinsichtlich der Gottheit: Ist Gott? Der erste Satz der Heiligen Schrift lautet: Im Anfang hat Gott Himmel und Erde geschaffen. Zuerst also wollen wir die Erklärung der These betrachten, zweitens daraus die Lösung der Frage, drittens aus ihnen heraus die Auslegung des angeführten Schriftwortes."[562]

Die These *esse est deus* ist – wenn man von einem konsistenten Zusammenhang des *Prologus generalis* ausgeht – in Bezug auf den *terminus generalis „esse et ens et eius oppositum, quod est nihil"* formuliert. Das heißt, dass das Subjekt der hier angestrebten Untersuchung das Sein ist. Betrachtet man nun die in Zusammenhang mit diesem Satz stehende *quaestio*, so stellt man fest, dass dies nicht mehr der Fall ist, da uns hier als Subjekt Gott begegnet. Die Frage nach der Existenz Gottes ist – so kann angenommen werden – der Ausgangspunkt für einen sogenannten Gottesbeweis. Die Beobachtung der Subjektverschiedenheit deckt sich nicht mit der von Eckhart angekündigten Einheit des Untersuchungszusammenhangs. Dieser ist jedoch von Eckhart angestrebt, denn die Passagen des *opus quaestionum* sollen in Bezug auf die entsprechenden Passagen des *opus propositionum* intertextual gelesen werden. Letzteres ist der Zugang zu ersterem. Dasselbe gilt auch für das Verhältnis von *opus expositionum* und *opus propositionum*. Folgender Abschnitt ist dem vorausgehend zitierten erklärend und einleitend im Text vorangestellt:

> „Es ist zu bemerken, „dass das zweite Werk und gleichfalls das dritte so von dem ersten Werk, nämlich dem der Thesen, abhängen, dass sie ohne es nur von geringem Nutzen sind, weil sich die Erklärungen der Fragen und die Auslegungen der Schriftworte meistens auf eine der Thesen gründen. Damit man das aber an einem Beispiel sieht und das Verfahren in dem gesamten dreiteiligen Werk vor Augen hat, werden wir einleitend die erste These, die erste Frage und die Auslegung des ersten Schriftwortes vorausschicken."[563]

---

par la présence instante des procédés syntaxiques provoquant l'union ou l'exclusion, la surenchère ou le retournement. En usant de ce langage extrême, le Maître rencontre sans cesse le paradoxe: au lieu de s'en alarmer, il le cultive, parce que le paradoxe est moins chez lui un procédé de rhétorique qu'un aspect nécessaire de la pensée."

[562] Cf. Prol. gen. in Op. trip. n.11 (LW I 156,11–14): „*Prima igitur propositio est: Esse est deus. Prima quaestio de divinitate: Utrum deus sit. Prima auctoritas sacri canonis est: In principio creavit deus caelum et terram. Primo igitur videamus propositionis declarationem, secundo ex ipsa quaestionis solutionem, tertio ex eadem auctoritatis praemissae expositionem.*"

[563] Prol. gen. in Op. trip. n.11 (LW I 156,4–10): „*[...]quod opus secundum, similiter et tertium sic dependent a primo opere, scilicet propositionum, quod sine ipso sunt parvae utilitatis, eo quod quaestionum declarationes et auctoritatum expositiones plerumque fundatur supra aliquam propositionum. Ut autem hoc*

Die Struktur der Wirklichkeit, wie sie das O.T. unterstellt, steht in einem direkten Zusammenhang mit der Struktur des Werkes als solchem. Da das *opus propositionum* von Eckhart wahrscheinlich nie vollendet worden ist, muss für alle Untersuchungen auf das umfangreiche Material des *opus expositionum* zurückgegriffen werden. Auch dort sind ausreichend philosophisch relevante Aussagen zu finden, wenn sie auch in einem anderen Zusammenhang als in einer philosophisch-systematischen Abhandlung stehen, wie es das *opus propositionum* auf der Grundlage der Transzendentalienlehre hätte werden sollen. Dass eine gewisse Vorsicht hinsichtlich der philosophischen Interpretation der Schrifterklärungen angebracht ist, wurde an dem behandelten Beispiel aus dem *prologus generalis* deutlich, wo der Zusammenhang des Schriftzitats mit dem philosophischen[564] Satz nicht unmittelbar aus ersterem ableitbar war. Eckhart stellt jedoch in den meisten Fällen im Schriftkommentar selbst die Bezüge zur philosophischen Fragestellung her. Der von ihm beabsichtigte Zusammenhang seines dreiteiligen Werkes verhindert eine Überinterpretation des Kommentarwerks, da dieses auch von sich her einen systematischen Anspruch erhebt, der in seiner Struktur nachvollziehbar ist.[565] Das Prinzip der Intertextualität, wie es im Abschnitt 11 des *prologus generalis* dargelegt worden ist[566] und das Eckhart mit Maimonides teilt[567], dass sich Gedanken aus verschiedenen Zusammenhängen gegenseitig zu erläutern vermögen, was innerhalb des *opus expositionum* auch für die Auslegungen der einzelnen Schriftverse untereinander gilt, findet seine inhaltliche Grundlage und Rechtfertigung in der relationalen und strukturalen Fundierung der Transzendentalien. Das hermeneutische Prinzip ist Bestandteil des Inhalts. Inhalt und Methode stehen in einer Wechselbeziehung,[568] wobei aufgrund der langen Entstehungsgeschichte des O.T. hier mit Inkonsistenzen gerechnet werden kann.[569] Dass im Einzelfall Beobachtungen gegen das skizzierte hermeneutische Prinzip verstoßen, liegt vornehmlich an letzterem.

Das eckhartsche Prinzip der Intertextualität, das die jeweilige grammatische Eigenart der drei Teile des O.T. in ein unmittelbares Verhältnis setzt und als drei einander bedingende Aussageweisen begreift, beschreitet wissenschafttheoretisch kein völliges Neuland. EUKLID unterscheidet zwischen den wissenschaftlichen Aussageformen der Aufgaben (*problemata*) und Lehrsätze (*theoremata*). Eckhart ordnet in der Einteilung seines Werkes die *theoremata* den *problemata* vor, da er der *propositio* den eigentlichen heuristischen Wert zuspricht und die *quaestio* bei ihm nur eine abgeleite-

---

exemplariter videatur et habeatur modus procedendi in totali opere tripartito, prooeminaliter praemittemus primam praepositionem, primam quaestionem et primae auctoritatis expositionem."

564 „Philosophisch" ist hier und im Folgenden im Sinne von philosophisch-theologisch, das heißt im Sinne der von Eckhart intendierten Einheitswissenschaft zu verstehen. Ist eine andere Semantik angestrebt, so wird darauf eingegangen.

565 Cf. GORIS, Entwurf 384.

566 Cf. n. 562f.

567 Cf. DE LIBERA, philosophie médiévale 215.

568 Cf. GORIS, Prout iudicaverit 269f.: GORIS sieht eine Entsprechung zwischen der Begründung der Vielheit der Auslegungen in der sinngemäßen Einheit des Bibelspruchs und der Rückführung der Vielheit der Bibelsprüche auf die Einheit der Schrift. Davon ausgehend ist die Bibel entsprechend der Schöpfung eine einheitliche Selbstaussage Gottes.

569 Cf. o. S.11.

te, den Gegenstand der Betrachtung bloß vertiefende, jedoch nicht aufdeckende Bedeutung hat. Die ebenfalls seit Euklid geläufige Unterscheidung von drei Satz-gruppen wissenschaftlicher Argumentation – Definitionen, Postulate und Axiome – greift Eckhart nicht auf, sondern fokussiert den Blick auf die sprachliche Form der Aussage als solcher, der dadurch, dass sie einen *terminus generalis* als wesentlichen Bestandteil hat, ein grundsätzlicher und damit die Aspekte der Definition, des Postu-lats und des Axioms integrierender Charakter zukommt.[570]

Mit der Aufdeckung des Prinzips der Intertextualität wird deutlich, dass wir es im Falle des O.T. nicht mit einer Axiomatik im strengen Sinne zu tun haben. Eckhart gründet zwar die Inhalte seines theologischen Entwurfs auf erste, nicht hintergehba-re Sätze. Es kommt jedoch zu keiner konsequenten Inanspruchnahme einer syntheti-schen Methode für den Gesamtentwurf, so dass sich ein Theorem konsequent aus einem anderen ableiten ließe. Die Zuordnung der *propositiones* zueinander ergibt kein apodeiktisches Ableitungsverhältnis. Das *esse est deus*, das vor diesem Hintergrund die Rolle eines Zentralfragments einnimmt, dient nicht der Herleitung anderer Grund-aussagen, wohl aber exemplifiziert es das Strukturschema, das für jede Aussage dieser Art Geltung hat. Möchte man im Hinblick auf Eckhart von einer Axiomatik sprechen, dann in dem Sinne, dass Eckhart ein durch Parallelität gekennzeichnetes Strukturschema entwirft, innerhalb dessen Aussagen über die Wirklichkeit möglich sind. Anhand des Zentralfragments *esse est deus* wird Eckharts Wille zur Systematisie-rung eindrucksvoll deutlich. Dieser einzelne Satz hat ein explikatives Potenzial, dem universelle Bedeutung zukommt. Anhand seiner lässt sich die Struktur der gesamten Wirklichkeit erläutern.[571]

Die Frage nach dem Maß rationaler Durchdringung theoretischen und prakti-schen Wissens, mit anderen Worten die Frage nach der Wissenschaftlichkeit philo-sophischer und theologischer Reflexion lässt sich im Blick auf Eckhart dahingehend beantworten, dass Eckhart zwar keine expliziten wissenschaftstheoretischen Reflexi-onen anstellt – sich hierin gerade von Duns Scotus unterscheidet –, sich aber bewusst ist, dass Wissenschaft primär einen Aussagecharakter hat. Freilich steht der ganze Ansatz von der zentralen Aussage *esse est deus* her unter dem Gottesgedanken, das heißt, dass für Eckhart eine angemessene Aussage über die Wirklichkeit nur im Hinblick auf Gott bzw. auf das Verhältnis aller Dinge zu Gott möglich ist. Indem Eckhart die Aussage *esse est deus* dem *deus est esse* vorzieht, macht er jedoch deutlich, dass damit kein „Gottesgesichtspunkt" beansprucht, sondern lediglich festgestellt wird, dass eine angemessene Rede vom Sein als solchen nur möglich und sinnvoll ist, wenn man es mit Gott gleichsetzt.[572] Eckhart gelangt nicht vom Sein unmittelbar zu Gott, wohl aber vom Seins- zum Gottesbegriff, und dies aus einer inneren Notwen-digkeit des Begriffs heraus. Der Gottesbegriff erst lässt den Seinsbegriff in seiner inhaltlichen Fülle begreifbar werden:

---

[570] Zu Euklid cf. DREYER, Nikolaus 15f.
[571] Cf. BRUNNER, Foi 199.
[572] Zu der Frage, ob es überhaupt eine Metaphysik vom Gottesgesichtspunkt aus gegeben hat und ob nicht vielmehr die Kritik an einer solchen Möglichkeit wie an der ihres Ersatzes durch Skepsis erst zu den Entwürfen der Metaphysik geführt hat, cf. HONNEFELDER, Reali-tät 418ff.

„Das Sein ist Gott. Diese Aussage zeigt sich erstens darin: Wenn das Sein etwas anderes ist als Gott, so ist Gott entweder nicht oder er ist nicht Gott. Denn wie ist das oder irgend etwas, von dem das Sein verschieden, fremd oder unterschieden ist?"[573]

In diesen Ausführungen steht zunächst der Gottesbegriff im Mittelpunkt der Betrachtung. Wenn bestimmte Sachverhalte nicht vorliegen, dann ist Gott nicht Gott, d. h. dann besteht das, was die *ratio* dieses Begriffs besagt, nicht (*nec deus est*). Gottes- und Seinsbegriff zueinander in Bezug gesetzt ergeben einen Begriffsinhalt, bei dem der quidditative Aspekt mit der Existenzaussage zusammenfällt. Dies geschieht mit der von Eckhart suggerierten gedanklichen Umkehrung der Aussage *deus nec est nec deus est*. Da diese Aussage so in sich widersprüchlich ist, gilt das Gegenteil. Im weiteren Verlauf der Argumentation werden verschiedene Implikationen des Seinsbegriffs untersucht: Das Sein als durchgehender Subsistenzgrund der gesamten Wirklichkeit, das Sein als Ursprung der Wirklichkeit im Sinne einer Erstursache, das Sein als unmittelbare Formursache des Seinkönnens sowie das Sein in seinem Unterschied zum Nichts.[574] Dass die quidditative Potentialität der Begriffe im Zentrum des Interesses steht, d. h. das, was aus dem sachlichen Gehalt der Begriffe als möglich zu denken ist, wird in einer Passage der Argumentation besonders anschaulich, wenn Eckhart feststellt, dass das Sein für alles Denkbare der Grund ist, *quod sit sive quod est.* Nicht bloß die Aktualität im Sinne der faktischen Realisierung (*quod est*), sondern – ausgedrückt im Konjunktiv – das, was möglich ist, d. h. was als potentiell von seinem Begriffsgehalt in ihm angelegt zu denken ist, wird mit dem Seinsbegriff impliziert.

Der oben angeführten Einschätzung von Beierwaltes, Eckhart entfalte die ontotheologische Grundfrage in ihrem Extrem, möchten wir kommentierend hinzufügen, dass Eckhart „lediglich" in seinem Verständnis des Seinsbegriffs aus diesem die extremsten Folgerungen im Sinne eines Inbegriffs des Seins zieht. Der Eckhartsche Ansatz ist vorsichtig in seinen Prämissen, indem er nicht die unmittelbare Erkenntnis eines Sachverhalts postuliert, also nicht von einer unmittelbaren Gotteserkenntnis ausgeht, sondern von der inneren *ratio*, d.h. der washeitlichen Dimension der vorge-

---

[573] Prol. gen. in Op. trip. n.12 (LW I 156,15–157,1): „*Esse est deus. Patet haec propositio primo, quia si esse est aliud ab ipso deo, deus nec est nec deus est. Quomodo enim est aut aliquid est, a quo esse aliud, alienum et distinctum est?*" Zur Übersetzung des zweiten Satzes (*quomodo...*) ist anzumerken, dass das *est*, entgegen der hier verwandten Übersetzung, auch auf *deus* im vorhergehenden Satz bezogen werden kann. ALBERT, These 39 weist darauf hin, schließt sich aber, wie auch wir, der von WEISS in der kritischen Edition verwandten Übersetzung an, die den Relativsatz zum Subjekt macht.

[574] Prol. gen. in Op. trip. n.12 (LW I 157,5–158,3): „*Praeterea: omne quod est per esse et ab esse habet, quod sit sive quod est. Igitur si esse sit aliud a deo, res ab alio habet esse quam a deo.*
Praeterea: ante esse est nihil. Propter quod conferens esse creat et creator est. Creare quippe est dare esse ex nihilo. Constat autem quod omnia habent esse ab ipso esse, sicut omnia sunt alba ab albedine. Igitur si esse est aliud a deo, creator erit aliud quam deus.
Rursus quarto: omne habens esse est, quocumque alio circumscripto, sicut habens albedinem album est. Igitur si esse est aliud quam deus, res poterunt esse sine deo; et sic deus non est prima causa, sed nec causa rebus quod sint.
Amplius quinto: extra esse et ante esse solum est nihil. Igitur si esse sit aliud quam deus et alienum deo, deus esset nihil aut, ut prius, esset ab alio a se et a priori se. Et istud esset ipsi deo deus et omnium deus."

fundenen Begriffe her argumentiert. Erst von daher muss er aus innerer Konsequenz den Gottesbegriff zu seinem Zentralbegriff machen. Dabei bleibt Eckhart aber in der Linie Heinrichs von Gent , indem auch er den Gottesbegriff zum Gewissheitskriterium der Erkenntnis überhaupt macht, geht aber darüber hinaus, indem er ihn in der Thematisierung des Zusammenhangs von *deus* und *esse* diskursiv erläutert .

In diesen Tendenzen einen Fortschritt in der Philosophie zu sehen, sei freigestellt. Eckhart stellt keine wissenschaftstheoretischen Überlegungen hinsichtlich der Durchführung von Metaphysik und Theologie und damit verbunden hinsichtlich der Erkennbarkeit Gottes an. Der Gottesbegriff wird wie bei Heinrich unvermittelt als notwendiger Bestandteil, ja Ausgangspunkt des metaphysischen Entwurfs eingebracht, da ohne ihn die gesamte Begrifflichkeit sinnlos, da aus der inneren Logik des eckhartschen Ansatzes nicht konsequent zu Ende geführt wäre. Eine Sensibilität für die innere Relevanz der verwandten Begriffe und eine strenge innere Konsequenz im Blick auf ihrer Verwendung ist bei Eckhart in jedem Fall unübersehbar. Eine Verfeinerung des Methodenbewusstseins – damit positioniert sich der Entwurf Eckharts innerhalb der Tendenzen des ausgehenden 13. Jh. – liegt darin, dass die begriffsimmanente Bedeutungsdimension (die *ratio*) im Mittelpunkt der Betrachtung steht und von daher die Frage nach einer angemessenen Verwendung der Begriffe gestellt wird, wenn sich die Fragestellung auch nicht bis dahin erstreckt, woher wir überhaupt zu den Begriffen gelangen. Was die Herkunft der Begriffe angeht, greift Eckhart schlichtweg auf das zurück, was die Tradition und damit der wissenschaftliche Diskurs vorgeben.[575]

Wir werden uns, um das Zentralfragment *esse est deus* vom inneren Zusammenhang der drei Aussageweisen des O.T. (*propositio*, *quaestio* und *expositio*) her zu begreifen, auf die grundlegende Form der *propositio* konzentrieren. Die beiden anderen Aussagen haben im Hinblick auf diese abgeleiteten Charakter. Dem Subjekt der *propositio* wird als Prädikat Gott zugeordnet. Dieses Prädikat ist wiederum das Subjekt der *quaestio* und auch des im Blick darauf aufgegriffenen Bibelzitats. Die Bibelzitate erscheinen in diesem Zusammenhang nicht im Hinblick auf die biblische Textfolge ausgewählt, sondern auf ihren Aussagegehalt hinsichtlich der zuerst aufgestellten *propositiones*, die wiederum der Ordnung der *termini generales* folgen. Dass Eckhart das *opus expositionum* faktisch entsprechend des biblischen Textverlaufs aufbaut, steht dazu nicht im Widerspruch, denn der Kommentar ist weniger fortlaufend, sondern als Aneinanderreihung von Einzeluntersuchungen aufzufassen, die entsprechend der *propositio* heranzuziehen sind. Hier begegnet das Prinzip der Intertextualität am offenkundigsten. Die *propositio esse est deus* ist eine Aussage über das Sein. Der Seinsbegriff ist im Zuge der Untersuchung der Ausgangspunkt. Im Hinblick auf diese Seinsaussage müssen dann die *quaestio* „Ist Gott" und auch das Bibelzitat „Im Anfang schuf Gott Himmel und Erde" als Seinsaussagen in erster Linie ontologisch und erst in zweiter Linie theologisch verstanden werden. Der christliche Schöpfungsgedanke ist für Eckhart nur in Zusammenhang mit dem *esse est deus* zu begreifen. Dennoch

---

[575] Zur axiomatischen Methode im Allgemeinen und zur Entwicklung eines wissenschaftstheoretischen Bewusstseins im Verlaufe des 12. Und 13. Jh. cf. DREYER, Nikolaus 1ff.; 38f.; ID., More mathematicorum 106–224.

darf nicht übersehen werden, dass die volle Bedeutung der ersten *propositio* erst anhand der ersten *expositio* zu erkennen ist.[576]

Dass sich die Ontologie hier in Form einer Ontotheologie gestaltet, ist nicht als eine Einschränkung, sondern als eine Ausweitung der ontologischen Perspektive, gleichsam als ihre konsequente Vollendung, zugleich aber auch als radikale Kritik einer vereinfachenden Ontotheologie zu verstehen.[577] Das kritische Potential liegt darin begründet, dass ein von Gott her gedachter Seinsbegriff von vornherein zu vermeiden versucht, kontingent bestimmte Seinsvorstellungen auf diesen und damit auf den Gottesbegriff zu übertragen. Letztere Denkrichtung – der Eckharts diametral gegenläufig – verstehen wir hier unter einer „vereinfachenden Ontotheologie". Der Inbegriff des Seins wird aus seiner inneren Konsequenz im Bereich der Transzendenz verortet. Dadurch kann er sich nicht mehr mit der empirisch begründeten Alltagsbegrifflichkeit decken. Eine Brücke zu diesem Bereich scheint Eckhart auch gar nicht schlagen zu wollen. Zwischen Gott und der ontologischen Ordnung der kontingenten Welt besteht zunächst eine unüberbrückbare Distanz. Vor dem Hintergrund dieser radikalen Transzendenz ist die Formulierung *esse est deus* konsequenter als die gängige Umkehrung *deus est esse*. Sein im eigentlichen Sinne ist nur Gott, und nur auf Gott ist der Begriff anwendbar. Der Inbegriff steht für die angemessenste Verwendung des Begriffs. Eckhart denkt Gott gleichsam das Wirklichkeitsmonopol zu.[578] Die erste Formulierung drückt diese Exklusivität unmissverständlicher aus als die zweite.[579]

Eckhart schließt in einer zweiten Denkbewegung eine mögliche Verschiedenheit von Gott und Sein von vornherein aus – gelangt also nicht allein vom Inbegriff des Seins- zum Gottesbegriff – und erhellt dies durch eine indirekte Beweisführung, indem er nachzuweisen versucht, dass das Gegenteil seiner These undenkbar sei. Wir zitieren dazu nochmals den Abschnitt aus dem *prologus generalis*:

> „Wenn das Sein etwas anderes ist als Gott, so ist Gott entweder nicht oder er ist nicht Gott. Denn wie ist das oder irgend etwas, von dem das Sein verschieden, fremd oder unterschieden ist?"[580]

Es blieben zwei Denkmöglichkeiten, wollte man Gott nicht mit dem Sein gleichsetzen: Die Existenz Gottes müßte grundsätzlich bestritten werden oder Gott wäre nicht das, was unter dem Begriff Gott verstanden wird, nämlich absolute Ursprunghaftigkeit seiner selbst, weil er seine Existenz etwas anderem, eben einem anderen

---

[576] DE LIBERA/ZUM BRUNN, Métaphysique 129.

[577] HART 201 spricht von einer „critique méontologique" an der ontotheologischen Tradition.

[578] Den Ausdruck „monopole divin de la réalité" prägt BRUNNER, goût 212.

[579] Cf. HART 204; 200f; ZUM BRUNN homme 280.

    J. LOHMANN ist der Ansicht, dass die Problematik der Aussage einer radikalen Transzendenz mittels des Seinsbegriffs erst mit der Adaption der griechischen Terminologie durch die Araber aufgrund der diesbezüglichen Aussagen des Koran über die Nichtbeschreibbarkeit der göttlichen Wesens auftrat (Cf. LOHMANN 123).

[580] Prol gen. in Op. trip. n.12 (LW I 156,15–157,1): „[...]si esse est aliud ab ipso deo, deus nec est nec deus est. Quomodo enim est aut aliquid est, a quo esse aliud, alienum et distinctum est?" Cf. die Bemerkung in n.573.

Seinsursprung, verdankte. Die erste Annahme, eine grundsätzliche Leugnung Gottes oder des Göttlichen, kommt für Eckharts nicht in Frage. Die zweite Annahme erweist sich vom Gottesbegriff her als in sich absurd.[581]

Voraussetzung dieses Gedankengangs ist, dass man davon ausgeht, mit dem Seinsbegriff den grundlegenden Zusammenhalt der Wirklichkeit zu erfassen. Eckhart folgt im O.T. dieser auf Parmenides zurückgehenden Ansicht und damit der breiten Strömung metaphysischer Ansätze überhaupt, entwickelt jedoch in den Pariser Quaestionen einen Ansatz, der Gott und damit den Grund der Wirklichkeit vom *intelligere* her begreift.[582] In diesen Abhandlungen versteht Eckhart das Sein als das konkrete Sein der Dinge, wie es ihren Formen inhärent ist. Von der Radikalität seines Denkens der Transzendenz Gottes her kann er einen solchen Seinsbegriff auf Gott nicht anwenden. In dieser Überlegung ist eine Kritik der bisherigen ontotheologischen Überlieferung enthalten. Insgesamt betrachtet haben wir es im Gesamtwerk Eckharts mit der Dialektik zweier Seinsperspektiven[583] zu tun: Wenn Gott Sein ist, dann sind die Geschöpfe in sich nichts, oder aber wenn die Geschöpfe im Sein stehen, dann ist Gott Nichtsein.[584] Auf die Bedeutung des geistmetaphysischen Ansatzes und die Frage seiner Abgrenzung gegenüber dem seinsmetaphysischen Ansatz sowie den Zusammenhang beider Perspektiven, die sich letztlich doch nicht gegenseitig ausschließen, wird am Schluss dieser Abhandlung näher eingegangen.[585]

Die Ausweitung der ontologischen Struktur vom die Transzendenz Gottes bezeichnenden Seinsbegriff auf ein System transzendentaler Begriffe und Zusammenhänge stellt keine derartige Abweichung vom parmenidischen Schema dar, da die Grundstruktur anhand des Seinsbegriffs entwickelt und die übrigen Begriffe diesem parallel- an keiner Stelle aber übergeordnet sind. Das Schema des O.T. stellt die Ausfaltung einer Seinsstruktur dar.

Vor dem Hintergrund dieser Überlegungen lässt sich der eckhartsche Ansatz schwerlich als reihentheoretisch klassifizieren, und trotzdem ist das ontotheologische Element bestimmend. Da der Seinsbegriff konsequent und exklusiv auf Gott angewandt wird, kann hier nicht von der Betrachtung eines ersten und ausgezeichneten Seienden und von daher im Hinblick auf das *esse est deus* von einer Seinsbetrachtung „vom Ersten her" die Rede sein, sondern von der Betrachtung des Seins im Allgemeinen und als solchem. Beides fällt bei Eckhart ineinander. Was auf den ersten Blick als reihentheoretischer Ansatz von einem ausgezeichneten Seienden her erscheint, zeigt sich faktisch als ein ganzheitstheoretischer Ansatz, der als Onto-

---

[581] Cf. ALBERT S.38.

[582] Grundlegende Studien zu diesem Thema: IMBACH, Deus 144–200; SCHÜßLER; WÉBER, ontothéologisme; ZUM BRUNN, Dieu; zuletzt GROTZ; weitere Literatur cf. HART 199 n.46.

[583] Cf. HART p.201.

[584] L. STURLESE hat überzeugend dargelegt, dass aufgrund der Frühdatierung der Konzeption des O.T. um 1305 in eine der Erfurter Perioden Eckharts vor der Abfassung der Pariser Quästionen nicht mehr von einer inhaltlichen Unterscheidung (*esse* vs. *intellectus*) eines Früh- von einem Spätwerk die Rede sein kann, sondern der Ansatz des O.T. vor und nach der Abfassung der Q.P. verfolgt wurde. (Cf. STURLESE 445f.). Dies bestätigen auch unsere Beobachtungen zum Ineinander des seins- und des geistmetaphysischen Ansatzes und ihrer struturellen Identität im O.T. (cf. Abschnitt E).

[585] S.u. Abschnitt E.2.

Theologie vom Inbegriff des Seins her durchgeführt wird. Die eckhartsche Reflexion nimmt ihren Ausgangspunkt unmittelbar mit der Frage nach dem Sinn des Seins, die mittels dessen Gleichsetzung mit Gott beantwortet ist. Eine Gewinnung des Seinsbegriffs außerhalb bzw. im Vorlauf dieser Sinnfrage ist für Eckhart nicht machbar. Damit fasst er in einem Schritt zusammen, was Duns Scotus in zwei unabhängigen Schritten angeht. Für diesen ist eine Klärung der Sinnfrage erst abschließend – wenn auch systematisch notwendig – nach der formalen Begriffsgewinnung möglich.[586] Innerhalb des Eckhartschen Ansatzes ist genau diese Trennung zwischen dem formalen Aspekt und der begrifflichen Fülle anhand des Inbegriffs nicht möglich und notwendig. Von einer „Reihung" innerhalb des eckhartschen Ansatzes kann nur insofern die Rede sein, als alle übrige Rede von Seiendem – für Eckhart vom *esse hoc aut hoc* – sich von der Betrachtung des ersten Seienden ableitet. Dabei handelt es sich jedoch nicht um die Behauptung weiterer, „abgeminderter" Subsistenzweisen des Seins, sondern – fassbar im Gedanken der substantiellen Relationalität – um eine unmittelbar auf den Inbegriff hin getätigte und in diesem Sinne epistemologisch unmittelbar an ihn anschließende und sich von ihm ableitende Seinsaussage. Das reihentheoretische Element geht im ganzheitstheoretischen auf. Eine strenge Differenzierung in reihen- und ganzheitstheoretisch trifft den eckhartschen Ansatz somit nicht, da Eckhart zwar eine formale Ontologie entwickelt, innerhalb dieser das Göttliche jedoch nicht ein Sonderfall, sondern – gleichsam als Generalprämisse – der Inbegriff des Gegenstandes ist und ein angemessenes Verständnis des Systemfragments *esse est deus* damit den hermeneutischen Schlüssel für den Gesamtansatz liefert.[587]

3. DIE BEGRÜNDUNG DER RELATIONALITÄT IN DER UNTERSCHEIDUNG ZWISCHEN SEIN UND SEINSMODUS – ANALOGIE ALS INTENTIONALE BEZIEHUNGSWIRKLICHKEIT

Die Spannung, in der der eckhartsche Ansatz reihen- und ganzheitstheoretische Elemente verbindet, lässt sich an seinem Analogieverständnis weiter veranschaulichen. Bei Eckhart ist explizit vergleichsweise wenig von „Analogie" die Rede.[588] Der Problematik, mit der sich der Gedanke einer *analogia entis* befasst, der Trennung und Verbindung von Schöpfer und Geschöpf, war sich er sich jedoch vollauf bewusst. So ist zwar nicht ausdrücklich, aber der Sache nach der Analogiegedanke ein Grund-

---

[586] Cf. HONNEFELDER, Anfang 181.
[587] Cf. SCHÖNBERGER, Nominalismus und Mystik 419.
Hinsichtlich der Differenzierung ZIMMERMANNs (cf. n.556) ebenfalls, dass sich im eckhartschen Ansatz Elemente der Lösung „Gott als Teil des Subjekts der Metaphysik" und solchen der Richtung „Gott als Ursache des Subjekts der Metaphysik" aufweisen lassen, da das durchgängige Subjekt des Ansatzes aus der in Gott begründeten Relationaliätsstruktur der Wirklichkeit auf Gott hin besteht. Dieser umfassende Gedanke schließt Elemente des dritten Ansatzes – „Gott als eines von mehreren Subjekten der Metaphysik" – kategorisch aus.
[588] Eines der wenigen Beispiele werden wir aufgreifen (s.u.S. 207).

moment des Eckhartschen Denkens und implizit in der für Eckhart eigenen Ausprägung durchgehend gegenwärtig.[589]

Eckhart bringt den Gedanken einer *analogia* – ohne den Begriff explizit zu verwenden – im ersten Genesiskommentar in seiner Auslegung zu Gen 1,31 „*Viditque deus cuncta quae fecerat, et erant valde bona*" („Und Gott sah alles an, was er gemacht hatte, und es war sehr gut") im Zusammenhang mit dem Begriff des Guten, der bei ihm mit dem Seinsbegriff konvertibel ist, so dass den an dieser Stelle angestellten Überlegungen eine allgemeingültige Aussagekraft im Hinblick auf den Seinsbegriff und das gesamte Schema der *termini generales* zukommt:

> „Das Einzelne war zwar gut, aber alles zusammen war das Beste. Gott nämlich, weil er ja der Beste ist, kommt es zu, das Beste herbeizuführen. Wenn man es recht betrachtet, kann man sagen, dass jedes Einzelne, was Gott gemacht hat oder macht, das Beste ist. [...] Die Gutheit und ihr Wesensgehalt liegt ausschließlich und gänzlich im Ziel und ist mit ihm identisch, so dass sie vertauschbar sind. Deswegen ist und heißt Gott, das Ziel aller Dinge, allein gut. Alle Gutheit also, die irgendein dem Ziel untergeordnetes Seiendes an sich hat, empfängt es vom Ziel, wie Speise, Medizin, Urin überhaupt nicht mehr Gesundheit der Form nach in sich haben als ein Stein oder Holz, sondern von der einen Gesundheit selbst her, die in den Sinnenwesen der Form nach ist, gesund genannt werden, entsprechend der Natur des analogen Verhältnisses, in dem alle derartigen transzendentalen Bestimmungen wie seiend, eines, wahr und gut zu den Geschöpfen stehen."[590]

An dieser Stelle bezieht sich Eckhart auf das klassische Beispiel des Aristoteles, das bei der Rezeption und Weiterentwicklung des Analogiegedankens im lateinischen Mittelalter eine entscheidende Rolle spielte und unter anderem auch von Thomas aufgegriffen wurde.[591] Dem Beispiel liegt folgender Gedankengang zugrunde: Alles, was auf irgendeine Art und Weise „gesund" genannt wird, hat den Charakter der Gesundheit nicht aus sich selbst, sondern wird analog zu einer Gesundheit als solcher so genannt, das heißt entsprechend dem Zustand der Gesundheit, in dem sich ein Lebewesen befindet. Der eine Sachverhalt Gesundheit kann nach Aristoteles auf vielfältige Weise ausgesagt werden, weil er auf vielfältige Weise verwirklicht angetroffen werden kann. Eckhart deutet das zitierte Beispiel so, dass es eine Ge-

---

[589] Cf. KOCH, Analogielehre 369; Neben diesem Werk cf. zur Analogielehre Eckharts auch BRUNNER, Analogie; SCHÜRMANN 176–180.185–192.317–350.

[590] In Gen. I n.128 (LW I 282,6–283,6): „[...] *singula quidem erant bona, sed omnia simul, [cuncta scilicet], erant optima, [quod significat li valde bona]. Dei enim, utpote optimi, est optimum adducere. Sed si bene consideretur, potest dici quod singulum eorum, quae fecit aut quae facit deus est optimum. [...] bonitas et eius ratio totaliter et tota consistit in fine solo et est idem cum fine ipso convertibiliter. Propter quod deus, utpote finis omnium, est et [...] solus bonus. Ex fine ergo accipit bonitatem omnem quam habet ens quodlibet citra finem, sicut dieta, medicina, urina nihil prorsus habent sanitatis in se formaliter plus quam lapis vel lignum, sed ab ipsa sola sanitate, quae in animali est formaliter, dicuntur sana secundum naturam analogiae, qua omnia huiusmodi transcendentia se habent ad creaturas, puta ens, unum, verum, bonum.*"

[591] Cf. ARISTOTELES, Met. IV 2, 1003 a 34; THOMAS VON AQUIN, In Met. IV 1, n. 537. Die in den folgenden Zeilen wiederholt durchgeführte Kontrastierung der eckhartschen Analogielehre mit der des Thomas dient allein der Schärfung der Konturen des Propriums des eckhartschen Ansatzes.

sundheit als solche gibt, von der alle anderen Dinge, die als gesund bezeichnet werden, ihr „Gesundsein" empfangen. Eckhart versteht den Aussagezusammenhang als ontologischen Zusammenhang, wie ja auch seine Überlegungen zu den zwei Weisen der Prädikation ontologischen Charakter haben.[592] Von der eigentlichen – in sich bestehenden – Gesundheit leiten sich alle Weisen des Gesundseins ab und können nur im Hinblick auf sie als solche verstanden werden. Gleiches gilt für die *transcendentia*, wie die *termini generales ens, unum, verum* und *bonum* hier bezeichnet werden. Der Analogie liegt nicht bloß eine gemeinsame Prädikation zugrunde, sondern ein Sachverhalt, auf den die Prädikation als solche gänzlich zutrifft, das heißt, der ihren Gehalt gänzlich verwirklicht und auf den hin die übrigen analogen Aussagen gemacht werden. Diese stehen zu ersterem in einem abgeleiteten Verhältnis. Der Sachverhalt, der die Analogie ausmacht, besteht als solcher nur aus dem *primum analogatum*, nicht in den anderen Gliedern der Analogie.[593] Die *ratio totaliter*, den eigentlichen oder wesentlichen Gehalt dieser Bestimmungen, sieht Eckhart vollkommen in den mit Gott identischen Transzendentalien als solchen verwirklicht, in Sein, Einheit, Wahrheit, Gutheit, Gerechtigkeit etc.[594] Eckhart legt der Analogie eine Zielursächlichkeit zugrunde, deutet sie also in erster Linie als ein Kausalverhältnis und nur davon abgeleitet als ein Verhältnis der Prädikation. Alle Dinge, die nicht Gott sind, sind auf Gott hin als ihr Ziel ausgerichtet, sind jedoch nicht mit ihrem Ziel identisch. Der Vollkommenheit Gottes entspricht es, dass er alle Dinge auf das Ziel seiner Vollkommenheit hin erschaffen hat. Die Vollkommenheit, die ein Geschöpf haben kann, hat es nur auf sein Ziel, auf Gott hin und niemals in sich selbst. In diesem Sinne ist die Welt nur in ihrer Beziehung bzw. als Beziehung zu Gott existent, nicht aber ohne ihn. Innerhalb dieses analogen Verhältnisses ist die Unterscheidung zwischen Schöpfer und Geschöpf eindeutig. Das auf das Ziel hin Ausgerichtete kann unmöglich das Ziel selber sein und umgekehrt. Und doch bestehen alle Dinge nur von diesem Ziel her und niemals ohne es, weil sie dann ihrer Bestandsursache beraubt wären. Überträgt man dies auf das Eckhartsche *esse est deus*, ist die Unterscheidung zwischen göttlichem und geschöpflichem Sein eindeutig nachvollziehbar.

Diese Distanz als solche ist nicht aufhebbar, da der ontologische Status der Entitäten nicht aufhebbar ist, sie ist aber von einem relationalen Geschehen umfangen. Dadurch, dass der ontologische Status des *esse hoc et hoc*, der eben kein *esse* ist, in seiner Infragestellung durch die Spannung von Sein und Nichtsein[595] in sich so gefährdet ist, ist dieser Seinsmodus notwendig – um überhaupt Bestand zu haben – auf das *esse* als solches angewiesen. Das *esse* als solches wird ebenfalls so verstanden, dass es etwas, das außerhalb seiner besteht, Bestand gewähren kann. Wir können hier von einem wirklichen Seins*geschehen* reden, innerhalb dessen die ontologische Distanz überbrückt, jedoch nicht aufgehoben erscheint, da die Bewegung den Status einer Relation behält und diese nicht in eine Identität aufgehoben wird.

---

[592] S.o. Abschnitt A.3; cf. MC GINN 132.

[593] Cf. KOCH Analogielehre 373

[594] Cf. BRUNNER goût 226f.

[595] Auf diese Spannung, wie sie in der Verbindung der Aussageformen von Affirmation und Negation zutage tritt, sind wir bereits eingegangen. Cf. S.77.

Eckhart teilt den in seinem Ursprung platonischen Gedanken, dass die Ursache in dem von ihr Verursachten präsent ist. Von daher kann er eine allgemeine Einheit allen Seins denken. So misst Eckhart die Seinsstruktur des Seienden nicht an der Einheit des göttlichen Seins, sondern lässt sie als Beziehungswirklichkeit in der Einheit des göttlichen Seins aufgehen, als einer einzigen, alles umfassenden Wirklichkeit. Dies gilt in gleichem Sinne für alle Transzendentalien, wie sie in Form der *termini generales* als die Grundkonstanten der Realität eingeführt werden.

In diesem Zusammenhang stehen Eckharts Gedanken zur Analogie im Kommentar zu Jesus Sirach. An dieser Stelle spricht er explizit von Analogie:

> „Das Analoge lässt sich weder nach Dingen noch nach Unterschieden an Dingen gliedern, sondern nach Seinsweisen eines und desselben Dinges schlechthin. [...] Seiendes aber oder Sein und jede Vollkommenheit (*perfectio*), besonders jede allgemeine, wie Sein, Eines, Wahres, Gutes, Licht, Gerechtigkeit und dergleichen, werden von Gott und den Geschöpfen analog ausgesagt. Daraus folgt, dass Gutheit und Gerechtigkeit und dergleichen ihr Gutsein ganz und gar von einem Wesen außer sich haben, zu dem sie in analoger Beziehung stehen, nämlich [zu] Gott [...]. Das Analoge hat nichts in sich positiv wurzelnd von der Form, auf der dieses analoge Verhältnis beruht. Nun steht aber alles geschaffene Seiende nach Sein, Wahrheit und Gutheit in analogem Verhältnis zu Gott. Also hat jedes geschaffene Seiende von Gott und in Gott - nicht in sich selbst als geschaffenem Seienden – Sein, Leben, Wissen positiv und wurzelhaft. [...] Gott ist allen Dingen zuinnerst als das Sein, und so zehrt alles Seiende von ihm. Er ist auch zuäußerst, weil über allem und so außer allem. Also zehrt alles von ihm, weil er zuinnerst, und hungert [alles nach ihm], weil er zuäußerst ist."[596]

Nach Eckharts Analogieverständnis sind das Sein bzw. die übrigen mit ihm konvertiblen Transzendentalien – an dieser Stelle werden Gerechtigkeit und Licht mit aufgezählt, was den offenen Charakter des Systems anklingen lässt – im eigentlichen, in sich stehenden und ursprünglichen Sinne (*positive radicatum*) nur von Gott aussagbar. Das Sein tritt in verschiedenen Seinsweisen (*modi*) auf, die aber alle nur Seinsweisen des einen Seins in der einen Vollkommenheit in Gott sind. Nur so ist ein analog Seiendes aufgliederbar. Die verschiedenen Seinsweisen sind Manifestationen des einen Seins.[597] Sehr anschaulich für diesen Gedanken ist die von Eckhart gewählte Formulierung „Der Gerechte erzählt Gott" (*iustus enarrat deum*)[598]. Eckhart schreibt nicht *de deo*, sondern *deum*, was die Unmittelbarkeit dieses Geschehens beschreibt und ausdrückt, dass der Ursprung dieses Vorgangs in Gott selbst und nicht in dem erzäh-

---

[596] In Eccl. n.52 (LW II 280,7–283,2): „ [...] *analoga vero non distinguuntur per res, sed nec per rerum differentias, sed per modus unius eiusdemque rei simpliciter.* [...] *Ens autem sive esse et omnis perfectio, maxime generalis, puta esse, unum, verum, bonum, lux, iustitia et huiusmodi, dicuntur de deo et creaturis analogice. Ex quo sequitur quod bonitas et iustitia et similia bonitatem suam habent totaliter ab aliquo extra, ad quod analogantur, deus scilicet. [...] Analogata nihil in se habent positive radicatum formae secundum quam analogantur. Sed omne ens creatum analogatur deo in esse, veritate et bonitate. Igitur omne ens creatum habet a deo et in deo, non in se ipso ente creato, esse, vivere, sapere positive et radicaliter [...] Deus est rebus omnibus intimus, utpote esse, et sic ipsum edit omne ens; est et extimus, quia super omnia et sic extra omnia. Ipsum igitur edunt omnia, quia intimus, esuriunt, quia extimus.*"

[597] Cf. BRUNNER, goût 227.

[598] Cf. n.385.

lenden Gerechten liegt, der aus sich heraus von Gott erzählen könnte. „Der Gerechte erzählt Gott" legt nahe, dass Gott sich selbst in dem Wirken des Gerechten ausdrückt. Dies besagt jedoch keine Passivität des Menschen gegenüber einer eigentlichen Aktivität Gottes. Das Wirken beider stellt sich in der zitierten Aussage als kon-
gruent dar.

Eckhart gebraucht den Begriff *modus* im Zusammenhang mit der Analogielehre
anders als THOMAS VON AQUIN. Dieser spricht von *modi praedicandi*, also Aussageweisen des Seins, die als *modi relationales*, als Beziehungsweisen auffassbar sind. Eckhart
denkt weniger an Aussageweisen über das Sein als an Selbstaussagen im Sinne von
Selbstmanifestationen des Seins. Für ihn handelt es sich um *modi unius eiusdemque rei
simpliciter*, die Weisen, wie sich ein und dieselbe Sache als solche darbietet.[599] Während Thomas von dem dem Menschen in der Erfahrung zugänglichen Seienden
ausgeht, von dem aus er das Wesen Gottes näher bestimmen kann und davon, dass
die göttlichen Vollkommenheiten nur in der Weise benennbar sind, wie wir sie von
den Geschöpfen her erkennen, denkt Eckhart von Gott als dem Inbegriff des Seins
überhaupt her, mit dem alle Vollkommenheiten identisch sind, die den Geschöpfen
nur geliehen sind.[600] An diesen beiden Ansätzen lässt sich ein tendenzieller Unterschied zwischen aristotelisch-thomanischem und neuplatonisch geprägtem Denken
festhalten. Während Aristoteles dem konkreten Seienden, insofern es *ousía* ist, eine
relative Selbständigkeit, Werthaftigkeit und Wahrheit zuspricht, spricht Eckhart der
Richtung des göttlichen Seins folgend nur unter der Bedingung vom Einen, Guten
und Wahren, dass er dabei gleichzeitig von Gott spricht.[601]

Der Analogiegedanke bei Eckhart ist – um die Begrifflichkeit zu präzisieren –
*Seins*analogie und nicht Analogie des *Seienden* wie bei Thomas.[602] Eckhart knüpft nur
einseitig an den thomanischen Ansatz an, indem er innerhalb der verschiedenen
Prädikamente der Analogie nur dem allen Vorgeordneten (*prius*) das alle verbinden-
de Gemeinsame, das Sein, zukommen lässt. Das Sein in den Geschöpfen ist ganz
von einem anderen her und in sich nichts. Die Seinsanalogie besitzt bei Eckhart eine
dialektische Prägung, weil sie auf einen Zusammenhang verweist, in dem das inner-
weltliche Subjekt überschritten werden muss auf etwas jenseits seiner selbst hin.[603]

Der zitierte Abschnitt aus dem Kommentar zu Jesus Sirach lässt ferner anklingen,
dass Eckhart den Analogiegedanken nicht allein auf das Sein, also auf den Existenzgrund der Wirklichkeit angewandt wissen will: „*Igitur omne ens creatum habet a deo et in*

[599] Cf. KOCH, Analogielehre 372; DE GANDILLAC, Dialectique 346.

[600] Cf. KOCH, Analogielehre 378f. 392.

[601] Cf. HÖDL 262. BRUNNER, analogie 349 konstatiert Eckhart einen „refus de penser le
       monde en lui-même."

[602] Wenn man *analogia entis* im Blick auf Thomas als Seinsanalogie/Analogie des Seins über-
       setzt, so trifft das den Sachverhalt nicht. Thomas spricht vom Seienden (*entis*!). Bei Eckhart
       hingegen kann man von einer *analogia essendi* sprechen, also einer Analogie des Seins im ei-
       gentlichen Sinne.
       Dem entspricht die Beobachtung BRUNNERs (analogie 347), dass der Analogiegedanke bei
       Thomas in erster Linie dazu dient, etwas über Gott, bei Eckhart hingegen dazu, etwas über
       die Geschöpfe aussagen zu können. Eckhart kann vom Sein nur von seinem Inbegriff her
       sprechen; Thomas dagegen kennt verschiedene *modi praedicandi* des Seienden.

[603] Cf. KLUXEN, Analogie 223.

deo, non in se ipso ente creato, esse, vivere, sapere positive et radicaliter." Nicht bloß der Existenzgrund, sondern auch der Lebensvollzug (*vivere*) und die Erkenntnis (*sapere*) werden anhand des Schemas der Analogie verstanden und spielen eine die Wirklichkeit begründende Rolle. Damit wird ein für das Verständnis des eckhartschen Ansatzes entscheidender Zusammenhang formuliert: Die Wirklichkeit und unser Verständnis von ihr gründen im selben Ursprung außerhalb unserer selbst in Gott, in dem der Wirklichkeit eigenen Selbstverhältnis.[604] Dass die Fundierung hinsichtlich des Ursprungs (*radicaliter*) der Fall ist – der Ursprung oder die Bedingung der Möglichkeit sinnvoller Erkenntnis in Gott – erscheint vor dem Hintergrund des bisher Gesagten nicht außergewöhnlich. Eckhart formuliert diesen Gedanken jedoch noch weitreichender: Das Wissen hat der Mensch auch *positive*, das heißt in seinem konkreten Vollzug in Gott und nicht in seiner Geschöpflichkeit, auch wenn es sich freilich innerhalb ihrer vollzieht. Denkt man diesen Gedanken weiter, so wäre daraus zu schließen, dass es keine individuelle Erkenntnis gibt, sondern dass jede Form von Erkenntnis Mitvollzug der göttlichen Erkenntnis ist.

In dem zitierten Abschnitt aus dem Ecclesiasticuskommentar nimmt Eckhart nun aber keine Engführung auf die menschliche Intellektualität vor. Eckharts Ausführungen beziehen sich auf *omne ens*, auf jedes Seiende, nicht nur auf den Menschen und nicht nur auf Lebendiges in einem biologischen Sinne. Dies ist im Hinblick auf *vivere* und insbesondere *sapere* interessant. Was Eckhart im Hinblick auf *omne ens* unter *sapere* versteht, kann folglich nicht auf ein subjektives Selbstbewusstsein im menschlichen Sinne reduziert werden, sondern bezieht sich auf eine Weise der Intentionalität, die die gesamte Wirklichkeit bestimmt. Damit beschreibt Eckhart innerhalb der Linearität der Beziehungswirklichkeit die Elemente, durch die das untergeordnete, abhängige Glied im Stande ist, eine eigene Aktivität, einen Ausgang aus sich selbst hin auf anderes seiner selbst und damit nicht bloß eine Antwort in Richtung seines Ursprungs zu vollziehen, sondern überhaupt erst zu seiner Verwirklichung zu gelangen. Die durchgängige Abhängigkeit ist also keineswegs als Passivität zu verstehen, sondern ermöglicht erst die eigene Aktivität, während die Trennung vom Ursprung mit der Nichtigung auch Passivität bedeutet.

Die eckhartsche Schlüsselkonjunktion *in quantum* hat vor dem Hintergrund des Analogieverständnisses eine weiter reichende Signifikanz als die bloße Ausrichtung der Perspektive auf einen bestimmten Aspekt eines Sachverhalts. Die Inbezugsetzung eines kontingenten Sachverhalts zu einem der *transcendentia* stellt nicht nur einen perspektivischen[605], sondern einen wesentlichen, d. h. substantialen Zusammenhang her. In diesem Sinne wird das *in quantum* spezifizierend, nicht reduplizierend gebraucht.[606] Ist vom *iustum in quantum iustum* die Rede, so bezeichnet *in quantum* den Bezug zum Gerechtsein als solchem, das seine eigentliche Wirklichkeit in der Gerechtigkeit als solcher hat, auch wenn es von dieser bei Eckhart formal noch einmal unterschieden wird, wie unsere Untersuchung im Abschnitt B.3.b) gezeigt hat. Das Verhältnis zwischen der Gerechtigkeit als solcher und dem Gerechten –

---

[604] Cf. dazu Abschnitt E.

[605] Zur wechselnden Betrachtungsperspektive bei Eckhart s.o.S. 144.

[606] Zur Unterscheidung zwischen spezifizierender und reduplizierender Anwendung des *in quantum* cf. HONNEFELDER, *Ens* 102ff.

insofern er gerecht ist – hat den Status einer relativen Identität, einer Identität *in natura*, d. h. einer Identität, die nur innerhalb dieses Beziehungsverhältnisses besteht, nicht jedoch, wenn man den kontingenten Sachverhalt des Gerechten für sich betrachtet. Die Konjunktion *in quantum* zeigt folglich eine Identität begründendes Beziehungsverhältnis, d. h. eine Analogie im eckhartschen Sinne an. Im oben zitierten Textabschnitt ist von *positive habere* die Rede, d. h. von einem tatsächlichen Haben des Seins durch die einzelnen Entitäten. Wenn dieses auch in Gott verortet wird, so wird damit nicht negiert, dass dies eine Wirklichkeit auch in dem konkreten Seienden und nicht bloß eine Scheinwirklichkeit begründet. *Habere* bezeichnet eine wirkliche Aneignung dieser Realität – nicht jedoch im Sinne einer Eigensubstantialität –, wodurch die oben angerissene Manifestation im Sinne einer Vergegenwärtigung möglich wird.[607] Eine andere Wirklichkeit als die Wirklichkeit dessen, was hier manifestiert wird, will Eckhart nicht annehmen. Diese Positivität ist rein relationaler Natur.[608] Der Gedanke, dass in einem Bild das Urbild nicht nur dargestellt, sondern darin auch anwesend ist, findet in diesen Überlegungen seine ontologische Fundierung.[609]

Im Anschluss werden Fragen erörtert, die unmittelbar von der eckhartschen Konzeption des Analogiegedankens aufgeworfen werden:

4. TRANSZENDENZ UND IMMANENZ ALS BESTIMMENDE MOMENTE DER RELATION

Die Behauptung der Unmittelbarkeit des Gottesverhältnisses – Gott ist in allen Dingen anwesend – wirft die Frage auf, wie innerhalb einer solchen Konzeption Transzendenz zu denken ist. Diese Frage hat nicht allein Relevanz im Hinblick auf das christliche Gottesverständnis und eine mögliche Abweichung davon hin zu einer mehr pantheistisch bestimmten Konzeption, sondern betrifft rückwirkend das Verständnis der kontingenten Wirklichkeit. Die Frage nach dem Verhältnis von Transzendenz und Immanenz ist die Frage danach, wie die ontologische Differenz zwischen Gott und Welt zu messen ist[610]. Sie stellt die zentrale Problemstellung in der

---

[607] BRUNNER, analogie 342 prägt in diesem Zusammenhang den Ausdruck „attribution extrin-sèque".

[608] Die positive Begründung des Seinshabens, d. h. der wirklichen Existenz der geschaffenen Dinge in dem durch das *in quantum* bezeichnete Beziehungsverhältnis beschreibt BRUNNER, goût 228: „Ce célèbre *in quantum* a pour effet de rapporter et de suspendre la créature à Dieu, mais il n'annule point la part que la créature prend à ces perfections, par plus que le mode sous lequel ces perfections sont en elle. Cette remarque est essentielle, puisqu'elle invite l'interprète de la doctrine eckhartienne à restituer à la créature son être propre, encore que cette restitution ne puisse aboutir à isoler l'être de la créature dans une autonomie et une hétérogénéité qu'il ne saurait avoir."

[609] Zur Bild-Urbild-Theorie in diesem Zusammenhang cf. BRUNNER, goût 215f.; s.u. n.642.

[610] Cf. WACKERNAGEL 97: „En effet, comprendre la différence ontologique de l'être et l'étant, c'est mesurer toute la distance qu'il y a entre le participé et le participiant, entre Dieu et la créature."

christlichen Rezeption neuplatonischen Gedankenguts überhaupt dar. Die aus der
Frage, wie Gott zugleich als immanente und transzendente Ursache der Wirklichkeit
zu denken ist, entwickelte Dialektik ist das Grundcharakteristikum eines christlichen
Neuplatonismus.[611]

Das Transzendente steht in der Gefahr, im Immanenten aufzugehen, wenn die
Unterscheidungslinien verwischen und die Begriffe deckungsgleich werden. Anhand
des jeweiligen Transzendenzverständnisses, das der Sache nach durch die gesamte
Philosophiegeschichte hinweg eine bedeutende Rolle spielt, sind Weite und Grenze
und damit das Selbstverständnis einer Philosophie ablesbar. Der Mensch versucht
innerhalb seiner seine eigene Wirklichkeit zu umfassen. Dabei hat er sich nie mit der
auf den ersten Blick vorhandenen Wirklichkeit begnügen wollen, sondern eine Differenz festgestellt zwischen eben diesem Vorhandenen und dem, worum es ihm eigentlich geht, dem, worauf das menschliche Streben und Suchen sich immer wieder
ausrichtet. Transzendenz in diesem Sinne besagt jedoch nicht, dass das Transzendente vom Immanenten grundsätzlich so anders gedacht wird, dass es keine Beziehung zwischen beiden geben kann. Diese vorausgesetzte Bezogenheit des Transzendenten und des Immanenten aufeinander ist es erst, was die Frage nach dem Transzendenten aufkommen lassen kann.[612]

Im eckhartschen Denken ist die reine Transzendenz in die Nähe reiner Immanenz gerückt, und in dieser Spannung wird der Wirklichkeitsstatus des Kontingenten
begreifbar.[613] Aus dem Verständnis der Seinsanalogie bei Eckhart erschließt sich für
das Verhältnis von Gott und Welt, dass die Dinge der Welt ausschließlich von Gott
her und auf ihn hin sind. Sie sind also ganz und gar in Bezug auf ihn, in einem
Verhältnis, das durch Transzendenz und relationale Immanenz – nicht Gottes in
den Dingen, sondern der Dinge in Gott – zugleich[614] bestimmt ist. Das Verhältnis
beruht nicht auf Gegenseitigkeit, sondern besteht nur in einer Richtung. Das *esse*
kann ohne das *esse hoc et hoc* gedacht werden, nicht jedoch umgekehrt das *esse hoc et hoc*
ohne seine Gründung im *esse*. Mit Gott und den Dingen werden nicht zwei mit
einem gemeinsamen Maßstab messbare Größen in Beziehung gesetzt, sondern die
beiden wesentlich verschiedenen Qualitäten, die so voneinander verschieden sind,
dass neben ihnen vom Begriff her nichts weiteres gedacht werden kann. Neben dem
in sich Selbständigen ist nur Unselbständiges denkbar. Die Relationalität beider
besteht bei Eckhart darin, dass zu letzterem wesentlich die Relationalität auf ersteres
hin gehört, während sie ersterem nicht notwendig zukommt. Gottes Bezug zur Welt
ist notwendig nur insofern, als die Welt in Gott gründet, d. h. das *esse hoc et hoc* im *esse*
besteht. „Notwendig" soll hier nicht im Sinne von „nicht kontingent" verstanden

---

[611] Cf. MC GINN 137; zur Rezeptionsgeschichte cf. GERSH 153–167.283–88.

[612] Cf. SIMONS 1540ff.

[613] Cf. BRUNNER, goût 226. In analogie 340 sagt BRUNNER über die *termini generales*: „Ils des-
cendent sans descendre." Darin ist die Paradoxie anschaulich ausgedrückt, dass sie einerseits durch die Relation mit dem Kontingenten nicht wirklich affiziert werden, dass andererseits das Kontingente aus sich heraus überhaupt keine Relation mit dem Nichtkontingenten eingehen kann und außerhalb dieser Relation, d. h. außerhalb der Wirkung des
Nichtkontingenten, überhaupt nicht als existent gedacht werden kann.

[614] Cf. BRUNNER, analogie 344f.

werden, denn dann müßte umgekehrt für das Verhältnis Gottes zu seiner Schöpfung Kontingenz angenommen werden. Dass er überhaupt als Schöpfer wirkte, käme Gott kontingent zu, da er nicht notwendig auf eine Schöpfung angewiesen ist. Kontingenz ist etwas, was dem Begriff von Gott widerspricht. Stattdessen kann im Blick auf Gott von Freiheit gesprochen werden. Eckhart bedenkt diese Problemstellung innerhalb seiner Überlegungen zum Seinsbegriff nicht, da sich die Frage nach dem Wie der Relationalität für ihn nur vom *ens hoc et hoc* auf das *esse* hin stellt, nicht jedoch umgekehrt.

Relationalität als ontologischer Status begründet sich aus Kontingenz und Mangel. Die Frage, was aus wem gründet – schafft Relationalität erst Kontingenz oder ruft der Mangel die Relationalität hervor –, stellt sich für Eckhart nicht, da die Relationalität nicht ein Status ist, der von zunächst als selbständig genommenen Elementen eingegangen wird, sondern als solcher den ontologischen Status von Anfang an darstellt. Es wird deutlich, dass es sich hier um eine ungleichwertige Relationalität zwischen auf ungleicher Stufe stehenden Partnern handelt. Der eine Partner ist notwendig auf Relationalität angewiesen, da er nur in ihr besteht. Die Welt als solche besteht nur innerhalb des Modus der Relationalität als dem eigentlichen Seinsmodus des *esse hoc et hoc*. Dass wir in diesem Zusammenhang im Blick auf die Relationalität sowohl von Seinsmodus als auch von Seinsstatus sprechen, soll nicht irritieren, denn beides fällt hier zusammen. Das *esse hoc et hoc* besteht nur im Modus der Relationalität. Wir fassen Relationalität in gleicher Weise als einen Seinsmodus auf wie „kontingent" oder „notwendig". Der Modus ist zugleich ein Status, da er die Stellung innerhalb eines Ordnungsgefüges beschreibt. Dieses Ordnungsgefüge ist bei Eckhart nur zweistellig. Der Zusammenhang von Modus und Status hinsichtlich der Relationalität ergibt sich daraus, dass die Relationalität sich nicht auf Gleichartiges bezieht, sondern auf den ontologischen Status, das heißt auf die Beziehung des unselbständigen Einzelnen auf das Sein im Ganzen. Das In-Beziehung-Sein steht zugleich für die ontologische Unselbständigkeit. Dem Sachverhalt der Relation denkt Eckhart im Hinblick auf das Kontingente keinen akzidentellen, sondern substantialen Charakter zu.

Man kann in Bezug auf Eckhart hinsichtlich der Dinge der Welt zu Recht von einem bloß „geliehenen Sein" sprechen, nicht von einem Seinsbesitz.[615] Folglich bleibt das Sein als solches immer in sich selbst und die Wirklichkeit erscheint als eine einzige begreifbar. Alle Geschöpfe besitzen ihr Sein nur durch die aktive Präsenz des einen göttlichen Seins in ihnen, aber nur im Modus eines fortwährenden Empfangens, weil es ursprunghaft nur in Gott ist. Die Grundhaltung des Empfangens drückt Eckhart durch das mit einem Hungern (*esurire*) verglichene Streben der Geschöpfe nach Gott aus. Im Modus des Strebens und Empfangens liegt der Seinsmodus der Geschöpfe. Das Sein als solches hingegen kennt keinen Mangel an sich selbst, also auch kein Empfangen und kein Streben. Die sachliche Unterscheidung zwischen

---

[615] Cf. MOJSISCH, Analogie 54.

dem Sein als solchem und dem Modus des Seinsbesitzes, der entweder in der mit Gott identifizierten Vollform und für Eckhart einzig denkmöglichen Wirklichkeit des Seins oder in davon substantial abhängiger Seinsbegrenzung besteht, begründet die eckhartsche Konzeption von Relationalität, da aufgrund des exklusiven Seinsbesitzes der *perfectio* ein anderer Seinsmodus nur in einer wesentlich abhängigen Hinordnung auf diese denkbar bleibt.

Die Wirklichkeit ist in ihrem Verhältnis zu Gott von einer dialektischen Spannung von Immanenz und Transzendenz bestimmt. Gott und damit der Seinsgrund ist den Dingen innerlich, das heißt, er ist ihr innerster Existenzgrund und damit ihre eigentliche Wirklichkeit; zugleich ist er von ihnen wesentlich verschieden und zu ihnen transzendent. Diese Spannung von *intimus* und *extimus* ist nicht aufhebbar, sondern grundlegend für das Bestehen von Relationalität. Die Dinge sind im Sein und sind es, für sich betrachtet, doch nicht, da das Im-Sein-Sein der Dinge nicht in ihnen selbst gründet, sondern eine Beziehung bezeichnet, die das Seiende, um existent zu sein, fortwährend eingeht. Beziehung bedeutet einen permanenten Vollzug, ist also nicht in einem statischen Nebeneinanderstehen zweier Entitäten zu begreifen. Sie muss fortwährend eingegangen werden, so dass sie für Eckhart auch in Form eines Anspruchs und einer ethischen Forderung formuliert werden kann, ohne jedoch davon auszugehen, dass dem einzelnen Seienden außerhalb seiner Beziehung zum Sein in Gott überhaupt ein eigener Wirklichkeitsstatus – abgesehen von der Nichtigung – zukommen kann.

5. DER URSPRUNG JEDER RELATIONALITÄT IM MOMENT DES HERVORGANGS

Eckhart denkt die Analogie in einer Spannung von Einheit und Verschiedenheit, von Unmittelbarkeit und Abgetrenntheit. Den Aspekt der Unmittelbarkeit entfaltet er näher in einer Begrifflichkeit, die nicht Bestandteil der *termini generales*, dem Schema aber zugeordnet ist. Um die ganze Konsistenz des Strukturschemas der 14 *termini* zu ermessen, soll an dieser Stelle auf dieses ergänzende Theoriestück eingegangen werden. Von seinem Subjekt her lässt es sich an Überlegungen zur Kausalität und an dem Begriffskomplex *alteratio/generatio* festmachen, der bereits mehrfach als integraler Bestandteil der Strukturontologie ausgewiesen worden ist. *Alteratio* (Veränderung) bedeutet einen Prozess, der im Wesentlichen durch Relationalität bestimmt ist, die jedoch nicht zwischen zwei verschiedenen Gliedern, sondern zwischen dem *terminus a quo* und dem *terminus ad quem* besteht. *Generatio* (Zeugung) ist bei Eckhart die Bezeichnung für einen Entstehungsprozess unter der Betrachtungsweise der Metaphysik. Sicher ist ein Entstehungsprozess als Prozess auch die schrittweise Veränderung vieler Akzidentien, vom Washeitlichen her jedoch besteht er aus dem einen Schritt vom Nichtvorhandensein zum Vorhandensein des Sachverhalts. Eckhart geht davon aus, dass dieser Schritt als solcher beschrieben werden kann, was bedeutet, dass er nicht aus dem Vorher und dem Nachher zu erfassen ist, sondern als solcher von einer eigenen Qualität und Substantialität ist, die anhand der ihm eigenen *proprietates* zu identifizieren sind. Das Geschehen ist eine eigene Wirklichkeit und von daher nicht bloß akzidentell eine Wirklichkeit *an* etwas. Deshalb kann Eckhart von einer Natur der *generatio* bzw. *alteratio* sprechen.[616]

Für diesen Themenkomplex hat in der Eckhart-Forschung die Bezeichnung „Metaphysik des Wortes" Eingang gefunden: ZUM BRUNN und DE LIBERA sind der Ansicht, dass sich in Eckharts Werk zwei Metaphysiken beobachten lassen: Eine so genannte Exodusmetaphysik, die vom Seinsbegriff her entwickelt werde, innerhalb derer der Analogiegedanke von zentraler Bedeutung sei und von der Nichtigkeit des Geschöpfs in sich ausgegangen werde, und eine Metaphysik des Wortes, die erstere umfassend übersteige.[617] Wir möchten diese Interpretation aufgreifen, darin jedoch weniger einen doppelten metaphysischen Ansatz, sondern vielmehr eine einzige umfassende Strukturontologie sehen, da beide Ansätze sich wesentlich ergänzen und der eine ohne den anderen die Intention Eckharts nur eingeschränkt wiederzugeben vermag. Die Bezeichnung „Metaphysik des Wortes" rührt daher, dass ihre wesentlichen Theoriestücke im Kommentar zum Johannesevangelium und dort innerhalb der Passagen, die sich auf den Prolog beziehen, entwickelt werden.[618] Ihr zentraler Gegenstand ist jedoch nicht das Wort als solches, sondern die Hervorgänge der Wirklichkeit aus Gott, insbesondere der Prozess ihrer Ausfaltung, begrifflich fassbar als *generatio* (Zeugung).

Der Kerngedanke des eckhartschen Analogieverständnisses besagt, dass einerseits kein Geschaffenes Sein in sich hat und somit zwischen dem Sein in Gott und dem Nichts in dem Geschaffenen kein gemeinsames Maß bestehen kann, dass andererseits dem Geschaffenen dennoch durch dessen Beziehung zum Sein in Gott gewissermaßen Sein zukommt. Letzterer Aspekt, die „rein paradoxe Solidarität des Seins des Schöpfers mit dem Nichts seiner Kreatur"[619], findet in den Theoriestücken der so genannten Metaphysik des Wortes seine Ausfaltung. In ihnen erhält die im Analogiegedanken ausgedrückte ontologische Asymmetrie des Geschöpfes gegenüber seinem Schöpfer eine andere Akzentuierung, indem Eckhart dort den Ort und die Umstände auszumachen sucht, wo Gott sich dem Geschöpf gibt und es in der Struktur der Wirklichkeit konstituiert.[620] Der entscheidende Aspekt liegt darin, dass das einzelne Geschöpf nicht ausschließlich als kontingenter Teilaspekt dieser Struktur gesetzt wird, sondern – trotz seiner Kontingenz – in der gesamten Ausdehnung dieser Struktur verankert wird.

---

[616] Cf. In Ioh. n.668 (LW III 580,9–581,1): „*Sub his verbis innuitur natura et proprietates alterationis et generationis rerum naturalium et similiter natura habituum virtualium et differentia actuum praecedentium et actuum subsequentium ipsos habitus.*" Der Text bezieht sich auf Joh 16,21, wo Jesus das unterschiedliche Empfinden der Frau vor und nach ihrer Geburt erwähnt. Deutlich werden zwei inhaltliche Dimensionen des Naturbegriffs: „Natur" als Wirklichkeitsbereich der *res naturalia* und „Natur" als durchgängige Struktur der einzelnen Phänomene der Wirklichkeit.

[617] DE LIBERA/ZUM BRUNN, Métaphysique du Verbe 71ff.

[618] In Ioh. n.4–198 (LW III 5,1–167,14).

[619] DE LIBERA/ZUM BRUNN, Métaphysique du Verbe 81.

[620] IBID. 84: „De fait, la doctrine du Verbe est la vérité de celle de l'analogie, elle ne se conçoit donc pas sans elle: théorie de l'unité de l'inférieur et du supérieur, de l'être et du néant, elle suppose la distinction et la séparation de cela même qu'elle a pour fonction de rassembler et de rétablir. Aussi bien la pensée d'Eckhart ne cesse-t-elle d'exposer et de reproduire ce dépassement permanent de la finitude et de la séparation dans l'union au Verbe."

Der zentrale Ausgangspunkt der Metaphysik des Wortes ist der Moment des Hervorgangs der Wirklichkeit aus Gott – kein zeitlich fassbarer, einmaliger Schöpfungsaugenblick, sondern vielmehr ein permanenter Rückbezug zum Grund der Wirklichkeit –, der im Hinblick auf das Geschöpf ein zweifaches Kausalverhältnis beschreibt: ein univokes und ein analoges.[621] Ein univokes Kausalitätsverhältnis ist dadurch bestimmt, dass seine Glieder der gleichen Gattung oder Art zugehören, bzw., was für Eckhart entscheidend ist, auf einer ontologischen Stufe stehen. Geben und Empfangen geschehen in Gegenseitigkeit. In ihrer Ursprunghaftigkeit bleiben die Glieder jedoch klar unterschieden. Die Unterscheidung zwischen analoger und univoker Relation bezieht sich auf den konkreten Vollzug der Relation, nicht auf ihren Ursprung. In einer analogen Beziehung erwidert das Verursachte die Beziehung nicht und übt keine Rückwirkung auf sein Verursachendes aus. Die analoge Beziehung zeichnet sich durch den wesentlichen Unterschied ihrer Glieder aus, der es zulässt, diese Glieder auch für sich zu betrachten.

Die ontologische Modalität der von Gott getrennten Kreatur ist die Zeit. Die Welt des Geschaffenen, die *regio dissimilitudinis*, ist bestimmt durch die Manifestationen der Negativität, wie sie sich in Spannung, Bewegung und Inkonsistenz äußern. Außerhalb, vor oder nach ihr besteht keine Negativität. Im Moment seines Entstehens, der *generatio*, ist die Wirklichkeit der Kontingenz hingegen entzogen und befindet sich in einer augenblickslosen Unmittelbarkeit zum Sein in Gott. Das schöpferische, d. h. seinsgebende Handeln Gottes ist der Zeitlichkeit entzogen und steht nicht in einem kausalen Zusammenhang mit den kontingenten, im Modus der Bewegung und Veränderung sich vollziehenden Ereignisse stehend. Die Kausalkette innerhalb der kontingenten Wirklichkeit ist insofern nicht konsistent, als das entscheidende Moment der Existenzbegründung ihr entzogen ist und das Begründete in seiner Existenzbegründung in einer Unmittelbarkeit zu dem es Begründenden steht.[622]

Diese Unmittelbarkeit ergibt sich für Eckhart nicht aus Überlegungen über den Status des Kontingenten, sondern notwendig aus der Reflexion über den Gottesbegriff, d. h. infolge einer Begriffsanalyse, wenn auch die Methode bei Eckhart nicht ausdrücklich reflektiert wird. Die Implikationen des Gottesbegriffs machen es notwendig, den Status der Unmittelbarkeit auch auf Seiten des Kontingenten zu reflektieren: Wenn Gott einfach Eines ist, dann kann er nur auf eine diesem Wesenscharakteristikum entsprechende Weise wirken:

> „Weil Gott, der gänzlich Sein ist, einfach einer oder eines ist, muss er ganz [und] unmittelbar dem Einzelnen als Ganzem gegenwärtig sein. [...] Dies ist es auch, weshalb Zeugung unmittelbar geschieht, nicht sukzessive, nicht als Bewegung, sondern als Ende einer Bewegung."[623]

---

[621] Zur univoken und analogen Relation cf. oben S.115.

[622] DE LIBERA/ZUM BRUNN, Métaphysique du Verbe 119f.

[623] Prol. gen. in Op. trip. n.14 (LW I 173,14f.; 174,8f.): „[...] *quia deus, se toto esse, simpliciter est unus sive unum est, necesse est, ut se toto immediate toti assit singulo. [...] Hinc est etiam quod generatio est instantanea, non successiva, nec motus, sed terminus motus.*"

Die Zusammenhänge, die innerhalb dieses – nicht zeitlich, sondern relational zu verstehenden – Prozesses der *generatio* bestehen, erläutert Eckhart auf das Wesentliche konzentriert anhand des Beispiels Gerechtigkeit:

> „Es steht fest, dass die Gerechtigkeit all ihr Werk mittels der [aus ihr] geborenen Gerechtigkeit wirkt. Denn wie nichts Gerechtes ohne die Gerechtigkeit gezeugt werden könnte, so könnte auch das gezeugte Gerechte nicht ohne die gezeugte Gerechtigkeit sein. Die gezeugte Gerechtigkeit aber ist das Wort der Gerechtigkeit in ihrem Ursprung, der Gerechtigkeit als Erzeugerin."[624]

Die *generatio* als solche ist ein singulärer Prozess, der das Wirksamsein der transzendentalen Vollkommenheit in sich und damit den Grund aller Prozessualität der Wirklichkeit überhaupt bezeichnet. Dieses Wirksamsein ist nicht als Reduplikation des Sachverhalts aufzufassen, so dass neben einer ersten dann eine zweite Gerechtigkeit bestünde, sondern als der Herausgang des Sachverhalts aus sich selbst – zunächst im Sinne eines Selbstverhältnisses. Dieser Herausgang stellt die Wirklichkeit dar, innerhalb derer überhaupt kontingente Verwirklichungen dieses Sachverhalts bestehen können, indem sie einen Bezug auf diesen ursprünglichen Sachverhalt haben können. Den Vorgang des Herausgangs unter permanenter Rückbindung an den Ursprung veranschaulicht der Begriff „Wort" (*verbum*). Kontingente Verschiedenheit im Sein ist überhaupt erst möglich, weil es eine Verschiedenheit in der Einheit gibt. Die Interrelationen von Einheit und Verschiedenheit werden anhand der verschiedenen Modalitäten der *processio* unterschieden:

> „Dadurch, dass etwas aus einem anderen hervorgeht, wird es von ihm unterschieden. [...] Das Hervorgehende ist der Sohn des Hervorbringenden. Denn Sohn ist, wer ein anderer der Person nach, nicht ein anderes der Natur nach wird.
> Daraus folgt, dass der Sohn oder das Wort dasselbe ist, was der Vater oder der Ursprung ist. [...] Wo eine analoge Beziehung vorliegt, stammt das Hervorgebrachte zwar vom Hervorbringenden ab, ist aber unter seinem Ursprung, nicht bei ihm. Ferner wird es ein anderes der Natur nach, und so ist es nicht der Ursprung selbst. Nichtsdestoweniger aber ist es, insofern es in ihm ist, kein anderes der Natur nach, aber auch kein anderes *in supposito*."[625]

In diesen Ausführungen wird anhand der Terminologie deutlich, dass die christliche Trinitätsspekulation den Hintergrund dieser strukturontologischen Überlegun-

---

[624] In Ioh. n.19 (LW III 16,5–8): „ [...] *constat quod iustitia omne opus suum operatur mediante iustitia genita. Sicut enim non posset quidpiam iustum gigni sine iustita, sic nec esse iustum genitum sine iustitia genita. Iustitia vero genita ipsa est verbum iustitiae in principio suo, parente iustitia.*"

[625] In Ioh. n.5f. (LW III 7,1–8,5): „[...] *hoc ipso, quod quid procedit ab alio, distinguitur ab illo.* [...] *Procedens est filius producentis. Filius est enim qui fit alius in persona, non aliud in natura.*
Ex quo sequitur [...] *quod sit ipsum filius sive verbum, quod est pater sive principium.* [...] *in analogicis productum sit descendens a producente, est tamen sub principio, non apud ipsum. Item fit aliud in natura, et sic non ipsum in principium. Nihilominus tamen, ut est in illo, non est aliud in natura, sed nec aliud in supposito.*"

gen bildet und ihr primäres Subjekt das Sein in seiner Identität mit Gott selbst ist.[626] Die *generatio* bringt keinen quidditativen Unterschied hervor. Die Glieder dieser Relation sind einander sachlich gleich und in ihrer Nebeneinanderordnung gleichwertig, d. h. von gleicher Vollkommenheit. Aus dieser Perspektive betrachtet, haben wir es mit einem Identitätsverhältnis (*ipsum sit*) zu tun. Das Identitätsverhältnis hat univoken Charakter, und dennoch liegt in ihm eine Differenz vor, die es unmöglich macht, von einer reinen Identität zu sprechen. Die Differenz wird durch das Relationsverhältnis begründet. Nicht die sachliche Qualität ist es, die eine Entität wesentlich bestimmt, sondern ihre relationale Positionierung. Eckhart hebt diese unmittelbare Relationalität dadurch hervor, dass er von einer personalen Differenz (*alius in persona*) spricht und das substantivierte Attribut *alius* als Personalform von der Neutrumform *aliud* absetzt.[627] Die Einheit in Differenz, die in der personalen Relation ausgesagt wird, findet ihre dichteste Formulierung in dem Ausdruck *alterum se*: Im Zeugen zeugt der Vater nicht bloß etwas ihm ähnliches, sondern das Andere seiner selbst, das „andere Selbst".[628] Eckhart versteht diese Selbstentsprechung durchweg positiv, nicht im Sinne einer Konkurrenz oder Herausforderung des Eigenen, sondern als Inbegriff der Vollendung auf der Ebene des Seins als solchem. Die Konzeption von Seinsvollkommenheit als solcher als ein Relationsgeschehen, als Einheit in Differenz, bildet den Kerngedanken und liefert die Voraussetzung des eckhartschen Wirklichkeitsverständnisses als umfassender Relationalität.

Die Passage über die Zeugung des Gerechten aus dem Selbstverhältnis der Gerechtigkeit macht deutlich, dass die gesamte kontingente Wirklichkeit in der Grundrelationalität des Seins wurzelt. Die analoge Wirklichkeitsstruktur – die Hinordnung des Kontingenten auf das Nichtkontingente – ist in die univoke Wirklichkeitsstruktur – in das Selbstverhältnis des Nichtkontingenten – eingebunden. Da das Kontingente nur in der Relation Wirklichkeit hat, hat es seine Wirklichkeit nur in Bezug auf jenes Selbstverhältnis, und von daher partizipiert es – relational – auch an dem univoken Kausalverhältnis und findet in ihm seine eigentliche Seinskonstitution.[629]

BOETHIUS VON DACIEN hat aufgrund des aristotelischen Paradigmas, dass jeder Veränderung notwendig eine Bewegung vorausgehe,[630] die christliche Schöpfungslehre – wegen des dort postulierten Übergangs von bewegungsloser Ewigkeit in

---

[626] Zur theologischen Diskussion über die *processio* des Sohnes bzw. Wortes aus dem Vater, in die Eckhart an der Pariser Fakultät 1293/94, 1302/03, 1311/13 involviert war und die sich im Wesentlichen um die Frage, ob sich diese *per modum naturae* oder *per modum intellectus* vollziehe drehte, cf. WÉBER, Continuités 163–167.

[627] Cf. die Gegenüberstellung In Ioh. n.195 (LW III 164,6f.): *aliud a se in natura impersonaliter – alius personaliter et origine.*

[628] Cf. In Ioh. n.162 (LW III 133,3ff.): „*Filius enim non solum est similis patri in divinis, sed potius est ipse pater alius; generans enim non solum generat sibi simile, quod ad alterationem pertinet, sed generat alterum se [...]*"

[629] Cf. DE LIBERA/ZUM BRUNN, Métaphysique du Verbe 88: „En fait, il semble que la distinction des deux types de causalité soit appliquée par Eckhart, tantôt pour définir la finitude ontologique de la créature en posant les conditions du labeur et de la patience nécessaires à son rétablissement, tantôt pour marquer la différence entre ce labeur lui-même et l'accomplissement qui le couronne..." cf. auch die folgende Seite.

[630] Cf. ARISTOTELES: Physik VIII, 8 (263 b 9–25)

bewegungshaltige Zeit – und die aristotelische Lehre von der Veränderung für unvereinbar gehalten.[631] Thomas von Aquin setzt sich von der aristotelischen Lehre vom Zusammenhang von Bewegung und Wechsel der Form ab, indem er davon ausgeht, dass der Augenblick, in dem der entscheidende Wechsel stattfindet, dem Zeitlauf, den er damit beendet, als solchem nichts hinzufügt.[632] In diesem Sinne versteht Eckhart die *generatio* als Ineinsfall von Werden und dem Ergebnis dieses Werdens in der Zeitlosigkeit und Unmittelbarkeit dieses fortwährenden Ursprungsverhältnisses,[633] kann aber durch die Verbindung der univoken mit der analogen Kausalstruktur die Beziehung zwischen der schöpferischen Unmittelbarkeit Gottes und den Prozessen der Veränderung im Bereich des Kontingenten positiv – und nicht als Bruch – verstehen.

Die von Eckhart konzipierte Ordnung der Unmittelbarkeit modifiziert auch das aufgegriffene neuplatonische Gedankengut. Anders als die neuplatonische Überlieferung entwirft er kein durchgehendes Emanationsschema, sondern ein reduziertes, konsequent zweiteiliges Schema. Jede Form von Zwischenstufen oder Vermittlungsinstanzen zwischen beiden Ebenen der Wirklichkeit ist darin überflüssig. Diese Unterscheidung bezeichnet die Unmittelbarkeit als die entscheidende Differenz zwischen christlichem Schöpfungsglauben und einem Emanationsverständnis in der Linie Plotins. Plotin kennt ein stufenweises und damit mittelbares Hervorgehen der Dinge aus Gott, was auf unterschiedliche schöpferische Prinzipien hinweist. Im Gedanken der *creatio ex nihilo* jedoch berühren sich beide Traditionen. Das plotinische Emanationsschema liefert – neben dem platonischen Partizipationsgedanken – ein Interpretationsmittel für den außerhalb menschlicher Erfahrung liegenden Schöpfungsakt.[634]

6. DAS MOMENT DER UNTERSCHEIDUNG ALS KAUSALPRINZIP

Hinsichtlich Gottes als der unmittelbaren Erstursache der Schöpfung stellt sich die Frage, wie Gott aus sich selbst heraustreten kann und wem er sich außer sich selbst mitteilen will. Bleibt die Schöpfung in letzter Konsequenz Selbstmitteilung Gottes, nicht in dem Sinne, dass er sich selbst jemandem mitteilt, sondern dass er sich *sich* selbst mitteilt? Selbstaussprache bedarf eines Raumes, in den hinein sie gesprochen wird. Bei Gott wird dieser Raum erst durch die Selbstaussprache geschaffen oder aber dieser Raum ist er selbst. Muss die Terminologie, die Eckhart verwendet, nicht von einem ewigen Verhältnis von Gott und Welt ausgehen? Von Gott her ist kein anderer Modus als der der Ewigkeit zu denken. Eckhart denkt jedoch das Relationsschema vom Kontingenten auf das Nichtkontingente. Da der

---

[631] BOETHIUS DE DACIA:. Quaestiones super Libros Physicorum, quod non der q. III,19, Ed. G. SAJO 286, 21–41.

[632] THOMAS VON AQUIN: De physico audito seu physicorum, lect. XVII, p. 682–687 (Ed. Vivès Bd.XXII).

[633] DE LIBERA/ZUM BRUNN, Métaphysique du Verbe 115.

[634] Cf. KREMER.

Blick zuerst auf die Relation gerichtet ist und Eckhart dort die eigentliche Substantialität des kontingenten Sachverhalts verortet, kann er die Zeitlichkeit des Geschaffenen und zugleich die Überzeitlichkeit des Schöpfers denken, ohne eine Wirklichkeit
in die andere aufzuheben.[635]

Was bei der Betrachtung des Seinsbegriffs ausgespart wird, das Zustandekommen
und den Vollzug der Relation zwischen dem *esse* und dem *esse hoc et hoc*, mit anderen
Worten das Wirken Gottes und insbesondere seine Schöpfertätigkeit, reflektiert
Eckhart in der weiteren Entfaltung der Metaphysik des Wortes im Anschluss an den
Gedanken des unmittelbaren Hervorgangs. Die entsprechenden Abhandlungen
finden sich im *opus expositionum* zu Beginn der beiden Genesiskommentare und des
Johanneskommentars, wo es um die Schöpfertätigkeit Gottes geht. Für Eckhart ist
im Anschluss an die Gedanken des Johannesprologs das *verbum* der Ursprung allen
Gewirkten, wobei ihm hinsichtlich des Gewirkten der Charakter einer *similitudo*,
einer vorbildhaften Ähnlichkeit zukommt. In diesem Zusammenhang vermischt sich
in Eckharts allgemeinen Überlegungen zur Kausalität eine Begrifflichkeit aus dem
Bereich der Sprache mit der Begrifflichkeit eines Bildschemas und einer Lichtmeta-
phorik:

> „Es ist also zu bemerken, dass allgemein in jedem beliebigen als Prinzip Wirkenden ein
> Vorbild [ein Gleichnis] seiner Wirkung vorausgeht, nach und aus dem es alles hervor-
> bringt und ohne das nichts ist. [...] Dieses Vorbild [Gleichnis] aber ist der Sproß und
> das *Wort*, in dem alles ist und leuchtet, was der Ursache eigen ist und was die Ursache
> als solche selbst ist [...] Dieses Vorbild [Gleichnis] ist also selbst das Wort, durch das sich
> die Ursache als solche samt allem, was ihr eigen ist, ausspricht und kundtut. [...] Das ist
> der Ursprung der gesamten Wirkung, gemäß allem, was ihr eigen ist."[636]

Alles Wirken (*agens*) in der Welt ist bereits so in der Ursache vorgebildet, dass es
von ihr unterschieden werden kann, ohne wesentlich von ihr getrennt zu sein. Der
eigentliche Schritt, das heißt die qualitative Genese, vollzieht sich innerhalb der
Ursache selbst, was freilich nicht in dem Sinne zu verstehen ist, dass das Gewirkte
(*effectus*) als solches schon in der Ursache da ist. Ursächlichkeit besteht in der
Selbstprädikation eines Sachverhalts. Im Hinblick auf Gott als dem Sein und der
ersten Ursache überhaupt bedeutet das: Das Wort ist zuallererst Selbstprädikation
Gottes und seine Selbsterkenntnis als der allgemeinen Erstursache. In diesem ersten
beschreibbaren Vorgang liegt, wie im vorangehenden Abschnitt gezeigt worden ist,
alles Wirken begründet, und nach seinem Schema vollzieht sich jeder Vorgang
überhaupt.

---

[635] Zu den Überlegungen Eckharts hinsichtlich der Verhältnisbestimmung von Zeit und Ewigkeit vor dem Hintergrund der Ansätze anderer zeitgenössischer deutscher Dominikanergelehrter cf. LARGIER, Time 240–253; zum ontologischen Status dieser Relationalität insbesondere 247ff.

[636] In Gen II n.49 (LW I 517, 5–13): „*Notandum ergo quod universaliter in agente quolibet principaliter
prae est similitudo sui effectus, ad quam et ex qua producit omnia, et sine ipsa nihil est* [...] *Haec autem similitudo proles est et verbum, in quo sunt et lucent omnia quae causae sunt et quod ipsa causa est, in quantum causa. Ipsa similitudo ergo verbum est, quo se ipsam dicit et manifestat causa, in quantum causa, et
omnia quae ipsius sunt* [...] *Ipsum est principium totius effectus secundum omne sui* [...]."

Im Wort tritt die Ursache aus sich heraus und sagt etwas über sich selbst aus und über das, was sie bewirkt, aus. Die Überlegungen zur Ursächlichkeit gelten freilich der *causa essentialis*, der Wesensursache, das heißt dem Werden und Bestehen einer Sache, nicht den Ursachen ihrer akzidentellen Veränderungen:

> „Weiterhin gilt ganz allgemein von jeder Wesensursache, dass sie ihre Wirkung und sich selbst, insofern sie Ursache ist, in dieser Wirkung ganz ausspricht, und dass die Wirkung selbst das Wort ist, durch das der Sprechende spricht, und [sie ist] auch das Wort, das gesprochen wird und durch das allein der Sprechende kund wird."[637]

Der Gedanke der Anwesenheit der Wirkung in ihrer Ursache wird durch den der Anwesenheit der Ursache in ihrer Wirkung ergänzt.[638] Im Wort erweist sich der Sprechende zugleich als der Wirkende.[639]

Eckhart verdeutlicht seine Konzeption des *verbum* als Selbstaussprache Gottes durch ein Schema von Urbild (*exemplar*) und Abbild (*imago*). Das Abbild empfängt sich ganz von seinem Urbild her. Von einem eigenständigen Bildträger des Abbildes ist nicht die Rede. Es hat keinerlei Eigenständigkeit. Von daher gilt: „Das Bild ist in seinem Urbild."[640] Auf diese Weise gründen Einheit und Verschiedenheit ineinander. Dieses innergöttliche Geschehen bezeichnet Eckhart als *procedere* (hervorgehen) und setzt es von *educere* oder *extra ducere*[641] (hinausführen) ab. Demnach bleibt Gott stets in sich selbst und ist in sich sein eigenes Abbild.[642]

Die Kontinuität zwischen Gott und den Geschöpfen findet bei Eckhart innerhalb dieses Urbild-Abbild-Schemas ihren Ausdruck.[643] In dem in und von Gott von ewig her gezeugten Wort befinden sich die Urbilder aller geschaffenen und erschaffbaren Wesen, unabhängig davon, ob letztere reales Sein besitzen oder nur der Möglichkeit nach sein können. Im *verbum* ist demnach eine ideale Welt der Ideen (*rationes*) enthalten, deren Erschaffung mit dem innergöttlichen Leben zusammenhängt. Diesen Sachverhalt drückt Eckhart mit der Theorie von den zwei Aspekten des Seins aus: Das *esse* bezieht sich im Gegensatz zum *esse hoc et hoc* auf die ideale Welt im göttlichen Wort: Das *esse* jeder einzelnen *res* gründet

> „in seinen ursprünglichen Ursachen, jedenfalls im Wort Gottes, und das ist ein festes und beständiges Sein. Deswegen ist auch das Wissen von vergänglichen Dingen selbst

---

[637] In Gen II n.47 (LW I 515,5–7): „*Item consequenter omnis causa essentialis generaliter dicit effectum suum et dicit se ipsam totam ut sic in effectu, et ipse effectus est verbum, quo dicens dicit, et est ipsum verbum, quod dicitur et quo solo innotescit dicens* [...] ."

[638] MOJSISCH, Causa essentialis 110.

[639] Cf. KERN, Meister Eckhart 263.

[640] In Ioh. n.24 (LW III 19,13): „[...] *imago est in suo exemplari.*"

[641] Cf. In Gen. II n.12 (LW I 483,9f.).

[642] zum Urbild-Abbild Schema bei Eckhart cf. COGNET, 52f.; HÖDL, 265; zur Bildlehre bei Eckhart insgesamt HAAS, Sermo mysticus 209–237.

[643] Eckhart folgt hinsichtlich der ontologischen und relationalen Relevanz des Bildbegriffs der Ausprägung dieses Theoriestücks bei ALBERTUS MAGNUS, insbesondere in dessen Frühwerken. Zur theologischen und philosophischen Relevanz des Bildbegriffs bei Albert cf. ANZULEWICZ, Bildcharakter; ausführlicher cf. ID., theologische Relevanz.

unvergänglich, fest und beständig. Denn ein Ding wird in seinen Ursachen wissend erfasst."[644]

Das Sein der Dinge in ihren Ideen hat hinsichtlich des *esse hoc et hoc* rein virtuellen Charakter, es ist – im Hinblick auf die kontingente Verwirklichung des Sachverhalts – Sein im Modus der Möglichkeit; für sich genommen, und so auch als vom Verstand erfassbare Idee, hat es einen eigenen Wirklichkeitsstatus, der sich durch die Unveränderbarkeit im Sinne eines Nichtverlierenkönnens des vollkommen Verwirklichtseins (*incorruptibilitas*) auszeichnet. Die Ideen sind – und damit befindet sich Eckhart eindeutig in der platonischen Tradition – von Ewigkeit her real. Im vorliegenden Abschnitt finden wir die Unterscheidung der beiden Seinsaspekte mit derjenigen zweier Wirklichkeitsbereiche gleichgesetzt. Eine Klassifizierung beider Bereiche als „ideell" bzw. „materiell" bringt das Eigentliche zwar nicht auf den Punkt und mag auch einen falschen Dualismus vorspiegeln, kann aber insofern an dieser Stelle weiterhelfen, als Eckhart hier die erkenntnistheoretische Problematik in die Unterscheidungsfrage einbringt. Eckhart ist sich bewusst, auch wenn er dies nicht explizit ausspricht, dass eine Betrachtung der Struktur der Wirklichkeit nicht einen distanzierten Standpunkt im Gegenüber zur Realität einnehmen kann, sondern sich über ihre Möglichkeiten und ihre Grenzen klar sein muss, innerhalb derer Erkenntnis möglich sein kann. Eckhart versucht, seine Thesen aus einem „kritischen Bewusstsein" heraus aufzustellen, das sich seiner Möglichkeiten und Grenzen bewusst sein will. Es handelt sich nicht um „reine Spekulation", sondern um gesichertes Wissen. In diesem Sinne gebraucht Eckhart in der zitierten Passage den Begriff *scientia*. *Scientia* ist das Wissen, das auf eine reflektierte und nachvollziehbare Weise wirklich gewußt werden *kann*, weil es von intelligibler Struktur ist. Ohne die Frage explizit zu stellen, gibt sich Eckhart darüber Rechenschaft, wie er die Behauptungen, die er auf der Ebene einer metaphysischen Betrachtung aufstellt, vom menschlichen Erkenntnisvermögen her legitimieren kann. Dabei hinterlässt er nicht den Eindruck, dass derartige Ausführungen einen sekundären, zu den eigentlichen metaphysischen Aussagen additiven Stellenwert hätten, sondern einen wesentlichen Bestandteil der metaphysischen Betrachtung als einer reflektierten und kritisch verantworteten Betrachtungsweise darstellen.

Der Textverlauf, wie er aus dem vorangehenden Zitat erkennbar ist, legt diese Einschätzung nahe: Die einleitende Konjunktion *propter quod* zeigt einen kausal hergestellten Argumentationszusammenhang an, nicht einen kommentierenden oder eine Zusatzinformation gebenden Einschub. Ein solcher wäre an einer Konjunktion wie *etiam* (außerdem) oder Ähnlichem erkennbar. Vielmehr ist an dieser Stelle keine Absetzung der erkenntnistheoretischen von der metaphysischen Aussage intendiert. Diese Tatsache hat nichts mit der literarischen Form des Schriftkommentars zu tun, in dem Sinne, dass Eckhart in einem geschlossenen Textverlauf eine einzelne Bibelstelle abhandeln wollte, denn an vielen Stellen setzt er zur Auslegung einer einzelnen

---

[644] In Gen I n.77 (LW I 238,2–5): „[...] *in causis suis originalibus, saltem in verbo dei; et hoc est esse firmum et stabile. Propter quod scientia corruptibilium est incorruptibilis, firma et stabilis; scitur enim res in suis causis.*"

Textstelle zu mehreren Argumentationsläufen an. Dies ist auch bei dem vorliegenden Beispiel der Fall.[645]

Der Komplex der Ursächlichkeit wird an einigen Textstellen mittels einer Terminologie beschrieben, die auf die Sichtbarkeit eines Sachverhaltes bezogen ist.
Ursächlichkeit ist die Offenbarwerdung einer vorher verborgenen Sache. Eckhart
spricht von der Verborgenheit der Dinge in ihrer Ursache, was zugleich bedeutet,
dass die Ursache sich in ihrer Wirkung offenbart:

> „Die Ursache wird also durch und in der Wirkung kund [...].Ein Ding ist nämlich in
> seiner Ursache verborgen, nicht kund und leuchtet nicht."[646]

Die Wirkung einer Ursache ist Selbstoffenbarung letzterer, nicht nur in dem, was
aus ihr hervorgeht, das heißt in dem Verursachten als Produkt, was im Zitat durch
die Präposition *in* angezeigt wird, sondern in dem Prozess der Verursachung selbst –
des Werdens des Gewirkten –, wofür die Präposition *per* steht. Der virtuelle Charakter des Seins der Dinge in ihren Ursachen wird in dem Sprachzusammenhang des
Zitats im Sinne von Verborgenheit gedeutet. Verborgenheit setzt das Vorhandensein des Verborgenen voraus. Konkret erläutert wird dieser Zusammenhang am
Beispiel des Feuers:

> „Denn das Feuer ist in seiner Ursache nicht Feuer, und dort kommt ihm weder der
> Name noch die Definition zu noch das Brennen und das Heißmachen."[647]

Deutlich wird, dass das Heraustreten eines Sachverhalts aus seiner Ursache nichts
Sekundäres darstellt, sondern wesentlich ist. Eckhart räumt einem virtuellen Reich
der Ideen keinen Vorrang ein. Als das, was er ist, kann sich ein Sachverhalt nur in
seiner konkreten – wenn auch relationalen – Verwirklichung zeigen. Im göttlichen
Wort, in ihrer eigenen Formursache, sind die Geschöpfe „gottförmig", eine Eigenschaft, die ihnen in ihrem konkreten Dasein in der Welt nicht mehr in sich zukommt, in der sie aber relational verankert bleiben.[648] Die Eigenförmigkeit neben der
Gottförmigkeit tritt erst in der konkreten Verwirklichung hervor.

---

[645] Die Auslegung zu Gen 1,6a (*fiat firmamentum in medio aquarum* – es werde etwas Festes zwischen den Wassern) gliedert Eckhart in drei Argumentationsgänge: In Gen I n.77–80 (LW I
238,1–241,4): die Lehre vom Doppelaspekt des Seins mit Hinweis auf die nach Augustinus
platonische Tradition, mit erkenntnistheoretischen Bemerkungen; n.81–81 (241,5–243,2):
kosmologische Überlegungen/die Scheidung der Himmelssphären nach Aristoteles; n.84–
86 (243,3–245,4): doxologische verbunden mit ethischen Überlegungen. Die Einteilung
stimmt nicht ganz mit der im Text vorgenommenen Nummerierung überein. Der Text, der
auf die Handschriften C und T zurückgeht, hat eine unvollständige Nummerierung (zwei-
mal viertens, drittens fällt weg), geht dabei aber bis fünftens, während E die Nummerierung
der Abschnitte überhaupt nicht durchhält.

[646] In Gen. II n.47 (LW I 515,10–12): „*Manifestatur igitur causa per effectum et in effectum*; [...] *Res
enim in causa sua absconditur, non manifestatur, non lucet.*"

[647] In Gen II n.47 (LW I 515,12–14): „*Nam ignis in causa sua non est ignis, nec nomen ipsi competit nec
diffinitio nec ignire nec calefacere.*"

[648] Cf. LOSSKY 185.

Die Weise, wie Eckhart Ursächlichkeit auffasst, entspricht seiner Seinskonzeption. Wie für das einzelne Seiende das Sein im Sein als solchem, in Gott begründet ist, so ist auch die Ursächlichkeit in der Ursache selbst begründet und nicht in einer Relation auf ein zu Bewirkendes hin. Die Ursache kann als Ursache betrachtet werden, ohne dazu das von ihr Verursachte heranzuziehen.

Im Schema der *termini generales* wurde Ursächlichkeit durch die einander zugeordneten Termini *quo est* und *quod est* bezeichnet. Bei der im *prologus generalis* entworfenen Vorgehensweise Eckharts dürfen wir davon ausgehen, dass die von uns zitierten Passagen über die Wesensursache, über Urbild und Abbild sowie die Wirkkraft des Wortes einer entsprechenden Abhandlung im *opus propositionum* bzw. *quaestionum* zuzuordnen sind. Eine durchgehende Differenzierung nach den Ursächlichkeitsprinzipien *quo est* und *quod est* ist zwar nicht immer auf den ersten Blick erkennbar, doch gründet die Unterscheidung zwischen dem verborgenen Ursprung in der Ursache und dem Offenbarwerden des Sachverhalts als dem, was er ist, in der Unterscheidung der Prinzipien *quo est* und *quod est*. An andern Stellen des *opus quaestionum* – auch im zweiten Genesiskommentar, dem unsere vorangehenden Zitate zur Ursächlichkeit entnommen sind, so dass wir hier nicht auf eine Entwicklung der eckhartschen Überlegungen, die sich in den verschieden Kommentaren zeigen könnte, rückschließen dürfen – finden wir Ausführungen darüber, die von einer scharfen Unterscheidung beider Prinzipien ausgehen.[649]

Die Entfaltung des relationalen Strukturprinzips verteilt sich, wie bis hierhin deutlich geworden ist, bei Eckhart über verschiedene Theoriestücke. Eine allgemein zu beobachtende Tendenz mittelalterlicher philosophischer Abhandlungen ist, dass sie nicht synthetisierend vorgehen, sondern Einzelprobleme – oftmals mehrere nacheinander – analysieren. Bei einzelnen Überlegungen wird auf vielerlei Voraussetzungen zurückgegriffen, ohne diese eigens zu thematisieren. Dies erschwert die Interpretation der einzelnen Abhandlungen, da auf den ersten Blick der Eindruck entsteht, sie seien aus sich heraus verständlich bzw. in sich abgeschlossen, was aber gerade nicht der Fall ist.[650] Mit dieser Feststellung soll keineswegs in Frage gestellt werden, dass mittelalterliche Philosophie in systematischen Zusammenhängen zu denken gewohnt wäre. Gerade die Kritik, die der eckhartsche Ansatz am Vorgehen der Quaestionen bzw. Summen implizit übt,[651] indem er deren Vorgehensweise schlichtweg ignoriert, weist in eine andere Richtung, die durch die im gesamten Entwurf des O.T. streng durchgehaltene Systematik des relationalen Strukturschemas bestätigt wird.

[649] z.B. In Gen II n.34 (LW I 502,2–13), zitiert n.528.
[650] Zu dieser Einschätzung cf. PINBORG, Modistae 49.
[651] Cf. GORIS, Einheit 25

E. Die Kraft der eckhartschen Synthese – Wirklichkeit als angeeignete Wirklichkeit

Im Verlauf der Untersuchung ist mehrfach deutlich geworden, dass in der Konzeption der *termini generales* als Schema einer Beziehungs- und Verhältnisstruktur der Wirklichkeit auch Überlegungen hinsichtlich des menschlichen Erkenntnisvermögens eine wesentliche Rolle spielen. Neben der Metaphysik stellen sie gleichsam den zweiten Topos des Werkes dar. Andere Thematiken werden nicht angesprochen. Der entscheidende Schritt, die Eigenart der eckhartschen Konzeption zu verstehen, besteht darin, den unmittelbaren Sinn und Zweck der eckhartschen Metaphysik zu erfassen. Wenn das eckhartsche Denken als „spekulative Mystik" bezeichnet wird – ein Ausdruck, der in der Forschung auch scharfe Kritik erfahren hat[654] –, deutet das in die Richtung des Spannungsverhältnisses der beiden Topoi. Eckhart geht es offenbar nicht allein um ein Gesamtverständnis der Welt, sondern implizit um das Selbstverständnis des Menschen innerhalb dieses Ganzen. Dieses wird entscheidend durch die *intellectualitas* bestimmt, innerhalb der der Mensch der Welt und Gott als der umfassenden Wirklichkeit nicht nur gegenübertritt, sondern an ihnen teilhat.

1. DER GRUNDSÄTZLICHE ZUSAMMENHANG INHALTLICHER UND STRUKTURELLER ASPEKTE IN DER METAPHYSIK

An einigen Stellen der Untersuchung wurde bereits die Frage aufgeworfen, ob der eckhartsche Ansatz eher dem Modell einer Einheits- oder dem einer Seinsmetaphysik zuzurechnen sei. Dieser Frage soll im Hinblick auf die Eigenart der eckhartschen Konzeption ausführlicher nachgegangen werden. Für die Unterscheidung zwischen Einheits- und Seinsmetaphysik werden zwei Grundprinzipien geltend gemacht, das Eine und das Sein.[655] Der grundlegende Unterschied besteht darin, wie innerhalb des jeweiligen Ansatzes der Wirklichkeitsstatus der Dinge betrachtet wer-

---

[654] Cf. FLASCH, Eckhart und die ‚Deutsche Mystik'.

[655] Cf. zu dieser Unterscheidung KOCH, Neuplatonismus; STALLMACH 85–92; MURALT 40–44. M. sieht in dem Gegensatz zwischen Einheits- und Seinsmetaphysik die grundsätzliche Differenz zwischen platonischem und aristotelischem Ansatz, exemplarisch verdeutlicht an Nicolaus von Kues und Thomas von Aquin. Beide Grundansätze schließen einander aus und neben diesen ist nach M. kein weiterer Ansatz der Metaphysik denkbar.

den kann. Für das Sein als Grundprinzip gilt, dass es in jedem Sachverhalt wahrgenommen wird, insofern er seiend ist. Der Gegensatz von seiend und nichtseiend ist keine Unterteilung der Wirklichkeit, sondern eine in Wirklichkeit und Nichtwirklichkeit. In einem seinsmetaphysischen Ansatz besteht grundsätzlich die Möglichkeit, aus der Betrachtung der Wirklichkeit aposteriorisch den eigentlichen Betrachtungsgegenstand – den Seinsbegriff – mittels Abstraktion zu gewinnen.

Anders ist es mit dem der Einheitsmetaphysik zugrunde liegenden Gegensatz zwischen dem Einen und dem Vielen. Das Eine ist ein einziges Grundprinzip, im christlichen Kontext mit Gott gleichgesetzt, von dem sich alles Übrige – das Viele – wesentlich unterscheidet. Ein einheitsmetaphysischer Ansatz geht demnach mit einem grundlegend anderen Verständnis an die kontingente Wirklichkeit heran als ein seinsmetaphysischer. Für eine Einheitsmetaphysik kann die kontingente Wirklichkeit immer nur indirekt auf ihr Grundprinzip hinweisen, und das letztlich nur in ihrer Kontrastierung, das heißt, als das Nicht-Eine. Die zunächst wahrgenommene Wirklichkeit ist das Uneigentliche. Der Weg vom Vielen zum Einen setzt einen qualitativen Sprung voraus, das heißt die Überschreitung einer wesentlichen Grenze. Das Grundprinzip ist der kontingenten Wirklichkeit transzendent. Ein Aufstieg vom Vielen zum Einen – vom Uneigentlichen zum Eigentlichen – ist vor diesem Hintergrund nicht möglich, und so muss das Eine apriorisch als Ausgangspunkt der Betrachtung gesetzt werden. Das Eine ist das *prius*, das Viele das *posterius*, nicht nur hinsichtlich des Wirklichkeitsstatus, sondern auch hinsichtlich der Betrachtung. Deshalb muss es dem denkenden Verstand apriorisch als Idee gegeben sein, da es kein unmittelbarer Gegenstand der Erfahrung ist. Der Erkenntnisweg des Fortschreitens in der Reihe der Kausalitätszusammenhänge, das Aufsteigen bzw. Zurückgehen in der Reihe der Voraussetzungen reicht allein nicht aus, denn diese Vorgehensweise geht von einer gegenseitigen Relationalität aus, und das Eine im Sinne des Absoluten zeichnet sich gerade durch seine Selbständigkeit, das heißt Nicht-Relationalität aus. Der damit skizzierte Bruch macht die Notwendigkeit des Transzendierens aus. Der denkende Verstand, das lässt sich aus dem Vorhergehenden folgern, nimmt seinen Ausgang nicht in der Betrachtung der Wirklichkeit, sondern in sich selbst, das heißt in den ihm gegebenen apriorischen Inhalten.

Diese Skizze der beiden Ansätze ist bewusst vereinfachend, um die unterscheidenden Momente hervorzuheben. Bei einer tiefergehenden Betrachtung wird man feststellen, dass die Unterscheidung in dieser Schärfe nicht durchzuhalten ist. Auch der seinsmetapyhsische Ansatz enthält apriorische Momente, und gerade der eckhartsche Ansatz ist ein Beispiel dafür. Eckhart führt den Seinsbegriff in den *prologes* unmittelbar in seiner Identifikation mit Gott, d. h. in seinem Inbegriff ein. Beiden Ansätzen geht es um eine Letztbegründung der Wirklichkeit, um ein durchgreifendes Verständnis dessen, was sich als Wirklichkeit zeigt. Beide versuchen dabei, den Spannungen gerecht zu werden, die sich innerhalb der Betrachtung der Wirklichkeit zeigen und die nicht mehr aufzulösen sind. Beide Ansätze versuchen dem Anliegen zu entsprechen, das für die abendländische Metaphysik bestimmend ist: die Wirklichkeit als eine letzte Einheit wahrzunehmen und das Prinzip dieser Einheit nachzuvollziehen. Der eigentliche Sinn der Einheitsmetaphysik entspricht letztlich dem der Seinsmetaphysik. Das Eine wird immer auch als der Ursprung des Seins betrachtet. Ein Ursprungsprinzip anzunehmen, das nicht zugleich das letzte Seinsprinzip darstellt, wäre in sich widersprüchlich, da so der Anspruch einer einen Wirklichkeit aufgegeben würde und dem Seinsbegriff sein eigentlicher semantischer Wert – die Bezeichnung des allem gemeinsamen In-der-Wirklichkeit-Seins – abgesprochen würde. Die reinste Darstellung der Einheitsmetaphysik ist das Denken des Einen-Absoluten.[656] Die spekulative Anstrengung des Verstandes kann den Begriff des Einen nicht aus dem Vielen ableiten. Dass das einheitsmetaphysische Modell einem religiösen Weltbild eher entspräche, weil es seinen Ausgangs- und Zielgedanken nicht selber konstruiert, sondern ihn als etwas Gegebenes kontempliert, ist eine Auffassung, die an dieser Stelle relativiert werden muss.[657] Sicher wird ein christliches Weltbild stets die Transzendenz Gottes betonen, aber genauso ist die christliche Überlieferung auch von der Gottbezogenheit der Schöpfung überzeugt, kennt nicht nur das Wirken Gottes in der Schöpfung – das allein setzt schon eine gewisse strukturelle Konformität voraus – sondern auch den Gedanken der Gottebenbildlichkeit des Menschen als Geschöpf. Dass ein seinsmetaphysischer Ansatz gewählt wird, ließe sich ebenso aus einer christlichen Grundhaltung heraus begründen. Die christliche Überzeugung ist für beide Denkwege grundsätzlich offen, und die Verschiedenheit der Ansätze antwortet auf die nicht einholbare Spannung zwischen der Immanenz und der Transzendenz Gottes, die einem christlichen Weltverständnis eigen ist.

Eckharts eigene Aussagen zum Verhältnis der Begriffe des Seins und des Einen wurden bereits herangezogen. Ich greife sie zur Veranschaulichung nochmals auf und zitiere sie in einem größeren Zusammenhang:

> „Das Eine fügt dem Sein nichts hinzu, nicht einmal der *ratio* nach, sondern nur der Negation. Nicht so das Wahre und das Gute. Deshalb verhält sich das Eine ganz unmittelbar zum Sein, da es ja die Reinheit und das Mark oder den Gipfel des Seins bezeichnet, was das ‚Sein' nicht bezeichnet. Das Eine bezeichnet nämlich überdies das Sein selbst in sich selbst mit der Negation und dem Ausschluss jeglichen Nichts, des Nichts, sage ich, das jede Negation erfährt. Jede Negation negiert ja irgendein Sein, von welchem Sein sie das Fehlen ausspricht. Die Negation der Negation also, die durch das Eine bezeichnet wird, stellt fest, dass in dem bezeichneten Begriff alles enthalten ist, was zu dem Begriff gehört, und alles fehlt, was zum entgegengesetzten Begriff gehört. Dies aber ist notwendigerweise das Eine."[658]

---

[656] Cf. STALLMACH 88.

[657] Diese Auffassung vertritt STALLMACH 87 im Blick auf NICOLAUS CUSANUS. Dieser sei zwar als spekulativer Denker einzuschätzen, auf ausgesprochene Weise aber auch als *homo religiosus*. So ließe sich bei ihm neben dem „philosophischen Transzendenzdenken" ein theologisch-religiöses Grundmotiv orten. Deshalb könne die Vorgehensweise des Cusanus als „gottinnige Gottsuche" charakterisiert werden. „Gottinnig" bezeichnet dabei die Unmittelbarkeit der Gottesbegegnung, da Gott „innerlicher als das eigene Innen" sei, während die „Gottsuche" der Gott eigentümlichen Verborgenheit Rechnung trage. Diese Charakterisierung des Cusanus lässt sich ohne weiteres auf Eckhart übertragen.

[658] In Sap. n.148 (LW II 486,2–9): „*Iterum etiam li unum nihil addit super esse, nec secundum rationem quidem, sed secundum solam negationem; non sic verum et bonum. Propter quod immediatissime se tenet ad esse, quin immo significat puritatem et medullam sive apicem ipsius esse, quam nec li esse significat. Significat enim li unum ipsum esse insuper in se ipso cum negatione et exclusione omnis nihili, quod, inquam,*

Die Aussagen über den Begriffsinhalt des Einen werden im Hinblick auf das Sein gemacht. Die gilt für die Transzendentalien insgesamt. An keiner Stelle in Eckharts Werk findet man eine abgeleitete Rede vom Sein, sondern stets eine unmittelbare, von der aus Ableitungen zu den übrigen Transzendentalien möglich sind. Dies ist auch dort der Fall, wo ein anderer transzendental gebrauchter *terminus* im Mittelpunkt der Betrachtung steht. Stets lässt Eckhart anklingen, dass es letztlich um eine allgemeine Rede über die Struktur der Wirklichkeit und das heißt um eine Rede vom Sein geht.

Den zitierten Formulierungen aus dem Sapientiakommentar lässt sich klar entnehmen, dass es Eckhart um die Signifikation der Begriffe „Sein" und „Eines" geht, das heißt um die den Begriffen implizite Fähigkeit, den Sachverhalt, den sie bezeichnen, wirklich zu erfassen. Der einleitende Satz lässt zunächst den Eindruck entstehen, dass Eckhart einen Sachverhalt des Seins bzw. des Einen intendiert. Im ersten Nebensatz wird aber deutlich, dass es um den transzendentalen Begriff geht, um die Begriffsgestalt als solche und ihre Fähigkeit, den bezeichneten Sachverhalt adäquat zu erfassen. Mit *ratio* ist der Aussagebezug des Begriffs gemeint, das heißt seine intentionale Ausrichtung auf den Sachverhalt. In diesem Sinne – im Bezug auf den Sachverhalt – kann der Begriff des Einen dem des Seins nichts hinzufügen, da sich beide auf denselben Sachverhalt beziehen. Die Referenz auf einen elementaren Sachverhalt ist für Eckhart jedoch nicht die einzige Dimension eines Begriffs. Dann müssten „Sein" und „Eines" univoke Begriffe sein. Es handelt sich beim Begriff des Einen jedoch – und das will Eckhart hier näher ausführen – um eine andere Aussageweise desselben Sachverhalts, die auf einen bestimmten Aspekt der Beziehungswirklichkeit verweist. Der Begriff des Einen ist eine Aussage und wird von Eckhart auf die Struktur einer Aussage hin analysiert. Eckhart geht von der Prämisse aus, dass jede positive Aussage zugleich eine negative Aussage impliziert, nämlich die Verneinung dessen, was von der Aussage nicht affirmiert wird. Die Behauptung des Zutreffens eines Sachverhalts ist zugleich die Behauptung des Nichtzutreffens seines Gegenteils.

Für Eckhart ist die Prädikation des Einen die Prädikation des Seins, und dies in einer Exklusivität, wie er sie für den Seinsbegriff nicht von vornherein feststellen kann. Es erstaunt, dass ein Begriff von sich aus seine volle Aussageleistung nicht erbringen kann. Der Seinsbegriff selbst hat demnach einen eher diffusen, das heißt unkonkreten Charakter und bedarf zu seiner vollständigen Prädikationsleistung einer Ergänzung durch einen weiteren Begriff. Der Seinsbegriff erscheint als aus sich selbst heraus nicht in der Lage, die vollständige Affirmation des von ihm bezeichneten Sachverhalts leisten zu können. Er ist zwar der zentrale Grundbegriff, in seiner

---

nihil omnis negatio sapit. Omnis siquidem negatio negat aliquod esse, cuius esse carentiam dicit. Negatio ergo negationis, quam li unum significat, notat in termino significato adesse omne quod termini est et abesse omne quod opposti termini est. Hoc autem necessario est unum."
Die Editoren Winkler und Weiß gehen in ihrer Übersetzung nicht auf die Unterscheidung zwischen *ratio* und *terminus* ein, sondern geben beides mit „Begriff" wieder. Unserer Einschätzung nach geht damit eine Differenzierung verloren, die für das Textverständnis nicht unbedeutend ist.

Funktion aber in sich mit der Schwäche behaftet, nicht alles, was in dem von ihm bezeichneten Sachverhalt enthalten ist, aussagen zu können.[659]

Dem Begriff des Einen, der diese Ergänzung leistet, kommt von daher der Charakter der Unselbständigkeit zu. Auf den ersten Blick erscheint er als ein ergänzender Hilfsbegriff, wobei erst durch diese Ergänzung der Grundbegriff in seiner Bedeutungsfülle erfasst werden kann. Der Inhalt des einen Begriffs ist nicht apriori erfassbar, sondern wird gleichsam aposteriori unter Hinzuziehung eines weiteren Begriffs synthetisiert.

Das Gegenteil des Seins ist das Nichts – so führt Eckhart es bereits bei der Aufzählung der *termini generales* ein. Dieser Gegensatz ist offensichtlich aus sich selbst heraus nicht scharf genug. Dem *unum* wird das *multum* gegenübergestellt. Dieser Gegensatz hat für Eckhart einen weitaus „kontradiktorischeren" Charakter als der erste. Das Adjektiv „kontradiktorisch" ist von seiner Semantik her nicht zu steigern. Das, worum es Eckhart geht, lässt sich jedoch auch nicht mit dem Ausdruck „konträr" beschreiben. Gemeint ist, dass Eckhart durchgehend Sachverhalte beschreibt, deren ontologischer Status insofern ambivalent ist, als sich an ihnen Sein und Nichts gleicherweise als Momente ausmachen lassen. Dem *esse* kann bei der Betrachtung des *esse hoc et hoc* ein Nichtsein und damit eine Beschränkung zugedacht werden, und es ist dennoch als *esse* zu begreifen. Sein und Nichtsein schließen sich zwar aus, können jedoch an einem Sachverhalt nebeneinander bestehen. Einem Einen jedoch kann nicht ein Teil seines Einsseins abgehen, denn wäre es nicht mehr Eines im Vollsinn, so wäre es überhaupt kein Eines mehr. Dies ist der Fall, unabhängig davon, ob das *unum* numerisch oder im Sinne von Ganzheit gefasst wird. Eine Einheit, der etwas von ihrer Einheit abgeht, besagt notwendigerweise Vielheit.

Der einheitsmetaphysische Gedankengang stellt sich in dem betrachteten Abschnitt als eine Präzisierung des seinsmetaphysischen Ansatzes dar, die insofern notwendig ist, als der seinsmetaphysische Ansatz aus sich heraus nicht das zu leisten vermag, was eigentlich Aufgabe einer Metaphysik ist. Der seinsmetaphysische Ansatz wird erst unter Hinzuziehung des einheitsmetaphysischen Gedankengangs in seiner eigentlichen Intention greifbar, die im Denken der vollkommenen Selbstaffirmation liegt. Dies gilt insbesondere im Hinblick auf die von Eckhart eingeschlagene Richtung eines ganzheitstheoretisch pointierten Ansatzes als Ontotheologie vom Inbegriff des Seins her: Nur in seinem Inbegriff in der Gleichsetzung mit Gott ist der Seinsbegriff formal erfassbar, bedarf er keiner weiteren Explikation mehr und lässt sie neben sich auch nicht zu, so dass das Kriterium der im Ursprung henologischen *negatio negationis* erfüllt ist: „*Negatio ergo negationis, quam li unum significat, notat in termino significato adesse omne quod termini est.*" Die Henologie erscheint hier gleichsam als eine Hilfswissenschaft der Ontologie, um eine in letzterer strukturell angelegten Schwäche zu begegnen. Die Ontologie bleibt die Grundwissenschaft, die jedoch, um vollständig zu sein, der sie in ihrem Anliegen präzisierenden Henologie bedarf. Da Eckhart diese Vollständigkeit mit dem Zentralfragment *esse est deus* schon zu Beginn

---

[659] MC GINN 135 sieht die entscheidenden Unterschiede zwischen *esse* und *unum* in ihrer „dialectical availability": „[...]the term „*esse*" seems semantically less capable of revealing the dialectical coincidence of transcendence and immanence in the same way that *unum* understood as the *negatio negationis* and *puritas essendi* does."

seiner Gedankengänge anstrebt, setzt die Henologie unmittelbar mit der Ontologie an. Ontologie und Henologie beziehen sich bei Eckhart auf den gleichen Gegenstand, den der ganzheitstheoretisch entworfenen Ontotheologie: *unum immediatissime se tenet ad esse*. Mit dieser Aussage ist das Verhältnis der Begriffe gemeint, das einen unvermittelt-unmittelbaren Charakter hat. Das Eine bezeichnet nichts anderes als das Sein: „*Significat enim li unum ipsum esse insuper in se ipso*". Es handelt sich bei *unum* um einen Begriff, der über sich selbst hinaus verweist. Eckhart kann nicht vom Einen sprechen, ohne damit das Einssein zu meinen. Die Konvertibilität der Transzendentalien liegt darin begründet, dass sie alle das Sein bezeichnen. Die Feststellung mag banal erscheinen. Umgekehrt folgt aus ihr jedoch, dass vom Sein nicht einfach nur als vom Sein gesprochen werden kann, sondern dass es weiterer Begriffe bedarf, um das, was mit dem Seinsbegriff ausgesagt ist, überhaupt adäquat erfassen zu können, wobei dem Begriff des Einen dabei die wichtigste Rolle zukommt. Die Welt besteht nicht einfach, sondern ihr Bestehen ist ein Bestehen auf eine bestimmte Art und Weise, in einer bestimmten Struktur.

Ausführungen über die Struktur der Wirklichkeit haben einen notwendig allgemeinen Charakter. Sie beziehen sich auf das Ganze, auch wenn sie es unter einem bestimmten Aspekt betrachten. Die Wirklichkeit als solche ist nicht teilbar in etwaige partikulare Wirklichkeiten. Dass sie dennoch unter bestimmten Aspekten geschaut werden kann, hebt den Ganzheitscharakter nicht auf. Die Frage nach dem ontologischen Charakter dieser transzendentalen Aspekte und damit dem Sinn dieser Strukturparallelität lässt sich dahingehend beantworten, dass eine Grundsubstantialität der Wirklichkeit in der relationalen Struktur der Wirklichkeit als solcher gegeben ist. In ihr lässt sich die Beziehung der Welt zu Gott am adäquatesten begreifen. Der ontologische Status der transzendentalen Aspekte gründet darin und unterscheidet sich nicht von diesem, da die *termini generales* die inhaltliche Ausfüllung des Schemas darstellen und die verschiedenen Aspekte dieses Schemas hervorheben, diesem aber von der Sache her nichts hinzufügen. Näher erläutert hat Eckhart diese Zusammenhänge nur im Hinblick auf das Verhältnis von *esse* und *unum*, d.h. die beiden ersten Glieder der Aufzählung der *termini generales*. Hinsichtlich der übrigen Glieder gehen Eckharts Ausführungen weniger ins Detail, doch ließen sich ähnliche Beobachtungen aufstellen. Von „Ontologie" kann bei Eckhart umfassend weniger hinsichtlich des Seinsbegriffs als vielmehr hinsichtlich der Seinsstrukturen gesprochen werden. Gleicherweise sind henologische Strukturen nicht allein mittels des Begriffs des *unum*, sondern anhand diverser transzendentaler Begriffe aufzeigbar. Eine strenge Abgrenzung von Seins- gegen Einheitsmetaphysik bleibt dem Eckhartschen Ansatz gegenüber vordergründig.

Dem Menschen ist es gegeben, auf die wahrgenommenen Aspekte auf seine Weise zu reagieren, da in ihm eine differenzierte Rezeptivität angelegt ist. So antwortet dem Wahrheitscharakter das Erkenntnisvermögen und der Gerechtigkeit das gerechte Handeln. Die Einheit ruft den Menschen zur Einswerdung mit Gott. Der Mensch gleicht sich der Wirklichkeit an, denn ihre Struktur, das heißt ihre Selbstaffirmation verlangt dem Menschen eine Antwort ab. Der Umgang des Menschen mit der Wirklichkeit kann von daher nicht rein rezeptiver Natur sein, indem er sie sich aus der Position des Gegenübers verobjektiviert. Er ist vielmehr durch eine Aneignung im Wortsinn bestimmt. Die Wirklichkeit ist nicht aus der Rolle des Beobachters heraus wahrzunehmen, sondern nur im Mitvollzug. Der Beobachterstatus setzte einen objektiven Standort voraus, den es so nicht geben kann. Eckhart führt diesen Gedankengang so zwar nirgendwo aus, aber die Tatsache, dass er keinerlei Überlegungen zum Beobachterstatus anstellt, sondern vielmehr zum Mitvollzug der Prozessualität anhält, lässt darauf schließen, dass er einen solchen nicht angenommen hat und auch von seinen eigenen Denkvoraussetzungen her gar nicht annehmen konnte. Dass die Wirklichkeit nur im Mitvollzug wahrnehmbar sein kann, liegt für Eckhart nicht darin begründet, dass sie selbst im Wesentlichen Vollzug und nicht etwas statisch Gegebenes ist. Sie hat einen prozessual geprägten Charakter. Darauf sind wir bereits bei unseren Überlegungen zum Begriff „terminus" gestoßen.[660] Dieser Gedankengang erscheint zunächst schwer nachvollziehbar, wenn man mit „Prozess" an die Entstehung aus einem Grad der Vollkommenheit hin zu einem anderen Grad der Vollkommenheit denkt. „Prozess" bedeutet dann „Veränderung", und dies setzt immer einen Zustand der Unvollkommenheit voraus, der die Veränderung auslöst oder notwendig macht. Dies gilt sicher für das Verhältnis der kontingenten Welt zu Gott.

Die prozesshafte Wirklichkeitsstruktur bringt einen zweiten Grund mit sich, weshalb ein Beobachterstatus der Wirklichkeit gegenüber nicht gegeben sein kann: Die Vollkommenheit in Gott hat aus der Perspektive des Kontingenten nur einen Annäherungscharakter. Die Begriffe sind zwar analysierbar, ihre Wirklichkeit ist als solche jedoch nicht erreichbar, nur im Modus der Relation. Eine Herleitung und Entwicklung der termini generales wird bei Eckhart nicht geliefert, da sie innerhalb seiner Prämissen nicht möglich ist. Dafür müsste eine Richtung der Relation von unten nach oben angenommen werden, was im eckhartschen System nicht vorkommt. Dies ist zwar die Richtung des Vollzugs, nicht jedoch der Konstitution. Die Frage nach der Möglichkeit und Reichweite von Metaphysik überhaupt ist im O.T. nicht überliefert, sie wäre innerhalb des Ansatzes aber auch in ihrer ganzen Tragweite nicht virulent, weil schon die Wirklichkeit, wie sie wahrgenommen wird, sich in einem Status des Anstrebens bzw. des Angestrebtseins befindet und das Denken vom Inbegriff her diese Grenze aus seiner inneren Logik heraus von Anfang an transzendiert hat.

---

[660] S.o.S.18.

2. DER URSPRUNG DER RELATIONALITÄT IN DEN PRINZIPIEN DER INTELLECTUALITAS UND DER SIMPLICITAS

Geht man den verschiedenen Hinweisen Eckharts auf die Eingebundenheit des Menschen in die Relationalität der Wirklichkeit nach, so stellt man fest, dass diese zwar stets in einem Zusammenhang mit der menschlichen *intellectualitas* stehen, dass das Begriffsfeld *intellectualitas* selbst jedoch nicht vom Menschen her entwickelt wird, sondern einen eigenständigen Topos formt.

In den Pariser Quästionen entwirft Eckhart seinen metaphysischen Ansatz anhand des Begriffs *intellectus* mit dem Hintergedanken, Gott damit vom Sein der kontingenten Wirklichkeit abzugrenzen.[661] Gott ist demzufolge adäquater als Intellekt denn als Sein zu erfassen. Dieser Gedanke impliziert einen Primat der Noetik vor der Ontologie[662], oder vielmehr eine Ontolgoie, die als Noetik entworfen wird.

Neben der auf Ex 3,14 sich berufenden Gleichsetzung Gottes mit dem Sein konnte sich eine im Neuplatonismus wurzelnde Tradition halten, nach der das Sein nur das erste der geschaffenen Dinge ist, nicht jedoch deren Ursprungsprinzip. Ein im 13. Jahrhundert überaus wirkmächtiger Zeuge dieser Tradition ist der Liber de Causis. Das Werk Eckharts zeugt auf seine Weise von dieser Doppeltradition. Der ontologischen Terminologie – christlich durch Augustinus ausgeprägt – gesellt sich immer wieder eine solche zu, die auf Dionysius Areopagita zurückgeht, die zwar durch den Intellektbegriff bestimmt ist, ihre systematische Mitte aber in einer positiven Fassung des Begriffs des Nichts gegenüber dem Sein hat. Eckhart bemüht sich um eine Synthese beider metaphysischen Diskurse, die sich oft darauf beschränkt, die einander konträren Terminologien einfach gegenüberzustellen. Sein eigentliches Anliegen kann in der Gegnerschaft zu einem exklusiv anti-intellektualistischen Ansatz gesehen werden, d. h. einer Absetzung gegen Ansätze, die mit dem Primat des Willens über den Verstand auch einen Primat des Seins über den Intellekt verbinden. Eckhart möchte letztlich die Identität, nicht den Gegensatz von Sein und Erkennen in Gott verdeutlichen. Diese Beobachtungen gelten in einem weitaus stärkeren Maße für die Pariser Quästionen als für das O.T. Es gehört zur inneren Logik des eckhartschen Ansatzes, sich nicht auf ein bestimmtes Begriffssystem festzulegen und so einer univoken Interpretation der Begriffe zuvorzukommen, die den notwendigen Durchbruch in die *regio intellectualis* nicht leisten könnte.[663]

Im O.T. kommt es nicht zu einer Gegenüberstellung der beiden Ansätze, sondern zu einer Integration, die beide Ansätze als einander komplementär erscheinen lässt.[664] Dies ist gerade dadurch möglich, dass nicht ein bestimmter Begriff, sondern ein Strukturschema den Leitfaden des Werkes bildet. Deshalb sollen an dieser Stelle

---

[661] Zur Forschungsliteratur cf. Anm. 584.

[662] WÉBER, ontothéologisme 16f.

[663] Cf. ZUM BRUNN, Dieu 84–89.103; LOSSKY 214. GROTZ 384 spricht in diesem Zusammenhang zutreffend von einer „sprachpragmatischen Differenz".

[664] Dass das *intelligere* das göttliche *esse* begründet, ist wird bei QUINT als ein durchgängiger Gedanke des gesamten lateinischen Werkes unterstellt.

die geistmetaphysischen Ansätze des O.T. nicht in ihrer ganzen Breite entwickelt, sondern es soll lediglich aufgezeigt werden, wo innerhalb des Grundschemas das Theoriestück vom *intellectus* greift und wie sich die Notwendigkeit eines solchen Theoriestücks aus dem strukturontologischen Ansatz selbst ergibt.

Die Zuordnung des *intellectus* zum Schema der *termini generales* erfolgt über den Seinsbegriff. Dieser und der Intellektbegriff werden als zwei verschiedene Aussageweisen für Gott gegenübergestellt:

> „Es ist zuerst zu bemerken: Man muss in Gott, dem Ursprung aller Dinge, zweierlei unterscheiden, wie wir also sagen, [erstens] dass er das wahre, wirkliche uranfängliche Sein ist. Zweitens aber muss man ihn unter dem Gesichtspunkt betrachten, dass er Intellekt ist. Dass die Eigentümlichkeit dieses Gesichtspunktes die höhere ist, erhellt daraus, dass alles wirkliche Seiende in der Natur sich auf klare Ziele hin bewegt und bestimmte Mittel dazu benutzt, als erhielte es durch eine höhere Ursache Weisung. [...] Daher wird das Werk der Natur das Werk einer Intelligenz genannt und ist es auch."[665]

Diesen Ausführungen zufolge ist das Intellektsein Gottes höher (*altior*) anzusetzen als seine Gleichsetzung mit dem ursprunghaften Sein. *Altior* ist nicht im Sinne einer höheren Stufe einer Wirklichkeitshierarchie gemeint, sondern im Sinne von „angemessener", d. h. angemessener in der Aussagekraft über den bezeichneten Sachverhalt. Dieser Vorzug wird nicht anhand des Begriffs *intellectus* selbst erörtert. Als Begründung seiner Einschätzung gibt Eckhart die teleologische Seinsordnung der Natur an, die sich nicht bloß als eine sich ergebende, sondern als eine festgelegte (*determinata*) Ordnung darstellt. Diese Ordnung gründet in einer einzigen Ursache. Warum dieser intentionale Zusammenhang als die *rationis proprietas*, d. h. die Eigentümlichkeit des *intellectus* als Wirklichkeitsaspekt Gottes diesen gegenüber dem *esse* hervorhebt, wird nicht erläutert. Offensichtlich reicht Eckhart die Ausweisung von Relationalität und Prozessualität bzw. deren bessere Explizierbarkeit anhand des Begriffs *intellectus* aus, um ihn hinsichtlich der Beschreibung der göttlichen Wirklichkeit und als Ausfüllung des Strukturschemas als aussagekräftiger zu betrachten. Die wahrnehmbare Wirklichkeit bietet sich wie von einem höheren Verstand geordnet dar. Die Ordnung des Seienden ist demzufolge nicht einfach gegeben, sondern sie ist in dieser Gegebenheit sinnvoll. Sie ist ein bewusst geordnetes Ganzes, und dies ist für Eckhart nur denkbar, wenn hinter dem Ganzen ein ordnendes Denken angenommen wird.

Gott als Intellekt ist seinsstiftender Intellekt[666], indem er die Struktur alles Seienden grundlegt. Denken (*intelligere*) und Hervorbringen (*producere*) stehen in einem wesentlichen Zusammenhang, indem sie einen in seiner Struktur identischen Vollzug darstellen. Eckhart betrachtet die Intellekthaftigkeit als die eigentliche Voraussetzung dafür, dass aus dem einfach Einen (*unum simplex*) überhaupt die Diversität des

---

[665] In Gen. II n. 214 (LW I 690,3–9): „*Notandum primo quod in deo, principio omnium, est considerare duo, ut sic dicamus, quod ipse est esse verum, reale, primordiale. Adhuc autem est ipsum considerare sub ratione qua intellectus est. Et huius rationis proprietas altior apparet ex hoc, quod omne ens reale in natura procedit ad certos fines et per media determinata tamquam rememoratum per causam altiorem[...]Propter quod etiam ‚opus naturae dicitur‘ et ‚opus intelligentiae‘.*"

[666] Cf. ALBERT, These 257.

Vielen (*plura distincta et diversa*), d. h. quantitativ und qualitativ Verschiedenes, hervor-gehen kann.[667] Handelndes Subjekt dieses Hervorgangs kann nur Gott selbst sein. Das Denken in Gott steht für den Ursprung aller Relation, die aus der Einfachheit Gottes herausweist, d. h. für die Grundlage der Möglichkeit von etwas anderem, was Gott nicht wesensgleich ist:

> „Angenommen, Gott wirke mit Naturnotwendigkeit, so sage ich: Gott wirkt und bringt die Dinge durch seine göttliche Natur hervor. Gottes Natur aber ist *intellectus*, und bei ihm ist das Sein Denken (*intelligere*). Also bringt er die Dinge durch seinen *intellectus* zum Sein. Daraus folgt: wie es seiner Einfachheit nicht widerstreitet, Mehreres zu denken, so auch nicht, unmittelbar Mehreres hervorzubringen."[668]

In diesen Ausführungen finden wir die Grundlage für die im Schema der *termini generales* ausgesagte Struktur überhaupt. Das Denken (*intelligere*) wird von Eckhart als die ursprüngliche und genuine Prozessualität überhaupt angesehen. Für sie muss keine Begründung mehr gebracht werden. Sie wird begrifflich nicht mehr hergelei-tet, sondern als gegeben konstatiert. Eckhart erkennt im Prozess des Denkens die Grunderfahrung von Wirklichkeit überhaupt, an dem andere Wirklichkeitserfahrung oder theoretische Aussagen über die Wirklichkeit gemessen werden können. Aus dem Textzusammenhang wird nicht deutlich, ob Eckhart auf die Einfachheit des göttlichen Intellekts oder auf die des Intellekts als solchem anspielt, ob er also auf göttliches Denken oder auf die Erfahrung des Denkens allgemein sich bezieht. Letzt-lich muss diese Frage aus der inneren Logik des eckhartschen Denkens heraus auch nicht geklärt werden, da Eckhart die eigentliche *ratio* der Begriffe, d. h. ihre ur-sprüngliche Aussagekraft, und ihren Inbegriff ohnehin in ihrer Applikation auf Gott erkennt. Mit der Aussage *sibi esse est intelligere* behauptet Eckhart keine Überordnung des *intelligere* über das *esse*, sondern dessen explikative Bedeutung hinsichtlich letzte-rem. Es geht nicht um die Alternative, ob Gottes Sein oder der göttliche Verstand die eigentliche Ursache der Welt sei, sondern darum, wie die Allgemeinursächlich-keit des Seins begriffen werden kann. Der Seinsbegriff ist nicht notwendig mit einer relationalen Dimension behaftet, der Intellektbegriff hingegen ist es wohl, da dem Denken notwendig ein Gegenstand zugehört, den es denkt, und sei es auch eine reine Selbstreflexion.

Die explikative Bedeutung, die der Intellektbegriff für den Seinsbegriff hat, be-zieht sich auf den strukturellen Bereich, d. h. auf die Frage, *wie* sich das Sein als solches vollzieht. Von dieser Unterscheidung her lassen sich bei Eckhart zwei Beg-riffsgruppen ausmachen. Dies klingt in folgenden Ausführungen an, die in Zusam-menhang mit Überlegungen zur Gotteserkenntnis stehen:

---

[667] Cf. In Gen I n.10 (LW I 193,11ff.). Mit dem folgenden Zitat gibt Eckhart eine Antwort auf die hier aufgeworfene Frage.

[668] In Gen. I n.11 (LW I 194,10–195,3): „*Dato deus agat necessitatae naturae, tunc dico: deus agit et producit res per naturam suam, scilicet dei. Sed natura dei est intellectus, et sibi esse est intelligere, igitur producit res in esse per intellectum. Et per consequens: sicut suae simplicitati non repugnat intelligere plura, ita nec producere plura immediate.*" Zum göttlichen *intellectus* als *principium* aller *productio* cf. In Gen I n.168 (LW I 313,12–314,5).

„Wie das Eine und das Seiende sich zueinander konvertibel verhalten, so auch die Einfachheit und die Geistigkeit. Denn der erste Ursprung und die *ratio* der Geistigkeit ist die Einfachheit."[669]

Das Verhältnis von *esse* und *unum*, das sich durch Konvertibilität auszeichnet, wird nicht bloß zur Veranschaulichung demjenigen von *intellectualitas* und *simplicitas* gegenübergestellt, so, als ließen sich aus einem anderen Bereich weitere Illustrationsbeispiele heranziehen. Verglichen werden hier die beiden ausschließlichen Weisen, die Wirklichkeit strukturell zu erfassen. *Esse* und *unum* stehen für die inhaltliche Ausfüllung des Strukturschemas. Dies gilt für die Gesamtheit der im Schema der *termini generales* aufgeführten transzendentalen Begriffe. Sie beschreiben das, *was* in der Prozessualität der Wirklichkeit vollzogen wird. In ihrer positiven begrifflichen Ausfüllung sind sie mit Gott gleichzusetzen und liefern so die inhaltliche Ausfüllung des Gottesbegriffs, der bei Eckhart letztlich insofern asymptotischen Charakter hat, als Eckhart zu keiner abschließenden Definition gelangt. Die Formulierung *esse est deus* hat keinen definitorischen, sondern explikativen Charakter. Dasselbe gilt für die übrigen transzendentalen Begriffe der *termini generales*. *Intellectualitas* und *simplicitas* hingegen stehen für die Strukturalität des Strukturschemas als solche. Sie beziehen sich auf das *wie* des Vollzugs, nicht auf das, *was* vollzogen wird, sondern darauf, warum dies gerade *so* vollzogen wird. Während die *intellectualitas* die Möglichkeit und den Grund von Relationalität überhaupt darstellt, repräsentiert die *simplicitas* nicht das Eine als solches, sondern die Einfachheit schlechthin, d. h. das feste In-sich-Gründen eines Sachverhalts und damit die Möglichkeit von Einheit überhaupt. Beide Begriffe sind insofern konvertibel, als sie die Grundstruktur einer transzendentalen Vollkommenheit wiedergeben. Die inhaltlichen Aspekte sind den strukturellen gleichgeordnet, da beide einander benötigen. Ein Struktursystem ohne inhaltliche Aspekte lieferte keine Grundlage zur Erfassung der Wirklichkeit, da diese in sich leer bliebe.

Das Prinzip der Ursächlichkeit, zusammengefasst in der Aufreihung der *termini generales* als *de quo est et quod est ei condiviso*, kann deshalb als auf die Seite der inhaltlichen Aspekte und nicht auf die der Grundlegung des Strukturschemas gehörig betrachtet werden, weil es selbst auf seine eigene Grundstruktur in den Prinzipien der Geisthaftigkeit und der Einfachheit aufbaut. Wäre nicht einerseits die Möglichkeit zur Relationalität überhaupt und andererseits die Gründung und Abrundung des Sachverhalts in sich gegeben, wäre in der Wirklichkeit kein Ursächlichkeitsprinzip zu verwirklichen. Eckhart selbst führt zu diesem Zusammenhang keine weiteren Überlegungen an, setzt ihn aber voraus.

Gemeinsam ist beiden, den inhaltlichen wie den strukturellen Aspekten, dass sie rein explikativen, nicht aber definitorischen Charakters sind. Eckharts Anliegen besteht in einer Veranschaulichung, nicht jedoch in einer Herleitung der Wirklichkeitsstruktur. Greift man auf die Unterscheidung von Klarheit und Deutlichkeit zurück,[670] so kann die Begrifflichkeit des eckhartschen Strukturschemas Klarheit – d.

---

[669] In Sap. n.5 (LW II 326,5f.): „*Sicut unum et ens convertibiliter se habent sic simplicitas et intellectualitas. Radix enim prima et ratio intellectualitatis est simplicitas.*"

[670] Cf. WAGNER 199f.

h. eine Unterscheidbarkeit von durch andere Begriffe bezeichneten Gegenständen – beanspruchen, und dies sowohl hinsichtlich des inhaltlichen als auch – was für Eckhart entscheidend ist – hinsichtlich des strukturellen Aspekts. In Bezug auf die Deutlichkeit ist dies nicht der Fall. Eckhart verzichtet auf eine definitorische Klärung und analytische Erfassung dessen, was die eigentlichen *termini* des Strukturschemas aussagen. Die Formulierung *esse est deus* anstelle des *deus est esse* macht diese Zusammenhänge deutlich: Der Gottesbegriff als solcher als der eigentliche Angelpunkt des Systems bleibt trotz seiner klaren Eingrenzung mittels Aufzeigung der Wirklichkeitsstruktur in Bezug auf seinen Gehalt undefiniert und in einem Status der Annäherung. Explizit greift Eckhart freilich nicht auf die Unterscheidung von Klarheit und Deutlichkeit zurück, doch lassen sich anhand ihrer Anspruch und Grenze des eckhartschen Ansatzes erhellen.

3. DIE SONDERSTELLUNG DES MENSCHEN IM SPANNUNGSBEREICH DER INTELLECTUALITAS

In verschiedenen Argumentationszusammenhängen des O.T. gebraucht Eckhart den Begriff *intellectus* zur Definiton dessen, was den Menschen als Menschen wesentlich ausmacht: *Homo id quod est per intellectum est* bzw. in Form einer Identitätsaussage: *Vita enim hominis, ut homo, est intelligere et intellectus.*[671] Eckhart greift mit dieser Definition die Tradition auf, gibt ihr aber durch die Einbindung in sein Strukturschema durch die Relevanz, die der *intellectus*-Begriff für dieses besitzt, eine eigene Prägung. Das Strukturschema der *termini generales* bindet – begrifflich indirekt – anthropologische Implikationen mit ein. Signifikant für den eckhartschen Ansatz ist dabei, dass es nicht zu einer eigenständigen Anthropologie, d. h. zu einer abgeschlossenen Betrachtung des Menschen als Menschen kommt, denn vom Menschen als Menschen kann nur im Hinblick auf dessen Einbindung in die relationale Struktur der Wirklichkeit die Rede sein. Alle Theoriestücke des O.T. bleiben Theoriestücke der Metaphysik, indem sie nicht allein nach dem Strukturschema der Metaphysik entwickelt, sondern, aufgrund von dessen substantialem Charakter, wesentlich in dieses eingebunden werden. Deshalb kann Eckhart mit Bezug auf den Menschen vom menschlichen *intellectus* und zugleich vom *intellectus* als solchem sprechen: „Der Mensch ist Mensch vom *intellectus* und der *ratio* her.“[672] Der Mensch wird nicht aufgrund einer eigenen Wesensform als Mensch definiert, sondern von etwas her, das ihn übersteigt. Nicht von *seinem* Intellekt ist die Rede, sondern vom Intellekt als solchem:

> „Es ist zu bemerken, dass der Mensch das, was er ist, durch den Intellekt ist. Aber weil der Intellekt des Menschen den untersten Platz einnimmt im Bereich des Geistigen, wie

---

[671] In Sap. n.32 (LW II 353,8f.).
[672] In Ioh. n.318 (LW III 265,12): *„Homo ab intellectu et ratione homo est.“*

die erste Materie im Bereich des Körperlichen, deshalb ist es notwendig, dass es für diesen menschlichen Intellekt eine Hilfe gibt, nämlich das Sinnliche."[673]

Um diese unterste Position zu veranschaulichen, vergleicht Eckhart die Stellung
des Menschen mit der Stellung der ersten Materie im Bereich der sinnlich wahrnehmbaren Körper. *Materia prima* ist ein Begriff aus der aristotelischen Philosophie
und bezeichnet das Prinzip einer reinen Aufnahmefähigkeit und Passivität für die
Prägung durch die Form. Insbesondere im zweiten Geneisiskommentar greift Eckhart immer wieder auf das aristotelische Schema von Form und Materie zurück.[674]
Das Schema von Form und Materie bzw. Akt und Potenz ist bei Eckhart – ohne jede
Ausdifferenzierung – auf die kontingente Wirklichkeit der Welt angewandt, auf das
esse hoc et hoc, nicht jedoch auf das *esse* als solches. Der Vergleich des Menschen in
Bezug auf das Geistige mit der *materia prima* bedeutet keine nachhaltige Übertragung
des Schemas von Akt und Potenz auf den Bereich des *intellectus* als solchen und damit
auf Gott, sondern verdeutlicht die Sonderstellung des Menschen innerhalb dieses
Bereiches. An anderer Stelle vertieft Eckhart diesen Gedanken:

> „Der Intellekt in uns ist sich wie eine nackte und leere Tafel gegeben, gemäß dem Philo-
> sophen, und steht innerhalb der Ordnung des Geistigen wie die erste Materie in der
> Ordnung des Körperlichen, wie der Kommentator sagt."[675]

Der auf Averroes zurückgehende Vergleich mit der Ersten Materie wird anhand
der aristotelischen *tabula rasa* verdeutlicht. Averroes hat ihn als Illustration zur
Aristotelesstelle verwendet. Eckhart kann ihn auf sein Menschenbild anwenden: Der
Mensch ist reine Offenheit und Empfänglichkeit und so in seiner Hinordnung auf
Gott als dem reinen *intellectus* aus dieser Perspektive nur passiv.[676]

---

[673]   In Gen II n.113 (LW I 579,6–9) : „*Notandum quod homo id quod est per intellectum est. Sed quia
        intellectus hominis infimum locum tenet in regione intellectuali, sicut materia prima in corporalibus, ideo
        necessarium est ipsi intellectui humano adiutorium, sensitivum scilicet.*"

[674]   Charakteristische Topoi: In Gen. II n.126 (LW I 590,10f.): „[...] *in omni natura una est invenire
        activum et passivum*"; dabei ausdrücklicher Bezug auf ARISTOTELES De Anima III t.17 (Γ c.5
        430 a 10–14); In Gen. II n.201 (LW I 673,10f.): „[...] *potentia naturalis sive habilitas materiae ad
        formam*"; In Gen. II n.29f. (LW I 498,1–11): „[...] *forma et materia sic se habent, quod materia est
        propter formam, non e converso.* [...] *Nihilominus tamen forma substantialis non plus potest esse sine materia
        quam materia sine forma, ut docet Avicenna* (AVICENNA, Metaphysica l. II c.4) [...]*Materia est ipsa
        sua potentia passiva, et forma est ipse suus actus, et potentia hinc inde activa et passiva non est quid additum
        substantiae, sed materia et forma sunt nuda in ipsis substantia hinc inde.*"

[675]   In Gen. II n.138 (LW I 604,5–7): „*Intellectus autem in nobis se habet sicut tabula nuda et rasa,
        secundum philosophum* (ARISTOTELES De an. III t14 / Γ c.4 430 a1), *et est in ordine intellectualium
        sicut materia prima in ordine corporalium, ut ait commentator* (AVERROES De anima III com.19)."
        Thomas von Aquin bezieht sich in *De ente et essentia* c.5 auf diese Stellen aus Aristoteles und
        Averroes.

[676]   In diesem Zusammenhang ist der wesentliche Unterschied der eckhartschen Lehre vom
        Intellekt des Menschen zu der des DIETRICH VON FREIBERG zu sehen. Eckhart geht in der
        Linie des Aristoteles von der Leere und Unbestimmtheit des Intellekts aus und sieht in die-
        ser unbestimmten Passivität den Grund zur Freiheit und zur Einigung mit Gott, während

Eine weitere Ausdifferenzierung der Intellekthaftigkeit zwischen dem menschlichen *infimum* und der Vollkommenheit in Gott bringt Eckhart nicht, da sie für das Strukturschema uninteressant ist. Die Intellekthaftigkeit kennt zwar in sich eine Abstufung, diese ist jedoch nicht graduell durchlaufend. Dem göttlichen Intellekt, der in sich vollkommen ist, nähert sich jede unvollkommene Intellekthaftigkeit als von diesem abgeleitet graduell bloß an. Die Abstufung bezieht den *intellectus* als solchen nicht ein:

„Umgekehrt[677] verhält es sich im Bereich des Geistigen: je überlegener etwas ist, um so mehr wirkt es nach innen und auf eins hin. Je edler daher der Verstand ist, um so mehr sind Verstandenes und Verstand eins. Im ersten Verstand, der ganz und gar Verstand ist und kein Sein hat außer dem Verstehen, ist daher das Wort, das vom Vater ausgeht, nicht nur im Vater [...], sondern ist eins mit dem Vater."[678]

Der vollkommene Intellekt Gottes zeichnet sich hier durch den Vollbesitz dessen aus, was Intellekthaftigkeit ausmacht (*se toto intellectus est*), in der Identität des Vollzugs, die in der Identität von Subjekt und Objekt besteht (*intellectum et intellectus magis sunt unum*). Die so beschriebene innere *ratio* des Begriffs *intellectus* impliziert den Gedanken einer vollkommenen Intellekthaftigkeit. Im außergöttlichen Bereich ist diese *ratio* nicht verwirklicht und nur vom Inbegriff des *intellectus* in Gott kann abgeleitet vom *intellectus* im Bereich des Kontingenten die Rede sein.

Der Mensch befindet sich im Schnittpunkt zweier Wirklichkeitsbereiche, der *regio intellectualis* als dem Bereich der Einheit in Gott, und der *regio dissimilitudinis* als dem der Vielfalt des Geschaffenen.[679] Er verfügt über eine Einbindung in die Struktur des Ganzen, die über diejenige einer gewöhnlichen *res* hinausgeht, die lediglich durch die Ausrichtung auf die *regio intellectualis* bestimmt ist. Die Stellung des Menschen kann nicht im Sinne eines „dazwischen" aufgefasst werden, da dies gemäß des Satzes vom Widerspruch ausgeschlossen ist. Eckhart betrachtet den Menschen nicht als Wesen der Mitte, im Sinne eines eindeutig angebbaren, ruhenden Mittelpunktes, sondern sieht ihn als ein Wesen der Grenze in ihrer ganzen Anfechtbarkeit und Extremität. Diese Grenzposition macht eine ausgewogene und als selbständige Disziplin konzipierte Anthropologie unmöglich. Sie erfordert vielmehr verschiedene Blickwinkel, aus denen ihr Gegenstand hinsichtlich der verschiedenen Beziehungsverhältnisse, innerhalb derer er steht, betrachtet wird. Eckhart legt diese Vorgehensweise – die für sein Denken allgemein und nicht nur für die Anthropologie kennzeichnend ist – durch seine Terminologie nahe, indem er Thesen jeweils im Blick auf ein bestimmtes Beziehungsgefüge formuliert und mit *in quantum* („insofern")

Dietrich dabei die Selbsttätigkeit des Intellekts als *intellectus agens*, identifiziert mit dem augustinischen *abditum mentis*, betont. Cf. LARGIER, Theologie 706.

[677] In der Auslegung von Joh 16,28 (*exivi a patre et veni in mundum*) wird dem Außendrang der Körperwelt der Innendrang der geistigen Welt gegenübergestellt.

[678] In Ioh. n.669 (LW III 582,6–10): „*E converso est in spiritualibus: quanto quid est praestantius, tanto magis operatur intus et ad unum. Hinc est quod intellectus quanto est nobilior, tanto intellectum et intellectus magis sunt unum. Propter quod in primo intellectu, qui se toto intellectus est, non habens esse praeter intelligere, non solum verbum a patre exiens est in patre [...], sed est unum cum patre [...]*"

[679] Zur Bedeutung der *regio dissimilitudinis* bei Eckhart cf. VANNINI, alienazione.

einleitet und zugleich perspektivisch relativiert, bis hin zu der Formulierung *homo divinus inquantum divinus*[680].

Durch seine Einbindung in die *regio intellectualis* befindet sich der Mensch in einer Position der Unmittelbarkeit zur Prozessualität der Wirklichkeit. Er ist nicht einfach nur darauf bezogen wie die übrige kontingente Wirklichkeit. Seine Beziehung zu Gott ist von eigener Qualität, da er auf dieses Ziel hin reflektieren kann und damit an dem Selbstbezug dieses Ziels teilhat, wenn er ihn aus seiner eigenen Endlichkeit heraus auch nie auf die vollkommene Weise, in der Einheit von Subjekt und Objekt, vollziehen könnte. Nur in diesem Zusammenhang haben wir es bei Eckhart wirklich mit einem Gedanken der Partizipation im Sinne eines Mitvollzugs zu tun.[681]

4. DER SINN DES STRUKTURSCHEMAS: DIE PRAKTISCHE RELEVANZ DER BEZIEHUNGSWIRKLICHKEIT IM MITVOLLZUG IHRER PROZESSUALITÄT

Wenn Eckhart Erkenntnis der Wirklichkeit in ihrer wesentlichen Strukturalität im Sinne eines Mitvollzugs der metaphysischen Struktur der Wirklichkeit auffasst, liegt es nahe, dass_theoretische und praktische Erkenntnis in einer engen Verbindung zueinander aufgefasst, ja letztlich in ihren Grundprinzipien nicht voneinander unterschieden werden. Theoretische und praktische Erkenntnis unterscheiden sich in dem ihnen zugrunde liegenden Verhältnis von Subjekt und Objekt der Erkenntnis. In diesem Zusammenhang erschließt sich der Sinn des Strukturschemas der *termini generales* und der damit beschriebenen Prozessualität abschließend.

Eckhart zeigt sich als ein Philosoph im Geiste des AUGUSTINUS, indem er seine Philosophie in letzter Konsequenz als eine Suche nach der *beata vita* konzipiert. Das steht nicht notwendig in einem Widerspruch zu ihrem Wissenschaftscharakter. In der Stoßrichtung PLOTINS – die letztlich auf Platon zurückzuführen ist – steht bei Eckhart die Überzeugung im Hintergrund, dass das Nachdenken über den Ursprung und Zusammenhang der Wirklichkeit zugleich der Weg ist, der den Denkenden zu diesem Ursprung erhebt.[682] Plotin entwirft Metaphysik nicht als reine Theorie im Sinne einer distanzierten Reflexion, sondern als geistige Übung. Der praktische Charakter liegt darin, dass das denkende Subjekt von dem, was es denkt bzw. denkend mitvollzieht, selbst affiziert wird. Im Denkprozess unterliegt das Subjekt einer Veränderung. Die auf verschiedenen Stufen fortschreitende Erkenntnis entspricht einer stufenweise sich intensivierenden Selbsterfahrung. Erkenntnis vollzieht sich als Prozess, in den das erkennende Subjekt wesentlich miteinbezogen ist. Demgegenüber bleibt nach aristotelischem Verständnis das erkennende Subjekt im Prozess der Erkenntnis in sich unverändert. Subjekt und Objekt der Erkenntnis stehen einander gegenüber, und die Rezeptivität des erkennenden Subjekts bezieht sich auf den

---

[680] In Ioh. n.586 (LW III 512,13).

[681] Die Unmittelbarkeit der Gotteserfahrung wird von U. KERN zu Recht als die „Einsamkeit der Eckhartschen Gotteserfahrung" bezeichnet (KERN, Intention 33.).

[682] DE LIBERA/ZUM BRUNN, Métaphysique du Verbe 28; cf. PLOTIN, Ennead. I, 3, 3, 1–5.

Inhalt des Erkannten, nicht jedoch auf Struktur und Vermögen des Erkennenden selbst.[683] Auch wenn Eckhart seine Erkenntnistheorie anhand aristotelischer Theoriestücke erläutert,[684] geht er davon aus, dass sich an dem Subjekt im Vorgang der Erkenntnis eine Veränderung vollzieht. Die Feststellung *omnis res in suis principiis originalibus cognoscitur*[685] hat eine Bedeutung über die Einzelerkenntnis hinaus: Eckhart bezieht sie konkret auf die Selbsterkenntnis des Gerechten in der Gerechtigkeit, d. h. Gott. Der Mensch erkennt auch das *principium originale* der gesamten Wirklichkeit, und gerade dieser Grenzfall der Erkenntnis erweist sich als ihr eigentlicher Ausgangs- und Angelpunkt.[686] Der skizzierte Zusammenhang leuchtet in den nachfolgend zitierten Ausführungen aus dem ersten Genesiskommentar auf, die sich auf die Auslegung einzelner Verse aus der Erzählung von Hagar und Ismael beziehen, denen Eckhart *sub figura sive parabolice* allgemeine Aussagen entnehmen möchte:[687]

> „Wenn nämlich das Sinnliche in uns vollkommen der Vernunft unterworfen, die Furcht in Liebe verwandelt ist und die Veränderung zur Zeugung [Entstehung] geführt hat, dann ist der Mensch vollkommen, dann kommt aller Aufruhr und alle Leidenschaft in der Seele zur Ruhe, so dass sie, auch wenn sie es dürfte, nicht mehr sündigen möchte und könnte."[688]

---

[683] Cf. KOBUSCH, Metaphysik als Lebensform 43f.; ausführlicher: ID: Metaphysik als Einswerdung.

[684] Cf. Anm. 675.

[685] In Ioh. n.189 (LW III 158,11f.).

[686] Zur eckhartschen Intellekt- und Erkenntnislehre und der Schlüsselstellung der Gotteserkenntnis cf. die grundlegende Studie von LOSSKY; außerdem FLASCH, Procedere ut imago; HELTING; LARGIER, Intellectus; ID, Intellekttheorie; VANNINI, Filosofia 68–71; WINKLER, 81–91.

[687] Die Vorgehensweise erfolgt aus der erklärten allgemeinen Absicht des *opus expositionum* heraus. Anders als im bisherigen Verlauf des Kommentars fasst Eckhart an dieser Stelle die Auslegung eines gesamten Kapitels zusammen, indem er einzelne Verse paraphrasierend innerhalb der Aufstellung von acht allgemeinen Aussagen zu den *naturalia, moralia* und *spiritualia* einbaut (Explizit ist an dieser Stelle nicht von den drei Themenbereichen die Rede, aus dem Gesamtzusammenhang ist jedoch offensichtlich, worum es Eckhart geht). Der Bibelvers hat die Funktion der Erläuterung der aufgestellten allgemeinen Behauptung, was auf den ersten Blick das Anliegen des Bibelkommentars auf den Kopf zu stellen scheint, jedoch dem Anliegen Eckharts keineswegs zuwiderläuft, die unter der äußeren Form des Schrifttexts verborgenen allgemeinen Aussagen zur Sprache zu bringen. Der nachfolgend zitierte Abschnitt, aber auch die Gesamtheit der Ausführungen zu Gen 16 liefern ein anschauliches Beispiel für die abbreviatorische Verfahrensweise Eckharts, die es dem Leser anheimstellt, die angerissenen Gedanken zu verschiedenen Themenbereichen selbst weiterzuentwickeln bzw. mit den andernorts dazu angestellten Überlegungen in einen Zusammenhang zu bringen. In dieser Abhandlung wird der Abschnitt ausschließlich auf die Frage nach dem Einbezug des Erkenntnissubjekts in die erkannte Objektstruktur hin untersucht.

[688] In Gen. I n.377 (LW I 377,11–378,3): „*Sensitivum enim cum in nobis perfecte subiectum fuerit rationi, timor conversus in amorem, alteratio perduxerit ad generationem, perfectus est homo, quiescit tumultus omnis et passio in anima, ut iam, etiam si liceat peccare, non libeat et peccare nesciat.*"

Obwohl Eckhart Versatzstücke der aristotelischen Erkenntnistheorie zum Ausgangspunkt seiner Überlegungen macht, arbeitet er sie in einen Zusammenhang ein, der über die aristotelischen Überlegungen hinausgeht und das Verhältnis von Subjekt und Objekt im Erkenntnisvollzug nicht als ein Gegenüber, sondern beide als Komponenten eines über den unmittelbaren Erkenntnisvollzug hinausreichenden Prozesses begreift. Der beschriebene Prozess ist freilich nicht mit einem einzelnen Erkenntnisakt verbunden, sondern bezieht sich auf einen längeren Zeitraum der sich vertiefenden Einübung. Die Konjunktion *cum* verweist auf einen Zeitpunkt, ab dem dieser Prozess als abgeschlossen betrachtet werden kann. Darauf deutet das Adverb *perfecte*. Die Verwendung des Konjunktivs (*fuerit*) lässt darauf schließen, dass die Aussage einen Idealzustand beschreibt, im Sinne dessen, was der Fall wäre, wenn die einzelnen Prozesse abgeschlossen wären. Drei Perspektiven der Betrachtung fallen ineinander: die erkenntnistheoretische Betrachtung, die ethische und die metaphysische. Aus ersterer liegt die Unterordnung des *sensitivum* unter die *ratio* vor, aus dem Blickwinkel der zweiten ist von der Verwandlung der Furcht in Liebe die Rede, und hinsichtlich der metaphysischen Struktur kann Eckhart vom Übergang der einfachen Veränderung (*alteratio*) zur Entstehung (*generatio*) von etwas Neuem und Eigenständigem sprechen. Alle drei Ebenen beschreiben die Vollendung (*perfectio*) des Menschen. Sie sind in ihrer Struktur einander parallel geordnet, entsprechend dem Schema der *termini generales*, aus einem postiven und negativen Element, dem *nobilius* und dem *minus nobile*, wobei die prozessuale Entwicklung von letzterem zu ersterem verläuft. Eine Umkehrung der Verlaufsrichtung eines derartigen Prozesses wird von Eckhart an keiner Stelle thematisiert. Vielmehr stehen *terminus a quo* und *terminus ad quem* nicht nur für die formale Struktur eines Prozesses, sondern haben eine feste metaphysische Zuschreibung, die darin besteht, dass sich der *terminus a quo* stets auf einer innerhalb der metaphysischen Struktur untergeordneten Ebene bewegt, während der *terminus ad quem* durchgängig auf der Ebene des *esse* und dessen steht, was mit ihm als *convertibiliter idem* zu denken ist. Die Struktur des Prozesses verläuft linear in eine Richtung und hat eine Dynamik, die die gesamte durch die *termini generales* beschriebene Wirklichkeitsstruktur auszeichnet. Die Struktur ist nicht von einer etwaigen Polarität innerhalb der Gegensatzpaare bestimmt, die eine mehr oder weniger ausgewogene Spannung der Gegensätze implizierte, sondern von einer eindeutig linearen Ausrichtung. Das Nebeneinander der Strukturen kann einerseits als eine Strukturparallelität beschrieben werden, was zugleich eine Pluralität dieses Umgreifenden der Wirklichkeit besagt[689], andererseits fällt der *terminus ad quem* mit

---

[689] Den Begriff des „Umgreifenden" hat Karl JASPERS geprägt (Cf. JASPERS 111–122). Er spricht von verschiedenen „Weisen des Umgreifenden", deren Koinzidenz erst die Möglichkeit von Wahrheit begründet. Das eine ursprüngliche Sein zerfällt, sobald sich das Denken seiner zu vergewissern versucht, in verschiedene Weisen des Umgreifenden, zu denen Dasein, Bewusstsein, Geist, Welt, Transzendenz sowie das Zusammenwirken von Existenz und Vernunft zählen. Existenz und Vernunft lassen sich zu der Beobachtung in Beziehung setzen, dass bei Eckhart die Beschreibung der Wirklichkeit und die Reflexion über das menschliche Verhältnis dazu ineinandergehen. Dieses Ineinander erklärt sich jedoch erst aus dem umfassenden Zusammenhang im göttlichen *intellectus*, dem sich der Mensch im Mitvollzug der strukturellen Linearität annähert. Jaspers spricht anstatt eines Mitvollzugs

dem mit Gott gleichgesetzten Sein zusammen, dem die übrigen transzendentalen Begriffe entsprechen. Nur den *termini ad quem* kommt Substantialität im eigentlichen Sinne zu, wie Eckhart im *prologus generalis* einleitend hervorhebt.[690] Deutlich wird in diesem Kontext, dass das System der *termini generales* zwar extensional abgeschlossen ist, dass jedoch, da es im Wesentlichen eine prozessuale Struktur bezeichnet, diese Struktur durch weitere Begriffspaare nachgezeichnet werden kann, die innerhalb der im *prologus generalis* vorzufindenden Aufzählung so nicht auftauchen. Im vorliegenden Textausschnitt bezeichnen die begrifflichen Gegensatzpaare *sensitivum/ratio*, *alteratio/generatio* und *timor/amor* solche nebeneinandergeordneten strukturgleichen Elemente.

Die lineare Ausrichtung, die sich anhand der Unterscheidung eines *terminus a quo* von einem *terminus ad quem* festmachen lässt, impliziert nicht, dass dies die Verlaufsrichtung einer kausalen Abhängigkeit darstellt. Der Prozessverlauf ist vom *minus nobile* in Richtung des *nobilius* zu beschreiben, für das Kausalitätsverhältnis gilt jedoch nicht, dass das *minus nobile* auf irgendeine Weise verursachend auf das *nobilius* wirkt, geschweige denn, dass das *nobilius* etwas durch das *minus nobile* Hervorgebrachtes darstellte. Die Richtung der Kausalität verläuft umgekehrt zu der vorausgehend untersuchten Prozessualität. Letztere stellt innerhalb des eckhartschen Schemas gleichsam die Antwort auf erstere dar. Dies gilt nicht nur hinsichtlich einer alles umfassenden Letzt- oder Erstursache, sondern für jede Ordnung einer Wirkursächlichkeit. Eckhart betrachtet allein Verhältnisse einer unmittelbaren Ursächlichkeit, wobei Unmittelbarkeit die Unmittelbarkeit des Kontingenten zum Nichtkontingenten meint, wie sie im System der *termini generales* beschrieben ist.

Die Unterscheidung eines Wirklichkeitsbereichs *in sensibilibus* von dem *in spiritualibus*[691], die diesen Ausführungen zugrunde liegt, hat einen unmittelbaren Bezug auf das Erkenntnisvermögen. In diesem Kontext sind unter den *sensibilia* die akzidentellen Äußerlichkeiten der Dinge zu verstehen, während die *spiritualia* für die Strukturen und Inhalte der Wirklichkeit stehen. Letztere sind der sinnlichen Erkenntnis nicht zugänglich, wenn auch – worin Eckhart in diesem Zusammenhang ARISTOTELES folgen möchte – dem Sinnlichen innerhalb dieses Erkenntnisvollzugs eine vorbereitende Funktion zukommt.[692] Von einem Wirklichkeitsbereich des Sinnlichen zu sprechen, impliziert für Eckhart, auch über dessen Bezug zum erkennenden Subjekt im Sinne einer Relevanz für das menschliche Erkenntnisvermögen nachzudenken. Wenn man Eckhart vor diesem Hintergrund keine Nachlässigkeit unterstellen will, so muss man davon ausgehen, dass das Ineinander der Aussagen über die Wirklichkeit und das Erkennen der Wirklichkeit durch den Menschen deshalb beabsichtigt ist, weil die beiden Bereiche sich nicht bloß gegenüberstehen, sondern ersterer we-

---

von einer Zuordnung, d. h. von einer synthetischen Leistung, die durch die Vernunft erbracht werden kann.

[690] Prol. gen. in Op. trip. n.8 (LW I 152,8–153,5), Text cf. n. 461.

[691] Cf. in Zusammenhang mit dem zuvor zitierten Abschnitt in den Auslegungen zu Gen 16: In Gen I n.231 (LW I 376,4f.).

[692] In Gen I n.232 (LW I 376,9–11): „*Septimum est quod sensus non cognoscunt quod quid est rerum, nec accidentium quidem, sed sola exteriora, quae tamen ,magnam partem conferunt ad cognoscendum quod quid est', ut ait philosophus.*" Das Aristoteles-Zitat bezieht sich auf De anima I t.11 (A c.1 402 b 21).

sentlich die Struktur des letzteren bestimmt. Von der Beschreibung der linearen
Wirklichkeitsstruktur her lassen sich Aussagen über den Mitvollzug dieser linearen
Ausrichtung ableiten, und umgekehrt sind Aussagen über das menschliche Erkenntnisvermögen und Handeln Aussagen über den Mitvollzug und damit implizit über
die Wirklichkeitsstruktur als solche. Das Ineinander der verschiedenen Wirklichkeitsebenen macht Bezeichnungen wie „ontologie de la conversion"[693] oder „metaphysics of detachment"[694] im Hinblick auf Eckhart zutreffend.

Die Veränderung, die sich innerhalb des beschriebenen Verlaufs auf Seiten des
Subjekts vollzieht, hat für dieses ausschließlich positive Konsequenzen, da sie es in
seine Eigentlichkeit hineinführen. Um dies zu beschreiben, gebraucht Eckhart die
einen Gegensatz im affektiven Bereich bezeichnenden Begriffe Furcht (*timor*) und
Liebe (*amor*). Die Betrachtung der Wirklichkeit in ihrer eigentlichen Struktur und
damit verbunden ihrem eigentlichen Gehalt führt zu einem inneren Frieden, für den
es vorher – im ausschließlichen Eingenommensein durch die *sensibilia* – keinen
Raum gab und den Eckhart als das Ausbleiben seines Gegenteils, als das Schweigen
des *tumultus omnis et passio in anima* umschreibt. *Passio* hat für Eckhart innerhalb des
Gegensatzpaares *actio – passio* eine untergeordnete und von daher, in sich betrachtet
– wie es im zitierten Zusammenhang der Fall ist –, eine negative Konnotation. Liebe
und Schrecken sind zugleich relationale Begriffe, da sie auf ein Verhältnis zielen,
entweder ein gestörtes, innerhalb dessen Schrecken ausgelöst wird und das zur Isolation führt, oder auf ein sich positiv entwickelndes, wo in der Liebe die Beziehung
vollzogen wird.

Die theoretische Erkenntnis hat aus sich heraus eine unmittelbar praktische Relevanz, da sie auf das erkennende Subjekt in seiner Handlungsdisposition zurückwirkt.
Umgekehrt hat die praktische Erkenntnis, die das Handeln bestimmt, eine theoretische Relevanz, da sie sich innerhalb des erkennenden Mitvollzugs der Wirklichkeitsstruktur in ihrer linearen Ausrichtung als genuine Erkenntnis erweist. Theoretische
und praktische Erkenntnis – *intellectus speculativus* und *intellectus practicus* – gehen innerhalb des eckhartschen Denkens deshalb ineinander, weil beide Bereiche – methodologisch voneinander unterschieden – Elemente des jeweils anderen enthalten und
sich strukturell entsprechen:

> „Same der Wissenschaften aber ist der Habitus der Prinzipien, die allen von Natur be-
> kannt sind und durch die der Mensch befugt und fähig ist, über wahr und falsch zu ur-
> teilen - das im Hinblick auf seinen spekulativen Verstand - und zwischen Gut und Böse
> zu unterscheiden - das im Hinblick auf seinen praktischen Verstand."[695]

Erkenntnis bedeutet zugleich eine Haltung gegenüber dem Erkannten bzw. dessen habituelle Einprägung. Aufgrund der praktischen Relevanz theoretischer Erkenntnis, die von der Betrachtung der metaphysischen Strukturen auf das in diese
Strukturen eingebundene Kontingente zurückwirkt, kommt es bei Eckhart nicht zur

---

[693] DE LIBERA/ZUM BRUNN, Métaphysique du Verbe 41ff.

[694] Cf. den entsprechenden Artikel von R. DOBIE.

[695] In Gen. II n.200 (LW I 672,9–12): „*Semen autem scientiarum habitus est principiorum, quae naturaliter nota sunt omnibus, per quae habet et potest iudicare homo de veritate et falsitate, quantum ad intellectum
speculativum, et inter bonum et malum, quantum ad intellectum practicum.*"

Formulierung allgemeiner praktischer Prinzipien, geschweige denn zu einer Präsentation oder Analyse konkreter Handlungsweisungen. Eckhart betrachtet das Handeln ausschließlich vor seinem habituellen Hintergrund und entwirft Ethik als Tugend- oder Gesinnungsethik. Er betrachtet vor diesem Hintergrund das Gewissen nicht als Prüfinstanz, die auf ein praktisches Grundprinzip zurückgreift, sondern als reflexive Aktualität der habituellen Einprägung der Relation zu Gott als dem Guten an sich.[696]

Die Tendenz zur Vereinheitlichung des Blicks auf die Wirklichkeit, wie sie oben für das Verhältnis von Philosophie und Theologie statuiert wurde[697], gilt auch für das Verhältnis von theoretischer und praktischer Philosophie, ohne dass Eckhart eine begriffliche Unterscheidung beider Disziplinen grundsätzlich ablehnte. Er differenziert durchweg zwischen den *moralia* und den *naturalia*,[698] denkt jedoch im Hinblick auf die beiden gemeinsame Ausrichtung und nimmt insbesondere – und das ist für seinen Ansatz wesentlich – keine strukturelle Differenzierung vor, da die gesamte Wirklichkeit innerhalb einer einzigen linearen Struktur besteht. Das O.T. ist von einer Kontinuität der Strukturen und Wirkungen *in divinis, in naturalibus et in moralibus* bestimmt[699].

Im Sapientiakommentar findet sich eine Passage, wo die Differenzierung in *naturalia* und *moralia* in die Differenzierung zwischen *naturalia, moralia* und *ars* eingebunden ist.[700] Diese Thematik wurde bereits im Abschnitt B.1 angesprochen. *Ars* und *moralia* werden jeweils von den *naturalia* abgesetzt und gewinnen ein eigenes Profil. Eine Gegenüberstellung von *ars* und *moralia* hingegen liegt nicht vor. Sie erscheint von der Sache her auch nicht notwendig, da die Abgrenzung beider sich auf die im Begriff der *natura* auszumachenden inhaltlichen Momente bezieht. Die *ars* definiert sich als das im Gegensatz zur *natura* nicht aus sich selbst bzw. aus seinem unmittelbaren Bezug zu Gott Bestehende, sondern durch den Menschen Gewirkte. Die *moralia* hingegen bezeichnen gegenüber den *naturalia* als der Wirklichkeit die Haltung des Subjekts gegenüber dieser. Es handelt sich bei dem Dreierschema folglich nicht um eine Nebeneinanderstellung dreier Elemente auf einer Ebene, sondern um eine analoge Beziehung zweier Begriffe zu einem dritten.

Da Eckhart im Sapientiakommentar innerhalb eines Textabschnitts, in dem er eine Differenzierung zwischen *naturalia* und *moralia* vornimmt, sich ausdrücklich auf CICIERO und SENECA bezieht[701], liegt die Vermutung nahe, dass er mit der Unterscheidung zwischen *natura* und *moralia* ein Theoriestück der stoischen Tradition aufgreift, innerhalb der diese Unterscheidung wesentlich ist. Der Bezug zu SENECA und CICERO besteht nicht in der Unterscheidung zwischen *naturalia* und *moralia*, sondern in Beispielen aus dem Bereich der *moralia*, die sich auf die Strukturgleichheit

---

[696] Zur eckhartschen Konzeption des Gewissens cf. die Ausführungen oben S. 126ff.

[697] im Abschnitt A.9.a.

[698] Cf. In Ioh. n.208 (LW III 175,11); n.509 (LW III 441,10); In Sap. n.50 (LW II 377,1–10).

[699] DE LIBERA/ZUM BRUNN, Métaphysique du Verbe 123.

[700] Eckhart verwendet die Grundform der Nomina im Singular: *natura-mos-ars*: In Sap. n.28 (LW II 348,9). Es geht ihm in diesem Zusammenhang um die Beschreibung der *actio*, welch ein Element aller drei Bereiche ist.

[701] In Sap. n.50 (LW II 377,1–10); cf. auch n. 309 in dieser Abhandlung.

zu dem im Bereich der *naturalia* zu beobachtenden *processus in melius* beziehen, wonach ein natürlicher Prozess und eine wirklich in der Person grundgelegte sittliche Reifung zu einer dauerhaften Verbesserung eines Zustandes führen, während dies durch einen künstlichen (*fictum*) Prozess nicht dauerhaft zu erreichen ist, ja das künstlich Zustandegebrachte zum Zerfall zurück *in naturam* tendiert. Auffallend ist, dass zur Bezeichnung des Nichtnatürlichen in diesem Zusammenhang nicht von *ars*, sondern eben vom *fictum* die Rede ist. Das kann auf einen eigenen Traditionsstrang verweisen. Eckhart greift mit den Zitaten aus SENECA und CICERO einen Textzusammenhang auf, innerhalb dessen die Unterscheidung von *natura* und *moralia* nicht eingeführt, sondern bereits vorausgesetzt wird und das *fictum* nicht in einem Dreierverhältnis mit *naturalia* und *moralia* steht, sondern zugleich aus beiden abgeleitet und ihnen jeweils kontrastierend gegenübergestellt wird. Es handelt sich bei diesen Ausführungen um ein theoretisches Versatzstück, dass von einem Zusammenhang seiner Elemente ausgeht, der so an anderen Stellen innerhalb des O.T. nicht gegeben sein muss, dem generellen Strukturschema jedoch nicht widerspricht.

Die Überlegungen Eckharts nähern sich der ursprünglichen Adaptionsweise metaphysischer Spekulation in der christlichen Spätantike in Anlehnung an neuplatonische Konzeptionen an. Die metaphysische Analyse der Naturdinge ergründet – in aristotelischer Tradition – die immanenten und transzendenten Prinzipien bis hin zu Gott als dem zusammenfassenden Grundprinzip in Form des unbewegten Bewegers, sie wird jedoch ergänzt und transformiert zu einer praktischen Metaphysik des Subjekts als einer „Metaphysik des inneren Menschen", wie sie von verschiedenen griechischen Kirchenvätern entworfen wurde.[702] Metaphysik zeigt sich unter diesem Vorzeichen als *epopteia*,[703] die den Blick nicht einfach nach außen wendet, sondern nach der rechten Haltung des Subjekts gegenüber dem sucht, was sich ihm zeigt. Das schließt in letzter Konsequenz eine Verwandlung des betrachtenden Subjekts in Wechselwirkung zu der Spezifität des betrachteten Gegenstandes mit ein. Alle erkenntnistheoretischen Überlegungen laufen in diesem Zusammenhang auf die Gotteserkenntnis hinaus. Die Möglichkeit einer Gotteserkenntnis liegt darin begründet, dass eine Einwirkung Gottes auf die sich ihm zuwendende Seele für möglich gehalten wird. Die Rezeptivität des erkennenden Vermögens geht in einen durch sie selbst ausgelösten Prozess ein, der jedoch auf eine *transformatio* dieser Rezeptivität hinzielt. Eckhart thematisiert die *epopteia* nicht eigens, sondern bewegt sich wie selbstverständlich innerhalb der Spannungspole einer sich nach außen wendenden Seinsbetrachtung und der Rückwendung hin zu der Haltung des in die Wirklichkeitsstruktur eingebundenen Subjekts dieser gegenüber. Eine explizite Beschreibung eines inneren Weges des Subjekts lässt sich innerhalb des O.T. nicht verzeichnen. Vielmehr geht beides ineinander – Weltbetrachtung und innerere Reifung.[704]

---

[702] Cf. KOBUSCH, Metaphysik als Lebensform 45–55.

[703] KOBUSCH, Metaphysik als Lebensform 46 schreibt die Adaption dieses mittelplatonischen Begriffs Clemens von Alexandrien zu.

[704] Die Überlegungen weisen in eine Richtung, die von DE LIBERA und ZUM BRUNN eingeschlagen worden ist. Beide vertreten die Ansicht, dass der Schlüssel zum eckhartschen Denken in seinem zugleich aszetischen und epistemologischen Akzent liege. Die Anagogie der Gotteserkenntnis führe aus sich zur Vergöttlichung des Menschen, da ihr Vollzug dem

Eckhart beschreibt im O.T. keinen mystischen Weg im Sinne einer spirituellen Erfahrung, sondern den strukturellen Hintergrund und Zusammenhang der kontingenten Erscheinungen, die der Mensch im Blick auf sich selbst und seine Umwelt wahrnimmt. Alle kontingenten Erscheinungen und Abläufe gründen in einer über sie hinausreichenden umfassenden Struktur, die aufgrund dieser Transzendenz, die in Gott zusammenläuft, als „metaphysisch" zu bezeichnen ist. Der Sprung von einem physischen in einen metaphysischen Bereich liegt darin begründet, dass letzterer gegenüber ersterem die Struktur einer allgemeinen Prozessualität bezeichnet, die einerseits in sich selbst ruht, zugleich den Bereich des Kontingenten umfasst und bestimmt. „Mystik" – der Begriff kommt im O.T. nicht vor – kann innerhalb des eckhartschen Werkes im Sinne eines Verständnisses für die hinter der kontingenten Wirklichkeit liegenden Strukturen aufgefasst werden. Dass es sich hierbei nicht allein um theoretische Erkenntnis handelt, sondern um die Bewusstwerdung eines Mitvollzugs, da diese Struktur wesentlich prozessualen Charakter hat, lässt die Anwendung des Begriffes „Mystik" insofern als angemessen erscheinen, als „Mystik" nicht nur eine Bewusstseinsstufe bezeichnet, sondern eine Erfahrung des Grundes der Wirklichkeit.[705] Die Transzendentalienlehre, greifbar im Entwurf der *termini generales*, stellt sich bei Eckhart als Grundlage einer Beschreibung von Transzendenzerfahrung dar.[706]

Ein Äquivalent für den die deutschen Werke Eckharts kennzeichnenden Begriff des Grundes erscheint im O.T. nicht. Der „Grund" zeigt sich im O.T. vielmehr als ein in seiner Entfaltung und seiner Wirksamkeit komplexes Phänomen, das begrifflich auf vielerlei Weise erfasst werden kann, sich am deutlichsten jedoch als Struktur einer umfassenden Beziehungswirklichkeit darstellt.[707]

Selbstvollzug Gottes entspreche. Die eigentliche spekulative Leistung Eckharts liege darin, eine metaphysische Erfahrung auf rationale Weise nachzukonstruieren. Cf. DE LIBERA/ZUM BRUNN, Métaphysique du Verbe 15f.

[705] Cf. die Einschätzung durch W. BEIERWALTES, Platonismus 103f. Beierwaltes hält im Hinblick auf Eckhart die Klassifikation „philosophische Mystik" für angemessen, da so deutlich werde, „dass die Einung mit dem göttlichen Einen selbst intensive Reflexion, begriffliches Denken – zusammen mit einer ethisch bestimmten Umformung des Bewusstseins – zur unabdingbaren Voraussetzung hat." Cf auch ID., Denken 123ff.

[706] Cf. HAAS, Sermo mysticus 191 in Bezug auf das eckhartsche Buch der göttlichen Tröstungen: „Es ist sinnvoll, um die Transzendenzerfahrung eines mittelalterlichen scholastischen Denkers zu ermitteln, zunächst seine Stellung zu den Trasnzendentalien aufzuzeigen."

[707] Zum Begriff des Grundes bei Eckhart und als Beispiel einer Eckhartinterpretation, die diesem Begriff eine Schlüsselrolle zudenkt cf. WALDSCHÜTZ, Denken.

Schlusswort

Die Untersuchung wurde von der Fragestellung angeleitet, was Eckhart in dem grundlegenden Zusammenhang der *termini generales* unter *termini* versteht und worin und gegenüber was deren allgemeine – „generelle" – Bedeutung besteht. Diese terminologische Klärung ging einher mit der Ausarbeitung eines hermeneutischen Zugangs hinsichtlich der inhaltlichen Grundstruktur der Theoriestücke des O.T. Das Fundament der wahrnehmbaren Wirklichkeit, so stellte sich im Verlauf der Untersuchung immer wieder heraus, lässt sich anhand eines durchgängigen Strukturleitfadens beschreiben, dessen verschiedene inhaltliche Aspekte in dem offenen System der *termini generales* aufleuchten.

Das Wirklichkeitsverständnis Eckharts wird bestimmt durch das Spannungsverhältnis einer kontingent wahrnehmbaren und erfahrenen Wirklichkeit gegenüber ihrer in Gott begründeten Struktur. Eckhart geht von einem wahrnehmbaren Bruch zwischen der göttlichen *intellectualitas* und der erfahrbaren Wirklichkeit aus, macht diesen immer wieder zum Ausgangspunkt seiner Überlegungen, betrachtet dabei aber auch die *intellectualitas* als in sich selbst ambivalent, da der Mensch als Teil der kontingenten Welt an ihr teilhat, ohne in ihr aufgehen zu können. Der erkennende menschliche Intellekt vollzieht die Struktur der Wirklichkeit mit, ohne ganz und endgültig in einem Ziel zur Ruhe zu kommen, denn die Struktur ist als solche prozessual, und ein Abschluss des Prozesses bedeutete die Aufhebung der kontingenten Wirklichkeit.

Die Dynamik, die diesem Wirklichkeitsverständnis anhaftet, drückt sich in dem dynamischen Verständnis des *terminus* aus. Nur die Gottesaussage erweist sich als der ursprüngliche semantische Kontext des *terminus generalis*, aus dem sich dann die Unterscheidung zwischen eigentlicher und uneigentlicher Aussage ableitet. Durch ihre Unterscheidung zwischen Eigentlichem und Uneigentlichem erhält Eckharts Rede einen persuasiven Charakter, der die deskriptiven Elemente überlagert. Die Idealform eines Begriffsverhältnisses, das Verhältnis von Namen und Namensträger, wird als ein Verhältnis der Kongruenz beschrieben, als ein insofern reales Abbild, als sich der Träger in seinem Namen in allen seinen Eigenschaften präsentiert. Die Wesensstruktur des Namensträgers wird vom Namensbegriff in dessen sprachlicher Struktur nachgezeichnet. Allein in jenem Idealfall der Gottesaussage ist mit dem Namen der Sachverhalt als solcher unmittelbar intelligibel, da er sich in ihm darstellt, d.h. der Name vollständig aussagt, was er bezeichnet. Diese ursprüngliche Kommunikabilität ist im Hinblick auf die kontingente Wirklichkeit nicht gegeben, sie prägt aber weiterhin auch deren Wahrnehmung, da die Ausrichtung auf diesen Ursprungszusammenhang fortbesteht. Seinskonstitution besteht insofern weiterhin in der Sprache, als alles Seiende durch seine Hinordnung auf den Gottesbegriff als den Inbegriff des Seins bestimmt ist. Wenn Sein von seinem Inbegriff her sprachlich verstanden wird – als Selbstaussage –, bedeutet das innerhalb der eckhartschen Denkvoraussetzungen zwar keine Reduktion der Wirklichkeit auf Sprache, wohl aber deren Vollendung in der Sprache. Die Dinge auf Gott hin auszusagen – und so die Prozessualität der Wirklichkeit mitzuvollziehen – heißt, die Dinge zu verlebendigen.

Die Wirklichkeit als solche hat für Eckhart Aussagecharakter. Sie ist in ihrem Ursprung und bleibenden Kern durch eine Idealsprache geformt, nicht bloß ausgedrückt. Affirmation und Negation sind metaphysische Prinzipien und bezeichnen eine Dynamik, die im Sein selbst gründet und die relationale Struktur der Wirklichkeit, d. h. die Möglichkeit, dass ein Sachverhalt wesentlich auf einen anderen bezogen sein kann, grundlegt.

Es geht Eckhart nicht darum, den Vorgang einer ursprünglichen Genese der Welterkenntnis nachzuzeichnen, sondern um die Beschreibung eines permanenten Ursprungsvorgangs, der in jedem Erkenntnisvorgang mitvollzogen wird. Sprachliche Bezeichnung ist demnach nicht der einmal vollzogene Akt der Benennung eines Sachverhalts, sondern ein Bestandteil des Erkenntnisvorgangs, der nicht vonstatten geht, ohne dass eine metaphysische, das heißt auf den Gesamtzusammenhang bezogene Dimension angerührt bzw. ein metaphysischer Prozess mitvollzogen wird.

Die differenzierende Betrachtung verschiedener Sachverhalte lässt bei Eckhart nicht zuerst die Verschiedenheit, sondern die umfassendere relationale Einheit des Differenzierten aufleuchten. Differenziertes steht in Beziehung zueinander, und diese Beziehung bedeutet eine umfassendere Wirklichkeitsstruktur auf einer übergeordneten Ebene. Der entscheidende Zugang zum Einheitsgedanken liegt in der Strukturparallelität der in den verschiedenen Realitätsbereichen beobachtbaren Relationen. Relationalität wird nicht erst durch eine Ordnung mittels Vergleich geschaffen. So ist die Ordnung der Wirklichkeit nichts, was von außen an diese herangetragen wird – etwa durch einen ordnenden Verstand –, sondern das Eigentliche, innerhalb dessen sowohl der Sachverhalt als auch dessen Begriff in ihrem Sinn erst erfassbar sind.

Mit dem Schema der *termini generales* rückt Eckhart die Beziehungsstrukturen in Mittelpunkt der Betrachtung und diese sind es, die Wirklichkeit im unmittelbaren Sinne konstituieren, während die verschiedenen Ebenen, auf denen sich dies vollzieht, innerhalb dieser Perspektive nur sekundäre Relevanz besitzen. Wenn von *termini generales* die Rede ist, handelt es sich nicht um eine Abstraktion aus einer niederen auf eine höhere Ebene, d.h. um den oberen Abschluss eines Schemas von Gattung und Art, sondern um den allgemeinen Ordnungszusammenhang, innerhalb dessen ein solches Schema überhaupt erst greifen kann. „*Generalis*" ist nicht im Sinne von Verallgemeinerung, sondern von Grundlegung zu verstehen. Die einzelnen, nach Art und Gattung washeitlich fassbaren Entitäten bestehen nur innerhalb des durch die Begriffspaare der *termini generales* abgesteckten Spannungs- und Bewegungsfeldes.

Das entscheidende Element des eckhartschen Relationsverständnisses ist, dass der Beziehung als solcher substantialer und nicht akzidenteller Charakter zugedacht wird. Sie bestimmt die Substanz des in ihr Stehenden wesentlich. Substantialität als solche wird nur in zweiter Linie washeitlich, in erster Linie relational bestimmt bzw. schließt die Relationalität als wesentlichen Aspekt der Washeitlichkeit mit ein.

Die Untersuchung des Naturbegriffs bestätigte die beobachtete Tendenz, dass Eckhart nichtidentische Entitäten mittels einer relationalen Wirklichkeitsstruktur als identisch auffassen und auf diese Weise Einheit und Differenz zugleich denken kann. Innerhalb dieser Gedankengänge versteht Eckhart mittels des Theoriestücks vom Habitus Relationalität auch als Konstitutionsschema menschlichen Handelns. Mit dem Naturbegriff verfügt Eckhart über einen Begriff, mit dem er die verschieden gearteten Phänomene der Wirklichkeit in ihrer wesentlichen Grundstruktur zu erfassen vermag, wobei dieser Begriff innerhalb der Komplexität der Wirklichkeit auf unterschiedliche Weise – analog im eckhartschen Sinne – Verwendung findet, aber dennoch nicht den letzten Zusammenhang des Ganzen bezeichnen kann, da er ein Strukturbegriff ist, der das Wie, nicht jedoch das Was und das Woraufhin des inneren Zusammenhangs der Wirklichkeit bezeichnet. Hieraus ergibt sich aber keine Gegenüberstellung zweier Grundprinzipien Struktur und Inhalt, denn die Struktur als solche hat ein washeitliches Moment und ist als *etwas* zu begreifen. Wir haben es mit zwei real bestimmbaren Ebenen der Wirklichkeit zu tun, deren eine sich nach Gattung und Art gliedert, während die andere die relationalen Strukturen bezeichnet, innerhalb derer erstere sich entwickelt.

In seiner Vereinfachung, Straffung und Dynamisierung der übernommenen metaphysischen Begrifflichkeit ist das eckhartsche Strukturschema als eine Ordnung der Unmittelbarkeit nicht als Zweistufenmodell zu verstehen, sondern es konzentriert sich auf zwei verschiedene Modi, wie die eine Wirklichkeit gehabt wird, selbständig oder in Abhängigkeit. Diese wesentliche Abhängigkeit des Kontingenten vom Nichtkontingenten ist zugleich die Ermöglichung von Freiheit und Selbständigkeit innerhalb der kontingenten Wirklichkeit. Die ontologische Alternative zu dieser Einbindung, von der Eckhart wegen des prozessualen Schemas sprechen kann, ist eine nichtigende Isolation im Sinne einer „unwirklichen Wirklichkeit". Das kontingente Sein hat nur im Modus der Ekstase Wirklichkeit, im Anstreben des ihm ganz Anderen und es zugleich Begründenden, nicht jedoch in sich selbst. Diesem Sachverhalt entspricht, dass für Eckhart das Sein als solches begrifflich nur aus der Ekstase des kontingenten Seins asymptotisch als dessen Inbegriff zu erfassen ist. Metaphysik wird hier zwar ganzheitstheoretisch vom Seinsbegriff, jedoch zugleich ontotheologisch vom Inbegriff des Seins, ausformuliert als *esse est deus*, her entworfen. Die wahrnehmbare Welt als solche besteht nur innerhalb des Modus der Relationalität, der als Modus des Strebens und Empfangens begriffen wird. Die sachliche Unterscheidung zwischen dem Sein als solchem und dem Modus des Seinsbesitzes macht den Kern des eckhartschen Ansatzes aus und begründet dessen Konzeption von Relationalität. Entscheidend ist dabei, dass das einzelne Geschöpf nicht ausschließlich als kontingenter Teilaspekt dieser Struktur gesetzt wird, sondern – trotz seiner Kontingenz – im Herausgang des Sachverhalts aus sich selbst in der gesamten Ausdehnung dieser Struktur verankert wird.

Der asymptotische Charakter des Seins als solchen im Hinblick auf das kontingente Sein, gründet in der Nichtaufhebbarkeit der Relationalität. Der Inbegriff des Seins bleibt gegenüber der begrifflichen Erfassung des Seienden in der Welt ein Grenzbegriff. Der Charakter eines Grenzbegriffs kehrt sich im eckhartschen Ansatz jedoch um, da er nicht das Angedachte, sondern das, von dem her gedacht wird, darstellt. Der Wahrheitsanspruch der eckhartschen Rede über die Wirklichkeit leitet sich von einer Grenzaussage ab, genau genommen einer Aussage, die die Grenze bereits überschritten hat und die Alltagssprache transzendiert. Die Wahrheitsbedingungen hinsichtlich innerweltlicher Erkenntnis sind damit erkenntnistranszendent, und Denken geschieht gleichsam von jenseits der Grenze der kontingenten Welt her. Das Ganze der Welterfahrung wird nicht als Grenze erfahren, der man sich immer nur annähert, sondern von jenseits dieser Grenze bestimmt. Eindeutige begriffliche Identifizierbarkeit und Objektivität ist nur jenseits dieser Grenze gegeben, wirkt jedoch auf ihr Diesseits zurück. Wenn die Welterfahrung nicht über sich hinausgeht, ist sie in den Denkkategorien Eckharts nicht möglich. Der Mensch selbst kann einen wirklich objektiven, neutralen Standort der Wirklichkeit gegenüber nicht einnehmen und bleibt doch darauf ausgerichtet, da er ihn zumindest begrifflich einholen kann. Damit behält die Welterfahrung in sich einen unabgeschlossenen und provisorischen Charakter und weiß zugleich um diese Situation.

In ihrer innerweltlichen Unabgeschlossenheit und Unbehaustheit sind Begriff und Erfahrung in Struktur und Vollzug bei Eckhart parallel. Positiv betrachtet bedeutet dies, dass Intentionalität für Eckhart ein Charakteristikum der gesamten Wirklichkeit ist, nicht bloß der Erkenntnis. Sowohl die Wirklichkeit als solche als auch unser Verständnis von ihr gründen im selben Ursprung außerhalb unserer selbst in Gott, in dem der Wirklichkeit eigenen Selbstverhältnis. Dieses ist nur im Mitvollzug einsichtig. Theoretische und praktische Erkenntnis sind in ihren Grundprinzipien für Eckhart nicht voneinander unterschieden, denn Erkenntnis bedeutet zugleich eine Haltung gegenüber dem Erkannten bzw. dessen habituelle Einprägung. In der sich permanent wiederholenden Aneignung der Wirklichkeit gehen Weltbetrachtung und innere Reifung ineinander über.

Eckhart möchte aufzeigen, dass die in der Sprache verwandte Grundbegrifflichkeit sich mit der Grunderfahrung der Wirklichkeit deckt. Dies gilt auch für das Über-sich-Hinaussein der Erkenntnis, die ihre Inbegriffe aus dem ihr Transzendenten entnimmt. Das anhand der *termini generales* umrissene Strukturschema in seiner konsequenten Konzentration auf das als prozesshaftes Spannungsverhältnis greifbare Ineinander von Einheit und Differenz, Immanenz und Transzendenz stellt einerseits, indem es die gemeinsame Ausrichtung aller Vollzüge der Wirklichkeit immer wieder nachzeichnet, in seinem Bestreben, das Ganze zu begreifen, eine Synthese von umfassender Kraft dar. Diese muss aber andererseits aus seinem umfassenden Anspruch heraus vereinfachend vorgehen und kann die Einzelphänomene in sich nicht umfassend klären, weil sie von ihrer inneren Logik her immer schon über diese hinausgreift. Darin liegt die Schwäche des Ansatzes, dass er, vollzieht man die transzendierende Relationalität nicht mehr mit, keine Aussagekraft hat; jedoch wird diese Einschränkung bereits durch den Programmentwurf der *termini generales* vorausgeschickt.

Literaturverzeichnis

PRIMÄRLITERATUR

ECKHART (Meister E.): Die deutschen und lateinischen Werke. hrsg. im Auftrag der Deutschen Forschungsgemeinschaft. Stuttgart 1936ff. (Zitiert DW bzw. LW).

ABAELARD: Logica ‚ingredientibus' (Mailänder Glossen). Ed. B. Geyer, Peter Abaelards philosophische Schriften 1–3 (BGPhMA 21,1–3). Münster, 1919–27.

AEGIDIUS ROMANUS: De esse et essentia. Ed. E. Hocedez. Löwen 1930.

–: In Physicam. Venedig 1502, ND Frankfurt a. M. 1968.

–: In I sententiarum. Venedig 1521, ND Frankfurt a. M. 1968.

ALBERTUS MAGNUS: Quaestiones super De animalibus. Ed. E. Filthaut (Ed. Colon. XII, 77–321). Münster 1955.

–: De animalibus. Ed. H. Stadler, Albertus Magnus, De animalibus libri XXVI. Nach der Cölner Urschrift. Erster Band, Buch I–XII enthaltend [BGPhMA 15]. Münster 1916.

ANONYMUS: Accessus philosophorum. Ed. C. Lafleur: Quatre introductions à la philosophie au XIIIe siècle. Textes critiques et étude historique (Université de Montréal, Publications de l'Institut d'Etudes médiévales, XXIII). Montréal/Paris 1988.

ARISTOTELES: Opera. Edidit Academia Regia Borussica. Ex rec. I. Bekkeri. Berlin 1831ff. , ²Berlin 1960.

AUGUSTINUS: De civitate dei. Ed. B. Dombart/A. Kalb (Neubearbeitung, CCSL 14,1/2). Turnhout 1955.

–: Confessiones. Ed. L. Verheijen (CCSL 27). Turnhout 1990.

–: De immortalitate animae, in: Sancti Aureli Augustini Opera. Ed. W. Hörmann (CSEL 89). Wien 1986.

–: De moribus ecclesiae catholicae et de moribus Manichaeorum. Ed. J.B. Bauer (CSEL 90). Wien 1992.

–: De Genesi ad litteram libri duodecim, in: Sancti Aureli Augustini Opera. Ed. I. Zycha (CSEL 28,1). Prag/Wien/Leipzig 1894.

AVERROES: Aristotelis Opera cum Averroes Commentariis. Venedig 1562, ND Frankfurt a. M. 1962.

AVICENNA: Metaphysica. Ed. S. Van Riet. Avicenna latinus. Liber de Philosophia prima sive Scientia divina. Leuven 1977–1980.

BOETHIUS: De hebdomadibus, in: Boethius, The theological Tractates and the Consolation of Philosophy. Ed. H.F. Steward (u.a.). Cambridge 1973, 38–50.

BOETHIUS DE DACIA: Opera, Quaestiones de generatione et corruptione. Quaestiones super Libros Physicorum. Ed. G. Sajo (Corpus Philosophorum Danicorum Medii Aevi V). Kopenhagen 1972.

BONAVENTURA: Opera omnia. Quaracchi 1882–1902.

DIONYSIUS (PSEUDO) AREOPAGITA: De divinis nominibus. Ed. B. R. Suchla. Berlin/New York 1990.

DH = ENCHIRIDION SYMBOLORUM DEFINITIONUM ET DECLARATIONUM de rebus fidei et morum. Quod emandavit, auxit, in linguam germanicam transtulit et adiuvante Helmuto Hoping edidit Petrus Hünermann. Freiburg/Br.[37] 1991.

EUSEBIUS HIERONYMUS: Translatio homiliarum Origeneis in Ierusalem. Homilia VI (PL 25,632–637). Paris 1884.

GILBERT V. POITIERS: In De hebdomadibus. Ed. N.M. Häring (The Commentaries on Boethius). Toronto 1966.

HEINRICH VON GENT: Quodlibeta. Ed. Badius Ascensius. Paris 1518, ND Leuven 1961.

IV qu. 2;

–: Quodlibet VII. Ed. G.A. Wilson (Opera omnia XI). Leuven/Leiden 1991.

–: Summa quaestionum ordinarium. Ed. Badius Ascensius. Paris 1520, ND New York/St. Bonaventure 1953.

IOANNES DUNS SCOTUS, Ordinatio liber IV. Ed. Viv. XVI

–: Tractatus de primo principio. Ed. W. Kluxen. Darmstadt 1974.

LIBER DE CAUSIS: Ed. A. Pattin. Le Liber de causis. Edition établie à l'aide de 90 manuscrits avec introduction et notes, in: Tijdschrift voor Filosofie 28/1 (1966), 90–203.

PLATON: Opera. Ed. J. Burnet. Oxford 1899–1906.

PLOTIN: Opera. Ed. P. Henry/H.R. Schwyzer. Paris/Brüssel 1951–1973.

ROBERT KILWARDBY: De ortu scientiarum. Ed. A.G. JUDY. Toronto 1976.

THIERRY VON CHARTRES: In De hebdomadibus. Ed. N.M. Häring. Toronto 1971.

THOMAS VON AQUIN: In De anima. Ed. Leonina (Opera omnia XLV,1).Rom 1984.

–: De ente et essentia. Ed. Leonina (Opera omnia XLIII, 367–381). Rom 1976.

–: Expositio libri Boethii De hebdomadibus. Ed. Leonina (Opera omnia L). Rom 1992.

–: In Metaphysicam. Ed. M.R. Cathala / R.M. Spiazzi. Turin 1971.

–: In Peri hermeneias. Ed. Leonina (Opera omnia I). Rom 1882.

–: De physico audito seu physicorum lib. VIII. Ed. Vivès (Opera omnia XXII). Paris 1875.

–: Quaestiones disputatae de potentia. Ed. R. Busa (S. Thomae Aquinatis opera omnia III, 186–269. = Index Thomisticus suppl.). Rom 1980.

–: Summa theologiae. Ed. Leonina (Opera omnia IV–XII). Rom 1888–1906.

–: Quaestiones disputatae de veritate. Ed. Leonina (Opera omnia XXII). Rom 1970–1976.

–: Summa contra Gentiles. Ed. Leonina (Opera omnia XIII–XV). Rom 1918–1930.

–: In I Sententiarum. Ed. Mandonnet. Paris 1929.

THOMAS VON CANTIMPRE: De natura rerum. Ed. H. Boese. Berlin 1973.

THOMAS VON SUTTON: Quodlibetales. Ed. M. Schmaus. München 1969.

WALTHER BURLEIGH, In Peri hermeneias. (Comm. medius). Ed. S.F. Brown, in: Franciscan Studies. 33 (1973), 45–134.

WILHELM VON OCKHAM, Summa Logicae I. Ed. Ph. Boehner/G. Gál/S.Brown (Opera philosophica I) New York/St. Bonaventure 1974.

–: Ordinatio I. Distinctiones 2–3. Ed. G. Gál/S. Brown (Opera theologica II). New York/St. Bonaventure 1979.

–: Ordinatio I. Distinctiones 19–48. Ed. G.J. Etzkorn/F.E. Kelley (Opera theologica IV). New York/St. Bonaventure 1979.

WILHELM VON ST. THIERRY: Epistola Aurea ad fratres de Monte Dei. Ed. J.-M. Déchanet. Paris 1975.

SEKUNDÄRLITERATUR

Mehrere Titel desselben Autors werden in den Anmerkungen durch den im Verzeichnis kursiv gesetzten Kurztitel unterschieden.

AERTSEN, J.A.: Gibt es eine *mittelalterliche Philosophie?* in: Philosophisches Jahrbuch 102/1 (1995), 161–176.

–: *Medieval Philosophy and Transcendentals.* The Case of Thomas Aquinas (STGMA 52). Leiden/New York/Köln 1996

–: Meister Eckhart: Eine *außerordentliche Metaphysik.* in: Recherches de Théologie et Philosophie Médiévales LXVI,1 Leuven 1999, 1–20.

–: *Ontology* and Henology in Medieval Philosophy (Thomas Aquinas, Meister Eckhart, and Berthold of Moosburg), in: BOS, E.P./ MEYER, P.A. (Hg.): On Proclus and his Influence in Medieval Philosophy. Leiden 1992, 120–140.

–: Art. „*Transzendental*; das Transzendentale; Transzendentalien; Transzendentalphilosophie. II. Die Anfänge bis Meister Eckhart" , in: HWbPh Bd. X. Darmstadt 1998, 1360–1365

–: *What is First* and Most Fundamental? The Beginnings of Transcendental Philosophy. in: AERTSEN, J.A. und SPEER, A. (Hg.): Was ist Philosophie im Mittelalter? Akten des X. Internationalen Kongresses für mittelalterliche Philosophie der Société Internationale pour l'Étude de la Philosophie Médiévale. 25. bis 30. August 1997 in Erfurt (= Miscellanea Medievalia 26). Berlin 1998, S.177–192

ALBERT, K.: Meister Eckharts *These* vom Sein. Untersuchungen zur Metaphysik des Opus tripartitum. Kastellaun/Saarbrücken 1976.

–: Meister Eckhart und die *Philosophie* des Mittelalters (=Betrachtungen zur Geschichte der Philosophie, Teil 2) Dettelbach 1999.

ANZULEWICZ, H.: Der *Bildcharakter* der Seinswirklichkeit im Denksystem des Albertus Magnus, in: FZPhTh 47 (2000), 342–351.

–: Die *theologische Relevanz* des Bildbegriffs und des Spiegelbildmodells in den Frühwerken des Albertus Magnus (=BGPhMA NF 53/II). Münster 1999.

ARIS, M.-A.: Art. „Augustinus", in: NIDA-RÜMELIN, J. / BETZLER, M. (HG.): Ästhetik und Kunstphilosophie von der Antike bis zur Gegenwart in Einzeldarstellungen. Stuttgart 1998. 38–43.

BANNACH, K.: Relationen. Ihre Theorie in der spätmittelalterlichen Theologie und bei Luther, in: Freiburger Zeitschrift für Philosophie und Theologie 47 (2000), 101–125.

BATHEN, N.: Thomistische Ontologie und Sprachanalyse. Freiburg/ München 1988.

BECKMANN, J.-P.: Wilhelm von Ockham. München 1995.

BEIERWALTES, W.: *Denken* des Einen. Studien zum Neuplatonismus und dessen Wirkungsgeschichte. Frankfurt 1985.

–: *Platonismus* im Christentum (= Philosophische Abhandlungen 73). Frankfurt/Main 1998.

–: *Primum* est dives per se. Meister Eckhart und der Liber de causis. in: BOS, E.P. und MEIJER, P.A. (Hg.):On Proclus and his influence in medieval philosophy. Leiden / New York / Köln 1992, 141–169.

–: *Proklos*. Grundzüge seiner Metaphysik. Frankfurt/M. 1965.

BERNHART, J.: Die philosophische Mystik des Mittelalters von ihren antiken Ursprüngen bis zur Renaissance. München 1922.

BERUBE, C.: Le Dialogue de Duns Scotus et D'Eckhart à Paris en 1302, in: Collectanea Franciscana 55/3–4 (1985), 323–350.

BIANCHI, L: 1277. A Turning Point in Medieval Philosophy? in: AERTSEN, J.A. und SPEER, A. (Hrsg.): Was ist Philosophie im Mittelalter? Akten des X. Internationalen Kongresses für mittelalterliche Philosophie der Société Internationale pour l'Étude de la Philosophie Médiévale. 25. bis 30. August 1997 in Erfurt (= Miscellanea Medievalia 26). Berlin 1998, .90–110.

BINDING, G.: Städtebau und Heilsordnung. Künstlerische Gestaltung der Stadt Köln in ottonischer Zeit. Düsseldorf 1986.

BORMANN, K.: Das Verhältnis Meister Eckharts zur aristotelischen Philosophie. Zu einer aristotelischen Lehre bei Meister Eckhart, in: KERN, Udo (Hg.): Freiheit und Gelassenheit. Meister Eckhart heute. München 1980, 53–59.

BOULNOIS, O.: Le chiasme: La philosophie selons les théologiens et la théologie selon les artiens, de 1267 à 1300. in: AERTSEN, J.A. und SPEER, A. (Hg.): Was ist Philosophie im Mittelalter? Akten des X. Internationalen Kongresses für mittelalterliche Philosophie der Société Internationale pour l'Étude de la Philosophie Médiévale. 25. bis 30. August 1997 in Erfurt.(= Miscellanea Medievalia 26). Berlin 1998, 595–607.

BRAGUE, R: Sens et valeur de la philosophie dans les trois cultures médiévales. in: AERTSEN, J.A. und SPEER, A. (Hg.): Was ist Philosophie im Mittelalter? Akten des X. Internationalen Kongresses für mittelalterliche Philosophie der Société Internationale por l'Étude de la Philosophie Médiévale. 25. bis 30. August 1997 in Erfurt(= Miscellanea Medievalia 26).. Berlin 1998, 229–244.

BREIL, R.: Das Problem der Geltungsgliederung in der scholastischen Transzendentalienlehre. in: Philosophisches Jahrbuch 102/1 (1995), 61–82.

BRUNNER, F.: L'*analogie* chez Maître Eckhart. Freiburger Zeitschrift für Philosophie und Theologie 16,3 (1969), 333–349.

–: *Compatibilité* chez Maître Eckhart de la thèse „esse est deus" et de l'affirmation de „l'esse rerum", in: FLASCH, K. (ed.): Von Meister Dietrich zu Meister Eckhart. Hamburg 1984, 138–146.

–: *Foi* et raison chez Maître Eckhart, in: MOREAU, J. (e.a.): Permanence de la Philosophie. Neuchâtel 1977, 196–207.

–: Eckhart ou le *goût* des ,positions extrêmes, in: ZUM BRUNN, E. (Hg.): Voici maître Eckhart. Grenoble 1994, .209–230.

CHARLES-SAGET, A: Non-être et Néant chez Maître Eckhart, in: ZUM BRUNN, E. (Hg.): Voici Maître Eckhart. Textes et études. Grenoble 1994, 301–318.

COGNET, L.: Gottes Geburt in der Seele. Einführung in die Deutsche Mystik. Freiburg 1981 (Titel d. franz. Originalausgabe: COGNET, Louis: Introduction aux mystiques rhéno-flamandes. Paris 1968.).

DANIELOU, J.: Platonisme et théologie mystique. (= Théologiques 2). Paris 1944.

DECORTE, J.: Heinrich von Gent. Von einer Ontologie der Relation zur Relationsontologie, in: KOBUSCH, T.: Philosophen des Mittelalters. Eine Einführung. Darmstadt 2000, 152–166.

DE VRIES, J.: Grundbegriffe der Scholastik. Darmstadt³ 1993.

DEL PUNTA, F.: The Genre of Commentaries in the Middle Ages and its relation the Nature and Originality of Medieval Thought. in: AERTSEN, J.A. und SPEER, A. (Hrsg.): Was ist Philosophie im Mittelalter? Akten des X. Internationalen Kongresses für mittelalterliche Philosophie der Société Internationale pour l'Étude de la Philosophie Médiévale. 25. bis 30. August 1997 in Erfurt (= Miscellanea Medievalia 26). Berlin 1998, 138–151.

DENIFLE, H.: Meister Eckeharts lateinische Schriften und die Grundanschauung seiner Lehre, in: Archiv für Literatur- und Kirchengeschichte des Mittelalters 2 (1886), 417–615.

DE RIJK, L.M.: Die Wirkung der neuplatonischen Semantik auf das mittelalterliche Denken über das Sein, in: BECKMANN, J.P. u.a. (Hg.): Sprache und Erkenntnis im Mittelalter. Akten des VI. internationalen Kongresses für mittelalterliche Philosophie der Société Internationale pour l'Étude de la Philosophie Médiévale 29. August–3 September 1977 in Bonn. (= Miscellanea Mediaevalia 13/1). Berlin/New York 1980, 19–35.

DOBIE, R.: Meister Eckhart's metaphysics of detachment, in: The modern Schoolman Vol. LXXX (Nov. 2002), 35–54.

DREYER, M.: Nikolaus von Amiens: Ars fidei catholicae – Ein Beispielwerk axiomatischer Methode (=BGPhMA NF 37). Münster 1993.

–: More mathematicorum. Rezeption und Transformation der antiken Gestalten wissenschaftlichen Wissens im 12. Jahrhundert (= BGPhMA NF 17). Münster 1996.

DREYER, M. / MÖHLE, H.: Paradigmen des Philosophierens im Mittelalter. Kurseinheit 3: Johannes Duns Scotus. Studienbrief Fernuniversität Hagen. 1999.

DUCLOW, D.F.: Meister Eckhart on the Book of Wisdom: commentary and sermons, in: Traditio 43 (1987), 215–235.

FABRO, C.: Participation et causalité selon S. Thomas d'Aquin. Löwen-Paris 1961.

FAGGIN, G.: Spiritualità Medievale e Moderna. Francesco d'Assisi – Maestro Eckhart – Il misticismo oggi. Vicenza 1978.

FISCHER, H.: Meister Eckhart. Einführung in sein philosophisches Denken. Freiburg/München 1974

–: Die theologische Arbeitsweise Meister Eckharts in den lateinischen Werken, in: ZIMMERMANN, A.(Hg.): Methoden in Wissenschaft und Kunst des Mittelalters (= Miscellanea Mediaevalia 7). Berlin 1970, .50–75.

FLASCH, K.: Meister Eckhart und die 'Deutsche Mystik'. Zur Kritik eines historiographischen Schemas, in: O. PLUTA (Hg.), Die Philosophie im 14. Und 15. Jahrhundert. In memoriam Konstanty Michalski (1879–1947). Amsterdam 1988, 439–463.

–: Procedere ut imago. Das Hervorgehen des Intellekts aus seinem göttlichen Grund bei Meister Dietrich, Meister Eckhart und Berthold von Moosburg, in: K. RUH (ed.): Abendländische Mystik im Mittelalter, Symposion Kloster Engelberg. Stuttgart 1986, 125–134.

FRIEDLANDER, A.H.: Maître Eckhart et la tradition juive: Maimonide et Paul Celan, in: ZUM BRUNN, E. (Hg.): Voici maître Eckhart. Grenoble 1994, 385–400.

GANDILLAC, M. de: La 'Dialectique' de Maître Eckhart, in: ID., Genèses de la Modernité. Paris 1993.

GERSH, S.: From Iamblichus to Eriugena. Leiden 1978.

GILSON, É.: L'esprit de la philosophie médiévale. Paris ² 1944.

GORIS, W.: Eckharts Entwurf des opus tripartitum und seine Adressaten, in: JACOBI, K. (Hg.): Meister Eckhart. Lebensstationen, Redestationen. Berlin 1997, 379–391.

–: Einheit als Prinzip und Ziel. Versuch über die Einheitsmetaphysik des opus tripartitum Meister Eckharts. Leiden 1997.

–: *Ontologie oder Henologie?* Zur Einheitsmetaphysik Meister Eckharts, in: AERTSEN, J.A. und SPEER, A. (Hg.): Was ist Philosophie im Mittelalter? Akten des X. Internationalen Kongresses für mittelalterliche Philosophie der Société Internationale pour l'Étude de la Philosophie Médiévale. 25. bis 30. August 1997 in Erfurt.(= Miscellanea Medievalia 26). Berlin 1998, 694–703.

–: *Prout iudicaverit* expedire. Zur Interpretation des zweiten Prologs zum „Opus expositionum" Meister Eckharts, in: Medioevo 20 (1995), S.233–278.

GROTZ, S.: Meister Eckharts Pariser Quaestio I: Sein oder Nichtsein – ist das hier die Frage?, in: Freiburger Zeitschrift für Philosphie und Theologie 49 (2002), 370–398.

GRUNDMANN, H.: Religiöse Bewegungen im Mittelalter. Darmstadt [2]1961.

HAAS, A.M.: *Nim din selbes war.* Studien zur Lehre von der Selbsterkenntnis bei Meister Eckhart, Johannes Tauler und Heinrich Seuse. Fribourg 1971.

–: *Sermo mysticus.* Studien zur Theologie und Sprache der Deutschen Mystik (Dokimion 4). Fribourg 1979.

HAGER, F.P.: Art. „*Natur* I. Antike", in: HWPh Bd. VI. Darmstadt 1984, 421–441.

–: Art. „*Quantität* I. Antike", in: HWPh Bd. VII. Darmstadt 1989. 1792–1796

HAHNLOSER, H.R.: Villard de Honnecourt. Kritische Gesamtausgabe des Bauhüttenbuches ms. fr 19093 der Pariser Nationalbibliothek. Graz[2] 1972.

HART, R.L.: La négativité dans l'ordre divin, in: ZUM BRUNN, E.: Voici Maître Eckhart. Textes et études. Grenoble 1994, 187–208.

HELTING, H.: Aristotelische Intellektlehre und die „Sohnesgeburt" bei Meister Eckhart, in: Theologie und Philosophie. 71. Jahrgang. Heft 3. Freiburg 1996,

HÖDL, L.: Metaphysik und Mystik im Denken des Meister Eckhart, in: Zeitschrift für Katholische Theologie 82 (1960), 258–271.

HOF, H.: Scintilla animae. Eine Studie zu einem Grundbegriff in Meister Eckharts Philosophie mit besonderer Berücksichtigung des Verhältnisses der Eckhartschen Philosophie zur neuplatonischen und thomistischen Anschauung. Lund/ Bonn 1952.

HONNEFELDER L.: The *Concept of Nature* in Medieval Metaphysics, in: KOYAMA, Ch.: Nature in medieval thought. Some approaches east and west. Leiden 2000, 75–93.

–: *Ens* inquantum ens. Der Begriff des Seienden als solchen als Gegenstand der Metaphysik nach der Lehre des Johannes Duns Scotus (= BGPhMA NF 16). Münster 1979.

–: Die Frage nach der *Realität* und die Möglichkeit von Metaphysik, in: LENK, H. und POSER, H.: Neue Realitäten – Herausforderung der Philosophie. XVI. Deutscher Kongreß für Philosophie, Berlin, 20.–24. September 1993. Vorträge und Kolloquien. Berlin 1995, 405–423.

–: *Gegenstands- und Weltbegriff* in der mittelalterlichen Ontologie und in der universalen formalen Semantik der Gegenwart. Zur Frage nach der Aktualität der mittelalterlichen Philosophie, in: VOSSENKUHL, W. / SCHÖNBERGER, R.: Die Gegenwart Ockhams. Weinheim 1990, 369–382.

–: *Gewissen* als implizite Axiomatik. Zur Lehre vom Gewissen und Gewissensurteil bei Thomas von Aquin, in: HUBER, W./PETZOLD, E./SUNDERMEIER, Th.: Implizite Axiome. Tiefenstrukturen des Denkens und Handelns (Festschrift Dietrich Ritschl). München 1990, 117–126.

–: *Kathedralen* des Denkens. Entwürfe der Metaphysik im Köln des 13. und 14. Jahrhunderts: Albertus Magnus – Thomas von Aquin – Johannes Duns Scotus, in: HONNEFELDER, L./TRIPPEN, N./WOLFF, A. (Hg. im Auftrag des Metropolitankapitels): Dombau und Theologie im mittelalterlichen Köln. Festschrift zur 750-Jahrfeier der Grundsteinlegung des Kölner Domes und zum 65. Geburtstag von Joachim Kardinal Meisner 1998. Köln 1998, 395–404.

–: *Metaphysik und Transzendenz.* Überlegungen zu Johannes Duns Scotus im Blick auf Thomas von Aquin und Anselm von Canterbury, in: HONNEFELDER, L. und SCHÜBLER, W.: Transzendenz. Zu einem Grundwort der klassischen Metaphysik. Paderborn/München/Wien/Zürich 1992, 137–161

–: *Weisheit* durch den Weg der Wissenschaft. Theologie und Philosophie bei Augustinus und Thomas von Aquin, in: OELMÜLLER, W.: (Hg.): Philosophie und Weisheit, Paderborn 1989, 65–77.

–: Transzendent oder transzendental: Über die Möglichkeit von Metaphysik, in: Philosophisches Jahrbuch 92 (1985), 273–290.

–: Wilhelm von *Ockham.* Die Möglichkeit der Metaphysik, in: KOBUSCH, T.: Philosophen des Mittelalters. Eine Einführung. Darmstadt 2000, 250–268.

–: Der zweite *Anfang* der Metaphysik. Voraussetzungen, Ansätze und Folgen der Wiederbegründung der Metaphysik im 13./14. Jahrhundert, in: BECKMANN, J..P./ HONNEFELDER, L./ SCHRIMPF, G./ WIELAND, G. (Hrsg.): Philosophie im Mittelalter. Entwicklungslinien und Paradigmen. Hamburg² 1996, 165–186.

HORN, Chr.: Plotin über Sein, Zahl und Einheit. Eine Studie zu den systematischen Grundlagen der Enneaden. Stuttgart 1995.

IMBACH, R.: *Autonomie* des philosophischen Denkens? Zur historischen Bedingtheit der mittelalterlichen Philosophie. in: AERTSEN, J.A. und SPEER, A. (Hg.): Was ist Philosophie im Mittelalter? Akten des X. Internationalen Kongresses für mittelalterliche Philosophie der Société Internationale pour l'Étude de la Philosophie Médiévale. 25. bis 30. August 1997 in Erfurt (= Miscellanea Medievalia 26). Berlin 1998, 125–137,

–. *Deus* est intelligere. Das Verhältnis von Sein und Denken in seiner Bedeutung für das Gottesverständnis bei Thomas von Aquin und in den Pariser Quaestionen Meister Eckharts. Fribourg 1976.

–: Quelques *Raisons* de s'intéresser à la philosophie médiévale, in: Universitas Friburgensis 2 (Feb. 1993), 9f.

IVANKA, E. von: Plato christianus. La réception critique du platonisme chez les Pères de l'Eglise. (Théologiques). Paris 1990.

JASPERS, K.: Der philosophische Glaube angesichts der Offenbarung. München 1962.

JECK, U.R.: Aristoteles contra Augustinum. Zur Frage nach dem Verhältnis von Zeit und Seele bei den antiken Aristoteleskommentatoren, im arabischen Aristotelismus und im 13. Jahrhundert. Amsterdam/Philadelphia 1994.

KERN, U.: Eckharts *Intention,* in: ID.(Hrsg.): Freiheit und Gelassenheit. Meister Eckhart heute. München 1980, 24–33

–: *Ich* „ist die Bezeugung eines Seienden".Meister Eckharts theoontologische Wertung des Ichs, in: AERTSEN, J.A. und SPEER, Andreas: Individuum und Individualität im Mittelalter. (= Miscellanea Mediaevalia 24). Berlin 1996. S.612–621.

–: *Meister Eckhart,* in: TRE Bd. IX. Berlin, New York 1982, 258–264.

KLUXEN, W.: *Analogie,* in: HWPh. Bd. I. Darmstadt 1971, 214–227.

–: Die *Originalität* der skotischen Metaphysik. Eine typologische Betrachtung, in: C. BÉRUBÉ (Hrsg.): Regnum Hominis et Regnum Dei. Rom 1978, 303–317.

–: *Thomas von Aquin:* Das Seiende und seine Prinzipien, in: SPECK, Josef (Hrsg.): Grundprobleme der großen Philosophen. Philosophie des Altertums und des Mittelalters. Göttingen⁴ 1990. 171–214.

–: Der *Übergang* von der Physik zur Metaphysik im thomistischen Gottesbeweis, in: F. O'ROURKE (Hg.), At the Heart of the real. Philosophical Essays in Honour of the Most Reverend Desmond Connell, Archbishop of Dublin. Dublin 1992, 113–121.

KOBUSCH, Th.: *Metaphysik als Einswerdung.* Zu Plotins Begründung einer neuen Metaphysik, in: HONNEFELDER, L. und SCHÜBLER, W.: Transzendenz. Zu einem Grundwort der klassischen Metaphysik. Paderborn 1992, 109–113.

–: *Metaphysik als Lebensform.* Zur Idee einer praktischen Metaphysik, in: GORIS, W. (Hg.): Die Metaphysik und das Gute. Aufsätze zu ihrem Verhältnis in Antike und Mittelalter. Jan A. Aertsen zu Ehren. Leuven 1999 (= Recherches de Théologie et Philosophie médiévales. Bibliotheca II), 27–56.

KOCH, J.: Meister Eckhart und die *jüdische Religionsphilosophie* des Mittelalters, in: Kleine Schriften. Band I. Roma 1973, 349–365.

–: Zur *Analogielehre* Meister Eckharts, in: ID., Kleine Schriften. Band I. Rom 1973, 367–397.

–: Augustinischer und Dionysischer *Neuplatonismus* und das Mittelalter, in: Kleine Schriften. Band I. Roma 1973, 3–25.

KÖHLER, Th.W.: „Processus narrativus". Zur Entwicklung des Wissenschaftskonzepts in der Hochscholastik, in: Salzburger Jahrbuch für Philosophie 39 (1994), 109–127.

KREMER, K.: Emanation, in: HWnPh II. Darmstadt 1972, 445–448

KUDZIALEK, M.: Eckhart, der Scholastiker, Philosophische und Theologische Traditionen, aus denen er kommt. Die pantheistischen Traditionen der eckhartschen Mystik, in: KERN, Udo (Hg.): Freiheit und Gelassenheit, Meister Eckhart, München 1980, 60–74.

LAARMANN, M.: Deus, primum cognitum. Die Lehre von Gott als dem Ersterkannten des menschlichen Intellekts bei Heinrich von Gent († 1293) (= BGPhMA NF 52). Münster 1999.

LABOURDETTE, M.-M.: Les mystiques rhéno-flamands, in: La Vie Spirituelle 652 (Nov./Dec.1982), 644–651.

LARGIER, N.: Die ‚Deutsche *Dominikanerschule*'. Zur Problematik eines historischen Konzepts, in: J.A. AERTSEN, und A. SPEER (Hg.): Geistesleben im 13. Jahrhundert (= Miscellanea Mediaevalia 27). Berlin, New York 2000, .202–213.

–: *Intellectus* in deum ascensus. Intellekttheoretische Auseinandersetzungen in Texten der deutschen Mystik, in: Deutsche Vierteljahresschrift für Literaturwissenschaft und Geistesgeschichte 69 (1995), 423–471

–: *Intellekttheorie*, Hermeneutik und Allegorie: Subjekt und Subjektivität bei Meister Eckhart, in: FETZ, R.L. e. a. (Hg.); Geschichte und Vorgeschichte der modernen Subjektivität. Berlin 1998, 460–468.

–: *Recent work* on Meister Eckhart. Positions, Problems, New Perspectives, in: Recherches de Théologie et Philosophie médiévales LXV,1 (1998), 147–167.

–: *Theologie*, Philosophie und Mystik bei Meister Eckhart. in: AERTSEN, J.A. und SPEER, A. (Hg.): Was ist Philosophie im Mittelalter? Akten des X. Internationalen Kongresses für mittelalterliche Philosophie der Société Internationale pour l'Étude de la Philosophie Médiévale. 25. bis 30. August 1997 in Erfurt(= Miscellanea Medievalia 26). Berlin 1998, 704–711.

–: *Time* and Temporality in the ‚German Dominican School'. Outlines of a Philosophical Debate between Nicolaus of Strasbourg, Dietrich of Freiberg, Eckhart of Hoheim and Ioannes Tauler, in: PORRO, P. (Hg.): The Medieval Concept of Time. Studies on the Scholastic Debate and its Reception in Early Modern Philosophy. Leiden 2001, 221–253.

LEMOINE, M.: Le corpus platonicien selon des médiévaux, in: AERTSEN, J.A. und SPEER, A. (Hg.): Was ist Philosophie im Mittelalter? Akten des X. Internationalen Kongresses für mittelalterliche Philosophie der Société Internationale por l'Étude de la Philosophie Médiévale. 25. bis 30. August 1997 in Erfurt.= Miscellanea Medievalia Band 26. Berlin 1998, 275–280.

LIBERA, A. de: *Mystique et philosophie.* Maître Eckhart. In: ZUM BRUNN, E. (Hg.): Voici Maître Eckhart. Textes et études. Grenoble 1994. 319–340.

–: La *mystique rhénane* d'Albert le Grand à Maître Eckhart. Paris 1994.

–: *Penser* au Moyen Âge. Paris 1991

–: La *philosophie médiévale*. Paris 1993

–: *Philosophie et censure*. Remarques sur la crise universitaire de 1270–1277. in: AERTSEN, J.A. und SPEER, A. (Hg.): Was ist Philosophie im Mittelalter? Akten des X. Internationalen Kongresses für mittelalterliche Philosophie der Société Internationale pour l'Étude de la Philosophie Médiévale.25. bis 30. August 1997 in Erfurt.(= Miscellanea Medievalia 26). Berlin 1998, 71–89.

–: Le *Problème* de l'Être chez Maître Eckhart. Logique et métaphysique de l'analogie. Genève/ Lausanne/ Neuchâtel 1980.

– / ZUM BRUNN, E.: Maître Eckhart. *Métaphysique du Verbe* et théologie négative. Paris 1984.

LIEBSCHÜTZ, H.: Meister Eckhart und Moses Maimonides. in: Archiv für Kulturgeschichte 54 (1972).

LOHMANN, J.: Thomas von Aquin und die Araber (Sprach-Geschichte und Denk-Formen). In: Philosophisches Jahrbuch 102/1 (1995) S.119–128.

LOSSKY, V.: Théologie négative et connaissance de dieu chez Maître Eckhart (= Études de philosophie Médiévale 48). Paris 1960, 176.

LOTZ, J.B.: Zur Konstitution der transzendentalen Bestimmungen nach Thomas von Aquin, in: ID., Der Mensch im Sein. Freiburg 1967.

MANSTETTEN, R.: Esse est deus. Meister .Eckharts christologische Versöhnung von Philosophie und Religion. Freiburg/München 1993.

MC GINN; B.: Meister Eckhart on God as Absolute Unity, in: O'MEARA, D.: Neoplatonism and Christian Thought. New York/Albany 1982. 128–139.

MERLE, H.: Deitas: quelques aspects de la signification de ce mot de Augustin à Maître Eckhart, in: FLASCH, K. (Hg.): Von Meister Dietrich zu Meister Eckhart. Hamburg 1984, 12–21.

MICHEL, A: La rhétorique de Maître Eckhart: une rhétorique de l'être, in: ZUM BRUNN, E.: Voici Maître Eckhart. Textes et études. Grenoble 1994, 163–173.

MIETH, D.: Authentische Erfahrung als Einheit von Denken, Sein und Leben, in HAAS, A.M./ STIRNIMANN, H. (Hg.): Das „Einig Ein": Studien zur Theorie und Sprache der deutschen Mystik. Fribourg 1980, 11–61.

MOJSISCH, B: „*Causa essentialis*" bei Dietrich von Freiberg und Meister Eckhart, in: FLASCH, K. (ed.): Von Meister Dietrich zu Meister Eckhart. Hamburg 1984, 106–114.

–: Eckharts *Kritik* der theologisch-theokratischen Ethik Augustins, in: Medioevo IX (1983), 43–59.

–: Meister Eckhart: *Analogie*, Univozität und Einheit. Hamburg 1983.

–: Die *Theorie* des Ich in seiner Selbst- und Weltbegründung bei Meister Eckhart, in:WENIN, C. (Hg.): L'homme et son univers au Moyen Age, Actes du VIIᵉ Congrès international de philosophie médiévale Bd.I.. Louvain-la-Neuve 1986, 267–272.

MONTEIRO PACHECO; M. C.: Les transformations du concept de *natura* au XIIᵉ siècle, in: HAMEESE, J./ STEEL, C.: L'élaboration du vocabulaire philosophique au moyen âge. Actes du Colloque international de Louvain-la-Neuve et Leuven 12–14 septembre 1998 organisé par la Societé Internationale pour l'Étude de la Philosophie Médiévale. Turnhout 2000, 281–292.

MÜLLER, M.: Sein und Geist. Systematische Untersuchungen über Grundproblem und Aufbau mittelalterlicher Ontologie. Tübingen 1940.

MURALT, A. de: Néoplatonisme et Aristotélisme dans la Métaphysique Médiévale. Analogie, Causalité, Participation. Paris 1995.

OEING-HANHOFF, L.: Sein und Sprache in der Philosophie des Mittelalters, in: BECKMANN, J.P. u.a. (Hg.): Sprache und Erkenntnis im Mittelalter. Akten des VI. internationalen

Kongresses für mittelalterliche Philosophie der Société Internationale pour l'Étude de la Philosophie Médiévale 29. August–3 September 1977 in Bonn. (= Miscellanea Mediaevalia 13/1). Berlin/New York 1980, 165–178.

OTTO, R.: West-östliche Mystik. Vergleich und Unterscheidung zur Wesensdeutung. München[3] (überarbeitet von G. MENSCHING) 1971.

PICKAVÉ, M.: Heinrich von Gent über das Subjekt der Metaphysik als Ersterkanntes, in: Documenti e Studi sulla Tradizione Filosofica Medievale XII (2001), 493–522.

PINBORG, J: Die Logik der *Modistae*, in: ID., Medieval Semantics. London 1984, 39–97.

–: *Logik und Semantik* im Mittelalter. Ein Überblick, mit einem Nachwort von Helmut Kohlenberger. Stuttgart 1972.

PORION, Fr. J.-B.: Hadewijch d'Anvers, Poèmes des Béguines traduits du néerlandais.Paris 1954.

QUINT, J.: Mystik und Sprache. Ihr Verhältnis untereinander, insbesondere in der spekulativen Mystik Meister Eckharts, in: RUH, K. (Hg.): Altdeutsche und Altniederländische Mystik. Darmstadt 1974, 113–151 (erstmals in: Deutsche Vierteljahrsschrift für Literaturwissenschaft und Geistesgeschichte 27 (1953), 48–76.).

REINER, H.: Art. „Gewissen", in: HWbPh Bd. III. Darmstadt 1974, 574–592.

ROLAND-GOSSELIN, M.D.: Le De ente et essentia de S. Thomas d'Aquin. Texte établi d'apr`s les manuscrits parisiens. Introduction, notes et études historiques. Le Saulchoir-Kain 1926.

RUH; K.: Meister Eckhart und die *Spiritualität der Beginen*, in: ID.: Kleine Schriften II, Berlin/New York 1984, 328–329.

–: Meister Eckhart. *Theologe*, Prediger, Mystiker. München 1985.

SCHNEIDER, Th.: Die *Einheit* des Menschen. Die anthropologische Formel „anima forma corporis" im sogenannten Korrektorienstreit und bei Petrus Johannes Olivi. Ein Beitrag zur Vorgeschichte des Konzils von Vienne (= BGPhMA NF 8). Münster 1973.

SCHNEIDER, J.H.J.: Art. „*Sprache*", in: HWbPh Bd. IX. Darmstadt 1995, 1454–1468.

SCHÖNBERGER, R.: Das gleichzeitige Auftreten von *Nominalismus und Mystik*, in: A. SPEER (Hg.): Die Bibliotheca Amploniana: ihre Bedeutung im Spannungsfeld von Aristotelismus, Nominalismus und Humanismus (= Miscellanea Mediaevalia 23), Berlin/New York 1995, 409–433

–: *Relation* als Vergleich. Die Relationstheorie des Johannes Buridan im Kontext seines Denkens und der Scholastik (= Studien und Texte zur Geistesgeschichte des Mittelalters 43). Leiden 1994.

SCHÜRMANN, R.: Meister Eckhart, Mystic and Philosopher. Bloomington 1978.

SCHÜßLER, W.: Gott – Sein oder Denken? Zur Problematik der Bestimmung göttlicher Wirklichkeit in den *Quaestiones parisienses* Meister Eckharts von 1302/03, in: HONNEFELDER, L./ SCHÜßLER, W.: Transzendenz. Zu einem Grundwort der klassischen Metaphysik. Paderborn 1992, 163–181.

SCHÜTZ, L.: Thomas-Lexikon. Sammlung und Erklärung der in sämtlichen Werken des h. Thomas von Aquin vorkommenden Kunstausdrücke und wissenschaftlichen Aussprüche. [2]Paderborn 1895.

SCHULTHESS, P. / IMBACH, R.: Die Philosophie im lateinischen Mittelalter. Ein Handbuch mit einem bio-bibliographischen Repertorium. Zürich/Düsseldorf 1996.

SEPPÄNEN, L: Meister Eckharts Konzeption der Sprachbedeutung. Sprachliche Weltschöpfung und Tiefenstruktur in der mittelalterlichen Scholastik und Mystik? Tübingen 1985.

SIMONS, E: Transzendenz, in: Handbuch philosophischer Grundbegriffe Bd. VI. München 1974, 1540–1556.

SIMSON, O. von: Wirkungen des christlichen Platonismus auf die Entstehung der Gotik, in: KOCH, J.: Humanismus, Mystik und Kunst in der Welt des Mittelalters. Leiden/Köln 1953, 159–179.

SÖDER, J.R.: Kontingenz und Wissen. Die Lehre von den futura contingentia bei Johannes Duns Scotus (= BGPhMA NF 49). Münster 1999.

SPEER, A.: Ethica sive theologia. Wissenschaftseinteilung und Philosophieverständnis bei Meister Eckhart. in: AERTSEN, J.A. und SPEER, A. (Hg.): Was ist Philosophie im Mittelalter? Akten des X. Internationalen Kongresses für mittelalterliche Philosophie der Société Internationale por l'Étude de la Philosophie Médiévale. 25. bis 30. August 1997 in Erfurt (= Miscellanea Medievalia 26). Berlin 1998, 683–693.

SPEER, A.: *Sapientia nostra*. Zum Verhältnis von philosophischer und theologischer Weisheit in den Pariser Debatten am Ende des 13. Jahrhunderts, in: AERTSEN, J.A./EMERY, K. Jr./SPEER, A.: Nach der Verurteilung von 1277. Philosophie und Theologie an der Universität von Paris im letzten Viertel des 13. Jahrhunderts. Studien und Texte. Berlin 2001, 248–275.

STALLMACH, J.: Ineinsfall der Gegensätze und Weisheit des Nichtwissens. Grundzüge der Philosophie des Nikolaus von Kues. Münster 1989.

STURLESE, L.: Meister Eckhart in der *Bibliotheca Amploniana*. Neues zur Datierung des ‚Opus tripartitum‘, in: A. SPEER (Hg.): Die Bibliotheca Amploniana: ihre Bedeutung im Spannungsfeld von Aristotelismus, Nominalismus und Humanismus (= Miscellanea Mediaevalia 23). Berlin/New York 1995. 434–446.

SUDBRACK, J.: Mystik. Selbsterfahrung – Kosmische Erfahrung – Gotteserfahrung. Mainz/Stuttgart³ 1992.

URBAN, W.: Art. „Quantität II Mittelalter", in: WWPh Bd. VII. Darmstadt 1989, 1796–1808.

VANNIER, M.-A.: Déconstruction de l'individualité ou assopmtion de la personne chez Eckhart? in: AERTSEN, J.A. und SPEER, Andreas: Individuum und Individualität im Mittelalter (= Miscellanea Mediaevalia 24). Berlin 1996. 605–611.

VANNINI, M.: *Filosofia* e ascesi in Eckhart, in: Filosofia e Ascesi nel Pensiero di Antonio Rosmini. Atti del congresso promosso dal Comune di Rovereto, dalla Provincia Autonoma di Trento e dall' Istituto di Science Religiose in Trento. 5–7 dicembre 1988 a cura di Giuseppe Beschin (= Bibliotheca Rosminiana II). Brescia 1991, 63–74.

–: Meister Eckhart: dall' *alienazione* all' essere, in: Servitium. Quaderni di Sprirtualità. N. 75/76, serie terza, anno venticinquesimo, Maggio–Agosto 1991. Bergamo/Milano 1991, 91–106.

WACKERNAGEL, W.: Ymagine denudari, Ethique de l'Image et Métaphysique de l'Abstraction chez Maître Eckhart. Paris 1991.

WACKERZAPP, H.: Der Einfluß Meister Eckharts auf die ersten philosophischen Schriften des Nikolaus von Kues (1440–1450) (= BGPhMA 29,3). Münster 1962.

WAGNER, H.: Begriff, in: Handwörterbuch philosophischer Grundbegriffe Bd. I. München 1973, 191–209.

WALDSCHÜTZ, E.: *Denken* und Erfahren des Grundes. Zur philosophischen Deutung Meister Eckharts. Wien 1989.

–: *Probleme* philosophischer Mystik am Beispiel Meister Eckharts, in: JAIN, E./MARGREITER, R. (Hg.): Probleme philosophischer Mystik. Festschrift für Karl Albert. Sankt Augustin 1991, 73–92.

WÉBER, E:H.: L'*Argumentation* philosophique personelle du Théologien Eckhart à Paris en 1302/1303, in: JACOBI, K. (Hg.): Meister Eckhart. Lebensstationen, Redestationen. Berlin 1997, 95–114.

–: *Continuités* et ruptures de l'enseignement de Maître Eckhart avec les recherches et discussions dans l'université de Paris, in: FLASCH, K. (Hg.): Von Meister Dietrich zu Meister Eckhart. Hamburg 1984, 163–176.

–: Eckhart et l'*ontothéologisme*. Histoire et conditions d'une rupture, in: ZUM BRUNN, E. u.a. (HG.): Maître Eckhart à Paris. Paris 1984, 13–83.

–: Maître Eckhart et la grande *tradition* théologique, in: STIRNIMANN, H., IMBACH, R.(Hg.): Eckhardus Theutonicus, homo doctus et sanctus. Nachweise und Berichte zum Prozeß gegen Meister Eckhart. Fribourg 1992, 97–125.

WEIDEMANN, H.: Art. „Begriff", in: Lexikon des MA Bd. I. München Zürich 1980, 1808ff.

WELTE, B.: Meister Eckhart. Gedanken zu seinen Gedanken. Mit einem Vorwort von Alois M. Haas. Freiburg 1992 (Neuausgabe; Erstausgabe 1979).

WINKLER, N.: Meister Eckhart zur Einführung. Hamburg 1997.

WOLTER, A.B.: The Transcendentals and their Function in the Metaphysics of Duns Scotus. New York 1946.

ZIMMERMANN, A.: Ontologie oder Metaphysik? Die Diskussion über den Gegenstand der Metaphysik im 13. und 14. Jahrhundert. Texte und Untersuchungen. Leuven² 1998.

ZUM BRUNN, E: Un *homme* qui pâtit Dieu, in: ID.: Voici Maître Eckhart. Textes et études. Grenoble 1994. 269–284.

–: *Dieu* n'est pas être, in: ID u.a. (Hg.), Maître Eckhart à Paris. Une critique médiévale de l'ontothéologie. Paris 1984, 84–103.

Register

a) Namenregister

b) Stellenregister
(Eckhart-Zitate nach der kritischen Ausgabe)

Sermo de beati Augustini Parisius habitus
n.12 (LW V 99,5–6) 90

Von Abgescheidenheit (Traktat)
DW V 400f. 136

Deutsche Predigten
Pr. 46 (DW II, 378–379) 134
Pr. 5A (DW I 80,1–3) 141

c) Sachregister

Zuletzt erschienene Bände der Reihe.
Einen ausführlichen Prospekt über die
Reihe erhalten Sie direkt vom Verlag.
Postanschrift: 48135 Münster.
Internet: www.aschendorff.de/buch

Beiträge zur Geschichte der Philosophie und der Theologie des Mittelalters – Neue Folge

Aschendorff Verlag

Zuletzt erschienene Bände der Reihe.
Einen ausführlichen Prospekt über die
Reihe erhalten Sie direkt vom Verlag.
Postanschrift: 48135 Münster.
Internet: http://www.aschendorff.de/buch

Münsterische Beiträge zur Theologie

Aschendorff Verlag

Zuletzt erschienene Bände der Reihe.
Einen ausführlichen Prospekt über die
Reihe erhalten Sie direkt vom Verlag.
Postanschrift: 48135 Münster.
Internet: http://www.aschendorff.de/buch

Neutestamentliche Abhandlungen Neue Folge

32 »Crucifixus sub Pontio Pilato«. Das »crimen« Jesu von Nazareth. Von Peter EGGER. 1997, VIII und 243 Seiten, Leinen, 38,40 €. ISBN 3-402-04780-2.

33 Paradoxien bei Paulus. Untersuchungen zu einer elementaren Denkform in seiner Theologie. Von Gerhard HOTZE. 1997, XIV und 380 Seiten, Leinen, 50,20 €. ISBN 3-402-04781-0.

34 Zur Bildersprache des Johannes von Patmos. Verwendung und Bedeutung der metaphorischen Sprache in der Johannesapokalypse. Von Georg GLONNER. 1999, 312 Seiten, gebunden, 45,– €. ISBN 3-402-04782-9.

35 Das Buch der Unterweisungen Jesu. Gesammelte Beiträge zur Reden-Komposition Q, herausgegeben von Christoph Heil. Von Heinz SCHÜRMANN. In Vorbereitung, 372 Seiten, kartoniert, ca. 50,20 €. ISBN 3-402-04783-7.

36 Das Zeugnis des Tempels. Studien zur Bedeutung des Tempelmotivs im lukanischen Doppelwerk. Von Heinrich GANSER-KERPERIN. 1999, 412 Seiten, kartoniert, 52,20 €. ISBN 3-402-04784-5.

37 »Dies ist die Zeit, von der geschrieben ist ...«. Die expliziten Zitate aus dem Buch Hosea in den Handschriften von Qumran und im Neuen Testament. Von Barbara FUSS. 2000, 316 Seiten, kartoniert, 45,– €. ISBN 3-402-04785-3.

38 Kapitalprozesse im lukanischen Doppelwerk. Die Verfahren gegen Jesus und Paulus in exegetischer und rechtshistorischer Analyse. Von Erika HEUSLER. 2000, 304 Seiten, kartoniert, 39,90 €. ISBN 3-402-04786-1.

39 ΣΩΤΗΡ. Studien zur Rezeption eines hellenistischen Ehrentitels im Neuen Testament. Von Franz JUNG. 2002, 464 Seiten, Leinen, 63,50 €. ISBN 3-402-04787-X

40 Maria von Magdala im Johannesevangelium. Jüngerin – Zeugin – Lebensbotin. Von Susanne RUSCHMANN. 2002, XII und 269 Seiten, kart. 39,– €. ISBN 3-402-04788-8

41 Der Konflikt Jesu mit den »Juden«. Ein Versuch zur Lösung der johanneischen Antijudaismus-Diskussion mit Hilfe des antiken Handlungsverständnisses. Von Manfred DIEFENBACH. 2002, 360 Seiten, kart. 47,– €. ISBN 3-402-04789-6

42 Zeiten der Wiederherstellung. Studien zur lukanischen Geschichtstheologie als Soteriologie. Von Sylvia HAGENE. 2003, X und 366 Seiten, kart. 49,– €. ISBN 3-402-04791-8

43 »Geschenk aus Gottes Schatzkammer« (bSchab 10b). Jesus und der Sabbat im Spiegel der neutestamentlichen Schriften. Von Andrea J. MAYER-HAAS. 2003, 730 Seiten, kart. 86,– €. ISBN 3-402-04790-X.

44 Die Weisheit – Ursprünge und Rezeption. Festschrift für Karl Löning zum 65. Geburtstag. Herausgegeben von Martin FASSNACHT, Andreas LEINHÄUPL-WILKE und Stefan LÜCKING. 2003, 308 Seiten, kart. 55,– €. ISBN 3-402-04792-6.

45 Rettendes Wissen im Johannesevangelium. Ein Zugang über die narrativen Rahmenteile (1,19 – 2,12 / 20,1 – 21,25). Von Andreas LEINHÄUPL-WILKE. 2003, XII und 402 Seiten, kart. 54,– €. ISBN 3-402-04793-4

46 »... denn sie wissen nicht, was sie tun.« Zur Rezeption der Fürbitte Jesu am Kreuz (Lk 23,34a) in der antiken jüdisch-christlichen Kontroverse. Von Matthias BLUM. 2004, X und 242 Seiten, kart. 37,– €. ISBN 3-402-04794-2

Aschendorff Verlag